现代管理书库·教材系列

常销二十年，铸造管理学科教材经典

U0361924

现代管理书库·教材系列

商学导论

（第三版）

主编：郝臣　王全喜

南开大学出版社

天　津

图书在版编目(CIP)数据

商学导论 / 郝臣，王全喜主编. —3 版. —天津：南开大学出版社，2018.8(2022.12 重印)

（现代管理书库. 教材系列 / 张玉利主编）

ISBN 978-7-310-05657-6

Ⅰ.①商… Ⅱ.①郝… ②王… Ⅲ.①商业经济学－教材 Ⅳ.①F710

中国版本图书馆 CIP 数据核字(2018)第 199720 号

商学导论(第三版)

SHANGXUE DAOLUN (DI-SAN BAN)

南开大学出版社出版发行

出版人：陈　敬

地址：天津市南开区卫津路 94 号　　邮政编码：300071

营销部电话：(022)23508339　营销部传真：(022)23508542

https://nkup.nankai.edu.cn

天津午阳印刷股份有限公司印刷　全国各地新华书店经销

2018 年 8 月第 3 版　2022 年 12 月第 6 次印刷

185×260 毫米　16 开本　28.25 印张　602 千字

定价：78.00 元

如遇图书印装质量问题,请与本社营销部联系调换,电话：(022)23508339

"现代管理书库·教材系列"修订版
总序

　　管理学科是一门新兴学科，同时又是一门发展十分迅速的学科。20 世纪初期侧重提高效率的科学管理理论，30 年代到 60 年代的行为科学，70 年代的系统管理和思想，80 年代的企业文化，90 年代的变革热潮等，都对管理学科的发展起了实质性的推动作用。进入 21 世纪，知识经济、知识管理理论的发展，金融危机对企业诚信、企业社会责任的挑战，更对管理理论的发展提出了新的更高的要求，也促进了管理理论的新的探索。随着我国改革开放的深入并取得显著成果，"中国模式""中国道路"开始为世界所关注，中国管理实践所取得的成果也展现在世人面前，这也为管理学科的发展提供了新契机。著名管理学家彼得·德鲁克（Peter F. Drucker）曾经说过，对我们的社会来说，管理是一种最显著的创新。在管理领域内部，创新更是推动管理理论与实践不断向前发展的真正动力，并导致新的管理理论、学说层出不穷，使人目不暇接。

　　管理教育能否跟上甚至超前于时代的发展，这本身就是一种巨大的挑战。为迎接这一挑战，我们与南开大学出版社合作，于 20 世纪 90 年代末开始出版"现代管理书库"丛书，该书库包含三个系列：教材系列、管理前沿系列和域外采珍系列。当时的设想，"教材"是核心，"管理前沿"是外围，"域外采珍"是补充。

　　自 1998 年该丛书第一本《管理学》出版，至今已经二十年。二十年来，该丛书不断补充新的内容，产生了重要的社会影响，尤其是其中的教材系列，自推出以来，所有品种都是一再重印，有的也已经再版，向迈向"经典"走出了坚实的一步。

　　今天，随着国际经济社会文化环境的变化，管理学科的理论发展面临更大的挑战和机遇，管理教学也在不断创新。此时，我们对"现代管理书库·教材系列"进行全面更新，正是为了适应这种变化。

　　因此，我们将在以下方面做更多的尝试。

　　第一，扩展这套教材的容纳范围。当初设计这套教材，我们虽然没有"画地为牢"，但总的考虑是以"组织管理"为基本范围的。今天，"就组织管理而组织管理"的局限性进一步凸现，如金融危机给整个世界带来的灾难警示着企业社会责任的缺乏、中国经济高速发展过程中个别企业发展带给生态环境的巨大破坏等，使我们更加深刻地认识到管理学科扩展的必要性。因此，我们将在本套教材的进一步建设中，尝试将范围扩大到社会管理、公共管理等更宽广的领域。

第二，在教材的内容建设上，更加注重实践的意义，尤其注重对中国管理实践及管理教学实践的总结。尽管我们从来没有放弃管理学科教材编写和教学的理论与实践的结合，但不可否认的是，我们在过去的二三十年管理教学尤其是教材建设中，把更多的关注力投向了西方管理学理论的"原汁原味"的引进及其理论的新进展，这是很有必要的，它使我们能更快掌握现代管理理论的基础知识和发展方向。其不足之处就是，我们对自己身边的管理实践的变化的关注度远远不够。很多时候，我们都以"中国企业家还不够成熟""中国企业管理不规范"而忽视了这些管理实践。但是，回过头来看，正是这种"不成熟""不规范"在国际市场竞争中取得越来越引人注目的成就。

当然，这两个尝试还不可能取得立竿见影的效果，我们将在今后几年内向这方面不断努力，也恳切希望有志于这方面建设的学者、专家提出批评意见。

"现代管理书库·教材系列"的策划和出版是在已故管理学家陈炳富先生的指导下展开的。陈先生在20世纪80年代初期恢复重建管理学系时，就提出"古今结合、中外结合、理论实践结合、定性定量结合"的理念，这在今天仍然具有重要的指导意义。

该系列教材出版以来，广大读者提出了很多好的意见和建议，在此表示诚挚的感谢。我们一如既往地希望，通过"现代管理书库·教材系列"，能使更多的管理学者脱颖而出，能使更多的管理学子得到更多有益的教益，并推动我国管理教育、管理学科研究及管理实践的发展。

"现代管理书库·教材系列"编委会
2018年7月

第三版前言

正如编者在第一版序言中所说，"企业是当今人类社会的基本细胞之一。在一个社会的就业人口中，相当多数量的人们在企业里工作着；一个国家的强盛与否，往往与企业的发展和经营状况相关；经济、社会、文化、科学、教育、技术，乃至财政收支、政治制度和意识形态，均不同程度地与企业相联系"。因此，编写一本关于企业是什么、企业怎样设立、企业如何开展活动、企业如何成长、企业如何变更和消亡的教材的重要意义不言而喻。

实际上国外很早就有了相关教材，最直接相关的就是"Introduction to Business"。Business 是"事情、生意和业务"的意思。关于课程名称的翻译有两种：一是直接译为商学导论，二是采用"借代"的方式将其翻译为企业学导论。需要说明的是，不管如何翻译，课程的核心内容都是一样的，作为管理学科教育的入门课程性质是不会变的。

虽然国外已经有了相关课程教材，但我们认为一本好的教材还需要考虑我国的社会现实，结合我国经济法律环境因素来编写。1978 年，党的十一届三中全会以后，中国经济体制开始由计划经济向有计划的商品经济转变，国家逐步下放和扩大国有企业的自主权，在国有企业的经营管理上，由单一的政府直接管理转变为政府直接管理和企业适度自主经营相结合的"双轨制管理"；1988 年，正式颁布《全民所有制工业企业法》，确定了全民所有制企业的法人地位；1993 年，党的十四届三中全会通过的《中共中央关于建立社会主义市场经济体制若干问题的决定》指出，国有企业改革的方向是建立产权明晰、权责明确、政企分开、管理科学的现代企业制度；1994 年 7 月，《公司法》正式实施，确立了"三会"治理结构；1999 年，党的十五届四中全会通过的《中共中央关于国有企业改革和发展若干重大问题的决定》指出，公司制是现代企业制度的一种有效组织形式，而法人治理结构是公司制的核心。这是我国第一次在文件中正式提到法人治理结构的概念。伴随着我国经济体制改革的开展，微观层面上始于 1978 年的中国企业改革先后经历了扩大企业经营自主权、利改税、承包经营责任制、转换企业经营机制、公司制与上市、董事会试点等改革，由此可见，企业体制改革是我国宏观经济体制改革的主线或核心。

正是基于上述我国企业改革发展脉络，紧扣我国社会现实背景，编者在 2000 年出版了国内第一部管理学科导论性质的教材。2003 年，党的十六届三中全会通过的《中共中央关于完善社会主义市场经济体制若干问题的决定》明确提出，不但要建设公司治理，而且要完善公司治理。2005 年修改、2006 年实施的新《公司法》在完善公司治理基本制度方面有颇多建树。截至 2012 年初，117 家大型国有独资公司中已有 40 家引入董事会制度，使国有企业治理水平得到显著提高。考虑到《公司法》的修订、我国公司治理理念的普及和实践的深入、相关法律法规政策的出台等，我们在 2013 年出版了第二版教材。

而本次出版的第三版教材与第二版相比，进行了多方面的调整。首先，在教材体系上，分六大篇，分别是企业的本质、企业的环境、企业的设立、企业的活动、企业的成长和企业的变化。其次，在教材内容上，由原来的九章扩充为十八章：一是新增了国内外企业经典案例、国内外管理学的发展、企业的文化环境、企业社会责任四章内容；二是围绕创新创业大背景，我们将企业的设立内容从一章扩充为四章，给出了不同类型企业的设立程序和注册登记流程；三是将企业活动内容细化，将企业的基本活动、企业的资源管理活动和企业的过程管理活动作为单独一章来进行安排。最后，在教材细节上，为了提高教材使用者的阅读兴趣，补充了 100 余个重要管理人物专栏，同时更新了部分开篇和章末案例，并增加了我国《公司法》最新修订内容。

南开大学商学院本科生的院系必修课"商学导论"课程由王全喜老师开设，教材第一版也是由王全喜老师主编的。2007 年我博士毕业留校后，在财务管理系和中国公司治理研究院从事教学科研工作，王老师当时是财务管理系的系主任，主持了我的试讲工作，并把他主讲的"商学导论"课程让给我两个班，我从此开始了该课程的教学工作并持续至今。在此，特别感谢王老师在课程教学和工作上给予我的帮助和指导。2013 年我们进行了教材第二版的修订工作。2017 年恰逢王老师荣休，王老师叮嘱我，一是把这门课上好，二是抽出时间和精力把教材进一步修订。因此，从 2017 年开始，在南开大学教改项目《商学导论"讲、练、考"设计研究》（项目号：201469）的支持下，我们着手教材的修订工作；当然，学生对于新内容的迫切需要也是促成第三版出版的重要原因。

在王全喜老师的带领下，南开大学"商学导论"课程已经形成了一个完整的"老中青"教学团队，南开大学中国公司治理研究院的武立东老师、商学院人力资源管理系的杨斌老师、商学院现代管理研究所的牛建波老师和张耀伟老师，以及商学院财务管理系的曹骥老师、孙凌霞老师和张涵老师等先后主讲该门课程，感谢他们对本次教材修订工作提出的宝贵建议。另外，我指导的研究生付金薇、钱璟、李昊昱、张诗雨等先后参与了部分章节初稿的写作；孙云霞、宋莹莹、黄佳茜、肖淑赫、包岩霖、战香含、韩阳、黄晨越、薛程、何杰、何文、徐悦、虎晓菲、李艺华、周昊、董文祺、艾帕提、陈晓君等修过这门课程的同学对初稿进行了试读和文字校对，博士生王励翔在书稿提交出版社前进行了最后一次规范性问题的校核，感谢他们为书稿付出的劳动！

郝臣

2018 年 7 月

于南开大学商学院

目　录

第一篇　企业的本质

企业最大的资产是人。

——"日本经营之神"松下幸之助

第一章　国内外企业经典案例

【本章导读】本章分别对 7 个国内企业经典案例以及 5 个国外企业经典案例进行了简单的阐述，带领读者初步了解什么是企业以及管理对于企业的重要性。

【开篇案例】

管理与阿波罗登月计划

美国于 20 世纪 60—70 年代初组织实施的一项载人登月工程，即"阿波罗登月"计划，是世界航天史上具有划时代意义的一项成就。工程开始于 1961 年 5 月，至 1972 年 12 月第 6 次登月成功结束，历时 11 年多。参加这项工程的有 200 多家公司、120 所大学、400 万人，耗资 300 亿美元。对如此庞大的人、财、物资源进行统筹管理是一项重要的工作。例如，如何安排后台技术人员和航天员的工作分工，如何对新技术进行推广和使用，如何做好后勤工作，如何保证研发资金的有效运用等。无数个工作都需要听从指挥官的统一指挥，指挥官也需要分设各个小组和部门分管不同的工作，这就涉及各种各样的管理工作。计划总负责人詹姆斯·韦伯（James Webb）博士总结道，"我们没有使用一项别人没有的技术，我们的技术就是科学的组织管理"。可见，高效、科学的管理工作对登月计划的顺利进行至关重要。

思考：管理的重要性体现在哪些方面？

第一节　中国企业经典案例

一、闻名遐迩的天津狗不理

（一）天津狗不理包子饮食集团公司简介

天津狗不理包子饮食集团公司，简称狗不理集团公司，始创于 1858 年。清咸丰年间，河北武清县一农家，40 岁得子，为求平安取名"狗子"，期望像小狗一样好养活（按照北方习俗，此名饱含着淳朴的挚爱亲情）。狗子 14 岁来津学艺，在一家蒸食铺做小伙计。狗子心灵手巧又勤奋好学，练就一手好活，不甘寄人篱下，自己摆起包子摊。1916 年狗子病故，其子继承父业，经历了 20 余年发展，狗不理包子先后在天津北大关、南市、法租界（天祥后门）设立分号同时经营，达到了鼎盛时期。

1947 年狗不理由第三代继承，由于经营不善，几个店相继倒闭。1956 年，天津市人民政府为恢复经济、繁荣市场，决定恢复本地风味食品。1 月 18 日，在辽宁路原"松竹梅饭庄"旧址，"国营天津包子铺"开张纳客。3 月 15 日，"国营天津包子铺"迁到山东路原"丰泽园饭庄"旧址，主营狗不理包子，又增添了风味炒菜，生意十分红火，并在院内门脸上悬挂了"狗不理"牌匾。1976 年，因唐山大地震，部分房屋被震损。1988年重建，9 月竣工开业，名为"狗不理包子总店"。

（二）天津狗不理包子饮食集团公司发展

狗不理集团公司主营餐饮，以高档酒店为主业，但也不仅限于餐饮，而是一家拥有大型饭店、中型酒家、排档式餐厅、烹饪学校和国内外多家特许连锁企业的从事餐饮生产、商品零售、物流商贸的集团公司。

2005 年，天津同仁堂入驻天津狗不理，以 1.06 亿元得标并购狗不理，成立天津狗不理食品股份有限公司。

在国内实体店扩张方面，狗不理集团公司于 1980 年在北京开设第一家特许连锁店，到 2012 年已在全国开设特许连锁店 70 余家，遍及全国 18 个省份的 40 余个城市，年销售收入近 3 亿元。

在国际扩张方面，狗不理集团公司于 2004 年在韩国汉城（今首尔）开设第一家加盟店，标志着狗不理集团公司在国际化进程中迈出第一步。2005 年，狗不理包子把英文名称定为"GoBelieve"。近年来，狗不理集团公司在日本东京多地开设分店。在国外经营过程中，狗不理集团公司根据当地情况进行改良发展。

2015 年 10 月 28 日，天津狗不理食品股份有限公司正式在全国中小企业股份转让系统挂牌，股票代码"834100"。需要说明的是，挂牌新三板的业务不是天津狗不理包子饮食集团公司，而是其旗下天津狗不理食品股份有限公司，该公司主营业务包括速冻食品和包装食品，并非狗不理集团公司主营的餐饮业务。

二、打造"万亿俱乐部"的阿里巴巴

2017年11月12日，根据阿里巴巴网络技术有限公司（以下简称阿里巴巴集团）披露的数据，仅用3分零1秒，阿里巴巴平台上的交易额就冲破100亿元人民币！其中无线交易额占比达90%以上，而2016年达到此交易额用时6分58秒。这一惊人的数字意味着在传统商务和电子商务的竞争中，电子商务已成为"主流竞争者"。

（一）阿里巴巴的前世

阿里巴巴集团在1999年初由马云在杭州创立，马云创业团队中的18名员工被称为阿里巴巴集团的"十八罗汉"。阿里巴巴集团的前身为海通翻译社和中国黄页。马云团队曾被邀请协助国家外经贸部建立系列网站，主要模式是将企业信息和商品搬到网上展示，使用互联网新工具为企业提供宣传推广服务，这些网站已具备企业到企业的电子商务模式（Business to Business，B2B）的雏形。紧接着，沿袭中国黄页和外经贸部经验，阿里巴巴创建后定位为"中国中小企业的贸易服务商"，为中国中小企业提供"网页设计+推广"服务，打造网络义乌模式。1999年2月阿里巴巴网站上线，7月会员达3.8万名；截至1999年底，会员人数已超过10万。

2003年5月，淘宝网成功上线，同年11月推出了网上实时通信软件贸易通（今阿里旺旺）。当时淘宝在消费者到消费者的电子商务模式（Customer to Customer，C2C）市场的主要竞争对手为易趣（eBay），2003年eBay的C2C市场份额高达90%。但是在2008年底，淘宝C2C市场份额为86%，eBay为6.6%。

随着淘宝网的快速发展，在线购物中的信用与安全问题越来越突出，因此2003年10月，支付宝上线，采用担保交易的模式，买家先把钱打给支付宝，当收到货品并检查无误后，再通知支付宝付款给卖家。这就打消了网购用户的担忧。支付宝推出后广受欢迎。随着中国网络购物人群数量的快速发展，企业到消费者的电子商务模式（Business to Customer，B2C）逐渐兴起，京东商城、新蛋、红孩子等一批B2C电商快速崛起。在2008年4月，淘宝推出淘宝商城正式进入B2C市场。

（二）阿里巴巴的"万亿俱乐部"

2012年6月20日，阿里巴巴集团从香港联交所退市，以每股13.5港元的价格回购全部股份，当时总股本约50亿股，退市总市值约675亿港元，为整体上市做准备。

2012年7月，阿里巴巴集团宣布将现有子公司的业务升级为阿里国际业务、阿里小企业业务、淘宝网、天猫、聚划算、一淘和阿里云7个事业部。2013年又对业务框架和组织结构进行调整，分为25个事业部，更好地迎接中国增长迅速的电子商务市场带来的机遇和挑战。

2014年9月19日，阿里巴巴集团在纽约证券交易所正式挂牌上市，股票代码"BABA"，

创始人和董事局主席为马云。2016 年 4 月 6 日，阿里巴巴集团正式宣布已经成为全球最大的零售交易平台。2016 年 8 月，阿里巴巴集团在"2016 中国企业 500 强"中排名第 148 位。2017 年，阿里巴巴集团总营收 1582.73 亿元人民币，净利润 578.71 亿元人民币。东方财富 Choice 数据中国上市公司市值 500 强榜单显示，截至 2017 年底，阿里巴巴集团人民币市值接近 3 万亿元，同比增长 90.26%，仅次于腾讯控股，成为市值第二高的中国公司。

经过近 20 年的不懈努力，阿里巴巴集团保持着良好的业绩，建立了独特的商务经营模式，树立起了 B2B 电子商务市场行业的第一品牌，塑造了 C2C 市场和 B2C 市场的绝对领先优势，在各业务层面均强于竞争对手。阿里巴巴集团的成功不仅与马云卓越的商业能力和战略眼光分不开，同时也得益于集团在发展过程中积累的得天独厚的电子商务服务资源。阿里巴巴集团将继续秉持"建设开放、协同、繁荣、内生的全球最大电子商务生态系统"的理念，通过努力逐步建立一个富有生机和活力的电子商务生态系统，带动系统中各个主体的健康发展，从而带领这一"万亿俱乐部"继续开拓出一条迈向新商业文明的光明大道。

三、善于用人的海底捞

海底捞餐饮有限责任公司（以下简称海底捞）是一家以经营川味火锅为主，集餐饮、火锅底料生产、荣誉连锁加盟、原料配送、技术开发为一体的民营企业。1994 年 3 月 25 日，四川省简阳市的第一家海底捞火锅城正式开业，海底捞正式诞生，自那时起，海底捞就以服务更胜过美味而成为大家关注的焦点。经过 20 多年艰苦创业、不断进取、团结拼搏，海底捞从一个不知名的小火锅店起步，逐步发展成为今天拥有近 2 万名员工，同时也拥有一批饮食、营养、工程、仓储、管理方面专家和专业技术人员的大企业。海底捞现有 117 家直营店、4 个大型现代化物流配送基地和 1 个底料生产基地。良好的服务离不开优秀的员工，那么，海底捞是如何用人，又是如何实现员工满意的？

（一）优厚的工资及福利待遇

从国家统计局发布的各行业工资水平来看，2008 年前三季度全国城镇单位在岗职工平均工资为 19731 元。平均工资最低的是住宿和餐饮业，只有 13587 元，为全国平均工资的 68.9%，同时有很多餐饮企业的工资可能还达不到这个水平；而在海底捞，服务员的月工资平均 1300 元，再加上其他的福利，高达 2000 元，这在餐饮行业是具有一定竞争力的。数字显示，这家企业有 5000 名员工，流动率一直保持在 10%左右，而中国餐饮业的平均流动率为 28.6%。给员工强烈归属感的不仅在此，更在于海底捞良好的福利待遇。海底捞员工的食宿都由单位统一安排，按照海底捞的规定，必须给所有员工租住正式小区或公寓中的两居室或三居室，距离店面走路不能超过 20 分钟，夫妻俩都在海底捞的还必须让他们有单独的一个房间，并且所有员工的房间都配有空调和可以上网的电脑。

除了关怀员工外，海底捞还会给每个店长父母发工资，其子女在海底捞做得越好，他们父母拿的工资会越多。海底捞在简阳建了一所私立寄宿制学校，海底捞员工的孩子可以免费在那里上学，只需要交书本费。另外，从 2003 年 7 月起，海底捞实行了"员工奖励计划"，给优秀员工配股，以西安东五路作为第一个试点分店，规定工作一年以上员工享受利润 3.5%的分红。2005 年 3 月，又推出第二期"员工奖励计划"，以郑州三店作为员工奖励计划店给优秀员工配股，并且经公司董事会全体成员一致同意，从郑州三店开始计算，公司每开办的第三家分店均作为员工奖励计划店。

（二）良性的晋升渠道

海底捞的管理者深谙一个道理，那就是良性的升迁制度必须有一个前提，就是要给所有员工提供一个公平公正的环境。海底捞只有财务总监和采购总监从外部招聘，其他所有的干部都是从最基层服务员培养起来的，每个员工都要从摘菜、洗碗、传菜等最基层的工作做起。因此，海底捞的培训师说："海底捞"的"底"，就是指"从基层做起"。

除了营造公平的竞争环境之外，海底捞还建立了一套比较独特的晋升模式。在岗位的晋升上，每个人只要在一个岗位上连续一段时间都表现优秀，就可以实习更高一级职务，实习合格以后就正式上任。同时，海底捞也关注普通员工的激励。任何一个进入海底捞的员工如果连续三个月被评为"先进"就可以自动晋升为"标兵"，连续四个月被评为"标兵"就可以自动晋升为"劳模"，连续六个月被评为"劳模"就可以自动晋升为"功勋"。正是在这样接近"必升"的环境下，大部分员工才愿意坚持下来。

（三）宽松的工作环境

海底捞的员工相对于其他餐饮企业的员工来说，享有很多"特权"。只要是为了满足客人的要求，基层服务员可以享有打折、换菜甚至免单的权利，事后只要口头说明即可。另外，海底捞还鼓励创新。在海底捞的内刊上，有这样一句话：倡双手改变命运之理，树公司公平公正之风。在海底捞，那些被人们广为称道的小细节其实都是员工提出的建议，而且创意一旦被采纳，就会以员工的名字来命名。包丹袋就是典型的一例，这是一个防止顾客手机被溅湿的塑封袋子，由于是一名叫包丹的员工提出的这个创意，所以就用员工的名字命名。当包丹袋在其他店也开始使用时，这些店会给这位员工交纳一定的费用。如此一来，不但使海底捞的员工得到了尊重，还给了更多的员工以激励。

当然，不是每一个创意都可以得到应用和推广，但海底捞鼓励员工自由提出想法，也允许员工犯错误。为了鼓励员工创新，现在海底捞已经形成了一个代表着创新意识的红、黄、蓝榜机制。在海底捞总部的办公室墙上，每月以店为单位进行创意统计，每个月 9 号，各个片区的店经理都要向总部提交一个创新的评估报告，上面将详细列出各店员工最近的一些想法和创意，而几位核心高层则会在月底进行讨论，负责对此进行总结和评比，确定哪些是在本店可行的，哪些是可以推广到全国连锁应用的。如果一个店这个月是蓝榜，那就代表无创新；黄榜则代表本店应用；红榜则代表可以全国推广。

在市场经济条件下，企业之间的竞争归根到底是人才的竞争，谁能拥有一支稳定、高素质的员工队伍，谁就能在激烈的市场竞争中掌握制胜的金钥匙，否则就会失去竞争的主动权，最终被无情的市场所淘汰。海底捞的成功，无疑给国内企业尤其是那些矛盾丛生、举步维艰的"血汗工厂"提供了一些可贵的启示：提高员工满意度与企业发展和创造价值非但不是相生相克的，反而是相辅相成、互相促进的。

四、挑起民族企业大旗的娃哈哈

（一）娃哈哈的发展历程

1987 年，杭州娃哈哈集团公司（以下简称娃哈哈）的前身——杭州市上城区校办企业经销部成立，娃哈哈创始人宗庆后带领两名退休老师，靠着 14 万元借款，代销人家的汽水、棒冰及文具纸张起家，开始了创业历程。第二年为别人加工口服液；第三年成立杭州娃哈哈营养食品厂，开发生产以中医食疗"药食同源"理论为指导思想、解决小孩子不愿吃饭问题的娃哈哈儿童营养口服液，靠确切的效果和"喝了娃哈哈，吃饭就是香"的广告，产品一炮打响，走红全国。1990 年，创业只有三年的娃哈哈产值已突破亿元大关，完成了原始积累，诞生在小学校园里的创业企业奇迹般地引起社会和各级政府的广泛关注。

1991 年在杭州市政府的支持下，娃哈哈营养食品厂以 8000 万元的代价有偿兼并了有 6 万多平方米厂房、2000 多名员工，并已资不抵债的全国罐头生产骨干企业之一的杭州罐头食品厂，组建了杭州娃哈哈集团公司。从此，娃哈哈开始步入规模经营之路。

1996 年，公司以部分固定资产作为投入，与世界 500 强、位居世界食品饮料业第六位的法国达能集团等外方合资成立 5 家公司，并坚持合资不合品牌，由中方全权经营管理，一次性引进外资 4500 万美元，先后从德国、美国、意大利、日本、加拿大等国家引进大量 20 世纪 90 年代处于世界先进水平的生产流水线。通过引进资金、技术，发展民族品牌，娃哈哈再次步入了高速发展的快车道。

目前，娃哈哈已然成为中国知名的食品饮料生产企业，仅次于可口可乐、百事可乐、吉百利、柯特这 4 家跨国公司；在全国 29 个省市建有 180 余家合资控股、参股公司，在全国除台湾地区外的所有省、自治区、直辖市均建立了销售分支机构，拥有员工近 3 万名，总资产近 400 亿元；主要从事食品饮料的开发、生产和销售，形成年产饮料 300 亿瓶的生产能力及与之相配套的制罐、制瓶、制盖等辅助生产能力；主要生产含乳饮料、瓶装水、碳酸饮料、茶饮料、果汁饮料、罐头食品、医药保健等十余类 190 多个品种的产品。

（二）挑战"两乐"

在娃哈哈的成长历史中，非常可乐的成功是不可或缺的一笔。可口可乐和百事可乐已存在 100 多年，在全球饮料行业中占有绝对优势。20 世纪 70 年代后期，"两乐"开始进军中国市场，很快便以破竹之势占据了我国饮料市场的半壁江山，并且培养出了一大批忠实的消费者。多年来国内有许多厂家先后生产过碳酸饮料，但都因或缺乏实力、小打小闹、无法形成规模效应，或产品技术含量跟不上等问题，一一败下阵来。

1998 年，娃哈哈推出非常可乐，正式向"两乐"挑战。其实，娃哈哈的这一决策并不是缺乏理性的一时冲动。1999 年，娃哈哈集团公司的产量、利润、利税和资产规模等主要经济指标已名列行业榜首。在国内，可以说无人能出其右。然而，放眼高手如云的国际饮料行业，娃哈哈也许只能算是一个"小弟"。眼看着入世的大势已不可挡，具有国际竞争力的企业方能拥有下一个世纪的灿烂明天。

"非常系列"将双脚扎根于广大的农村，紧紧抓住"两乐"在广大农村认知度相对较低的弱势，以低价格切入。同时，"非常系列"给经销商留足了利润空间，很快被摆上了经销商柜台的显眼位置。非常可乐很快异军突起。2002 年娃哈哈"非常系列"碳酸饮料产销量达到 62 万吨，约占全国碳酸饮料市场 12% 的份额，在单项产品上已逼近百事可乐在中国的销量。虽然在城市和发达地区"两乐"仍具有绝对优势，但广大农村市场几乎已被"非常系列"控制。

本土作战，"人和"是最有利的因素。娃哈哈举起的是民族工业的大旗，一句"中国人自己的可乐"打动了千千万万个中国人的心。民族工业的风采在这一瞬间光芒四射。

五、探索自主品牌国际化道路的华为

（一）华为的初期发展

1988 年，华为技术有限公司（以下简称华为）在深圳成立，公司主要从事通信技术和产品的开发、研究、生产与销售业务，致力于为电信运营商提供固定网、移动网、数据通信网和增值业务领域的网络解决方案，是中国电信市场的重要供应商，并在这个基础上，成功地进军了国际通信市场。2013 年，华为首超全球第一大电信设备商爱立信，排名《财富》（Fortune）世界 500 强第 315 位。

中国加入世界贸易组织（WTO）以后，国际化愈发成为中国企业发展进程中无法绕过的门槛。1998 年后，随着国内电信市场竞争机制的引入，特别是诸如爱立信、诺基亚、摩托罗拉等跨国公司在中国电信设备市场的主导地位逐步确立，国内市场特别是前、中端市场已被跨国公司占有，在国内迟迟不开辟新一代网络的情况下，华为已难有作为，走出去既是为了发展，更是为了生存。

1996 年华为开始全球化战略布局，2007 年海外销售收入约 140 亿美元，2012 年海外销售额达到 232 亿美元。而按照 2007 年销售额计算，华为已经进入了世界 500 强。

（二）扩大规模和寻求市场

1996 年，华为当年在国内的销售额达到 26 亿美元，在国内同行中占据领先地位，但随着市场增量的减小，在传统产品市场上，收入与利润的增长已变得异常困难。于是，华为开始了其国际化进程，首先瞄准的就是毗邻深圳的我国香港地区。香港是全球电信行业最发达的地区之一，基础设施完备，市场需求及潜力巨大。1996 年，华为与和记电讯合作，提供以窄带交换机为核心的"商业网"产品。华为交换机打入香港市话网，开

通了许多我国内地未开通的业务。

（三）获取巨额投资回报

非洲拥有丰富的自然资源和廉价的劳动力资源，但与此同时，开发技术和相应的市场不成熟却成为制约当地经济发展的瓶颈，当地政府鼓励发展经济并制定了一系列的优惠政策，吸引了诸多跨国公司的目光。非洲的电信市场长期被一些老牌电信供应商占据，与前者相比，华为在品牌、影响力、规模上都处于劣势。

华为于 1996 年进入非洲市场，在同非洲国家签署的合同中，华为的价格通常都比竞争对手低 20%—30%，削减了西方产品的价格优势，促进了当地电信产业的进步。目前，华为的产品已经应用到非洲 40 多个国家。2006 年，华为在非洲地区的合同销售额达到 20.8 亿美元。与此同时，华为在非洲投资建立了 4 个培训中心，设在尼日利亚、突尼斯、埃及和肯尼亚，用于培训当地电信专家。

（四）学习效应和技术寻求

欧洲拥有世界领先的技术水平和技术研发创新能力，华为进入的策略首先是与欧洲本土著名的一流代理商建立良好的合作关系。2001 年，华为以 10GSDH 光网络产品进入德国为起点，与当地著名的代理商合作，成功进入德国、法国、西班牙、英国等发达国家和地区。2003 年，华为与法国 LDCOM 公司签署了密集型光波复用技术（DWDM）国家干线传输网合同，拉开了中国高端光网络产品规模进入欧洲等发达国家和地区电信市场的序幕。对于美国这个超级科技大国，华为更是"觊觎"已久，在美国的硅谷和达拉斯开设了研究所，专门针对美国市场开发产品。华为的一位副总裁认为，进军对手最多、最强的美国市场，标志着华为的真正国际化。

（五）地域优势和战略寻求

华为的国际合作主要有三种方式：一种是战略合作，比如华为与沃达丰签订手机委托设计并加工（Original Design Manufacturer，ODM）协议，与西门子、3Com、日本电气、松下组建合资企业，与高通公司签署产品—技术捆绑协议等；第二种是联合研发，如与德州仪器、摩托罗拉、英特尔、杰尔、阿尔特拉、太阳、微软、日本电气等世界一流企业成立联合实验室；第三种是签署专利合作协议，目前华为已经和高通、爱立信、诺基亚、西门子、摩托罗拉、3Com 等领先厂商达成了专利合作协议。

与世界一流企业的结盟战略，使华为不仅取得了市场与产品应用层面上的利益，更取得了技术上的优势，通过近距离观察和学习世界一流企业，其产品研发的过程更加顺利，技术更加国际化，这也顺其自然地提升了企业自身的知名度和美誉度。同时，与世界一流企业结盟的战略，也使世界同行有机会亲身感受到中国高新技术企业的真正实力。

华为在国际化之后，得到了国际化的资源，包括国际化的商业渠道、领导团队、领导方式，建立了与国际接轨的管理体系，由此踏入通畅的国际化大道。

六、试水 B2C 模式的苏宁

（一）苏宁的发展历程

近十年来，电子商务几乎渗透到我国每个行业，越来越多的传统零售商开始试水电子商务，开拓线上销售渠道。随着淘宝、京东的迅速发展以及亚马逊的进入，苏宁云商集团股份有限公司（以下简称苏宁）作为中国家电零售业巨头正在这一方面展开大胆尝试，不仅开始进入电商领域，而且稳步朝着全品类综合电商迈进，在线上线下的联动中走在了行业前列。

1999 年，苏宁二次创业，面对实体连锁店和电子商务两种选择，苏宁选择了实体连锁、夯实物流的战略。但是发展电子商务的火种，苏宁一直保留了 10 年。2000 年下半年，苏宁投入 3000 万元的企业资源计划（Enterprise Resource Planning，ERP）管理系统正式上线。对电子商务尚不了解的苏宁进驻新浪网上商城，不过其作用也仅限于企业品牌的推广。

2008 年，国内电子商务市场已经初具规模，苏宁逐渐意识到，到了进军电子商务领域的时候了。

2009 年，作为一家独立的 B2C 企业，苏宁易购正式成立。通过内部选拔、外部招聘，苏宁易购迅速组建了一支电子商务运营团队。尽管当时业内已有众多颇具实力的 B2C 公司，但与那些"零起步"的同行相比，苏宁易购在诞生之初就具备深厚的优势基础：一是来自母公司的品牌美誉度，二是超强的物流配送能力，三是苏宁 20 多年积累的供应链整合能力，四是高水平的信息建设能力。

（二）线上线下的整合

苏宁对线上和线下模式的优点进行了整合：线下产品具有实在性的特点，消费者能够更为直接地面对产品，能够近距离地与产品"亲密接触"，消费者可以现场体验。销售人员能够更直接地观察了解消费者的心理状态，可以与顾客随时交流，通过各种各样的销售方法和技巧，说服或促使客户购买产品。实体门店借助于自己的地理位置优势，吸引了庞大的顾客流量。客户流量为门店带来价值无限的消费人气和聚集效应。

线上产品能够满足顾客新鲜的购物体验，随着货到付款、不满意可退换货等服务的推出，网络购物的风险与实体门店购物相差无几。除此之外，便捷的购物流程和低廉的价格也是吸引消费者的重要因素。

苏宁通过线上、线下的协同与融合，重新定义了零售界的边界。随着时间的推移，人们即将看到一个产品覆盖家电、数码产品、图书音像、日用百货、酒店预订、在线机票销售、金融产品等生活领域几乎所有方面的全新的苏宁。

七、跨国联姻的吉利

（一）吉利的发展历程

浙江吉利控股集团有限公司（以下简称吉利）始建于 1986 年，从生产电冰箱零件起步，发展到生产电冰箱、电冰柜、建筑装潢材料和摩托车；1997年进入汽车行业，一直专注实业，专注技术创新和人才培养，不断打基础练内功，坚定不移地推动企业健康可持续发展。公司现资产总值超过2000亿元，员工总数超过7万人，连续6年进入世界500强。

吉利总部设在杭州，旗下拥有沃尔沃汽车、吉利汽车、领克汽车、北极星汽车、宝腾汽车、路特斯汽车、伦敦电动汽车、远程新能源商用车等汽车品牌，规划到2020年实现年产销300万辆的目标，进入世界汽车企业前10强。

吉利旗下汽车企业在中国上海、杭州、宁波，以及瑞典哥德堡、英国考文垂、西班牙巴塞罗那、美国加州建有设计、研发中心；研发设计、工程技术人员超过2万人，拥有大量发明创新专利，全部产品拥有完整知识产权；在中国、美国、英国、瑞典、比利时、白俄罗斯、马来西亚建有世界一流的现代化整车工厂，产品销售及服务网络遍布世界各地。

（二）吉利的跨国并购

2010年3月28日，吉利与美国福特汽车公司（Ford Motor Company）在瑞典哥德堡（Goteborg）正式签署收购沃尔沃轿车公司（Volvo Car Company）的协议，以18亿美元获得沃尔沃轿车公司100%的股权以及相关资产（包括知识产权）。在并购前，吉利的营业额逐年上升，盈利水平良好，2006—2009年的持续盈利增加了投资者和政府的信心，为吉利的并购创造了较好的内部环境。良好的盈利给吉利的收购提供了资金基础。吉利较好地实现了国内民营企业"走出去"的战略，得到了包括中央政府在内的各级政府的大力支持。

从1988年吉利上市第一台轿车以来，吉利一直坚持自主创新，此次重大的跨国并购也是吉利从低端车制造到中高档车制造的战略转型的重要步骤。在并购事件前，1999年，沃尔沃集团将旗下的沃尔沃轿车业务出售给美国福特汽车公司。福特汽车公司前几年经营情况并不尽如人意，这也使吉利能够抓住此次良好的机遇。吉利看好自己的经营模式，但相对国际品牌来说，其缺乏一定的技术支持，没有太多实质性的突破，品牌的宣传和普及也没有足够到位，而沃尔沃的成功并购正好弥补了吉利的技术缺陷，并购案也使吉利收获了足够的声誉。吉利收购沃尔沃后，双方独立核算，拥有一个母公司吉利集团，在技术上合作，减少成本，实现共赢，两者并不是父子关系，而是兄弟关系。此外，此次吉利收购沃尔沃是将企业的发展战略和国家的政策相结合，吉利有望进行战略转型，向高档汽车行业迈步。

如今再来看吉利的现状，并购是否成功这一问题终于有了答案。自并购以来，经营状况较好，盈利能力也在攀升，达到了预期的目标。在并购后的几年中，沃尔沃的盈利和口碑实现了双丰收。李书福上任之初就说过，"吉利是吉利，沃尔沃是沃尔沃"，双方虽然并购，但各自都保留自己的文化，在技术上会有相互的借鉴。从数据上来看，在2012年《财富》世界500强企业排行榜上，吉利以营业收入233.557亿美元第一次进入世界

500 强。这也使沃尔沃这一品牌真正地活了，在中国的占有率不断提高。因此，这一并购事件是中国汽车史上并购案例中里程碑式的事件，也是中国首个汽车民营企业收购外国具有百年历史的国际品牌，完成了"蛇吞象"式的汽车行业最大规模的海外收购。

2018 年 2 月 24 日，吉利集团有限公司（由李书福拥有、浙江吉利控股集团有限公司管理）宣布，已通过旗下海外企业主体花费 90 亿美元收购奔驰母公司戴姆勒（Daimler）9.69%具有表决权的股份，成为奔驰母公司的最大股东。

第二节　外国企业经典案例

一、注重知识管理的微软

微软公司（Microsoft Corporation，以下简称微软）于 1975 年 4 月 4 日由比尔·盖茨（Bill Gates）和保罗·艾伦（Paul Allen）合伙成立，并于 1981 年 6 月 25 日重组为公司。公司最初以"Micro-soft"（意为微型软件）的名称发展和销售 Basic 解释器。最初的总部是在墨西哥州的阿尔伯克基。现在总部设在华盛顿州的雷德蒙市（Redmend）。目前是世界上最大的电脑软件提供商。

微软于 1992 年在中国北京设立了首个代表处。如今微软在华的员工总数有 1000 多人，形成以北京为总部，在上海、广州、武汉设有分公司的架构，中国分公司成为微软公司在美国总部之外功能最为完备的分公司。微软目前在 78 个国家和地区开展业务，全球的员工总数为 8.9 万人，2011 年在年度《财富》世界 500 强中排名 120 位。

随着知识时代的到来，知识和经验成为企业的重要资产之一。知识管理（Knowledge Management）就是在一个持续性的商务平台上，把知识、经验、技术以及来自组织内部和外部的信息等资源资本化，使企业更加有效地对其加以运用。微软凭借自己的智慧，将这一过程流程化，从知识资本的引入到运用，形成了自己独特的流水线化的知识管理能力。

（一）雇用"聪明人"

作为世界上发展最快的公司之一，微软公司总是在寻找最优秀的人才。在公司的创立初期，盖茨就从自己熟悉的人中寻找聪明的人才，招聘出色的程序员，这些人他全部都认识，他亲切地称他们为"聪明的朋友"。盖茨坚持公司要用最出色的人才："无须否认，当从智商角度挑选人才时，你必须首先具有能识别出谁能编写软件的能力。"必要时，盖茨亲自介入招聘过程。一位商业学教授说："盖茨从来都是有意识地雇用那些有天资的人并给他们丰厚的报酬，这似乎已经成为一种流行的成功模式。这是微软成功的最重要的原因。"

（二）给人才戴上"金手铐"

给人才戴上"金手铐"实质上是使人才具有归属感，让员工把公司当成自己的家。微软公司流行"认股权"制度，公司掏钱做本金来帮助员工购买自己公司的股票，赔了是公司的，而赚了是员工自己的。股权的数额根据员工的技术级别而定，少则数百股，多则千股。高级技术人员和管理人员得到的股票期权可达数万甚至数百万股。

在盖茨的坚持下，公司每年会给员工分送新的"认股权"。同"老权"一样，"新权"也必须到一定期限方能认购。所以员工无论在什么时候离开公司，手中都会有尚未到期的"认股权"作废。这样一来，一个微软员工无论什么时候离职或退休，都会造成直接损失。因此，"认股权"又有"金手铐"之称。

（三）大胆使用人才

在盖茨看来，对人才单网罗而不充分利用是不够的，不仅要善于识别其长处，而且要勇于大胆地使用，使其充分展现其才能。

1981年底，微软公司要进军应用软件领域。微软公司在软件设计方面人才济济，可在市场营销方面人才匮乏，成为软肋。盖茨四处打听，多方网罗，最后锁定了肥皂大王尼多格拉公司（Neutrogena Corporation）的一个大人物——营销副总裁罗兰得·汉森（Rowland Hanson）。尽管汉森对软件一窍不通，但是他对市场营销具有丰富的知识和经验。盖茨将其挖掘过来，委以营销副总裁重任，负责微软公司广告、公关和产品服务，以及产品的宣传与营销。汉森上任之后就给微软公司这群只知软件、不懂市场的精英们上了一堂统一商标的课。在汉森的力陈之下，微软决定其产品都要以"微软"为商标。于是微软公司的不同类型产品都打上"微软"的品牌。为时不久，这个品牌就在美国、欧洲，乃至全世界家喻户晓了。

总之，微软的人员管理是成功的，正是由于微软建立了一套让人才脱颖而出的机制和由优秀人才组成的组织，才使得微软公司在激烈的竞争中能始终保持领先地位。

二、善于供应链管理的沃尔玛

（一）沃尔玛的发展历程

沃尔玛百货有限公司（Wal-Mart Stores Inc.，以下简称沃尔玛）是一家美国的世界性连锁企业，以营业额计算，它为全球最大的公司。其控股人为沃尔顿家族。总部位于美国阿肯色州的本顿维尔。2017年12月6日，零售巨头沃尔玛宣布，公司名字将由"Wal-Mart Stores"改为"Walmart Inc."，该名字的合法变更于2018年2月1日起生效。此次更名特意将原名中的"Stores"一词去除，凸显出沃尔玛从传统商店转型成为更为全面、覆盖在线销售的零售商，从而和竞争对手亚马逊（Amazon）一争高下。

1950年山姆·沃尔顿（Sam Walton）在阿肯色州的本顿维尔小镇开办了一个沃尔顿特价商店，是当时当地最大的商店，叫"沃尔顿5&10商店"。1962年第一家真正意义上的折扣商店在罗杰斯城开业，叫"沃尔玛廉价商场"，从此沃尔玛零售巨头的辉煌成就开始书写。截至 1970 年，沃尔玛已有 38 家分店，但此时的扩张速度已经超过了所能借到资金的增长速度，为此公司选择股票上市而正式成为上市公司。接下来的发展，沃尔玛从名不见经传的小镇零售店一跃成为最年轻的、全美年销售总额超越 10 亿美元门槛的零售公司。沃尔玛通过并购进军全国市场，采取"逐步填满"策略，在主要零售商忽视的小镇开新店，以每三年销售额翻一番的速度增长。

1991 年，沃尔玛年销售额突破 400 亿美元，成为全球大型零售企业之一。据 1994 年 5 月美国《财富》杂志公布的全美服务行业分类排行榜，沃尔玛 1993 年销售额高达 673.4 亿美元，比上一年增长 118 亿多美元，超过了 1992 年排名第一位的西尔斯（Sears），雄居全美零售业榜首。1995 年沃尔玛销售额持续增长，并创造了零售业的一项世界纪录，实现年销售额 936 亿美元，在《财富》杂志 95 家美国最大企业排行榜上名列第四。事实上，沃尔玛的年销售额相当于全美所有百货公司的总和，而且至今仍保持着强劲的发展势头。至今，沃尔玛已拥有 2133 家沃尔玛商店、469 家山姆会员商店和 248 家沃尔玛购物广场，分布在美国、中国、墨西哥、加拿大、英国、波多黎各、巴西、阿根廷、南非、哥斯达黎加、危地马拉、洪都拉斯、萨尔瓦多、尼加拉瓜等 14 个国家。沃尔玛在短短几十年中有如此迅猛的发展，不得不说是零售业的一个奇迹。

（二）沃尔玛的供应链管理

供应链管理是对供应链中的信息流、物流和资金流进行设计、规划和控制，从而增强竞争实力，提高供应链中各环节的效率和效益。沃尔玛的供应链体系属于顾客需求驱动的拉动式供应链，以最终顾客的需求为驱动力，整个供应链的集成度较高，数据交换迅速，反应敏捷。因此，沃尔玛的供应链管理现在已经从企业内部延伸到外部，不再是单纯涵盖制造商及供应商，而是囊括了仓储、承运者、零售商和最终消费者。沃尔玛天天平价的背后是强大的供应链管控能力带来的成本降低和效率提高。在沃尔玛的供应链体系中，最核心的是其高效的物流系统，高效的物流系统依托整条无缝对接供应链、配送中心、运输系统及信息系统。

沃尔玛倡导与供应商建立战略合作伙伴关系。在沃尔玛的供应链形成过程中，供应商参与到企业价值链的构成中，从而对企业的经营效益产生举足轻重的影响。同供应链上下游合作方完美配合并做到无缝对接是供应链管理的重点。为了达到这个目标，就需要强大的信息技术做支撑。沃尔玛在 1969 年成为最早利用计算机技术跟踪库存的零售企业之一，1974 年最早全面实现存货单位（Stock Keep Units，SKU）单品级库存控制，1980 年最先使用条形码技术，1983 年史无前例地发射了自己专属的通信卫星，1985 年与供货商进行协调最早利用电子数据交换（Electronic Data Interchange，EDI），1988 年成为最早选择使用无线扫描枪的零售企业之一，1989 年最先开始与宝洁公司等大供应商实现供应商管理库存—快速用户反馈产销合作。

早在 1962 年，沃尔玛就设立了第一家门店，但是第一家配送中心一直到 1970 年才正式设立。早期的沃尔玛商店位于偏僻的小镇，交通不发达，闭塞的运输环境使得供应商基本不愿意为其送货,无奈之下,沃尔玛选择在总部本顿维尔镇开设第一家配送中心。当然,仅仅一家商店是不能够独立负担一个配送中心全部营运成本的。为此,以配送中心为圆心,以 500 公里为半径,凡是一天车程内的商店都由此配送中心承担配送工作,相应的商店承担对应的成本。这一模式大获成功后,沃尔玛快速拷贝此商业模式,并在美国迅速扩张壮大。

仅在美国,沃尔玛就设立了 70 个采用高新技术支撑的物流配送中心,其平均面积在 10 万平方米左右,大约等于 23 个足球场,并能够完美供应 700 家商店。沃尔玛的配送中心每个星期作业量可以达到 120 万箱,每个月自行整理的商品货物金额达到 5000 万美元。沃尔玛的配送中心可以称为当今最先进的配送中心,其完美实现了高效率、低成本的目标,并为天天平价提供了可靠的保障。

三、涅槃重生的诺基亚

(一)诺基亚的成长历程

诺基亚公司(Nokia Corporation,以下简称诺基亚)的历史始于 1865 年,是由木浆工厂和橡胶加工厂发展而来的。1871 年两家工厂合并为一家工厂,并转变为一家股份有限公司,公司被命名为"诺基亚",此后一直保留"诺基亚"这一名称。1902 年,诺基亚增加了一个电信部门,这个电信部门最终发展成为后来的诺基亚公司。

1960 年,诺基亚时任总裁约玛·奥利拉(Jorma Ollila)专注于电信行业,他认为未来的电信行业是科技发展的趋势,于是建立了诺基业电子部,并专注于电信系统方面的工作。电子部当时已在研究无线电传输问题,从而奠定了后来诺基亚集团的电信基础。

到 1967 年时,之前的电子部已发展成为拥有 460 人,净销售额占整个集团净销售额 3%的大部门。从 1962 年到 70 年代中期,诺基亚在芬兰电信市场所占份额不断增加。80 年代中期,诺基亚移动电话通过"Tandy 无线电小屋公司"的商店进入了美国市场。

1995 年,诺基亚的整体手机销量和订单剧增,公司利润大增。1996 年,诺基亚手机连续 15 年占据手机市场份额第一的位置,并且推出了以塞班(Symbian)和米果(MeeGo)为操作系统的智能手机。2003 年,诺基亚 1100 在全球已累计销售 2 亿台。2009 年,诺基亚公司手机发货量约 4.318 亿部。2010 年第二季度,诺基亚在移动终端市场的份额约为 35%,领先当时其他手机市场占有率 20.6%。

(二)诺基亚被微软收购

2011 年,由于长期坚守塞班这个封闭的智能操作系统,诺基亚手机被苹果和安卓系统超越,错失世界第一的宝座。诺基亚在短暂尝试了自主研发操作系统米果后,宣布了第二次重要的战略转型——抛弃主流的开放式操作系统,选择与微软深度合作。但事与愿违,仅仅过了两年,诺基亚手机帝国彻底颠覆,曾经的世界第一被以 37.9 亿欧元的超低价格出售给了微软公司。讽刺的是,在交易完成后,诺基亚花重金从微软挖来的总裁史蒂芬·埃洛普(Stephen Elop)随即宣布离职,拿着巨额补偿重新回到微软任职。

2013 年 9 月 3 日上午，微软宣布将以约 71.7 亿美元收购诺基亚手机业务，以及大批专利组合。微软将以 37.9 亿欧元收购诺基亚的设备与服务部门，同时以 16.5 亿欧元购买其专利组合的授权，共计 54.4 亿欧元，约折合 71.7 亿美元。

（三）诺基亚的"涅槃重生"

自 2013 年被微软收购后，诺基亚似乎就淡出了公众的视野。如今，诺基亚终于回来了。但诺基亚手机未来市场走向，依然迷雾重重。昔日的手机霸主、王中之王诺基亚公司，2014 年"忍痛"退出手机市场，只留下了"可以挡子弹手机"的佳话以及亏损到卖公司大楼时还给中国灾区捐款的美名。

虽然在手机业务上失败，但诺基亚坚守的另外一块业务却没有被放弃——通信设备制造和解决方案。2010 年诺基亚西门子通信公司宣布全资收购了美国摩托罗拉通信公司及其全球业务，2014 年完成了对合资公司诺基亚西门子通信公司中西门子所持 50%股份的回收，2015 年宣布以 166 亿美元收购全球主流通信设备商阿尔卡特朗讯通信公司，同年以 28 亿欧元出售非主营业务 Here 地图。2016 年全球各大通信设备及解决方案提供商的公司财报显示，华为收入 751 亿美元成为行业第一，诺基亚收入 249 亿美元排名第二，昔日冠军爱立信则以 3 亿美元之差排名第三。

四、诚实、正直和尊重他人的壳牌

（一）壳牌历史

荷兰皇家石油于 1890 年创立，并获得荷兰女王特别授权，因此被命名为荷兰皇家石油公司。为了与当时最大的石油公司美国的标准石油竞争，1907 年荷兰皇家石油公司与英国壳牌运输和贸易公司合并成立荷兰皇家壳牌集团（Royal Dutch /Shell Group of Companies，以下简称壳牌）。

它是国际上主要的石油、天然气和石油化工的生产商，同时也是全球最大的汽车燃油和润滑油零售商。它亦为液化天然气行业的先驱，并在融资、管理和经营方面拥有相当丰富的经验。业务遍及全球 140 个国家，雇员近 9 万人，油、气产量分别占世界总产量的 3%和 3.5%。作为荷兰最大的工业公司，其在 2012 年《财富》杂志世界 500 强中名列第一。

公司实行两总部控股制，其中荷兰资本占 60%、英国资本占 40%，两总部分别设在荷兰鹿特丹和英国伦敦。集团公司下设 14 个分部，分别经营石油、天然气、化工产品、有色金属、煤炭等。

（二）壳牌的价值观

壳牌是一家在充满挑战的环境中开展业务的全球化公司，设定了很高的业绩和道德行为标准，并在全球范围内推行。壳牌的核心价值观是"诚实、正直和尊重他人"。早在1976 年，壳牌就制定了《壳牌商业原则》，率先明确阐述并分享公司信念。作为商业原则的一部分，壳牌承诺为可持续发展做贡献，平衡短期和长远利益，并在业务决策过程中综合考虑经济、环境和社会因素。此外，壳牌还制定了《壳牌行为准则》和《道德准则》。其中，《壳牌行为准则》涵盖的主题包括：国内与国际贸易、健康、安全和环境、个人及商业诚信、财务与资产保护、员工和信息管理。这三大标准帮员工按照"诚实、正直和尊重他人"的核心价值观行事，并使员工遵守相关法规。

（三）壳牌的人力资源管理

壳牌十分重视与员工的直接和间接沟通，也十分重视企业的多元化和包容性。企业鼓励具有不同文化、背景、年龄和拥有多项技能、经验的人才相互交流，这样能够帮助企业更好地理解世界各地的客户，从而和他们建立更加稳固的合作关系。壳牌还通过与业绩挂钩的工资和奖金来认可和鼓励员工的个人业绩，并根据个人的需要提供灵活的工作方式。除此之外，壳牌还为员工提供专业培训和发展计划与支持，并提供领导力培训计划，鼓励其迎接更新的挑战，担负更大的责任。

五、百年历练打造优质的雀巢

（一）企业发展历程

雀巢公司（Nestle，以下简称雀巢），由亨利·内斯特尔（Henri Nestle）于 1867 年创建，总部设在瑞士日内瓦湖畔的沃韦（Vevey），是世界上最大的食品制造商。内斯特尔（Nestle）用自己的名字为品牌命名，但其名字在英文中却有"舒适安顿下来"和"依偎"的意思。由于其名字的特定含义，自然要与英文同一词根的"Nest"（雀巢）相联系，以雀巢图案作为品牌图形，而这又会使人联想起待哺的婴儿、慈爱的母亲和健康营养的雀巢产品。拥有 152 年历史的雀巢公司起源于瑞士，最初以生产婴儿食品起家。1868 年，雀巢在巴黎、法兰克福、伦敦设立了销售点，标志着其迈出了国际化的第一步。1874 年开始，朱尔斯·蒙内瑞特（Jules Monnerat）从亨利·内斯特尔手中收购了公司，雀巢公司开启了一系列收购计划。1898 年到 2002 年间，雀巢公司先后收购了英瑞炼乳公司、瑞士彼得卡耶巧克力公司、美国爱尔康眼药公司、美国食品巨头三花公司、英国糖果公司能得利等，扩展成为业务范围涵盖食品、饮料、化妆品、宠物食品等种类的大型国际化公司。2014 年，国外著名食品网站食品工程（Food Engineering）公布了 2014 年全球100 大食品和饮料公司的排名榜单，雀巢以 721 亿瑞士法郎稳居榜首。

（二）顾客导向的产品战略

作为世界食品行业的老大，雀巢一直把消费者需求的满足作为企业经营的根本出发点和目标。雀巢一直致力于通过搜集终端消费者和消费情况的信息来研究自己的顾客。通过遍布全球的 20 多家研究机构，广泛进行消费者偏好调查。雀巢通过市场调研，对世界各地的目标市场进行了购买力和购买行为细分。例如，在购买能力方面，雀巢发现欧美等西方发达国家由于经济发达，收入水平高，同时饮用咖啡的习惯由来已久，因此购买力强。其中，尤其以挪威、瑞典等北欧国家的咖啡消耗量最大，同时对咖啡的要求也较高，要求为细粉末状；而英国和日本有饮茶的传统，咖啡消耗量相对较小。

雀巢对消费者市场的需求和行为的把握是竞争环境下企业获得竞争优势的出发点和基础。如今，雀巢的市场调研延伸到整个产品系列，对全球各个国家和地区的消费人群都进行了精密的市场调研。

（三）注重亲和力的企业文化

雀巢的经营理念是"优质食品，美好生活（Good Food，Good Life）"，表达了"矢志提供更加美味的健康的食品选择，帮助消费者关爱自身和家人"，努力提高消费者生活质量的企业愿景。"实用、灵活、求知、开放的思维，以及对他人和异国文化的尊重"是雀巢公司主旨文化中不可缺少的价值观和理念。雀巢承诺在所有的国家都遵循当地法律、文化及宗教习惯。20世纪80年代雀巢产品刚进入中国，其广告片和宣传画的主角都是黄皮肤和黑头发的中国妇孺与富有活力的中国青年。20世纪90年代以后，雀巢广告开始以刚刚走上工作岗位的年轻人为主角，表达雀巢帮助他们减轻工作压力，勇敢接受挑战的理念。正是由于对不同文化的接受和适应，雀巢每到一个国家都能与这个国家的文化很好地融合并获得成功。

【人物专栏】吉姆·柯林斯（Jim Collins，1955— ）

吉姆·柯林斯毕业于斯坦福大学，是著名的管理专家及畅销书作家，影响中国管理十五人之一。曾获斯坦福大学商学院杰出教学奖，先后任职于麦肯锡公司和惠普公司。与杰里·波拉斯（Jerry Porras）合著了《基业长青——企业永续经营的准则》（Build to Last：Successful Habits of Visionary Companies）一书，书中提出了他的主要管理思想。如果说《追求卓越——美国管理最佳公司的经验》（In Search of Excellence：Lessons from America's Best-Run Companies）是开启商业管理书籍的第一次革命，那么该书则使这次革命达到一个高潮，为所有经理人和创业者带来灵感。如何建立一个伟大并长盛不衰的公司？柯林斯指出，有思想的人们早已经厌倦了"年度流行语"般稍纵即逝的管理概念，他们渴求获得能经受时间考验的管理思想。柯林斯和波拉斯确定"高瞻远瞩"公司的标准是：处于所在行业中第一流的水准、广受企业人士尊敬、对世界有着不可磨灭的影响、已经历很多代的首席执行官（CEO）、已经历很多次产品生命周期且在1950年前创立。根据这六条标准，他们选出的公司有：美国运通公司、波音公司、花旗银行、沃尔玛、迪士尼公司等18家。许多人认为一家公司的持续成长依赖于几位优秀的CEO的持续运作，但本书的作者却告诉人们，对一个企业而言，一群聪明人在维持现状的基础上敢于进行新尝试，比拥有一个有魅力的领袖更重要，而拥有一个核心的理念并为之奋斗则是企业持续成长的关键所在。

【人物专栏】杰里·波拉斯（Jerry Porras，1938— ）

杰里·波拉斯是斯坦福大学商学院组织行为与变化领域教授。他是《流式分析：诊断和管理组织变革的手段》（Stream Analysis：A Powerful Way to Diagnose and Manage

Organizational Change）一书的作者，是用于发现组织变化的流式分析电脑软件的发明者之一。他还领导着斯坦福大学在组织变化方面的管理项目。此前他在通用电气公司和洛克希德公司任职。他与吉姆·柯林斯（Jim Collins）合著《基业长青——企业永续经营的准则》（Build to Last：Successful Habits of Visionary Companies），为建立在 21 世纪的组织提供了一个宏伟蓝图。1994 年与吉姆·柯林斯合著《流式分析》，2006 年与马克·汤普森（Mark Thompson）、斯图尔特·埃默里（Stewart Emery）合著《成功长青》（Success Build to Last）。

【人物专栏】罗莎贝斯·坎特（Rosabeth Kanter，1943—）

罗莎贝斯·坎特是最负盛名的管理作家之一。她目前是哈佛商学院的首席管理教授，专长领域是战略、创新和变革。她的重要管理著作往往也是畅销书，比如《变革大师》（The Change Masters）、《当巨人学习跳舞》（When Giants Learn to Dance）和《世界级：区域性企业也能竞逐全球》（World Class：Thriving Locally in the Global Economy）。坎特是社会学博士，1986 年到哈佛任管理教授，之前是耶鲁大学的社会学教授。她的主要研究领域是组织，旨在理解和解释最重要的组织——大公司，并使之变得既有效又更有人性。坎特相信，"孤独的狼"似的创业者时代已经过去，而在"后创业者时代"，经济未来要靠大公司。在她最为成功的《当巨人学习跳舞》（When Giants Learn to Dance）一书中，她提出了"后创业者时代的管理原则"。

进一步阅读材料：

1. 顾倩妮.美国企业管理经典案例解析[M].上海：上海交通大学出版社，2016.

2. 胡茉.欧洲企业管理经典案例解析[M].上海：上海交通大学出版社，2017.

3. 余阳明.中国企业经典案例[M].上海：上海交通大学出版社，2013.

4. 奚菁，冯冈平.企业管理案例[M].北京：清华大学出版社，2017.

5. 侯二秀.企业管理案例精选（第 1 辑）[M].北京：经济科学出版社，2016.

6. 彼得·德鲁克.高增安等译.德鲁克经典管理案例解析[M].北京：机械工业出版社，2009.

7. 丹尼尔·雷恩，阿瑟·贝德安.孙健敏等译.管理思想史（第六版）[M].北京：中国人民大学出版社，2014.

8. 郭咸纲.西方管理思想史（插图修订第 4 版）[M].北京：北京联合出版公司，2014.

9. 苏东水.中国管理学术思想史[M].北京：经济管理出版社，2014.

本章思考题：

1. 成功的企业管理具有哪些共性？

2. 现阶段管理学研究趋势是什么？

3. 同国外企业管理相比，中国企业管理具有哪些特点？

4. 企业文化在企业发展中起到怎样的作用？

5. 如何将管理理论正确地应用到企业实践？

【章末案例】

星际公司的战略

星际公司是一家生产销售电子产品的小型民营企业，1996 年创建于北京中关村，创业时仅有 3 名员工，不足 2 万元的资产。经过 6 年的苦心经营，到今天已发展成为一家拥有 16 家子公司、员工达 300 人、资产近 2 亿元的集团公司。公司的业务范围涉及通信、安防、网络应用等十几个领域，经营的产品达 500 余种。公司的高速发展靠的是务实高效的战略选择，靠的是企业战略的运筹与把握能力。

在长期的市场实践中，星际公司找到了一条适合自身发展的捷径，就是寻求稳定的大企业作为自己比较固定的合作伙伴。他们认为，企业除了生产别人不能与你竞争的专用产品外，还应找到一个或几个大企业作为自己比较固定的合作伙伴，向他们长期供应自己的产品。这样，自己的产品就会有稳定的销路，生产也能保持相对的稳定性。公司在成立 4 年后的 2000 年找到一个国外的大买主，该公司每年从星际购买大约 800 万美元的系列配套产品，这使得公司的产品有了比较固定的出口路线，同时企业的知名度也得到空前提高。

讨论：星际公司采用了什么经营战略？你认为星际公司作为企业还可以采用哪些经营战略？

第二章 国内外管理学的发展

【本章导读】本章分别就国外和国内管理学的发展进行梳理和阐述，重点讲述了国外管理学发展的几个阶段和经典管理理论的主要内容，同时分析了我国管理学发展的阶段及管理学科体系的发展演变和构成。

【开篇案例】

从铁匠铺到大型企业集团

在秦始皇修建长城的年代，有一个铁匠铺，其中的成员仅有一名铁匠和两名学徒，生产铁锹、锄头、斧子等日常的生产和生活用品。在生产过程中，铁匠和学徒均独立完成矿石开采、冶炼、锻造、加工全部过程。作为企业前身的铁匠铺在公元前 2 世纪到 18 世纪中叶的几千年中变化不大，学徒略有增加。18 世纪后期，随着社会生产力的发展，顾客需求增加。师傅带徒弟的模式难以维持日益增长的顾客需求，因此师傅大量地雇用工人进行生产，但是生产方式仍以手工生产为主。铁匠铺实现了到手工工场的转身，每个工人都负责完成一个产品的完整生产过程。工场遇到的管理问题是生产效率低下，工人的工作积极性不高。为改善生产效率，工匠抛弃以往的生产方式，19 世纪末引进了生产机器设备，实现了从手工工场到机器化大工厂的转变，雇用更多的工人生产更多的产品。由于生产过程的复杂化和专业化，铁匠需要对生产制定全面的生产计划以及每个员工的个人计划，对员工进行机器设备使用的培训，合理分配原材料和资金以及对生产过程进行控制。这些纷繁复杂的问题对生产的顺利进行具有重要的意义。由此，管理职能从生产中独立出来。几千年前开办的一个铁匠铺，历经岁月沧桑，最终延续发展下来，经历铁匠铺——手工工场——机器化大工厂——公司制企业——股份制公司，最后发展成为一家多元化经营的大型企业集团。

思考：纵观人类社会发展历史，管理活动是如何产生的？

第一节 早期管理思想

管理实践的产生可以追溯到人类的远古时期，原始人共同劳动的产生预示着人类管理的萌芽。工业革命初期，亚当·斯密（Adam Smith）系统阐述了分工论，为管理学的产生奠定了初步的基础。这两个阶段是管理学科前时代的重要组成部分，19 世纪末之前都是早期管理思想阶段。

一、远古时代的管理

远古时期，人类的生存以部落为单位，部落内部设有酋长，负责组织和协调部落中各项事宜，人类分工由此产生。分工协作是管理活动产生的必要条件，原始部落中谁负责打猎、谁负责看管食物、谁负责搬运等，都是分工的具体体现，都涉及管理工作。

二、斯密与分工理论

到了工业革命初期，斯密提出了分工理论。他认为，分工的起源是由于人的才能具有天然的差异，每个人都有独特的交换与易货倾向，而这种倾向作为私利则决定了分工。他以参观的一家制针厂为例，发现如果工人们各自独立工作而不实现专业的分工，那么每一个人都不可能在一日之内制造 20 枚针，甚至有的工人连一枚都制造不出来。但是如果将拉出铁丝、拉直铁丝、削断铁丝、削尖铁丝等工作分开，依次由不同的人独立地去完成，并且不告诉他们如何完成其他工作，那么 10 个人一天可以做出 48000 多个大头针。斯密认为分工促进劳动生产力的原因有三个：第一，劳动者的技巧因专业而日进；第二，由一种工作转到另一种工作，通常会损失不少时间，有了分工，就可以免除这种损失；第三，许多简化劳动和缩减劳动的机械发明，只有在分工的基础上才能发挥作用。因此，亚当·斯密得出结论，认为分工可以提高生产效率，这也和当时工业革命的历史背景相呼应。

【人物专栏】亚当·斯密（Adam Smith，1723—1790）

亚当·斯密是古典经济学的主要创立者。1723—1740 年，斯密在家乡苏格兰求学。1740—1746 年，他赴牛津学院（The Oxford Academy）求学。1750 年后，斯密在格拉斯哥大学不仅担任过逻辑学和道德哲学教授，还同时负责学校行政事务。斯密于 1759 年出版的《道德情操论》（The Theory of Moral Sentiments）获得学术界的极高评价。而后，他于 1768 年开始着手著述《国民财富的性质和原因的研究》（An Inquiry into the Nature and Causes of the Wealth of Nations），该著作简称《国富论》。1776 年 3 月此书出版后引起大众广泛的讨论，世人尊称斯密为"现代经济学之父"和"自由企业的守护神"。1787年，他被选为格拉斯哥大学荣誉校长，也被任命为苏格兰的海关和盐税专员。斯密首次提出了全面系统的经济学说，为该领域的发展打下了良好的基础。因此，完全可以说《国富论》是现代经济学研究的起点。斯密在经济学界的地位是独一无二的，但他在管理学中的地位却十分微妙。很少有人注意到斯密对管理学的贡献。在管理学领域，人们总是把斯密看作经济学家，在推崇他的经济学理论的同时又把他置于管理学之外。所谓地位微妙，是指管理学家们都客客气气地尊奉斯密为大师先哲，但又不把他看作管理学的圈内人士。斯密分工的思想，是管理学诞生的直接原因和技术前提；而斯密的经济人假设，构成了管理学的理论前提。

【人物专栏】罗伯特·欧文（Robert Owen，1771—1858）

在工业革命时代，机器工业得到了前所未有的发展。但是，在发展的同时，也隐藏着许多深层次的问题无法解决。早期对工业革命带来的管理问题和社会问题进行分析并提出解决办法的人并不多，欧文是其中非常杰出的一位。无论是在管理学和教育学上，还是在社会学和政治学上，欧文的思想都是影响深远的。欧文是现代人事管理之父、人本管理的先驱。欧文于1771年5月14日出生于北威尔士蒙哥马利郡的牛顿城。18岁那年，欧文拿着借来的100英镑，在曼彻斯特创办了自己的工厂。20岁的时候，他为了求得更好的发展，把他的小工厂卖给了一个叫德林科沃特的人，自己则受雇于他，成为一个更大工厂的经理。在这个工厂，欧文的细致观察起到了很大的作用，他先是花了六周的时间仔细地观察工人的各种活动，然后再推行自己的管理举措。工厂管理的实践，使欧文觉察到环境对自己和别人所产生的影响，并着力改善工人的工作环境。由于他的出色管理，德林科沃特把自己的股份分给了他一些，这样使他又成为股东。在这里积累的经验，为欧文以后在新拉纳克工厂的实验打下了基础。欧文对管理学的贡献是，摒弃了过去那种把工人当作工具的做法，着力改善工人的劳动条件，诸如提高童工参加劳动的最低年龄、缩短雇员的劳动时间、为雇员提供厂内膳食、设立按成本向雇员出售生活必需品的模式，从而改善了当地整个社会状况。

【人物专栏】查尔斯·巴贝奇（Charles Babbage，1792—1871）

查尔斯·巴贝奇是科学管理的先驱者。巴贝奇出生于一个富有的银行家家庭，曾就读于剑桥大学三一学院。1812年他协助建立了分析学会，其宗旨是向英国介绍欧洲大陆在数学方面的成就。该学会推动了数学在英国的复兴。1814年和1817年，他先后获得文学学士和硕士学位。他于1815—1827年在伦敦从事科学活动，1827—1828年在欧洲大陆考察工厂，1828—1839年在剑桥大学任卢卡斯数学教授。他提出了在科学分析的基础上，可能测定出企业管理的一般原则。他于1823年设计出世界上第一台计算机小型差数机，虽然没有制成，但其基本原理于92年后被应用于巴勒式会计计算机。他制定了一种"观察制造业的方法"。他进一步发展了斯密关于劳动分工的利益的思想，分析了分工能提高劳动生产率的原因。

【人物专栏】丹尼尔·麦卡勒姆（Daniel Mccallum，1815—1878）

企业在发展过程中都会或多或少出现管理问题，19世纪中后期的美国铁路公司也不例外。但是由于当时既没有丰富的管理文献可供利用，也没有现成的管理经验可供借鉴，因而，铁路在运营管理上出现的问题并没有得到有效的解决。如何管理这些散布在广袤原野上、雇员众多的大型企业，成为当时美国经济中的"老大难"。麦卡勒姆在这方面做出了杰出的贡献。麦卡勒姆1815年出生于苏格兰，1822年来到美国，除了在纽约的罗彻斯特受过几年初等教育外，没有读过多少书。他的父亲是个裁缝，但是麦卡勒姆不愿意子承父业，而是去当了一个木工学徒，由木工最终发展为一位著名的建筑师，设计和修建过不少建筑物。在设计和修建房屋的过程中，他培养了统筹和管理的能力，这为他以后的管理生涯做好了铺垫。1848—1857年，麦卡勒姆就职于纽约伊利铁路公司，从一名小小的监工干起，直到成为公司的总监，并曾担任过公司负责人。之后，他还曾负责过美国所有铁路的指导和监督工作。麦卡勒姆所遇到的管理问题是伴随着铁路公司这一大型企业的发展应运而生的。铁路线纵横东西南北，设备和雇员分散于全国各地，加大了协调和控制的难度。由于管理不力，铁路事故频发，普遍存在效率不高、经营不善等问题。当时很多人认为，这些问题是不治之症。然而，麦卡勒姆凭借他的管理才华，以制度化方式破解了这些难题。麦卡勒姆的贡献，体现在他为纽约伊利公司制定的全面系统的管理制度、原则和具体的实施细则方面。这种整体改革，使伊利铁路公司成为美国企业制度化管理的先驱，也奠定了麦卡勒姆在管理学史上的地位。在当时的背景下，他的制度化改革使美国的企业管理实现了质的飞跃。

第二节 泰勒的科学管理理论

19世纪末到20世纪初，是古典管理理论阶段。该理论主要由科学管理理论、一般管理理论和组织管理理论构成。其中，科学管理理论旨在寻找科学的管理办法以替代传统的管理办法，最终的目的是提高生产效率。弗雷德里克·泰勒（Frederick Taylor）是该理论的代表人物之一，被誉为"科学管理之父"。

一、人物背景

19世纪中后期，美国技术取得了很大的进步，但是当时对资源的管理方式还很落后，大大限制了劳动生产效率的提高。资本积累的速度加快，社会贫富差距加大，使得劳资关系恶化，资本家过着奢侈的生活，贫穷的工人则通过发动暴动、捣毁机器的方式来争取自己的权利。为缓解当时的矛盾，人们通过各种方法试图在现有资源和劳动力的基础上提高生产效率。如何充分激发劳动力的潜力成为当时关注的重点。

泰勒 22 岁时在费城的一家钢铁厂当机械工人，并在 6 年后被提拔为总工程师。在钢铁厂近 20 年的工作经历使他亲身体验了工人生活，并看到了提高管理效率的紧迫性和可能性。泰勒曾针对金属切割工人进行了一项"金属切削实验"，从而为每个工人安排合理的工作量和工作内容。这些都为他"科学管理"的提出奠定了一定的基础。

【人物专栏】弗雷德里克·泰勒（Frederick Taylor，1856—1915）

弗雷德里克·泰勒是美国著名管理学家和经济学家，被后世称为"科学管理之父"。1874 年，他考入哈佛大学法律系，不久，因眼疾辍学。1881 年，泰勒开始在米德维尔钢铁厂进行劳动时间和工作方法的研究，为以后创建科学管理理论奠定了基础。同年，他开始在米德维尔进行著名的"金属切削实验"，经过两年初步实验之后，给工人制定了一套工作量标准。米德维尔的实验是工时研究的开端。1883 年，通过业余学习，他获得新泽西州霍肯博的斯蒂文斯理工学院机械工程学位。1884 年，他担任米德维尔钢铁公司的总工程师。1886 年，他加入美国机械工程师协会（The American Society of Mechanical Engineers）。其代表作为 1911 年出版的《科学管理原理》（The Principles of Scientific Management），书中提出了科学管理理论。100 多年来，科学管理思想仍然发挥着巨大的作用。

【人物专栏】卡尔·巴思（Carl Barth，1860—1939）

卡尔·巴思是泰勒的嫡系追随者，他同泰勒关系最为密切，也最得泰勒的信任。管理学界公认他是泰勒最早、最能干，也最亲近的助手。巴思生于挪威的奥斯陆，高中毕业后进入海军部门主办的霍尔顿工艺学校学习，一边学习一边当学徒工。巴思陆续在多个公司担任制图师、设计师等职，还在宾夕法尼亚、纽约的数所学校担任过数学、机械制图、手工训练教师。1899 年，他又到宾夕法尼亚贝瑟利恩钢铁公司任机构车间工程师，做泰勒的特别助手。1903 年起，巴思自己创业做咨询工程师，在费城的泰伯公司、链带公司、亨利·汤公司等企业推广泰勒制。1912 年，成立巴思父子咨询工程公司，专门从事推广泰勒制的管理咨询。1911—1916 年以及 1919—1922 年，他两度在哈佛大学任科学管理讲师，1914—1916 年兼任芝加哥大学科学管理讲师。1920 年，由于巴思在推广泰勒制上的不懈努力和卓越贡献，他被推选为泰勒协会的荣誉会员。他还是美国机械工程师学会的终身会员。

【人物专栏】亨利·甘特（Henry Gantt，1861—1919）

亨利·甘特是人际关系理论和科学管理运动的先驱者之一，是甘特图（Gantt Chart）

即生产计划进度图的发明者。甘特出生于一个农民家庭，南北战争使美国避免了分裂，却导致了甘特家庭的贫穷。幼年的艰辛，使甘特明白了勤勉、俭朴、自省、奋斗的意义所在。1880年，当他在霍普金斯大学以优异成绩毕业时，他明白，大学的学习所得还远远不够。于是，他一边在自己原来的母校麦克多纳预备学校任教，一边在斯蒂文斯理工学院继续学习，到1884年，他成为一名机械工程师。在麦克多纳从事自然科学和机械技术教学的经历，对他日后的职业生涯有着重大影响。1887年，甘特到米德维尔钢铁厂任助理工程师，同泰勒密切合作，共同研究科学管理问题。1902年以后，甘特离开了泰勒，独立开业当咨询工程师，并先后在哥伦比亚、哈佛、耶鲁等大学任教。第一次世界大战期间，他为政府和军队充当顾问，对造船厂、兵工厂的管理进行了深入的研究。因为在战争期间的贡献，甘特获得了美国联邦政府的服务优异奖章。在企业管理方面，甘特提出的奖励工资制有着很大影响，人们一般称之为"任务加奖金制"。

【人物专栏】弗兰克·吉尔布雷斯（Frank Gilbreth，1868—1924）

弗兰克·吉尔布雷斯出生于美国缅因州费尔菲尔德。1985年，他在波士顿登记了自己的建筑公司，取得了辉煌的成就，被誉为"动作研究之父"。吉尔布雷斯在安得福学院和波士顿学院学习时，成绩优异。1885年，他通过了麻省理工学院的入学考试，却因家庭困难没有入学，而是进入建筑行业，并以一个砌砖学徒工的身份开始了职业生涯。这样，年仅17岁的他就开始在一个建筑承包公司那里做学徒工。在以后的10年时间里，吉尔布雷斯刻苦钻研，努力工作，终于设计出一种新的脚手架，发明了建造防水地窖的新方法。不仅如此，他在混凝土建造方面也有许多革新。因为在技术上的杰出成就，他成为公司的总监督。吉尔布雷斯提出了差别计件工资制，即对同一种工作设置两个不同的工资率。对那些用最短的时间完成工作、质量高的工人，就按一个较高的工资率计算；对那些用时长、质量差的工人，则按一个较低的工资率计算。实行这种工资制度，要求按日及时计算工作成果，即要求对每个工人的生产成果及时检验和快速地统计、公布，使他们每天都能了解自己前一日的工作情况，这样，就会刺激每个工人都必须尽最大的努力去工作。

【人物专栏】哈林顿·埃默森（Harrington Emerson，1853—1931）

哈林顿·埃默森是科学管理理论的奠基人之一，是西方管理学界所公认的传播效率主义的一位先驱者。他出生于一位长老会牧师的家庭，自幼便受到了基督教新教俭朴美德的熏陶。他曾在慕尼黑皇家巴伐利亚工业大学学习。埃默森步入工业界，开始是专门为伯林顿铁路公司经理解决问题的代表，后来他又成为处于严重停工状况的圣菲铁路公司的顾问，仅仅通过3年时间，埃默森就恢复了正常的劳资关系，降低了25%的开支，并使该公司每年节约150万美元的资金。1910年，他在州际商务委员会为反对美国东北部铁路公司提高货运费作证时，声称铁路公司只要采用泰勒的科学管理方法，每天就可以节省 100 万美元。他的这席话，震动了美国的工商业界，对"科学管理"的推广起到了积极的作用。在美国国会关于铁路运费问题的听证会之后，埃默森出版了他的《十二项效率原则》（The Twelve Principles of Efficiency）的著作。有关效率问题，是埃默森一生中最有成效的研究，因此他至今还被称为"效率的大祭司"。埃默森与他的十二条效率原则相配合，创造了一种按工人的工作效率高低确定是否给予奖金和奖金高低的工资制度。

【人物专栏】莫里斯·库克（Morris Cooke，1872—1960）

莫里斯·库克是科学管理的早期研究工作者之一，也是泰勒的亲密合作者。他于 1895 年毕业于美国的利海大学，获得机械工程学士学位。后来他在工业部门中工作，并早在结识泰勒以前就应用一种"提问法"对工业中的浪费现象进行分析研究。当泰勒的著作出版并得到传播以后，库克成为泰勒的坚决支持者，并被泰勒认为同巴思、甘特、哈撒韦一样，是自己的亲密门徒。他曾由泰勒提名参加研究美国机械工程师学会管理效率的委员会，并在一年半的研究期间由泰勒付给他工资。库克于 1916 年开设了自己的咨询公司，并于第一次世界大战期间为美国政府服务。他在富兰克林·罗斯福（Franklin Roosevelt）总统当政期间曾担任过多种职务，如农村电气化管理局局长、纽约州电力局局长等。他还曾被杜鲁门总统派去处理困难问题。他的主要贡献是在非工业组织中传播和应用科学管理思想。

二、科学管理理论

泰勒对科学管理进行了这样的定义："科学管理是由多种要素构成的，它包括科学、协调和高产。其中科学，不是单凭经验的方法，而是要通过试验探索工作规律的方法；协调，不是不和别人合作，不是个人主义；高产，高生产效率意味着高产量，意味着要发挥每个人最高的效率，实现最大的富裕。"这个定义，既阐明了科学管理的真正内涵，又综合反映了泰勒的科学管理思想。泰勒的科学管理理论具体包括以下内容。

（一）管理要坚持管理的原则，注重管理和工作的科学化、标准化

泰勒认为提高生产效率的重点在于对以往生产和工作经验与知识的归纳和总结，发掘其中规律，将其标准化以形成科学的方法。管理者要用科学知识取代经验，针对生产过程实现流程标准化、操作标准化、动作标准化和环境标准化等，针对工人的每一个动作进行科学研究，制定标准的作业流程和作业时间，使人能够更有效地利用工具，采取更有效的工作方法，达到提高生产效率的目的。

（二）倡导精神革命，树立新的管理理念

按照以往的经验管理理念，资本家没有工作计划，为了增加利润，就通过延长劳动时间的方式加重对工人的剥削。工人则认为自己花很多的时间在工作上但是没有取得相应报酬，于是就用"磨洋工"的方式来消极对待。"磨洋工"现象的产生是工人和资本家利益争夺的产物，是对资源的严重浪费。因此为了消除这种矛盾，要进行精神革命，树立新的管理理念。泰勒在《科学管理原理》（The Principles of Scientific Management）一书中指出："资方与工人的紧密、亲切和个人之间的合作，是现代科学或责任管理的精髓。"没有劳资双方的密切合作，任何科学管理的制度和方法都难以实施，难以发挥作用。因此，劳资双方要进行密切的合作，关键不在于制定制度和方法，而是要在劳资双方的思想和观念上实现根本的转变。如果劳资双方都把注意力集中于如何提高劳动生产率上，那么劳动生产率提高了，不仅工人可以多拿工资，资本家也可以多拿利润，从而可以实现双方的利益最大化。

（三）要重视人的本性

泰勒认为人的本性是追求经济利益，这属于"经济人"的范畴。最早的"经济人"理论是由斯密提出的，认为人是追求经济利益的动物，人工作的目的是为了获得经济报酬，如果人懒惰、不思进取，就必须用严格的规章制度来约束他们，用经济报酬激励他们。因此，不仅要对工人进行严格的挑选、培训和教育，还应该制定科学合理的管理方法。

1. 工作定额制

企业首先要设立一个专门的部门来衡量和制定工作定额，通过动作研究和工作方法研究，制定出具有科学依据的工人的合理工作量以取代旧有的按照经验进行的管理，使工人的工资和其工作量相挂钩。通过工作定额制可以使管理者的管理工作变得简单，便于实施监督以及对工人绩效的考核。

2. 差别计件工资制

泰勒在当时的日工资制、计件工资制以及弗雷德里克·哈尔西（Frederick Halsey）提出的工资加超产奖金的工资制基础上，于1895年提出了差别计件工资制。差别计件工资制要求企业设立定额部门来确定合理的劳动定额和工资率，按照工人是否完成工作而采用不同的工资率，并按照出勤率、准时率、正确率、诚实、快捷等指标进行系统的记录，由此不断调整其工资率，这样可以使每个人的工资按照他们的技能、劳动成果和表现来计算，从而充分调动每一个人的工作积极性。差别计件工资制在当时对工人士气的影响效果是十分显著的。

3. 专门计划层

泰勒主张"由资方按科学规律去办事，要均分资方和工人之间的工作和职责"，要把计划职能与执行职能分开并在企业设立专门的计划机构。这意味着管理职能和执行职能的分离，管理职能归资本家及其设立的计划部门，负责工作计划和工作标准的制定；执行职能归工人所有，工人听从指挥。这样将分工理论应用到了管理领域，明确了管理者和被管理者的分工。

4. 职能工长制

泰勒主张在工厂的基层和管理层设立职能类的工长，这些工长分属不同的部门，掌握不同的工作方法。他们负责将各自的方法传授给下属工人，并监督和督促他们的工作。

泰勒关于科学管理理论的创立是管理学的一大进步，他倡导科学的工作方法和新的工作理念，在当时对打破原有的经验管理方式、提高生产效率等发挥了重要的作用。他所创立的一些管理原则、管理方法和管理思想成为管理学的经典，形成了一个完整的科学体系，在今天的管理实践中依然发挥着巨大的作用。

第三节　法约尔的一般管理理论

泰勒在开创西方古典管理理论先河之后，欧洲也涌现出了丰富的古典管理思想，亨利·法约尔（Henri Fayol）的一般管理理论便是其中的代表理论之一。与泰勒不同的是，亨利·法约尔是基于其长期处于企业管理层的经验基础上得出的高层管理理论，其研究起点是从"办公桌前的总经理"出发的，因此同泰勒的科学管理理论在一定程度上实现了互补。

一、管理活动的独立

法约尔首先区别了经营和管理，认为这是两个不同的概念。他将管理工作从众多工作中独立出来，认为企业的经营过程一共有以下六种活动。

（一）技术活动

技术活动（Technology Activity）也就是商品的生产、制造、加工活动。

（二）商业活动

商业活动（Commerce Activity）包括原材料或半成品的购买、商品的销售和交换。

（三）财务活动

财务活动（Finance Activity）是指资本的筹集和使用，为企业的生产、交换、分配等环节提供必要的资金支持。

（四）安全活动

安全活动（Safety Activity）是指保证企业的原材料、设备、人员、资金等不受损害，维护企业经营正常进行的活动。

（五）会计活动

会计活动（Accounting Activity）主要负责资金、库存的盘点，财务报表的编制，成本的核算以及其他与经营活动相关的统计。

（六）管理活动

管理活动（Management Activity）包括计划、组织、指挥、协调、控制五大职能。

法约尔认为这六大活动不是相互独立的，而是相互影响、紧密联系的，它们共同组成一个有机整体，贯穿企业的经营活动过程中，实现企业的生存和发展。这就把管理活动从企业的其他活动中分离出来，更加强调管理活动的独立性和重要性，这对管理理论研究的深入展开和管理实践的繁荣起到很好的推动作用。

【人物专栏】亨利·法约尔（Henri Fayol，1841—1925）

亨利·法约尔是法国古典管理理论学家、现代经营管理之父，与马克斯·韦伯（Max Weber）、弗雷德里克·泰勒并称为西方古典管理理论的三位先驱，并被尊称为管理过程学派的开山鼻祖。泰勒的科学管理理论开创了西方古典管理理论的先河，在其被传播之时，欧洲也出现了一批古典管理的代表人物及其理论，其中影响最大的即法约尔及法约尔的一般管理理论。法约尔在一个煤矿公司当了30多年的总经理，创办过一个管理研究中心。法约尔是截至20世纪上半叶欧洲贡献给管理运动的最杰出的大师，被后人尊称为"现代经营管理之父"。他最主要的贡献在于三个方面：从经营职能中独立出管理活动，提出管理活动所需的五大职能和14条管理原则。这三个方面也是其一般管理理论的核心。

二、管理职能的提出

法约尔还较为系统地阐述了管理工作的因素，即管理职能，认为管理工作包括计划、组织、指挥、协调和控制。这种观点被人们普遍接受，并构成研究管理职能的基础。

（一）计划

法约尔认为计划（Planning）就是探索未来，制定行动计划。计划工作有不同的方法，它的主要表现、明显标志和最有效的工具就是行动计划。行动计划既反映出了要达到的结果，又指出了所遵循的行动路线、通过的阶段和所使用的手段。行动计划的制定要依据以下三点：第一，企业的资源，如厂房、工具、原料、资本、人员、生产能力、销售渠道、公众关系等；第二，正在进行的工作的性质和重要性；第三，企业的未来发展趋势，它部分地取决于技术的、商业的、财政的及其他的条件。这些条件具有很大的变动性，因此计划工作是每个企业最重要和最困难的工作之一。法约尔还认为，一个好的计划应该是统一性、连续性和灵活性的有机统一。

（二）组织

法约尔指出，好的计划需要有好的组织（Organizing）。组织是对企业计划执行的分工。组织一个企业就是为企业的经营提供所有必要的原料、设备、资本、人员。法约尔认为，社会组织应完成以下管理任务：注意行动计划是否被深思熟虑地准备并被坚决地执行；注意社会组织和物质组织是否与企业的目标、资源和需要相适合；建立一元化的、有能力的坚强领导；协调力量，配合行动；做出清楚、明确、准确的决策；有效地配备和安排人员；每一个部门都应该由一个有能力的、积极的人来领导，每一个人都应该在他能够最好地发挥作用的职位上；明确地规定职责；鼓励首创精神与责任感；对员工所做的工作给予公平而合适的报酬；对过失与错误施加惩罚；使大家遵守纪律；注意使个人利益服从集体利益；特别注意指挥的统一；注意物品秩序与社会秩序；进行全面控制；与规章过多、官僚主义、形式主义、文牍主义等弊端做斗争。

（三）指挥

指挥（Commanding）是一种以某些工人品质和对管理一般原则的了解为基础的艺术。法约尔认为指挥人员要做到透彻了解自己的下属。领导者至少要做到以下几点：第一，了解他的直接部下，明白对每个人可寄予什么期望，给予多大信任；第二，淘汰没有工作能力的人；第三，十分通晓约束企业和雇员的协议，起到维护企业利益的作用；第四，在厂主面前，起到维护职工利益的作用；第五，做好榜样，使职工对领导者的管理心悦诚服；第六，对组织的账目定期进行检查，并使用概括的图表来促进这项工作；第七，召开会议；第八，不要在工作的细节上过度花费精力，要将注意力集中于重大事项。

（四）协调

有效的协调（Coordinating）就是使企业的一切工作都要和谐地配合，以便企业经营顺利进行。法约尔认为，协调的一种功能就是使职能的社会组织机构和物质设备机构之间保持一定的比例。这个比例是每个机构高效、保质保量完成任务的基础和保证。法约尔还提出了企业需要进行工作协调的原因在于各部门、各科室间的相互不了解和不通气，仅关心自己的利益而缺乏整体意识。因此，解决这一问题的最好方法就是部门领导每周的例会。召开例会的目的是根据企业工作进展情况讲明企业发展方向，明确各部门之间应有的协作，利用领导们出席会议的机会来解决共同关心的各种问题。会议的召开要有利于领导们根据事态发展情况来完成这个计划，保证各部门之间行动协调一致。

（五）控制

控制（Controlling）就是要证实一下是否各项工作都与已定计划相符合，是否与下达的指标及已定规则相符合。法约尔认为，控制的目的在于指出工作中的缺点和错误，以便纠正并避免重犯。由于控制作用于各种性质的工作和各级工作人员，所以控制有许多不同的方法，像管理的计划、组织、指挥和协调一样，控制这一要素在执行时总是需要有持久的专心工作精神和较高的艺术水平。

三、十四条一般管理原则

除此之外，法约尔还提出了著名的十四条一般管理原则，即分工、权力与责任、纪律、统一指挥、统一领导、人员报酬、集中、等级制度、秩序、公平、人员稳定、个人利益服从整体利益、首创精神和人员的团结。这些原则对后续管理实践的影响深远，因此法约尔还被誉为"经营管理之父"。

法约尔提出的十四条一般管理原则与管理工作的五大职能为管理过程研究奠定了基本的理论基础，许多管理论著在某种程度上可直接追溯到一般管理理论的研究。法约尔提出一般管理理论迄今已近百年，但经久不衰，至今仍有相当大的影响力，对现代管理仍然具有现实的指导意义。这主要是因为：首先，法约尔对现代管理学研究提出了总框架，对管理内涵的概括体现了全局性和战略性的特点；其次，法约尔把管理同其他容易混淆的术语区分开来，更加体现了管理的独立性和专业性，这对管理者正确理解自己的特殊职业含义很重要；第三，法约尔提出的十四条原则至今仍然是规范现代管理活动的重要准则；第四，法约尔澄清了高层管理中的混乱思想，给高层管理者提出了应注意的方面。

【人物专栏】林德尔·厄威克（Lyndall Urwick，1891—1983）

林德尔·厄威克在英国牛津大学受过教育，是英国著名的管理史学家、教育家、管理学家，曾长期担任英国一家管理公司的董事长。1928—1933年，他担任在日内瓦的国际管理协会的首任会长。在任职期间，厄威克因工作需要经常在美国进行活动，对美国企业管理理论的发展影响很大。厄威克最大的贡献是对经典的管理理论进行了综合。他在《行政管理原理》（The Elements of Administration）一书中，把各种管理理论加以综合，创造出一个新的体系：把泰勒的科学管理理论和科学分析方法作为指导一切管理职能的基本原则，把法约尔的计划、组织、控制三个管理要素作为管理过程的三个主要职能，将法约尔的管理原则放在管理的职能之下，如在控制职能之下的职能有配备人员、挑选和安排教育人员等。厄威克在管理职能划分方面，基本上是在"法约尔五职能说"的基础上进行了分析和综合。他认为，管理过程是由计划、组织和控制三项主要职能所构成的。厄威克的主要成就还在于组织原则的系统化，在其早年著作《组织的科学原则》（Scientific Principles and Organization）中提出了适用于一切组织的八项原则，即目标原则、专业化原则、协调原则、相符原则、职责原则、明确性原则、等级系列原则和管理幅度原则。

【人物专栏】卢瑟·古利克（Luther Gulick，1892—1993）

美国管理学者卢瑟·古利克和英国管理学者林德尔·厄威克是古典管理理论的两位集大成者。古利克是一名美国管理学家，曾任美国哥伦比亚大学公共关系学院院长，曾经是罗斯福总统的行政管理委员会的成员，出版了许多关于管理方面的著作。古利克把关于管理职能的理论系统化，提出了有名的管理七职能论和10项管理原则。古利克在管理学史上，同厄威克处于几乎同等的地位。这种地位，与其说是由于他们在现代管理思想上有什么创新，倒不如说是由于他们在古典管理理论的系统化方面所做的大量工作而确立的。在1937年出版的由古利克和英国管理学权威厄威克合编的《管理科学论文集》（Papers on the Science of Administration）中，包含了一系列反映当时管理学方面不同意见的论文。古利克在这本论文集内，将法约尔有关管理过程的论点加以展开，提出了有名的管理七职能论。取其每种职能英文词的首字母而称作"POSDCRB"，即计划（Planning）、组织（Organizing）、人事（Staffing）、指挥（Directing）、协调（Coordinating）、报告（Reporting）、预算（Budgeting）。

【人物专栏】威廉·纽曼（William Newman，1909—2002）

威廉·纽曼，著名的战略管理研究大师，美国管理学会前主席，管理过程学派的代表人物之一，美国哥伦比亚大学商业研究生院管理学教授。他从 20 世纪 50 年代就开始从事企业战略管理方面的研究，1998 年与彼得·德鲁克（Peter Drucker）一起获得"美国管理学会终身服务奖"。纽曼认为管理是使一个人群团体努力朝某个目标前进所做的指引、领导和控制；此时，人已被当成管理的一个重要部分。纽曼将管理过程的职能划分为计划、组织、调节、资源、指挥和控制。他与法约尔的五职能说的区别体现在：首先，他对计划职能的描述比较深入，进一步将计划职能划分为三种，即组织目标、专门计划（为适应一特定情况而制定出的一整套行动路线）和长期计划。其次，纽曼第一次提出了"调节资源"的职能。最后，他将协调归入指挥职能中，而不是作为一项独立的职能。他著有《管理的活动：组织和管理的技术》（Administrative Action：The Techniques of Organization and Management）、《管理的过程：理念、行动与实践》（The Process of Management：Concepts，Behavior & Practice）等。

第四节　韦伯的组织管理理论

马克斯·韦伯（Max Weber）是与泰勒和法约尔同一历史时期的德国著名社会学家和哲学家，对西方古典管理理论的确立做出了杰出贡献。

一、权力的分类

韦伯认为任何一种组织都必须以某种形式的权力为基础，才能实现其目标，只有权力才能变混乱为有序。如果没有这种形式的权力，其组织的生存都是非常危险的，就更谈不上实现组织的目标了。权力可以消除组织的混乱，使组织的运行有秩序。

韦伯把这种权力划分为三种类型：第一种是理性的、法定的权力，指的是依法任命，并赋予行政命令的权力，对这种权力的服从是依法建立的一套等级制度，这是对确认职务或职位的权力的服从；第二种是传统的权力，它是以古老的、传统的、不可侵犯的和执行这种权力的人的地位的正统性为依据的；第三种是超凡的权力，它是指这种权力是建立在对个人的崇拜和迷信的基础上的。

韦伯认为，这三种纯粹形态的权力中，传统权力的效率较差，因为其领导人不是按能力来挑选的，仅是单纯为了保留过去的传统而行事；超凡权力过于带感情色彩并且是非理性的，不是依据规章制度而是依据神秘或神圣的启示，所以这两种权力都不宜作为行政组织体系的基础；只有理性和法律的权力（合法权力）才能作为行政组织的基础。

【人物专栏】马克斯·韦伯（Max Weber，1864－1920）

马克斯·韦伯是德国著名社会学家、政治学家、经济学家和哲学家，是现代一位最具生命力和影响力的思想家。韦伯曾于海德堡大学求学，在柏林大学开始教职生涯，并陆续于维也纳大学、慕尼黑大学等大学任教。他对当时德国的政界影响极大，曾前往凡尔赛会议代表德国进行谈判，并且参与了魏玛共和国宪法的起草设计。他与泰勒和法约尔处于同一历史时期，并且对西方古典管理理论的确立做出了杰出贡献，是公认的古典社会学理论和公共行政学最重要的创始人之一，被后世称为"组织理论之父"。韦伯与卡尔·马克思（Karl Marx）和爱米尔·涂尔干（Emile Durkheim）并列为现代社会学的三大奠基人。韦伯对西方资本主义社会的影响是巨大而深远的，他的成就包括开创了比较社会学、理解社会学的基本研究方法，指出了理性对近代资本主义社会的潜移默化的影响，系统地阐释了东西方宗教伦理差异对于社会现代性以及现代资本主义发展的影响。

二、理想的组织形式

韦伯认为，理想的组织形式应该具有以下特点：

1. 有明确的分工，把组织内的工作分解，按照职员专业化对成员进行分工，明文规定每个成员的权力和责任；

2. 按照等级原则对各种公职或职位进行法定安排，形成一个自上而下的指挥链或等级体系，每个下级都处于一个上级的控制和监督下，每个管理者不仅要对自己的决定和行动负责，而且要对其下级的决定和行动负责；

3. 能够根据通过正式考试或教育培训而取得技术资格来选拔员工，并根据要求进行任用；

4. 除个别需要选举产生的公职，所有担任公职的人员都是任命的；

5. 行政管理人员是专职的管理人员，领取固定的薪金，有明文规定的升迁制度；

6. 行政管理人员不是其管辖企业的所有者，只是其中的管理人员；

7. 行政管理人员必须严格遵守组织的规则、纪律和办事程序；

8. 组织中成员之间的关系以理性原则为指导，不受个人情感的影响，组织与外界的关系也是这样的。

韦伯认为，这种高度结构化、正式的、非人格化的理想行政组织体系是强制控制的合理手段，是达到组织目的、提高组织效率的最有效形式。这种组织在精确度、稳定性、纪律性和可靠性等方面都优于其他形式，适用于当时日益增多的各种大型组织，如教会、国家机构、军队、政党、经济组织和社会团体等。韦伯的这一理论是对泰勒和法约尔理论的有益补充，为后来组织理论的发展奠定了良好基础。

第五节　梅奥的人际关系论

20 世纪 20—60 年代是行为科学理论阶段，该阶段又可以细分为前后两个阶段，前期为人际关系学说①，后期是行为科学理论。行为科学理论的成功改变了管理者的思想观念和行为方式。行为科学把以"事"为中心的管理，改变为以"人"为中心的管理，由原来对"规章制度"的研究发展到对人的行为的研究，由原来的专制型管理向民主型管理过渡。

一、霍桑实验

乔治·梅奥（George Mayo）是一位著名的心理学家和管理学家，原籍澳大利亚，后移居美国，领导了 1924—1932 年在芝加哥西方电气公司霍桑工厂（Hawthorne Plant）进行的一系列实验（该实验也被称为霍桑实验）中后期的重要工作，是人际关系学说的代表人。在梅奥的领导下，霍桑实验分四个阶段。

（一）第一阶段：工作场所照明实验（1924—1927 年）

研究人员选择一批工人，并把他们分成两组：一组是实验组，变换工作场所的照明强度，使工人在不同照明强度下工作；另一组是对照组，工人在照明强度保持不变的条件下工作。研究人员希望通过实验得出照明强度对生产率的影响，但实验结果发现，照明强度的变化对生产率几乎没有影响。这说明：（1）工作场所的照明只是影响工人生产率的微不足道的因素；（2）由于牵涉因素较多，难以控制，且其中任何一个因素都可能影响实验结果，所以照明对产量的影响无法准确衡量。

（二）第二阶段：继电器装配室实验（1927—1928 年）

从这一阶段起，梅奥参加了实验。研究人员选择了 5 名女装配工和 1 名女画线工在单独的一间工作室内工作，1 名观察人员被指派加入这个小组，记录室内发生的一切，以便对影响工作效果的因素进行控制。这些女工们在工作时间可以自由交谈，观察员对她们的态度也很和蔼。在实验中分期改善工作条件，如改进材料供应方式、增加工间休息、供应午餐和茶点、缩短工作时间、实行集体计件工资制等，这些条件的变化使女工们的产量上升。但过了一年半，在取消工间休息与供应的午餐和茶点并恢复每周工作 6 天后，她们的产量仍维持在高水平。看来其他因素对产量无太大影响，而监督和指导方式的改善能促使工人改变工作态度并增加产量，于是决定进一步研究工人的工作态度和

---

① 从 20 世纪 30 年代的霍桑实验开始，到 1949 年在美国芝加哥召开的跨学科讨论会上第一次提出行为科学的概念为止。

可能影响工人工作态度的其他因素成为霍桑实验的一个转折点。

（三）第三阶段：大规模访谈（1928—1931年）

研究人员在上述实验的基础上，进一步在全公司范围内进行访谈和调查，参与此次访问和调查的员工达2万多人次。结果发现，影响生产力的最重要的因素是工作中发展起来的人际关系，而非待遇和工作环境。每个人的工作效率不仅取决于他们自身的情况，还与其所在小组中的同事有关。任何一个人的工作效率都要受到同事们的影响。

（四）第四阶段：接线板接线工作室实验（1931—1932年）

该工作室有9名接线工、3名焊接工和2名检察员。在这一阶段有许多重大的发现：（1）大部分成员都自行限制产量。公司规定的工作定额为每天焊接7312个接点，但工人们只完成6000—6600个接点，原因是怕公司再提高工作定额，也怕因此造成一部分人的失业。他们这样做保护了工作速度较慢的同事。（2）工人对不同级别的上级持不同的态度。他们把小组长看作小组成员。对于小组长以上的上级，级别越高，工人对其越尊重，但同时工人对他的顾忌心理越强。（3）成员中存在小派系。工作室中存在派系，每个派系都有自己的行为规范。谁要加入这个派系，就必须遵守这些规范。派系中的成员如果违反这些规范，就要受到惩罚。

【人物专栏】玛丽·福莱特（Mary Follett，1868—1933）

玛丽·福莱特生于美国的波士顿城，是美国的政治哲学家、社会心理学家，同时又是一名企业管理方面的智者。她生活的年代，是"科学管理"时期，而且她对泰勒的某些观点很赞赏，并做了进一步的概括；但她的政治哲学和管理哲学的基本倾向，则明显地具有"社会人"时代的特征。她既概括了泰勒的许多思想，又得出与后来的梅奥等人所做的"霍桑实验"的研究成果大致相同的结论，所以她成了这两个时代之间的一个联系环节，架起古典管理理论和行为科学理论的桥梁。其主要思想集中于行政管理，提出整合与责任分担问题，著有《动态的行政管理》（Dynamic Administration）等。

【人物专栏】雨果·孟斯特伯格（Hugo Munsterberg，1863—1916）

雨果·孟斯特伯格1863年6月1日出生于德国的但泽，1882年毕业于但泽大学预科学校，继而先后求学于瑞士日内瓦大学、德国莱比锡大学和海德堡大学，师从现代科学心理学的创始人、德国著名心理学家威廉·冯特（Wilhelm Wundt）。孟斯特伯格在德国莱比锡大学的心理学实验室中受到了正统的学术教育和训练，于1885年获得心理学博士学位。后来他移居美国，应美国著名心理学家威廉·詹姆斯（William James）的邀请来到哈佛大学。1892年，孟斯特伯格受聘于哈佛大学，建立了心理学实验室并担任主任。在那里，他应用实验心理学的方法研究了大量的问题，包括知觉和注意等方面的问题。孟斯特伯格对用传统的心理学研究方法研究工业中的实际问题十分感兴趣，于是他的心理学实验室就成了工业心理学活动的基地，成为后来的工业心理学运动的奠基石。他于

1898 年当选美国心理学会主席，1908 年当选美国哲学会主席。1913 年，孟斯特伯格出版了《心理学与工业效率》（Psychology and Industrial Efficiency）。

【人物专栏】乔治·梅奥（George Mayo，1880—1949）

乔治·梅奥是美国管理学家，原籍澳大利亚，早期的行为科学——人际关系学说的创始人，美国艺术与科学院院士。他出生在澳大利亚的阿德雷德，20 岁时在澳大利亚阿福雷德大学取得逻辑学和哲学硕士学位，应聘至昆士兰大学讲授逻辑学、伦理学和哲学，后赴苏格兰爱丁堡研究精神病理学，对精神上的不正常现象进行分析，从而成为澳大利亚心理疗法的创始人。梅奥曾从心理学角度解释产业工人的行为，认为影响因素是多重的，没有一个单独的要素能够起决定性作用，这成为他后来将组织归纳为社会系统的理论基础。使他闻名于世的还是他对霍桑实验所做的贡献，霍桑实验以及梅奥对霍桑实验结果的分析对西方管理理论的发展产生了重大而久远的影响，使西方管理思想在经历过早期管理理论和古典管理理论（包括泰勒的科学管理理论、法约尔的一般管理理论和韦伯的官僚组织理论）阶段之后，进入到行为科学管理理论阶段。

【人物专栏】弗里茨·罗特利斯伯格（Fritz Roethlisberger，1898—1974）

弗里茨·罗特利斯伯格是美国管理学家，人际关系理论的创始人之一，早期人际关系理论的归纳总结者。1921 年他毕业于哥伦比亚大学，获文科学士学位，1922 年又取得麻省理工学院理科学士学位。1922—1924 年，他作为一名化学工程师而从事工业实际工作。1925 年他在哈佛大学取得文科硕士学位，从此进入哈佛大学工业研究室工作，与梅奥等人一起从事"霍桑实验"；后任教授，讲授"人际关系论"等。1927—1932 年，罗特利斯伯格作为哈佛大学企业管理学院工业研究室主任梅奥的一名主要助手，参加有名的"霍桑实验"。他对"霍桑实验"的成果起到很大的作用，他也是通过"霍桑实验"而诞生的人际关系理论的一个主要阐述者。除此之外，罗特利斯伯格还通过"霍桑实验"独立完成了自己的理论研究工作，提出了一些独到的见解。罗特利斯伯格的这些有关企业"社会体系"的观点，与古典管理理论中把人员只看成"经济人"的观点相对立，弥补了古典管理理论不重视人和非正式组织而只关注工作和正式组织的不足。

二、人际关系理论

梅奥对其领导的霍桑实验进行了总结，写成了《工业文明中人的问题》（The Human Problems of an Industrial Civilization）一书。在书中，梅奥阐述了与古典管理理论不同的观点——人际关系学说。该学说主要有以下内容。

（一）工人是社会人而非经济人

科学管理学派坚持"经济人"假说，认为金钱是刺激人们工作积极性的唯一动力。但是梅奥认为，人是社会人，除了物质需求之外，还有社会、心理等方面的需求，因此企业不能忽视社会和心理因素对工人工作积极性的影响问题。

（二）企业中存在着非正式组织

企业成员在共同工作的过程中，相互间必然产生共同的感情、态度和倾向，形成共同的行为准则和惯例。这就构成了一个体系，称为"非正式组织"。非正式组织以它独特的感情、规范和倾向，左右其成员的行为。古典管理理论仅注重正式组织的做法是有欠缺的。非正式组织不仅存在而且和正式组织相互依存，对生产率有重大的影响。

（三）生产效率主要取决于工人的工作态度以及他和周围人的关系

梅奥认为提高生产率的主要途径就是提高工人的满意度，即工人对社会因素，特别是人际关系的满足程度。如果满足程度高，工作的积极性、主动性和协作精神就高，生产效率就高。

霍桑实验和人际关系理论对古典管理理论进行了大胆的突破，第一次把管理研究的重点从工作和物的因素转到人的因素上来，不仅在理论上对古典管理理论作了修正和补充，还开辟了管理研究的新理论，为现代行为科学的发展奠定了基础，对管理实践产生了深远的影响。

【人物专栏】莉莲·吉尔布雷思（Lillian Gilbreth，1878—1972）

莉莲·吉尔布雷思是美国管理心理学家，人因工程学的先驱，第一个获得心理学博士的妇女，"管理学的第一夫人"。莉莲出生于加利福尼亚奥克兰一个显赫的家庭，她的父亲是一位德国裔的糖厂主。1900年，莉莲在加利福尼亚大学伯克利分校取得了文学学士学位。之后，又以关于本·约翰逊（Ben Johnson，与莎士比亚同时期的著名剧作家兼诗人）的论文取得文学硕士学位。莉莲·吉尔布雷思与弗兰克·吉尔布雷思于1904年结婚。管理思想史学者雷恩这样评价这对夫妇的相识："弗兰克和莉莲结婚这件事是现代管理学的运气，因为他们二人可以互相补充，他们各自思想上的兴趣以及掌握知识的结合使管理学进入了一个新的领域。"莉莲的《管理心理学》（Management Psychology）对管理发展史进行了整体概括。她将历史上的管理方式分为三种：传统方式、过渡方式和科学方式。

三、后期的行为科学理论

后期的行为科学理论可分成三个层次，即个体行为、团体行为和组织行为。个体行为理论主要包括两大方面的内容：第一，有关人的需要、动机和激励方面的理论，其中有需要层次理论、双因素理论、成就激励理论等内容型激励理论，也有期望理论、公平理论等过程型激励理论，还有强化理论、归因理论等行为改造型激励理论；第二，有关企业中的人性理论，主要包括 X 理论、Y 理论、不成熟—成熟理论等。团体行为理论主要是研究团体发展动向的各种因素以及这些因素的相互作用和相互依存的关系。组织行为理论主要包括领导理论和组织变革、组织发展理论等。

第六节 现代管理理论

20 世纪 40 年代，由于工业生产的机械化、自动化水平不断提高以及电子计算机进入工业领域，工业生产的专业化、联合化不断发展，市场竞争日趋激烈、变化莫测，社会化大生产要求管理改变孤立的、单因素的、片面的研究方式，而形成全过程、全因素、全方位、全员式的系统化管理。科学技术发展迅猛以及资本主义生产关系产生的新变化，都促使企业家和管理者着重从人的心理需要、感情等方面着手，形成处理人际关系和人的行为问题的管理。与此同时，管理理论的发展越来越借助于多学科的交叉作用。经济学、数学、统计学、社会学、人类学、心理学、法学、计算机科学等各学科的研究成果越来越多地应用于企业管理。这些因素都推动了现代管理理论的诞生和发展。

一、现代管理理论学派

现代管理理论是继科学管理理论和行为科学理论之后，西方管理理论和思想发展的第三阶段，特指第二次世界大战以后出现的一系列学派。与前几个阶段相比，这一阶段最大的特点就是学派林立，新的管理理论、思想、方法不断涌现。美国著名管理学家哈罗德·孔茨（Harold Koontz）于 1961 年 12 月在《管理学会杂志》（The Academy of Management Journal）上发表《管理理论的丛林》（The Management Theory Jungle）。孔茨把各种管理理论分成六个主要学派，包括管理过程学派、经验或案例学派、人类行为学派、社会系统学派、决策理论学派和数学学派，他认为应该走出这个丛林。

1980 年孔茨又撰写《再论管理理论丛林》（The Management Theory Jungle Revisited），把流行的管理理论学派划分为十一大学派，包括经验学派、人际关系学派、群体行为学派、社会协作系统学派、社会技术系统学派、决策理论学派、系统学派、数学（管理科学）学派、权变理论学派、经理角色学派和管理过程学派。孔茨也分析了管理学派林立的原因，主要有：管理领域复杂性的影响、管理学者知识背景不同的影响、管理实践发展的不同时期的影响以及理论发展规律的影响。由此，孔茨又被称为"穿梭在管理丛林中的游侠"。

【人物专栏】哈罗德·孔茨（Harold Koontz，1908—1984）

哈罗德·孔茨是美国管理学家，管理过程学派的主要代表人物之一，1908 年 5 月 19 日出生于美国俄亥俄州的芬雷。1931 年，成绩优异的孔茨被美国西北大学录取，攻读企业管理硕士学位。1935 年，他获得耶鲁大学哲学博士学位。他先后担任科尔盖特大学经济学专业助理教授，战时生产部运输部主任，美国铁路联合会副主席助理，特朗斯世界航空公司总经理、计划部主任，维沃特飞机公司商业销售部主任等职。孔茨教授还是国际管理科学院成员、美国管理协会会员、美国交通运输协会会员、管理科学研究所成员、世界未来学会会员等。孔茨于 1984 年 2 月逝世。孔茨的《管理学》（Essentials of Management）这部著作，奠定了孔茨作为管理过程学派主要代表人物之一的学术地位，从而在西方管理学界产生了很大的影响。因其对管理学发展所做出的贡献，孔茨被列入《美国名人录》《金融和工业名人录》和《世界名人录》。

【人物专栏】弗雷德·卢桑斯（Fred Luthans，1939— ）

弗雷德·卢桑斯是权变学派的主要代表人物。在 1973 年发表了《权变管理理论：走出丛林的道路》（The Contingency Theory of Management: A Path out of the Jungle）的文章之后，1976 年卢桑斯又出版了《管理导论：一种权变学说》（Introduction to Management: A Contingency Approach）一书。该书系统地介绍了权变管理理论，提出了用权变理论可以统一各种管理理论的观点。卢桑斯曾担任美国管理学会（National Academy of Management）主席，1997 年荣获美国管理学会杰出教育家大奖，2000 年入选美国管理学会名人廊，在美国管理学会的核心期刊上发表学术论文数量位居前五名。卢桑斯担任三本著名期刊的主编，包括《世界商业》（Journal of World Business）、《组织动力学》（Organizational Dynamics）、《领导力和组织研究》（Journal of Leadership and Organization Studies）等。他著有《组织行为学》（Organizational Behavior）、《国际管理》（International Management），其中文版均已在中国问世。关于权变管理，卢桑斯提出了一个观念性的结构，这个结构有三个主要部分：环境，管理观念和技术，它们两者之间的权变关系。沿着矩阵的横轴是独立的"如果"，纵轴是从属的"那么"。

【人物专栏】亨利·明茨伯格（Henry Mintzberg，1939— ）

亨利·明茨伯格是一位管理战略家，是在全球管理界享有盛誉的管理学大师，现任加拿大麦吉尔大学管理学研究荣誉教授，法国知名学府欧洲工商管理学院也为他留有教职。在国际管理界，明茨伯格的角色是"叛逆者"。他是最具原创性的管理大师，对管理领域常提出打破传统及偶像迷信的独到见解，是经理角色学派的主要代表人物。明茨伯格始终是一个非常引人注目的人物。他的第一本著作《管理工作的性质》（The Nature of Managerial Work）曾经遭到 15 家出版社的拒绝，但现在已是管理领域的经典。明茨伯格在管理领域沉浸 30 年，发表过近 100 篇文章，出版著作 10 多本，在管理学界是独树一帜的大师。明茨伯格一直都以他在管理领域提出的大胆、创新和颇具开拓精神的观点而为世人瞩目，他的思想非常独特，人们按常规思路往往不太容易接受。也正因如此，他被很多正统学者认为是离经叛道的代表人物。每次当明茨伯格提出任何新的理论和观点之时，整个管理学界都会为之沸腾，如今依然如此。

【人物专栏】弗里蒙特·卡斯特（Fremont Kast，1926—）

　　弗里蒙特·卡斯特是著名的管理学家，系统管理学派的主要代表人物。卡斯特是美国西雅图华盛顿大学的教授，也是管理理论中系统管理学派的主要代表人物。以卡斯特为代表的系统管理学派主张：要用系统理论的范畴和原理来全面分析和研究管理问题；把系统理论和管理理论结合起来，通过系统来管理，以提高管理效率。卡斯特的系统思想认为：（1）组织是一个系统，由相互依存的众多要素所组成，局部最优不等于整体最优，管理人员的工作就是确保组织中各部分能得到相互的协调和有机的整合，以实现组织的整体目标。组织是一个开放的系统。现代管理者必须把组织视为一个开放的系统，也即与周围环境产生相互影响、相互作用的系统。（2）企业是由人、物资、机器和其他资源在一定的目标下组成的一体化系统，它的成长和发展同时受到这些组成要素的影响。（3）如果运用系统观点来考察管理的基本职能，可以把企业看成一个投入产出系统，投入的是物资、劳动力和各种信息，产出的是各种产品或服务。

【人物专栏】赫伯特·西蒙（Herbert Simon，1916—2001）

　　赫伯特·西蒙1916年生于美国威斯康星州密尔沃基。他既是诺贝尔经济学奖的得主，又是计算机科学图灵奖的得主。1933—1936年，西蒙就读于芝加哥大学政治系并获得政治学学士学位。在芝加哥大学期间，西蒙收获了大量的经济学和政治学方面的基础知识，并相当熟练地掌握了高等数学、符号逻辑和数理统计等重要技能。他于1943年获得芝加哥大学博士学位，曾先后在加利福尼亚大学、伊利诺工业大学和卡内基梅隆大学任计算机科学及心理学教授，也曾从事过计量学的研究。他还担任过企业界和官方的多种顾问。西蒙在管理学上的第一个贡献是提出了管理的决策职能。在西蒙之前，法约尔最早对管理的职能做了理论化的划分。此时，决策被包含在计划职能之中，其后的管理学者对此也没有提出疑问，只是到了20世纪40年代，西蒙提出了决策为管理的首要职能这一论点之后，决策才为管理学家们所重视。他倡导的决策理论，是以社会系统理论为基础，吸收古典管理理论、行为科学和计算机科学等内容而发展起来的一门边缘学科。由于他在决策理论研究方面的突出贡献，1978年他被授予诺贝尔经济学奖。瑞典皇家科学院总结性地指出："就经济学最广泛的意义来说，西蒙首先是一名经济学家，他的名字主要是与经济组织中的结构和决策这一相当新的经济研究领域联系在一起的。"他的代表性著作是在其博士学位论文基础上于1947年出版的《管理行为》（Administrative Behavior）。

【人物专栏】詹姆斯·罗森茨韦克（James Rosenzweig，1929—2005）

　　詹姆斯·罗森茨韦克，著名的管理学家，系统管理学派代表人物之一。1963年，他与理查德·约翰逊（Richard Johnson）及弗里蒙特·卡斯特（Fremont Kast）三人合写的著作《系统理论和管理》（The Theory and Management of Systems）以及1970年与弗里蒙特·卡斯特（Fremont Kast）合写的著作《组织与管理：系统方法与权变方法》（Organization and Management：A System and Contingency Approach）比较全面地论述了系统管理理论。系统理论学派是将企业作为一个有机整体，把各项管理业务看成相互联系的网络的一种管理学派。该学派重视对组织结构和模式的分析，应用一般系统理论的范畴、原理，全面分析并研究企业和其他组织的管理活动及管理过程，建立起系统模型以便于分析；主张要用系统理论的范畴和原理来全面分析、研究管理问题；把系统理论和管理理论结合起来，通过系统来管理，以提高管理效率。

【人物专栏】欧内斯特·戴尔（Ernest Dale，1917—1996）

欧内斯特·戴尔是经验主义学派的代表人物之一，美国著名的管理学家。经验主义学派又被称为经理主义学派，以向大企业的经理提供管理企业的成功经验和科学方法为目标。经验主义学派认为，古典管理理论和行为科学理论都不能充分适应企业发展的实际需要。有关企业管理的科学应该从企业管理的实际出发，以大企业的管理经验为主要研究对象，以便在一定的情况下，把这些经验传授给企业管理者。戴尔认为，要掌握成功的企业和"伟大的组织者"的经验，就要用比较的方法来研究组织，发现并描述各种不同组织结构的"基本类似点"，把这些"基本类似点"搜集起来并予以分析，就可以得出某些一般结论，应用于其他类似或可比较的情况，作为一种对发展趋势做预测的手段。他著有《公司组织结构的计划和发展》（Planning and Developing the Company Organization Structure）、《伟大的组织者》（The Great Organizers）、《企业管理的理论与实践》（Management：Theory and Practice）等。

二、现代管理理论的特点

现代管理理论是近代所有管理理论的综合，是一个知识体系，是一个学科群，它的基本目标就是要在不断急剧变化的现代社会面前，建立起一个充满创造活力的自适应系统。要使这一系统能够得到持续的高效率的输出，不仅要求有现代化的管理思想和管理组织，而且还要求有现代化的管理方法和手段来构成现代管理科学。纵观管理学各学派，虽各有所长、各有不同，但不难寻求其共性，可概括如下。

（一）强调系统化

强调系统化就是运用系统思想和系统分析方法来指导管理的实践活动，解决和处理管理的实际问题。系统化，就要求人们要认识到一个组织就是一个系统，同时也是另一个更大系统中的子系统。所以，应用系统分析的方法，就是从整体角度来认识问题，以防止受片面性和局部的影响。

（二）重视人的因素

由于管理的主要内容是人，而人又生活在客观环境中，虽然他们也在一个组织或部门中工作，但是他们在思想、行为等诸多方面，可能与组织不一致。重视人的因素，就是要注意人的社会性，对人的需要予以研究和探索，在一定的环境条件下，尽最大可能满足人们的需要，以保证组织中全体成员齐心协力地为完成组织目标而自觉做出贡献。

（三）重视"非正式组织"的作用

重视"非正式组织"的作用即注意"非正式组织"在正式组织中的作用。非正式组织是人们以感情为基础而结成的集体，这个集体有约定俗成的信念，人们彼此感情融洽。利用非正式组织，就是在不违背组织原则的前提下，发挥非正式群体在组织中的积极作用，从而有助于组织目标的实现。

（四）广泛地运用先进的管理理论与方法

随着社会的发展、科学技术水平的迅速提高，先进的科学技术和方法在管理中的应用越来越重要。所以，各级主管人员必须利用现代的科学技术与方法，促进管理水平的提高。

（五）加强信息工作

由于普遍强调通信设备和控制系统在管理中的作用，所以对信息的采集、分析、反馈等的要求越来越高，即强调及时和准确。主管人员必须利用现代技术，建立信息系统，以便有效、及时、准确地传递信息和使用信息，促进管理的现代化。

（六）"效率"和"效果"相结合

作为一个组织，管理工作不仅仅是追求效率（Efficiency），更重要的是要从整个组织的角度来考虑组织的整体效果（Effectiveness）以及对社会的贡献。因此，要把效率和效果有机地结合起来，从而使管理的目的体现在效率和效果之中，也即通常所说的绩效（Performance）。

（七）重视理论联系实际

重视管理学在理论上的研究和发展，进行管理实践，并善于把实践归纳总结，找出规律性的东西，所有这些是每个主管人员应尽的责任。主管人员要乐于接受新思想、新技术，并用于自己的管理实践中，把诸如质量管理、目标管理、价值分析、项目管理等新成果运用于实践，并在实践中创造出新的方法，形成新的理论，促进管理学的发展。

（八）强调"预见"能力

社会是迅速发展的，客观环境在不断变化，这就要求人们运用科学的方法进行预测，进行前馈控制，从而保证管理活动的顺利进行。

（九）强调不断创新

要积极改革，不断创新。管理意味着创新，就是在保证"惯性运行"的状态下，不满足于现状，利用一切可能的机会进行变革，从而使组织更加适应社会条件的变化。

第七节　中国管理学的发展

同外国管理学的发展相比，中国管理学的发展具有自身的特点。

一、中国早期管理思想

早在 2000 多年前，春秋战国时期的杰出军事家孙武就著有《孙子兵法》一书。"知己知彼，百战不殆"这句名言就是该书的至理名言，这种辩证的思维在书中比比皆是。孙武的思想不仅体现在军事上，而且在管理上也具有相当的指导意义和参考价值。日本和美国的一些大公司一度将《孙子兵法》作为培训的书籍。

战国时期的《周礼》对封建国家管理制度进行了理想化的设计，内容涉及政治、经济、财政、教育、军事、司法和工程等方面。该书对封建国家经济管理的论述和设计都达到了相当高的水平。

除此之外，中国古代管理思想在诸多著作中都有体现，例如《墨子》《老子》《管子》《齐民要术》《天工开物》等著作，都是中国古代管理思想的瑰宝。

二、中国管理学的发展阶段

根据中国近现代企业发展历程，中国管理学大致有三个阶段。

（一）第一阶段：1949 年以前的管理学萌芽阶段

这一阶段随着国内民族企业发展，开始引入西方企业管理思想，但还是保留了一些东方特色。例如荣氏兄弟在无锡创建的民族企业，卢作孚创办的民生公司，侯德榜等人创建的纯碱厂等，这些人大都抱有"实业救国"思想，强调"洋为中用""中学为体，西学为用"。这一阶段中国企业管理除了在提升企业绩效方面做了很大努力外，在处理劳资双方关系、企业和社会关系等方面都做出了很多创新。

（二）第二阶段：1949—1978 年的管理学初步形成阶段

这一阶段中国社会主义企业管理学初步形成，并建成了独立的、比较完善的社会主义工业体系和国民经济体系。20 世纪 50 年代，我国企业管理主要以学习借鉴苏联模式为主，强调集中统一领导，推进苏联"一长制"①模式。20 世纪 60 年代初开始，为克服照抄照搬苏联管理方法的缺点，针对管理学存在的问题，结合我国国情，我国开始探索

---

① "一长制"是苏联企业中实行的一种重要的企业领导制度。按照这种企业领导制度，企业及其所辖单位只有一个领导人。这个领导人由上级委派，在国家计划和苏联法律规定的范围内，对企业的一切工作全权负责。企业的全体人员必须服从这个领导人的命令和指挥。"一长制"思想是列宁在 1918 年 3 月关于铁路的集中管理、护路和提高运输能力的法令中提出来的。

适应中国国情的管理模式。此时中国管理学的语境更多是具有"计划经济"的特色，更多涉及的是生产计划管理、班组建设、安全管理等方面。

（三）第三阶段：1979 年至今的管理学融合发展与创新阶段

1979—1992 年，我国企业管理模式开始从生产型转向生产经营型。学习国外管理学知识的重点从苏联转向美、日、欧等发达国家，管理学在学科建设、学术研究、教育培训等方面有很大发展，我国管理学进入全面的"恢复转型"时期。1992 年以前，主要以引进、学习国外先进经验和方法为主。1992 年以后，社会主义市场经济条件下中国管理学发展更加强调"两个注重"，即注重对先进理论的引进、注重中国经济体制改革的特殊国情。在管理学研究方面，我国学者开始追踪国外管理学研究前沿，管理学研究规范性得以增强，实证研究方法受到重视。总而言之，这一阶段是一个管理学体系不断健全、研究水平不断提升、研究成果不断创新的阶段。

三、中国管理学科体系

人类的活动产生经验，经验的积累和消化形成认识，认识通过思考、归纳、理解、抽象而上升为知识，知识在经过运用并得到验证后进一步发展到科学层面上形成知识体系，处于不断发展和演进中的知识体系根据某些共性特征进行划分而成学科。中国的管理学科自改革开放以来，经历了漫长的发展阶段。从 20 世纪 70 年代末期到 80 年代，培养经济建设管理人才的管理专业相继开始在中国的大学中恢复和建立，到 1991 年凸显管理专业教育色彩的工商管理硕士（Masters of Business Administration，MBA）在中国试行，再到 1998 年管理专业成为一个可以授予学位的门类，这才正式确立了管理学科在中国教育界的地位。之前，管理学科一直在经济学科下面，是经济学系的二级学科，详见表 2-1。

我国普通高等学校本科专业目录设置始于 1952 年。自改革开放以来，我国在 1987 年、1993 年、1998 年和 2012 年进行过四次大规模的学科目录和专业设置调整工作。从 1952 年高校开始设置专业至 1953 年初，我国普通高校的专业设置数共计 215 种。全国高校设置专业从 1953 年初的 215 种、1954 年的 257 种，增至 1962 年的 627 种。

第一次修订目录于 1987 年颁布实施，修订后的专业种数由 1343 种调减到 671 种，结束了"文化大革命"期间所造成的专业设置混乱的局面，专业名称和专业内涵得到整理和规范。第二次修订目录于 1993 年正式颁布实施，专业种数为 504 种，重点解决专业归并和总体优化的问题，形成了体系完整、统一规范、比较科学合理的本科专业目录。第三次修订目录于 1998 年颁布实施，修订工作按照"科学、规范、拓宽"的原则进行，使本科专业目录的学科门类达到 11 个，专业类 71 个，专业种数调减到 249 种，改变了过去过分强调"专业对口"的教育观念和模式。第四次修订目录于 2012 年颁布实施，新目录的学科门类由原来的 11 个增至 12 个，新增艺术学门类；专业类增至 92 个；专业种数调整至 506 种，其中基本专业 352 种、特设专业 154 种。

表 2-1　普通高等学校本科专业目录（1993）

一级学科	二级学科	三级学科
02 经济学	0201 经济学类 （19 个）	020101 经济学
		020102 国民经济管理
		020103 统计学
		020104 财政学
		020105 货币银行学
		020106 国际经济
		020107 农业经济
		020108 工业经济
		020109 贸易经济
		020110 运输经济
		020111 劳动经济
		020112 国际金融
		020113 国际贸易
		020114 税务
		020115 审计学
		020116 保险
		020117 投资经济
		020118 工商行政管理
		020119 土地管理
	0202 工商管理类 （12 个）	020201 企业管理
		020202 国际企业管理
		020203 会计学
		020204 理财学
		020205 市场营销
		020206 经济信息管理
		020207 人力资源管理
		020208 房地产经营管理
		020209 旅游管理
		020210 物流管理
		020211 海关管理
		020212 商品学

资料来源：《国家教委关于印发〈普通高等学校本科专业目录〉等文件的通知》（教高〔1993〕13 号）。

1987 年普通高等学校本科专业目录中的经济、管理学类包括的专业有：1001 政治经济学（经济学）、1002 国民经济计划学、1003 国民经济管理学、1004 统计学、1005 财政学、1006 税收、1007 金融学（货币银行学）、1008 国际金融、1009 保险、1010 会计学、1011 审计学、1012 世界经济（国际经济）、1013 国际经济合作、1014 工业经济、1015 农业经济、1016 商业经济（贸易经济）、1017 国际贸易、1018 旅游经济、1019 企业管理（工业企业管理、商业企业管理）、1020 投资经济管理、1021 劳动经济、1022 工商行政管理、1023 经济信息管理（管理信息系统）、1024 价格学（个别学校设置）、1025 农村金融（个别学校设置）、1026 土地管理（个别学校设置）、1027 物资经济（个别学校设置）、1028 粮食经济（个别学校设置）、1029 仓储运输管理（个别学校设置）、1030 生产布局（个别学校设置）、1031 海关管理（个别学校设置）、1032 管理科学学（个别学校设置）、1033 商品学（个别学校设置）、1034 商品检验养护（个别学校设置）、1035 国际税收（试办）、1036 财务学（试办）、1037 国际保险（试办）、1038 国际会计（试办）、1039 生态经济（环境经济）（试办）、1040 运输经济（试办）、1041 合作经济（试办）、1042 市场营销（试办）、1043 国际企业管理（试办）、1044 国际运输管理（试办）、1045 餐旅企业管理（试办）、1046 城市经济管理（试办）、1047 标准化管理（试办）、1048 数量经济学（试办）。

根据 1998 年教育部颁布的《普通高等学校本科专业目录》，管理学作为一级学科，下属 5 个二级学科和 18 个三级学科，如表 2-2。2012 年为贯彻落实《教育规划纲要》提出的要适应国家和区域经济社会发展需要，建立动态调整机制，不断优化学科专业结构的要求，教育部对 1998 年印发的《普通高等学校本科专业目录》进行了修订。现如今我国普通高校的本科专业目录依然沿用教育部 2012 年修订之后的目录，详见表 2-3。

表 2-2 普通高等学校本科专业目录（1998）

一级学科	二级学科	三级学科
11 管理学	1101 管理科学与工程类 （4 个）	110101 管理科学
		110102 信息管理与信息系统
		110103 工业工程
		110104 工程管理
	1102 工商管理类 （6 个）	110201 工商管理
		110202 市场营销
		110203 会计学
		110204 财务管理
		110205 人力资源管理
		110206 旅游管理
	1103 公共管理类 （4 个）	110301 行政管理
		110302 公共事业管理
		110303 劳动与社会保障
		110304 土地资源管理
	1104 农业经济管理类 （2 个）	110401 农林经济管理
		110402 农村区域发展
	1105 图书馆档案学类 （2 个）	110501 图书馆学
		110502 档案学

资料来源：《教育部关于印发〈普通高等学校本科专业目录（1998 年颁布）〉〈普通高等学校本科专业设置规定（1998 年颁布）〉等文件的通知》（教高〔1998〕8 号）。

同 1998 年相比，2012 年教育部对我国普通高等学校本科专业目录的修订表现之一就是学科的增加和学科体系的健全。2012 年普通高校本科专业目录管理学下属二级学科数量从 5 个增加到 9 个，三级学科数量从 18 个增加到 32 个。二级学科中增加了物流管理与工程类、工业工程类、电子商务类和旅游管理类，其中工业工程类和旅游管理类分别是由 1998 年本科专业隶属于管理科学与工程类和工商管理类的三级学科直接独立出来的二级学科。三级科目中，管理科学与工程类中增加了房地产开发与管理和工程造价专业；工商管理类新增了国际商务、资产评估、审计学、物业管理和文化产业管理专业；公共管理类增加了城市管理；图书馆档案学类更名为图书情报与档案管理学类，并增加了信息资源管理专业。

表 2-3　普通高等学校本科专业目录（2012）

一级学科	二级学科	三级学科
12 管理学	1201 管理科学与工程类 （5 个）	120101 管理科学
		120102 信息管理与信息系统
		120103 工程管理
		120104 房地产开发与管理
		120105 工程造价
	1202 工商管理类 （10 个）	120201 工商管理
		120202 市场营销
		120203 会计学
		120204 财务管理
		120205 国际商务
		120206 人力资源管理
		120207 审计学
		120208 资产评估
		120209 物业管理
		120210 文化产业管理
	1203 农业经济管理类 （2 个）	120301 农林经济管理
		120302 农村区域发展
	1204 公共管理类 （5 个）	120401 公共事业管理
		120402 行政管理
		120403 劳动与社会保障
		120404 土地资源管理
		120405 城市管理
	1205 图书情报与档案管理学类 （3 个）	120501 图书馆学
		120502 档案学
		120503 信息资源管理
	1206 物流管理与工程类 （2 个）	120601 物流管理
		120602 物流工程
	1207 工业工程类（1 个）	120701 工业工程
	1208 电子商务类（1 个）	120801 电子商务
	1209 旅游管理类 （3 个）	120901 旅游管理
		120902 酒店管理
		120903 会展经济与管理

资料来源：《教育部关于印发〈普通高等学校本科专业目录（2012 年）〉〈普通高等学校本科专业设置管理规定〉等文件的通知》（教高〔2012〕9 号）。

进一步阅读材料：

1. 周三多.管理学[M].北京：高等教育出版社，2017.

2. 张玉利.管理学[M].天津：南开大学出版社，2013.

3. 斯蒂芬·罗宾斯.毛蕴诗译.管理学：原理与实践（原书第 9 版）[M].北京：机械工业出版社，2015.

4. 肯·史密斯.徐飞，路琳译.管理学中的伟大思想：经典理论的开发历程[M].北京：北京大学出版社，2016.

5. 邢以群.管理学[M].杭州：浙江大学出版社，2016.

6. 哈罗德·孔茨，海因茨·韦里克.管理学：国际化与领导力的视角（英文版·精要版第 9 版）[M].北京：中国人民大学出版社，2014.

7. 詹姆斯·布里克利，克利福德·史密斯，杰罗尔德·齐默尔曼.张志强等译.管理经济学与组织架构（第 4 版）[M].北京：人民邮电出版社，2014.

8. 范贵喜，刘赛赛.管理学：理论与实务[M].北京：机械工业出版社，2017.

本章思考题：

1. 管理学的发展经历了一个怎样的过程？

2. 泰勒对管理学的贡献有哪些？

3. 法约尔为什么被称为"经营管理之父"？

4. 韦伯正式组织理论对权力如何划分？

5. 现代管理理论的特点是什么？

【章末案例】

Whistler 公司的蝴蝶效应

1979 年 12 月，学者爱德华·洛伦兹（Edward Lorenz）在召开于华盛顿的美国科学促进会的一次演讲中提出了一个这样的观点：一只南美洲亚马逊河流域热带雨林中的蝴蝶，偶尔扇动几下翅膀，可以在两周以后引起美国得克萨斯州的一场龙卷风，其原因就是蝴蝶扇动翅膀的运动，导致其身边的空气系统发生变化，并产生微弱的气流，而微弱的气流的产生又会引起四周空气或其他系统产生相应的变化，由此引起一个连锁反应，最终导致其他系统的极大变化。他的演讲在当时引起了人们极大的兴趣，"蝴蝶效应"（The Butterfly Effect）这一名词不胫而走。

与这个现象相对应，美国 Whistler 公司是一家制造雷达探测器的大型厂商，曾经为了节约成本而放松对商品质量的控制，导致次品率从 4%上升到 9%，再到 15%，直至 25%。终于有一天，该公司的管理者经过统计发现，公司的 250 名员工中有 100 名被完全投入到次品的修复工作中，待修理的库存产品达到 200 万美元！

讨论：如何运用管理学知识避免这种现象的发生？如果你是企业高管，如何改进控制工作？

第三章　企业的基本概念

【**本章导读**】本章介绍了企业的含义，之后重点分析了个人业主制、合伙制和公司制三种形态企业的特点、优点和缺点，详细梳理了公司制企业产生、发展的脉络，从不同角度对企业的类型做了分析，最后阐述了企业理论的形成与发展过程，为以后各章的内容奠定了基础。

【**开篇案例**】

我们的日常生活与企业

在日常生活中，我们每天都要使用和消耗各种各样的产品和服务。一早醒来，我们要走到卫生间，拿出高露洁牙膏和牙刷清洁牙齿，使用舒肤佳香皂洗脸沐浴。洗漱后泡一碗康师傅方便面填饱肚子，再冲一杯麦斯威尔咖啡提神。穿戴整齐后，走出家门，或者启动丰田汽车开始体验每天早上的交通堵塞，或者跨上飞鸽自行车悠闲地骑向公司，开始一天的工作。上午要给客户发送货物，于是我们联系联邦快递公司，通知他们取货地点和目的地。处理完工作后，我们又打开淘宝网主页，选购一款诺基亚手机，并通知店家用顺丰快递寄送。转眼到了下班时间，约上朋友到小肥羊火锅聚餐。酒足饭饱之后，回到家里，躺在席梦思床垫上进入梦乡……

每个人每天都要消费数量可观的产品和服务，而其中只有极少的一部分是由我们自己生产和提供的。在大多数情况下，我们会通过自己的劳动赚取报酬，再消费这些报酬购买产品和服务。那么，什么样的组织和机制能够把难以计数的资源、资本、人力连接和组织起来，使其保持生产和再生产的循环过程，满足我们的日常生活需要，并在这样的过程中实现经济的发展和进步呢？答案就是——企业。

思考：企业的本质是什么？企业又是如何存在和发展的呢？

第一节　企业的含义

人类社会的进步主要表现为生产和生活方式的变化，而企业正是现代社会中为这种变化提供动力的最基本的单位。企业的活动几乎影响到社会生活的所有方面，从人们的日常衣食住行到政府、学校等机构的日常工作运转，都离不开各类企业所提供的形形色色的产品和服务；飞速发展的科学技术只有在企业的生产经营活动中才能转化为生产力，为人类做出贡献；国民经济的增长也主要是通过企业来实现的。简而言之，企业是现代社会的经济基础。

企业作为现代社会的经济细胞，在我们的生活中无所不在。就拿现实生活中的一个普通工薪家庭来说，一般会有一个或多个家庭成员是企业的员工，他们作为企业的员工，存在于这个企业组织中，遵循企业的规章制度，通过自己的劳动创造产品或提供服务，然后企业将在市场上为这些产品或服务找到买方，取得销售收入，员工则按照劳动合同从企业获得应得的报酬。这就是我们对企业最一般的认识。

但是，纵观历史长河，企业其实是一个随着社会发展而产生并不断变化的概念。欧洲文字中用以指称企业的单词"Enterprise"早在中世纪就已出现。"Enterprise"一词最初是指具有一定风险的工作，如海上运输，后来一般泛指艰巨、复杂或冒险性的事业。尽管这个词的本义与今天已大不相同，但它所强调的风险性却仍然隐含在现代企业的经营活动之中。汉语中"企业"一词则是近代从日文中引入的，《辞源》中将其解释为以营利为目的的组织。

企业是一个历史的概念，在它发展的不同历史时期，不同的学者对其概念的表述有所不同。例如，博弈论将企业看作"具有同质目标（通常为利润）的一元决策者"；科斯说企业"是价格机制的替代物"；马克思则认为企业的本质是"同一资本同时雇用较多的工人"。在现实管理中，由于各国的法律不同，对企业概念的理解也不尽相同。例如，在有的国家，企业与公司就是同义词，而在我们看来，企业的含义要比公司广泛得多。一般而言，企业是指依法设立，以营利为目的，从事商品生产、流通或服务性经营活动的经济组织。进入20世纪以后，企业发生着持续、深刻的变化，企业的劳动生产率成倍增长，产品的功能、种类日趋丰富，质量也得到明显提高；同时，企业的规模、形态、内部组织结构和管理机制也日趋多样化；对这些变化的研究促进了管理科学许多分支的发展，也从不同角度揭示了企业生产经营活动中所蕴含的复杂机理。暂且抛开现代企业复杂的内容，概要地了解企业的一些基本概念，可以使我们较好地认识企业的本质特征。

一、企业是一个营利性组织

企业作为社会经济的细胞，从其产生的最原始动机到现在人们创立、经营企业，主要的目的是要获取利润。

财富是人们生活的物质基础，人们要生存，就需要物质财富。从一定意义上来说，拥有财富的多寡对人们的生活质量起着决定性的作用。为了取得财富，人们需要开展生产活动。在生产活动中，会发生对原材料、工具、能源、人工等诸要素的耗费，构成生产成本。如果生产出的产品的价值超过成本，超出的盈余部分就是利润。利润意味着财富的增加。企业作为一个经济组织，将人们和其他生产要素组织起来，就是为了提高生产效率，降低成本，更多地创造利润，从而获取更多的财富。

二、企业是一组资源的集合

企业为了获得利润，需要将资金、设备、劳动力、管理者才能等生产要素组织起来。这些要素就是企业用于生产经营的资源。

资源是经济学的一个基本范畴，一般分为有形资源和无形资源。有形资源就是能被看到并且易测量的资源，如物化资源（包括生产设备、原材料、办公用具等）、财务资源（资金、有价证券等）、组织资源（企业的组织结构和它的管理系统）等。无形资源则既包括专利权、商标权、版权等智力所有权，也包括由个人所掌握的或较主观的有关技术诀窍、网络技术、组织文化和良好的声誉，以及公司特有的公共关系（如与公司内部的员工之间、与外部的供应商以及顾客之间的关系）等。有形资源与无形资源对企业来说都很重要，但单独的任何一种有形资源或无形资源都不能创造出产品，我们只有把各项有形资源和无形资源整合在一起，形成公司特有的资源集合，才能为企业构建竞争优势，创造出价值和利润来。

三、企业是一组利益关系的集合

企业是由各方利益相关者所组成的一个系统。利益相关者是指既能影响企业经营结果又被经营结果所影响的，对企业的经营绩效有要求权的个人和组织。利益相关者可分为企业内部利益相关者和外部利益相关者。在这里，我们将企业作为一个系统，只讨论企业内部的利益相关者及其利益关系。企业的内部利益相关者分为股东、经理和普通员工等。每个利益相关者都会期望公司获得利润，但是他们的利益又往往是各不相同的。

股东把手里的资金投入企业，期望的是能赚取高于行业平均利润率的收益，期望投资回报最大化。他们为了获得更多的收益，希望在不影响企业盈利的前提下，尽可能少地支付经理和员工的工资及其他费用，以降低生产经营成本。然而，这可能会对企业产生负面的影响。当然，有水平和经验的股东可以通过董事会、监事会等机构对企业进行治理，用各种管理手段解决好这个问题。此外，股东按其持有企业股份的多少，对企业的影响力也有所不同，持有的股份越多，对企业决策的参与权就越大。当企业发生投资失误时，他们可能会卖掉手中所持的股票。这些行为都会影响企业的生存和发展。

经理是企业日常生产经营活动的指挥者。一方面，经理作为企业的高级雇员，受股东直接或间接委托而经营企业，会努力为股东们获取利润，从而获得较高报酬；另一方面，经理作为职业管理者，为了提高自己的价值，希望所管理的企业规模越大越好，因而可能偏好企业投资增大规模，不愿向股东们分配较大股利。在与员工的关系方面，经理可能对员工实施严格的管理，同时不愿意给员工支付过多的工资。

企业员工是企业的普通雇员，他们是企业具体生产经营业务的操作者。员工都希望自己所在的企业有好的经营前景，自己有较多的发展机会，并享有较高的报酬和较好的福利。普通员工在企业中的权限一般较小，他们为了保护自己的利益，可能会组织工会等团体，向管理者或股东提出自己的要求。如果员工对企业不满，可能会出现怠工、罢工现象，也会有人辞职离开企业，对企业的正常经营和发展产生不利影响。

这些利益相关者构成了错综复杂的利益关系，如：股东与经理之间的委托代理关系，企业高层决策管理者与中下层管理人员的利益关系，企业管理者与工人之间的管理与被管理、监督与被监督的制衡关系。由于这些错综复杂的利益关系的存在，就要求企业必须妥善处理这些关系，以便上下一心，共同为企业的发展而努力。

四、企业是依法设立的经济组织

企业作为社会的基本细胞，其行为对社会有着重大的影响。除了企业内部的利益关系外，企业与银行等债权人，与税务局等国家机构，与消费者等客户，与同行竞争者之间等，存在着各种复杂的关系。如果这些关系得不到恰当的处理，将会使社会面临极大的混乱局面。所以，国家对企业的设立有严格的法律要求。企业必须按照国家法律的规定设立，才能够取得从事生产经营活动的合法资格，得到国家相关法律的保护，享有其独立的企业权益，并承担其相应的义务。

第二节　企业的产生与发展

企业是生产力发展到一定阶段的产物，并随着生产力水平的提高而不断发展。企业经历了从属于农业性质的家庭手工业——脱离农业的个体手工业——简单协作的手工作坊——以分工和手工技术为基础的工场手工业——机器大工业生产工厂的过程。但工场或工厂（Workshop or Factory）的概念强调的是生产场所，未从企业作为社会经济组织的角度考虑，所以还不是完整的企业概念。随着社会的发展，早期资本主义的原始积累导致了公司组织形式的出现。此时，科学的进步、机器大工业的发展、生产的社会化程度的大大提高，使公司作为一种企业组织形式逐渐在经济生活中占据主导地位。从无限公司到两合公司再到股份有限公司，企业的组织形式不断地完善，企业相关的法律法规陆续制定。自 20 世纪股份有限公司和有限责任公司在世界各国的经济生活中占据统治地位，成为企业的主要组织形式以来，现代企业的发展趋势不断走向规范化、科学化。在企业的发展过程中，企业历经了个人业主制企业、合伙制企业、公司制企业几种企业制度形态的变化。

一、个人业主制企业

无论从逻辑上还是从历史进程来看，在个人业主制企业（Individual Enterprise）、合伙制企业（Partnership）和公司制企业（Corporation）这三种基本企业制度形式中，个人业主制企业是最早出现的企业制度形式。因此，它构成了历史分析的起点。

个人业主制企业是由业主个人投资兴办的，通常由业主自己直接经营的企业。当然，也可以雇用或委托其他人经营。企业主享有企业的全部经营所得，拥有绝对的权威和完整的所有者权利，同时对企业的债务负有完全的经营责任。如果企业经营失败，出现资不抵债的情况，业主要用其全部财产，包括企业财产和家庭财产承担债务清偿责任。换言之，企业主即使是倾家荡产，也得偿还企业经营中所欠他人的债务。

这种个人投资并由个人经营的企业，一般来说，投资规模小，经营的产品和服务类型单一而简单，内部管理机构也十分简单。它的长处是，成立、转让与关闭的程序简单易行，投资者与经营者利益完全重合，经营者极为关注企业生产成本和盈利水平，企业决策简便、迅速；其短处是，经营这种企业的风险很大，甚至会倾家荡产。即使经营有方，这类企业的财力终究还是受个人财产规模的制约，难以促使企业规模持续、较快地发展，因而这类企业一般都难以做大。而且这类企业的生命周期与创办人的生命周期相一致，一旦业主本人死亡，或是放弃经营，企业的生命也会就此终结。所以，这类企业常常是出生率最高，死亡率也最高的企业。此外，这类企业的经营发展往往完全依赖于业主个人素质，业主招聘雇员的标准往往是忠诚老实比聪明才智更重要。

个人业主制企业由于其易于创办、投资额小、管理简单，在市场经济生成和发展初期盛极一时。作为最初出现的企业制度形式，它突破了传统家庭生产经营与家庭消费生活不分的生产经营组织形式，创设了一种与家庭不同的、独立的生产经营组织。这种企业组织的出现，使生产经营活动的规模、再生产过程的组织以及内部管理都能够超越血缘关系和家庭组织的局限，从而有力地推动了市场经济的发展。一些经营成功的业主企业还获得持续、快速的扩张，成为规模颇大、组织管理日趋正规化的家族式大企业。

然而，对绝大多数个人业主制企业而言，扩展生产经营规模是极其困难的，因为个人的财产终究是极其有限的，个人承担风险责任的能力也是较为脆弱的。为了扩大生产经营规模，筹集更多资金，就有必要联合一些人合办企业。

二、合伙制企业

合伙制企业也有很多类型，比如在美国，可以把合伙企业分为普通合伙（General Partnership，GP）企业、有限责任合伙（Limited Liability Partnership，LLP）企业、有限合伙（Limited Partnership，LP）企业、有限责任有限合伙（Limited Liability Limited Partnership，LLLP）企业等。

（一）普通合伙企业

普通合伙企业是由合伙人订立合伙协议，合伙经营、共享收益、共担风险，并对企业债务承担无限连带责任的企业。广义上的普通合伙企业应该包括一般的普通合伙企业和特殊的普通合伙企业即有限责任合伙企业。

1. 一般的普通合伙企业

两个或两个以上的自然人可以合在一起组成合伙企业。在一般的合伙企业中，合伙人可以以货币、实物、知识产权和劳务作为出资，分担一部分工作，并按协议分享利润和分担债务。由于合伙企业的组成、工作权利及分配并不按出资比例，即企业不是以资本为基础组成和运营的，而是按合伙人的意愿组成和运营的，所以我们将其称为"人合"企业。一般的普通合伙企业的组建比较简单，合伙人之间只要订立协议即可建立。一般的普通合伙企业既然是合伙组建、合伙经营、共享利润，因而也就共担风险、共负责任。当合伙企业亏损倒闭时，所有合伙人都必须以他们的全部财产，包括每人家庭财产，承担企业债务责任，并且合伙人之间的责任是连带的。所谓连带责任，就是要求有清偿能力的合伙人，对无清偿能力合伙人所负的债务具有替代清偿责任。

与个人业主制企业相比，合伙制企业可以通过吸收更多的投资者来增加企业可用资本，扩张企业生产经营规模。同时，它也能在更大范围内发现能力更强的企业经营者，至少是在若干个合伙人之中选择。因此，合伙制企业较之个人业主制企业更适应生产经营发展和市场的需要。

但是，由于合伙制企业自身的性质与特征的限制，合伙制企业的发展潜力也是受限的。为了扩大规模，合伙制企业可以不断接纳新的合伙人，其所接纳的合伙人数量是没有限制的。但同时，新的合伙人也会分享扩张企业的利润，更多的合伙人之间因共同经营、相互协调等问题而更容易产生摩擦。事实上，仅就能否寻找到更多的合伙人而言，不确定性就很大，因为普通合伙企业具有无限的连带法律责任，每一个合伙人对整个企业所欠债务均具有无限责任，而且彼此连带。假如合伙人甲在合伙企业的投资份额是1%，企业亏损倒闭时，甲应当只赔偿1%的债务额，其他合伙人赔偿99%。假如他们无力赔偿相应的份额，由于无限的连带债务责任，甲必须代为赔偿，即甲需要使用个人财产偿还整个企业的债务。面对如此的风险，愿意加入合伙者队伍的人必然是相当有限的。这也是为何在历史上一般的普通合伙企业形式很早就出现，却难以持续扩张、发展的原因。但是，由于其连带无限责任而产生的制约性，使其适用于某些提供无形产品和服务的企业，例如律师事务所、会计师事务所和私人诊所等，这使一般的普通合伙企业成为市场经济中不可或缺的企业机制之一。

2. 特殊的普通合伙企业——有限责任合伙企业

针对一般的普通合伙企业缺点，20 世纪 90 年代在美国兴起了一种崭新的合伙企业形态——有限责任合伙。它是一种把公司股东的有限责任与合伙固有的经营上的灵活性结合起来，又适用一般合伙法的新的合伙形式，是对传统合伙制度的重大变革与发展。这种新的合伙形式从发端到比较成熟再到被全美普遍接受，总共只有不到 10 年的时间。这一新型的合伙形式已为不少国家和地区效仿，英国、加拿大等国相继制定了自己的有限责任合伙企业法律，有限责任合伙企业已成为一种新的合伙企业形式在世界各地流行。

20 世纪 80 年代美国出现的一系列诉讼使传统合伙法连带责任制度的弊端充分暴露，促使合伙制度的改革被提上了议事日程。在美国，有一类称作"节俭社团"和"存贷社团"的金融机构，其主要业务限于吸纳一般的存款，并给储户发放利率较低的用于购房目的的贷款。在 20 世纪六七十年代法律允许实行浮动的市场利率的情况下，这类金融机构根本无法从住房贷款中获利。为此，它们中许多转向风险较大的业务甚至投机性业务。最后，由于许多贷款无法收回，许多金融机构宣告破产。在清理这些金融机构的债权债务的过程中，发现这些金融机构在其经营活动中有严重的违规行为，为它们提供会计和法律服务的会计师事务所和律师事务所由此也被追究了失职责任。由于这些律师事务所或会计师事务所都是合伙组织，这样，在合伙财产不足偿还债务时，全体合伙人均被判决承担连带责任，包括那些未参与此类活动的完全无辜的合伙人。本身并未参与引起合伙债务的活动，也没有过错，仅仅因为其合伙人身份，即要以其个人财产代人受过，如此严重的后果几乎只有合伙企业中才会出现。

我国在 2006 年 8 月 27 日新修订、于 2007 年 6 月 1 日正式施行的《合伙企业法》也引进了这种新型的合伙形态。第 55 条规定："以专业知识和专门技能为客户提供有偿服务的专业服务机构，可以设立为特殊的普通合伙企业。"

（二）有限合伙企业

无限责任本身不可克服的局限性，加大了投资风险，影响了投资者的积极性，不利于资金的筹集。为了克服这些局限性，一种具有人合企业的凝聚功能与资合企业的集资功能的企业制度形态——有限合伙企业诞生了。

有限合伙企业是指一部分合伙人就企业债务承担无限责任，而另一部分合伙人就企业债务以出资为限承担有限责任的一种企业组织形式。其主要特征是无限责任合伙人有权代表公司执行业务，而有限责任合伙人则无权代表公司执行业务，只有一定的监督权，是典型的人合兼资合的企业。有限合伙企业也被称为两合制企业。

有限合伙企业的出现为企业募集资金提供了更多的方式选择，不同类型的投资者可以各尽其才，充分利用各方面的资源。但在实践过程中，人们逐渐发现，在有限合伙企业中，负无限责任的合伙人相对来说分享的利益较少，而承担的风险较大；负有限责任的合伙人承担的风险较小，相对来说分享的利益较大。这就导致负无限责任的合伙人更加注重控制公司经营的风险，而负有限责任的合伙人会要求尽量提高公司的收益。由于两类合伙人追求的目标不一致，使得人合企业和资合企业两者的优势难以发挥。因此这种形式的企业因先天不足而一直没能得到有效发展。目前，这种制度形式的企业在世界范围内已经为数不多。

与有限责任合伙企业相比，二者之间主要是承担连带责任的区别。有限合伙主要由普通合伙人承担无限连带责任，作为资金投入者的有限合伙人享受合伙收益，对企业债务只承担有限责任；有限责任合伙仅对本人负责的业务或过错所导致的合伙债务承担无限责任，对因其他合伙人过错造成的债务不负无限连带责任。

三、公司制企业

（一）公司制企业的特点

历史在不断提出新问题的同时，也不断创造出解决问题的新方法。为了克服个人业主制企业和合伙制企业制约大规模投资和现代化生产经营的局限性，人们开始探寻新的企业制度形式，于是公司制应运而生。

公司制企业（简称公司）最重要的特点是，所有的出资人都只以自己的出资额为限，对公司债务负有有限的清偿责任。一旦公司亏损倒闭，不管公司欠债多少，所有的出资人最多只据其投入企业的资本偿还债务，超过这一限额的债务，公司的出资人或所有者不再负有清偿责任。因此，公司的所有者投资经营企业的风险大大降低。

由于公司所有者的责任是有限的，因而它更容易吸引社会上众多的人投资该企业，成为企业的所有者之一。如果公司经营良好，经营规模、资产净额不断扩大，公司的所有者拥有的财产就不断增值，财产收益和资本收益都会持续上升；倘若公司经营失败，破产倒闭，所有者最多损失他原来出资的份额。有限责任制度使公司有办法广泛地筹措社会上分散的闲置资金，在很短的时间里创办大规模的现代企业。

公司制度的另一个特点，是通过法律使公司具有独立的法人地位。法人是依法成立、拥有独立财产、按一定的规章制度建立和从事活动，并能以自己的名义行使权利和承担义务的社会团体。公司就是由法律赋予其拥有与自然人基本相同的民事主体地位的企业。它与自然人的区别仅仅在于，它不是作为单个的人来享有法律规定的权利和承担法律规定的义务，而是以一个组织的名义来行使法定权利和承担法定义务。尽管公司法人总是由自然人创立的，但是它一旦确立就获得独立的法人地位，法人的财产也取得独立形态而同自然人（团体的出资人）财产相分离。不论这些法人公司的出资者（即自然人）如何变换、转让股份、死亡，或者扩大或缩小出资者人数，公司作为独立法人不会受太大影响，可以永远延续。与公司相比较，个人业主制企业或合伙制企业就不具有独立法人的形态，只是由自然人紧密相连为一体的组织，一个出资者的死亡、变故就常常会导致一个企业的夭折或解散。

公司制度的形成，使得企业向社会大规模筹资变得容易了，集中的大规模生产与技术创新因而成为可能。同时由于公司完全是资合公司，通过资本联合、控股、参股，可以形成巨型公司和多级法人的母子公司，使不同的企业更易于协调和形成大规模组合优势等。

但是，在公司中，由于出资人数量众多，股权结构分散，出现了所有权与控制权的分离。由于拥有公司实际控制权的经营者与公司所有者之间目标函数的差异，经营者极有可能为了追求个人利益最大化，而采取背离公司利润最大化的机会主义行为，损害所有者的利益。公司所有者在其利益受到损害时，由于众多投资者行动协调上的困难以及单个投资者"搭便车"思想的影响，他们往往难以对经营者形成有效的制约，投资者往往使用抛售公司股权这种"用脚投票"的方式来表达自己的意见。

由以上分析可见，企业制度的形态并非一成不变，而是随着经济、社会发展不断演进与创新的。现今仍然在各国经济中占据一席之地的个人业主制企业和合伙制企业，是早期市场经济的产物，数百年来没有多大变化。只有公司才是现代市场经济发展的产物，是我们所要研究和比较的现代企业制度。

（二）公司的产生与发展

1. 古罗马帝国时期：公司萌芽

古罗马通常指从公元前 10 世纪初在意大利半岛中部兴起的文明，经历罗马王政时代、罗马共和国，于 1 世纪前后扩张成为横跨欧洲、亚洲、非洲的庞大罗马帝国。到 395 年，罗马帝国分裂为东西两部。西罗马帝国亡于 476 年。

众所周知，古罗马的法律建立了各种债权债务制度、合伙制度、诉讼制度、契约制度，这些制度仍为现代理论所继承。股份制制度在古罗马也有一定的地位。

192 年，安东尼王朝最后一位皇帝被杀，罗马进入近百年的混乱时期。罗马长期进行大规模战争需要有力的后勤保障，这种任务国家无力单独承担，需要借助社会力量，于是出现多人的联合组织，即船夫行会。

据考证，在罗马帝国时期，为满足罗马帝国军队进行战争的需要，帝国政府特许在其控制下，由一些船夫行会专门负责军粮贩运贸易，以满足战争的需要。由船夫行会与帝国政府签订契约，独家控制这些军粮专营贩卖。船夫行会为弥补资金不足，达到粮食贸易的规模经营而实现高额垄断利润，采用了向社会发行证券的方式募股筹资，开了股份制的先河。正是因为股份利润相当可观，以至于被明令禁止经商的若干罗马元老晚节不保，成为船夫行会匿名股东。

公司的萌芽或者最原始形态是在古罗马帝国时期，只不过没有使用"公司"的名称而已。这时，作为公司原态的船夫行会在实现融资目的的同时，其存在的更主要原因是满足战争的需要，与政治联系在一起，具有一定特许性。

2. 中世纪的欧洲：公司雏形

中世纪欧洲是指约公元 476—1453 年，西罗马帝国灭亡后至文艺复兴以前。关于公司的起源形成了三种假说：大陆起源说，认为公司起源于中世纪欧洲大陆的地中海沿岸，由家族营业团体发展而来；海上起源说，认为公司起源于中世纪的海上贸易，由船舶共有、康枚达（Commenda）和索塞特（Societas）等组织发展而来；还有一种混合起源说，即认为公司是上述两个原因共同作用的结果。

中世纪地中海沿岸商业发达，兴旺的都市与繁荣的海商使商人的地位不断提高。富有的商人在死去以后，一般都将自己经营多年的商号传给子女和亲属继承。继承人在取得祖传产业后，既要分家析产，取得应属于自己的那份产权；又不愿关张歇业，失去继续牟利的机会。于是为解决这一问题，当时就产生了一种共同继承、共同经营、共享盈利、共负亏损的家族经营团体或家庭企业。

中世纪地中海贸易繁荣，利润可观，但海上贸易投资庞大，越洋过海又存在风浪袭击、海盗打劫等巨大经营风险。这自然对海上贸易资本的规格又提出了要求，这种要求催生了另一种具有合伙形式的股份制，即船舶共有制。船舶共有制是指由船舶所有人或者经营人与其他出资人通过集资形成共有财产的合伙形式，共同出资、共同经营和共担风险。船舶共有是联系入股者合作关系的纽带，是以后出现的两合公司的雏形。

康枚达是一种契约。契约的一方把金钱或商品委托给另一方，后者以委托的财物从事海上贸易，经营所得利润由双方按契约的约定分享，委托人的责任仅以所出的财物为限，其中有部分投资者承担无限责任。资本所有者不参加历险，将资本托付给船舶所有者或其他人，由其经营管理。这种企业组织形式满足了一些投资人既想获利又不愿意冒险的思想，相对于船舶共有制来说是一种进步。每次航行募集一次资本，航行结束后，退还原主。因此，这种组织形式具有不稳定性和短期性。

索塞特组织与康枚达类似，所不同的是合伙各方共同经营，经营风险由合伙方共同承担，并以其全部财产对债务负无限责任。契约期内合伙人的资本不能随便抽回。契约期满，企业自行解散，合伙各方取回各自本利。相对于康枚达来说，索塞特组织是一种较为稳定、持久的合伙形式。

中世纪欧洲的公司没有明确的公司法律规范，组织的稳定性较差，投资的周期较短，往往是一次贸易结算一次，投资的规模也有限，同时多数情况下要承担无限责任，导致这一时期很难出现较大规模的公司组织。而且，还可以看出，公司主要集中在海上贸易行业，这与当时海上贸易的繁荣发展背景是紧密相连的。

3. 近代时期：公司诞生

近代这段时间主要是指15—19世纪末，最早现代意义上的股份公司产生于16世纪的英国。受当时国际贸易的发展和重商主义政策的影响，英国出现了一批以发展海外贸易和掠夺殖民地为目的的合股贸易公司。1553年莫斯科公司（Russia Company）成立，该公司创立时，有股份240股，每股25英镑，共6000镑。

伊丽莎白女王于1581年正式向"利凡特公司"颁发贸易专利证书，允许该公司垄断对奥斯曼土耳其的贸易，期限为7年。而且，女王本人也向该公司秘密投资4万英镑，占了公司资产的一半。英国通过"利凡特公司"每年向奥斯曼土耳其出口价值约15万英镑的呢绒。

一般认为，1600 年由英国女王特许成立的东印度公司是最早的现代意义上的股份公司，最初的正式全名是"伦敦商人在东印度贸易的公司"（The Company of Merchants of London Trading into the East Indies）。英国东印度公司垄断英国与印度、中国和其他亚洲国家的贸易，成立初有 100 名商人入股，原始资本达 68373 英镑。1617 年入股人数达 954 人，股金达 162 万英镑。1708 年资本总额为 316 万英镑，是创建时的 50 倍。

当时与英国争雄的荷兰、法国等也都先后出现了一批类似的公司，如荷兰于 1602 年成立的东印度公司。它是由 6 个商会联合组建的，成立伊始便公开征集资金，社会各界以入股的方式投入资本，连阿姆斯特丹的一个女仆也以 100 盾现金投资入股，短短一个月便募集 6424578 盾的资本。

有了股票便会有股票交易的问题。荷兰在 1602 年创办了世界上第一个证券交易所——阿姆斯特丹证券交易所（Amsterdam Stock Exchange）。而随着资本的扩大、货币流通的加快，荷兰人对支付产生了新的需求。当时的货币还是以金、银、铜为主，但是当时荷兰的铸币业混乱、掺假严重，导致商人无法在商业银行兑换到大量等值的汇票。于是 1609 年，荷兰议会决定在阿姆斯特丹成立中央银行，为的是给商人们提供更好的服务，并且规范当时十分混乱的货币市场，世界第一家中央银行——阿姆斯特丹银行（Bank of Amsterdam）便诞生了。

在 17 世纪上半叶，英国已经确立了公司是独立法人的民法观点，并开始把公司同自然人的个人业主制企业和合伙制企业区别开来。17 世纪下半叶，英国产生了稳定的合股公司组织，股本变成长期投资的资本，获得独立化形态，股权只能转让不能退股，股票的买卖交易市场也出现了。1711 年，英国成立了以"泡沫经济"著称的南海公司。1820—1850 年的"铁路"时代中，无论英国或美国，都通过股份集资的形式，获取了铁路建设所需要的长期巨额投资。美国现代企业制度的奠基者，当数 19 世纪中叶美国最大的企业，即美国铁路公司。铁路的发展以及电报的使用，很快又引起了生产与营销方式的革命，铁路提供了大批量、快速、远距离的运输服务，使大规模生产、营销成为可能；电报、电话和邮政服务的改善，则使在更大范围内传递信息并进行协调与控制成为可能；同时，铁路、电报等技术创新还促进了市场空间范围的扩大。这些都是传统的个人业主制企业和合伙制企业无力迅速介入和高效利用的。

巨额资本以及技术和管理的限制，使得传统企业难以跨越障碍，于是现代企业迅速崛起。股份公司的迅速发展是在 19 世纪中叶以后。19 世纪中叶以后逐渐发展起来的现代股份公司，主要是适应工业革命后大规模生产、销售的需要，并与现代科技革命成果及由此引发的市场扩张息息相关。

作为规范公司的组织与行为的公司法对公司的重要性不言而喻。1826 年英国颁布条例，给股份银行一般法律认可。1836 年、1837 年美国宾夕法尼亚州和康涅狄格州分别通过了一般公司法，实现了从特许公司制向一般公司法的历史性转变。有限责任公司是英国最具创造性的发明。英国公司法的产生可以追溯到 19 世纪。1844 年英国的《合作股份公司法》是世界上第一部认可公司独立法人地位的公司法。1855 年的《有限责任法》和 1856 年经修改的《合作股份公司法》奠定了现代公司法的基础，在根本上确立了有限责任和独立法人实体地位的关键原则。大致与此同时，公司在美国、德国等国家迅速发展起来。1862 年，英国正式颁布现代《公司法》，明确设立公司不再需要政府特许，仅需备案登记，公司制度从此获得蓬勃发展。

该阶段的公司多为特许公司，与殖民活动联系在一起。有法律规范后，公司就逐渐成为一种比较稳定的组织形式。与之前两阶段相比，真正的公司开始形成，股份公司大规模发展，特别是在运输业和金融业中得到长足发展，而且所有权与经营权进一步分离，有关公司的法律规范逐步建立起来。这一阶段是公司发展中的关键阶段。

4. 现代时期：公司发展

（1）美国股份公司的快速发展

现代的公司发展主要是指 19 世纪末到目前的这个阶段。19 世纪末，随着公司的发展、公司规模的壮大，以及法律环境的完善，出现了大规模的股份公司。特别是在美国，股份公司得到了前所未有的发展。因此，我们以美国为例，说明现代公司发展的历程。19 世纪末 20 世纪初，伴随着资本主义自由竞争走向垄断，股份公司也逐渐成熟，成为资本主义社会占统治地位的企业组织形式，并在从自由竞争向垄断过渡的进程中起到了无可非议的促进作用。

19 世纪后 30 年，科学技术迅猛发展，并广泛用于生产实践。内燃机、发电机、无线电相继问世，炼钢新工艺、电力新技术、化学新方法普遍采用，引发了新的技术革命。产业革命的特点就在于资本的集中和大公司的形成。

到 1800 年，美国商业公司达到 335 个，其中 219 个（65%）是收费道路公司，67 个（20%）是银行，另外 11% 是诸如供水这一类的公用服务公司，制造业等其他公司只占 4%。显然，这些公司大都集中在具有公共服务职能的部门。内战以前，美国商业公司的大发展基本上保持了这一趋势。由于交通革命的突飞猛进，公司在收费道路、运河、铁路等行业大量增加，更加引人注目。仅以宾夕法尼亚州为例，它在 1790—1860 年建立的 2333 个商业公司，有 64.17% 在交通业，11.14% 在保险业，7.20% 在银行业，7.72% 在制造业，6% 在水和瓦斯的供应行业，3.77% 在其他零星行业。

1860 年以前，美国产值超百万的公司极少，而到 1919 年，这样的公司已多达 10172 家，其产值占国内同期工业生产总值的 38%。1929 年美国资产超过 9000 万美元的 200 家非金融公司的资产总额约达 810 亿美元，相当于当时美国公司资产总额的 49%。1974 年，美国最大的 800 家公司资产总额已达 18072 亿美元，约占美国公司资产总额的 50%。大公司不仅控制了资金、原料、技术、动力和运输市场，而且还直接或间接控制了众多的中小企业。

（2）五次并购浪潮与"看得见的手"

1890 年以前，美国只有不到 10 个制造业公司的股票在证券交易所上市，总值大约 3300 万美元。其后制造业公司迅速增加，由 1898 年的 10 亿美元翻倍到 1899 年的 20 亿美元，两年后再次翻倍，到 1903 年达到 70 亿美元的高峰，此后在 60 亿—70 亿美元徘徊，直到第一次世界大战爆发。制造业公司资本的大量增加、现代工业大公司的崛起，使得大合并运动的风起云涌几乎是同步发生。美国的公司并购历史是西方公司并购历史的集中反映和代表。从 1898 年起，美国公司先后掀起了五次并购浪潮。

第一次并购浪潮发生在 1898—1903 年期间。它以横向并购为特征，使资本主义迅速从自由竞争向垄断过渡，形成了一大批垄断公司。这五年期间，美国的工业结构发生了重要的变化，100 家最大的公司规模增长了 400%，并控制了全国工业资本的 40%。第二次并购浪潮发生在 20 世纪 20 年代，以 1929 年为高潮。第二次并购浪潮的最大特点是出现了相当规模的纵向并购。虽然横向并购仍为主流，但是纵向并购风行一时。这次并购主要发生在汽车制造业、石油工业、冶金工业及食品加工业。第三次并购浪潮发生在"二战"以后的整个 20 世纪 50—60 年代。它以混合并购为最大的特点。通过这次跨部门和跨行业的混合并购，美国出现了一批多元化经营的大型企业。第四次并购浪潮从 20 世纪 70 年代中期持续到 80 年代末，它有以下几个特点：高风险、高收益的"垃圾债券"出现；分解式交易为许多综合型大公司采用；敌意收购的比例较高。第五次并购浪潮从 20 世纪 90 年代中期开始持续至今，以 2000—2001 年高新技术领域的并购为高潮。

与独资或合伙企业组织形式相比，现代股份公司具有的显著优势是筹资规模较大。大公司大量吞并中小企业，不断改组与整合，出现了大批的垄断资本集团。19 世纪末的工业高涨和 1900—1903 年危机以后，资本主义全面进入垄断阶段，卡特尔、辛迪加、托拉斯、康采恩等垄断组织遍布于各个主要工业部门，控制了国民经济的命脉，垄断了全部经济生活的基础。因此，美国经济随之从市场协调转向了经理人的管理协调，"看不见的手"让位于"看得见的手"，这就是所谓艾尔弗雷德·钱德勒（Alfred Chandler）在 1977 年提出的"管理革命"。

（3）分散的股东与"用脚投票"

与公司垄断共存的另一特点就是股东的分散性。在公司制企业发展早期，公司只有少数的个人股东，即股权结构相对集中。但是，伴随着规模的扩大，也伴随着资本市场的发展，公司的股权结构逐步分散化，大量的公司股票分散到社会公众手中。大公司发行的股票和债券分散到全国甚至世界各地的千百万投资者手中。据有关数据，1952 年，美国有 650 万人持股，占总人口的 4%，1980 年增至 2980 万人，占总人口的 13%；有资料显示，美国持股人数目前已达 5400 万人，占总人口的 18%。

而最近 20 年来，美国进一步出现了新的机构持股的情况，机构持股快速发展。目前，机构持股在总量上约占美国全部上市公司股本的 50%，其总资产已由 1950 年的 1070 亿美元增加到 1990 年的 5.8 万亿美元，主要的机构投资者是共同基金、保险公司、养老基金和捐赠基金等。需要说明的是，尽管机构投资者快速发展，但 20 世纪 80 年代以前，这些机构都是实行分散投资，机构投资者投资于单个公司特别是大公司的比重并不高，许多公司往往有成千上万个股东，在美国，最大股东所持有的公司股份多在 5% 以下（毛蕴诗，2000）。

如果说业主制和合伙制企业是雇主的企业或企业家的企业，那么公司制企业就是职业经理人的企业（李维安，2006）。美国法学家阿道夫·伯利（Adlof Berle）和经济学家加德纳·米恩斯（Gardiner Means）在 1932 年提出，随着股权结构的分散，现代公司已经发生了"所有权与控制权的分离"命题，而且人们逐渐相信，由于掌握公司实际控制权的经营者与所有者之间目标函数的差异，经营者极有可能为了追求个人利益最大化，而采取背离公司利润最大化的机会主义行为，损害所有者的利益（林钟，1996）。例如，经营者为自己支付过高的工资、津贴，营造"企业帝国"等。因此，所有者与经营者之间的利益冲突常常被看成现代公司的核心代理问题。与之相对应，如何设计一套"机制"来保证经营者的行为不偏离股东的利益，约束其机会主义行为，也就成为公司治理理论的主要内容。分散股东情况下，投资者往往选择"用脚投票"的方式来表达自己的意见。

（三）公司发展历程总结

回顾公司发展的历程，我们发现早期的股份公司主要是为了分散投资风险、博取高额风险利润而创办的，因而它们主要集中在从事高风险的海外贸易部门。在国内商业、制造业、交通运输业，几乎没有用这种现代股份公司制组织起来的企业。公司的大规模形成和扩展是工业革命以后的事，它们主要取决于技术和市场两大因素的变化。现代企业的成长首先出现于铁路业，就这一行业来说，技术起着十分重要的作用。铁路运输的准确性、整体性、连贯性的技术要求，不仅需要巨额的长期投资，而且需要专业性很强的管理人员。现代股份公司不仅能为其在短时间内筹措巨额长期投资的资本，而且能适应管理上的技术性要求，由作为非所有者的专业技术管理人员来经营管理企业。

以上我们追溯的主要是股份公司生成、发展的历史，撇开了在此过程中其他类型公司的情况。在现代股份公司生成、发展的同时，其实还有许多不同类型的公司产生和发展过，有的昙花一现，有的存在至今，诸如无限公司、两合公司、股份两合公司、有限合伙制公司等。但现代股份公司可以说是最主流，也最具生命力的企业组织形式。

从企业制度的演进史来看，合伙制企业同个人业主制企业的差异，仅仅是一个企业所有者和多个联合起来的企业所有者的不同，这两种制度的企业有很强的人身因素。有限责任公司是一种资本的联合，但是股东的数量较少，同时股东之间较为熟悉，且股权不能自由转让，多数情况下只能在内部进行转让，因此，这种公司的股东之间仍具有一定的人身因素，所有者很难及时转移风险而自由地进入或退出企业。而股份公司则不同，它完完全全是资本的联合，股东数量之多使人身因素影响减轻，股东仅仅是股票的持有者，可自由地出让股权或购进股权，不同的股东能够独立自主地行使权利。股份公司基本消除了股东之间的人身联系，有利于公司独立运营、永续存在，大大减少了出资者的人身因素的影响，从而使公司成为真正意义上的独立法人。

通过总结上述公司产生与发展的四个阶段，我们可以得出以下几点启示。

第一，公司产生与发展是与当时的社会背景相适应的。在满足公司资本不足需要的前提下，公司的产生与发展是离不开当时的社会背景的，例如公司萌芽阶段的战争需要、公司雏形阶段的贸易需要、公司诞生阶段的掠夺需要、现代公司发展阶段的社会进步需要。因此，公司的产生与发展是特定条件和环境下的产物，而公司的产生与发展反过来又会促进整个社会的进步。

第二，公司出现的行业是有客观规律的。公司的发展史表明，公司并非一开始就在所有产业部门全面展开，而是有自己的历史顺序。从公司的发展进程看，公司起源于16世纪以前的海上贸易，17—18世纪扩展至交通运输业和金融业，19世纪下半叶之后则大量地、普遍地出现在制造业部门。这种顺序表明，在社会化大生产的商品经济条件下，一个国家或地区的经济腾飞往往是从第三产业即贸易（特别是对外贸易）等的发展开始的。

第三，公司治理问题伴随公司的产生而越来越得到重视。据考证，治理结构（Governance Structure）概念是诺贝尔经济学奖得主奥利弗·威廉姆森（Oliver Williamson）于1975年首先提出的。但是，我们从公司发展的不同阶段都能找到公司治理的印迹。例如，公司萌芽阶段的船夫行会的入股与分红问题，公司雏形阶段的康枚达和索塞特的契约特点，特别是公司诞生阶段的"总会"、董事会的权力界定问题，其本质均是公司治理问题。

第四，公司中所涉及的契约越来越完备。从契约的形式来看，由最初口头的、短期的，到后来的书面的、长期的。从契约的内容来看，从最初船夫行会的简单的入股分红，到船舶共享制的风险分担与责任的界定，以及东印度公司的内部契约安排与与政府关系的外部契约，再到现代公司的企业与投资者、客户、供应商、雇员等的契约关系。因此，契约无论在形式上还是在内容上均趋向于更加完备。

第三节　企业的类型

现代市场经济的活力归根结底来自企业。企业是社会最具有活力的细胞，它的形式多样，情况复杂。为了便于进行研究和管理，我们有必要对企业进行分类。由于企业类型在不同的国度有所不同，下面仅对我国的企业加以分类。

一、按组织形式分类
（一）个人独资企业
个人独资企业是指由一人投资经营，企业财产及收益归投资者一人所有，对债务承担无限责任的企业。

（二）合伙企业

合伙企业是指由各合伙人订立合伙协议，共同出资、合伙经营、共享收益、共担风险，并对合伙企业债务承担连带责任的营利性组织。

（三）公司

我国的公司可分为有限责任公司、股份有限公司和国有独资公司。股份有限公司与有限责任公司在前面已经介绍过，这里只介绍国有独资公司。国有独资公司是指国家授权投资的机构或国家授权的部门单独投资设立的有限责任公司，其投资者只有一个，即国家。由于只有一个股东，故不设股东会。

二、按所有制性质分类

（一）国有企业

我国的国有企业又称为全民所有制企业，是指所有权为国家所有，依法登记注册，自主经营、自负盈亏、独立核算的生产经营组织。国有企业具有法人资格，以国家授予其经营管理的财产承担民事责任。国有企业财产属于国家所有，对国家负责，经营目标是确保国有资产增值保值。由于我国全民所有制采取国家所有形式，由国家代表全民行使所有者的职能，所以，国家有关管理机构自身的完善程度与管理人员的素质等问题就会影响到国有企业的正常、高效运营。国有企业发生亏损的原因有时不单纯是经营性亏损，而可能是政策性亏损。政策性亏损是指企业为实现国家规定的社会公益性目标或者指令性计划而形成的亏损；经营性亏损则是因企业自身的经营管理不善造成的。国有企业经营管理中存在的政府性行为与市场经济的不适应，是我国改革进程中的一个大问题，还有待解决。

（二）集体企业

集体企业即集体所有制企业，是指所有权属于人民群众集体所有，依法注册、登记的生产经营性组织。它目前在我国主要分为农业中的集体所有制和工商业中的集体所有制，其中农业中的集体所有制现在主要是指家庭联产承包责任制。

（三）私营企业

私营企业是指生产资料属于私人所有，依法注册、登记的生产经营性组织。私营企业的所有权由于属于私人企业主，所以其资金规模一般不大。

（四）混合企业

混合企业是指所有者中可能既有国家和集体等公有制成分，又有个人与外资等私有制成分的企业，是不同性质所有制之间的联合。正由于其混合所有的性质，才使其组建和经营更加灵活和有活力，更有利于资源的优化组合和合理调配，应变能力较强。

三、按资本来源地分类

（一）中资企业

中资企业是指资本来源于我国境内，所有者为中国公民或法人的生产经营性组织。我国绝大多数的企业是中资企业。

（二）外资企业

外资企业亦称外商独资经营企业。它是指外国的企业、其他经济组织或者个人，依照中国的法律和行政法规，经中国政府批准，设在中国境内，全部资本由外国投资者投资的企业。

（三）中外合资经营企业和中外合作经营企业

1. 中外合资企业

中外合资企业是由外方投资者和中方投资者，依照中国的法律和行政法规，经中国政府批准，设在中国境内，由双方共同投资、共同经营，按照各自的出资比例共担风险、共负盈亏的企业。中外合资经营企业一般采取股权式方式组成，其组织形式多为有限责任公司。

2. 中外合作经营企业

中外合作经营企业是指契约式的中外合营企业，它是由外国企业、其他经济组织或者个人同中国的企业和其他经济组织，依照中国的法律和行政法规，设在中国境内，由双方用契约确定各自的权利和义务的企业。合作经营企业可以依法取得中国的法人资格，也可以不具备法人资格。具备法人资格的合作企业，一般采取有限责任公司形式，投资者以其投资或者提供的合作条件为限对企业承担责任；不具备法人资格的合作企业，合作双方依照中国民事法律有关规定承担民事责任。

四、按信用基础分类

（一）人合型企业

人合型企业的信用基础是人，组建的基础主要是凭借相互的信任。合伙制企业即属于人合，合作双方拥有平等的决策权。这种企业由于受人际关系、信用程度和个人财力的限制，融资能力较差，一般规模比较小。

（二）资合型企业

资合型企业组建的基础是资产，其信用基础是资产。股份有限公司就是典型的资合公司。资合公司的融资能力较强，规模一般比较大。

（三）两合型公司

两合型公司是指兼有人合与资合两种性质的公司，其主要股东即经营者以相互信任的人际关系为基础，而一般股东则以资产为信用基础。这样的企业兼有人合型企业与资合型企业的优点，但在实际组建和运营中存在固有的缺点，因而并未形成气候。

五、按股东对公司债务承担责任分类

（一）无限责任公司

无限责任公司是指由两个以上的股东组成，全体股东对公司的债务负连带无限清偿责任的公司。它的特征是：

1. 公司解散清算时，股东要以自己的全部动产与不动产来对公司所负债务负责，即当公司资产不足以清偿公司债务时，股东要以自己的资产来清偿。

2. 无限责任公司设立简单，通常没有法定的最低注册资本额的限制，也无须对外公开财务状况。

3. 股东转让股权受到严格的限制，股东的责任与其在公司内的利益成正比，而且延伸至公司所有的债务。

4. 由于无限责任的存在，且股东有权直接参加公司的管理，使得无限责任公司的股东必须积极努力经营以免公司破产，所以，其相应的信用程度也要高一些。

5. 股东风险大，股本转让又困难，相对自由度低，所以，筹集资本比较困难。

我国法律认为，凡称为"公司"的都应当是责任独立的法人，"无限责任"这一概念与公司的"责任独立"是冲突的，所以我们国家没有"无限责任公司"这一称谓，只有与之对应的"普通合伙"。

（二）有限责任公司

有限责任公司是指由法定数量的股东组成，全体股东仅以各自的出资额或出资额加上所承诺的担保额为限承担财产责任的公司。其特征是：

1. 不发行股票。股东各自的出资额，一般由他们协商确定。在他们各自交付了其协定应付的股金后，由公司出具书面的出资证明（股份证书），作为其在公司中享有权益的凭证。

2. 股东人数较少，股东常常作为雇员参加公司的经营管理。股东人数通常有法定的最高限额，以免由于"管事的人"太多，造成决策延缓和官僚机构臃肿的现象。

3. 公司股权转让有严格的限制。万一发生特殊情况需要转让，必须经全体股东一致同意。如股东欲转让其股份，其他股东有优先购买权。这也是对股东人数限制的一个原因。

4. 公司的账目不对外披露。

（三）两合公司

两合公司是指由两部分股东组成，其中一部分股东对公司债务负无限责任，另一部分股东对公司债务仅负有限责任的公司。公司中无限责任股东的法律地位一般与无限责任公司的股东地位相同，有限责任股东的法律地位同有限责任公司的股东地位基本相似。但有限责任的股东不得随意转让其资本份额，若转让须经全体无限责任股东同意。负无限责任的股东均有执行业务的权利并承担相应的责任，可以对外代表公司。而负有限责任的股东无权对外执行业务和代表公司，但其享有对公司的监督权，在营业年度终了时，

可以要求查阅公司营业期间的资产负债表，并可检查公司的业务和财务状况。两合公司的基本特点与无限公司相似，但可以同时满足不同投资者的需要。有良好的信用和经营能力但没有财力的人与拥有财力但没有能力或不愿直接从事经营活动的人，他们可以相互结合、互取所长。两合公司由于决策权和经营权完全掌握在无限责任股东手中，其有限责任股东的地位远不如有限责任公司的股东，所以，一般情况下投资者不愿参加两合公司。实际上，采用这种公司形式的企业并不多见。

（四）股份有限公司

股份有限公司是指将公司的全部资本分为等额股份，全体股东仅以各自所认购的股份数额对公司承担有限责任的公司。公司可以向社会公开发行股票，股票可以自由交易或转让。股东的一切权利都体现在股票上，并随股票的转移而转移。每股有一份表决权，股东以其所持有的股份享受权利、承担义务。股东人数有法定的最低限制，但无上限。股份有限公司是最典型的现代企业组织形式。股份有限公司完全建立在股东投资的基础之上，公司的信用全部来自公司的资产，与股东个人无关。其可以向社会公开发行股票来募集资本。股份有限公司的规模一般较大，竞争能力较强。

六、按企业间从属关系分类

根据控制与被控制关系，企业可分为母公司与子公司，并形成企业集团；根据企业管辖与被管辖关系，企业可划分为总公司与分公司。

（一）母公司与子公司

母公司（Holding Company）与子公司（Subsidiary Company）是相对而言的。母公司是指通过持有其他公司一定比例的股票或资产，从而对其拥有实际控制权的公司，亦称为控股公司。受母公司控制、支配的公司叫子公司。母公司与子公司都具法人资格。母公司一般是依据其掌握的子公司的控股权，通过其在子公司股东（大）会及其董事会中的席位而产生的决策权，对子公司实施控制的。企业集团就是以母公司为核心，通过股权纽带把多个企业联结在一起所形成的多法人的企业群体（Group）。企业集团是由多个具有独立法人资格的企业组成的企业群体，本身并不是法人。企业集团是建立在公司法人制度基础之上的，其成员企业在法律上各自保持独立法人的地位。

母子公司的特征是：

1. 具有资金放大效应。母公司只要掌握能控制子公司的股份就可以操纵子公司的经营业务，以较少的投入控制众多企业，按照自己的经营战略发展，从而产生资金的放大效应。

2. 母子公司结构可以降低经营风险。随着母公司规模的扩大，多样化经营成为必要。在多样化经营中，母公司可以将一些风险大的产品或服务交由子公司经营，因为母公司对子公司只承担有限责任，因而可以降低经营风险；而当子公司有盈利时，母公司又能从子公司的盈利中获取一定的利润。

3. 母子公司结构可以有效利用资金。母公司通过购买股票等方式建立母子公司结构，可以节约资金，节省时间，腾出资金投向利润率较高的领域，从而实现资金的有效利用。

（二）总公司与分公司

总公司（Head Office）与分公司（Branch Office/Company）也是相对而言的。由于经营管理的需要，在一个公司内部，采取设立分支机构的管理方式，其分支机构就是分公司，而负责并掌管整个企业经营、资金调度、人事安排等重大经营管理活动的总机构是总公司。分公司作为总公司所管辖的分支机构，在法律上和经济上都没有独立性。

1. 分公司一般没有独立的公司名称和章程。

2. 分公司不具有独立的资本，不是独立核算的纳税主体。

3. 分公司对外不独立承担民事责任。

4. 经营活动的结果由公司整体承受。

我国的现行企业制度是随着改革开放，尤其是随着市场经济的建设逐步形成的。一方面，现行企业制度还不完善，还在改革与建设之中；另一方面，相当多的人对企业理论和企业制度缺乏基本的理解。加强对企业制度的研究，进一步完善我国的企业制度，是我们在今后一定时期内的一项重要任务。

第四节　企业理论的形成与发展

企业是经济社会的基本细胞之一，企业理论的形成离不开经济学的发展。它最初是微观经济学的一个重要分支，现在已逐渐脱离出来，具有独立的理论体系。

一、企业理论的萌芽——工厂时代经济理论中的企业问题

涉及企业问题的理论，起源于资本主义初期的工厂时代。工厂是工人大批量生产产品的场所。工厂时代，大体上处于 17 世纪工场手工业至 19 世纪中叶机器大工业阶段。这个时期正是古典政治经济学的产生、发展与完成时期，也是马克思主义理论的确立时期。当时的"工厂"概念，并不具备完整的"企业"概念，它只反映了企业外在的、有形的经营场所，尚未包含企业作为社会经济组织的内容。

古典经济学所研究的重点是劳动分工与社会财富的分配问题，而不是生产过程本身。其代表人物斯密当时只是从分工、工厂和市场之间的关系论及"企业"——工厂，他指出，分工创造的生产力是工厂存在的原因，而工厂的规模则受市场的限制。由于历史的局限，斯密仅将工厂看作集中劳动、分工协作的场所，而没有将其作为经营性组织进行研究。

马克思是这个时代的伟大经济学家，他在《资本论》（Capital）中指出，工厂是"以

使用机器为基础的工场的固有形式"。分工使企业规模扩大，劳动生产率提高，还会因产量提高但固定成本不变而降低单位成本，从而提高利润率，因此，资本家尽可能地扩大工厂规模，追求获得高额利润。可见，马克思重点分析的是资本主义生产全过程，是运用抽象分析方法对产业资本循环（货币资本——生产资本——商品资本）的过程进行研究，以揭示资本主义生产过程中剩余价值产生的秘密，也未将商品生产过程及承担商品生产的企业组织作为研究对象。

在工厂时代的经济学理论中，工厂（场所）作为企业的初级形态，其经济组织的特征还没有体现出来。在这个阶段，对商品生产过程的研究还几乎是零，而企业本身是作为商品生产过程的主体而存在的。所以，这个阶段，企业理论是不可能产生的。因此，工厂时代并没有产生真正的企业理论，仅仅是在经济学理论中出现了一点萌芽。

二、企业理论的形成——新古典企业理论

19世纪中叶至20世纪30年代，是第一次产业革命时期。第一次产业革命造就了一批机器化大生产的工厂，工厂的生产规模不断扩大，所需要的资本越来越多；生产技术和市场经营的复杂性不断提高，经营风险也越来越大。无论是大额资本的筹措，还是对巨大潜在风险的承担，仅凭企业主个人的经济实力都是力所不及的。为适应社会发展的要求，以有限责任为特征的现代公司制度逐渐形成。

在这个时期，微观经济学作为经济学的一个分支发展起来，微观经济的创立使企业理论作为一个重要的研究内容而逐渐形成。微观经济学研究的基本内容就是消费者需求理论、厂商供给理论以及两者结合形成的市场均衡理论。厂商理论的基本前提是：资源（各种生产要素）的供给是有限的，企业必须合理地分配有限的资源，最优地利用其现有的生产技术条件，最大限度地实现其追求利润最大化的目标。微观经济学在研究什么条件下利润最大时得出的结论，为企业理论的形成与发展奠定了基础。

这一时期的企业理论以新古典企业理论为代表。新古典企业理论以微观经济学的厂商理论为基础，其分析不仅已深入到商品的生产过程，而且还深入到商品生产过程的主体——企业。人们认识到，企业是社会的经济组织，具有生产功能和盈利功能。厂商理论中的"厂商"具有以下特征：第一，追求利润最大化是企业的目标；第二，企业的所有权与经营管理权是统一的，即企业主直接经营管理企业；第三，企业主拥有自主经营权，企业内部的组织结构及管理方式完全由企业主决定。可见，厂商理论中的企业基本上还是属于自然人企业。同时，新古典企业理论还假设生产要素购入合同和产品销售合同都是完备的，市场的运行和企业的管理是没有成本的。也就是说，新古典企业理论是以经济人假设和完备市场假设为基础的。

新古典企业理论构造了生产函数来解释企业存在和发展的原因。首先，新古典企业理论假设企业的产量 Q 是可变投入 X_1、X_2 的函数，即 $Q=f(X_1,X_2)$。而企业的生产成本 C 等于可变成本加上固定成本，即 $C=P_1X_1+P_2X_2+K$。此时企业的利润 π 就等于收入与成本

之差,即 $\pi=PQ-C=Pf(X_1, X_2)-(P_1X_1+P_2X_2+K)$。从新古典企业理论的生产函数中我们看出,随着企业生产规模的扩大,固定成本在企业成本中所占的比例会减小,单位产品的成本就会降低,此时企业的扩张是规模经济的。这也是企业寻求横向一体化的动机。同时,由于上下游企业之间技术交流的障碍以及交易成本的存在,企业纵向一体化也有利于企业降低生产成本,提高资源利用率。

新古典理论为企业存在和发展的原因提供了解释,但是新古典企业理论仅仅是"古典环境"中的生产函数,以进入市场的企业和消费者作为最小分析单元,按照科斯的说法,新古典企业理论的假设前提尽管是易于处理的,但却是不真实的。新古典企业理论与其说是一种企业理论,不如说仍然是一种市场理论,因为在新古典企业那里,"科斯世界"里的价格机制起着独一无二的作用,不研究企业内部,企业只是一个"黑箱",生产要素的配置和产出的分配在其中无摩擦地按照业已明确规定好的法则进行,并且假定资本雇用劳动。

尽管新古典企业理论的研究存在种种缺陷,但是企业作为生产经济组织成为经济学的研究对象,标志着企业理论已经形成。虽然公司在这一阶段已经出现,但多数企业仍然是业主制与合伙制等自然人企业,企业的规模较小,所有权结构及组织结构都比较简单,所以当时企业理论的研究重点是企业行为和企业与市场的关系,例如研究产品定价和产量决策问题,而对企业的内部组织结构和管理问题还未展开研究。

三、企业理论的发展——现代企业理论

现代企业一般是指有限责任公司和股份有限公司,主要是指股份有限公司。人类进入 20 世纪后,公司逐渐成为企业的主要制度形式。生产规模的扩大、资本的增加、所有权结构的多元化,都加大了企业经营管理的难度。在企业中,股东、经营管理者及工人之间的矛盾冲突经常发生,导致企业无法正常运转。如何改善企业组织结构、提高企业管理水平和生产效率,成为企业生存和发展的最大问题。因此,通过不断调整公司的组织结构,改善经营管理方法,才使得企业制度发展成为今天的现代公司制度。

现代企业理论形成的标志,是美国经济学家罗纳德·科斯(Ronald Coase)在 1937年发表的论文"企业的性质"(The Nature of the Firm)。此后,人们对现代公司的经营管理活动不断深入研究,使现代企业理论不断得到完善。现代企业理论的主要流派包括以下几种。

(一)间接定价理论

间接定价理论通过构建模型,有力地解释了企业存在和发展的原因。这一流派的代表人物有科斯、张五常(Stephen Cheung)等。

市场是经济学中的重要概念,也是经济学研究的重要内容。市场概念最早是指商品交换的场所,即买卖双方进行商品交换的地点。这种概念今天在某些场合仍在使用,如超级市场。不过,随着经济的发展、商品交换活动的复杂化,市场的概念已经引申为以

交换过程为纽带的现代经济体系中的各种经济总和。人们要在市场中完成一笔交易，必须对商品的品种、质量和价格进行了解，并就交易进行讨价还价等谈判，还要对交货、运输、检验、结算等付出许多劳动。根据科斯的交易费用理论，市场的这些交易活动需要人们付出精力和时间，并支付相应的费用和开支，所以市场的交易是要付出代价的，也就是说，市场交易活动存在交易费用（Transaction Cost）。在商品经济发展的初期，由于社会生产力水平低下，商品规模小，市场狭小，定价成本几乎可以忽略。但随着商品经济的不断发展，市场规模不断扩大，生产者了解有关的价格、质量高低、供货方的信誉、交货速度等方面信息的费用显著增大，市场中的直接定价就可能产生高昂的定价成本。

间接定价理论假设人们可以生产没有直接效用的中间产品来提高最终产品的生产效率，而由于市场是不完备的，中间产品的交易效率可能是相对较低的，因而在市场中的直接定价可能产生高昂的定价成本。为此，企业可以将这类生产中间产品的生产活动纳入企业的内部分工之中，从而通过企业内部的间接定价节约定价成本，实现效率。也就是说，企业用内部管理的方式组织各种生产要素，而不必再到企业外部——市场去购买生产要素，它用组织费用代替了定价成本，企业替代了市场。

上面我们讨论到了企业内部的组织协调可以减少或替代市场交易，那么，是否企业的规模越大，企业内部配置资源的范围越大，企业经营效率就越高呢？科斯对此也进行了深入研究，他指出，在企业内部组织协调生产也存在"内部交易成本"——组织费用，也就是说，无论是市场交易还是企业内部协调，都存在交易成本。当企业规模达到一定程度后，组织费用和管理中可能出现的失误都可能导致企业内部组织交易的成本大于企业外部——市场的交易成本。所以，企业的规模并非越大越好。当市场交易成本高于内部交易成本时，就应当实行企业内部组织交易，扩大企业规模。反之，则应通过市场交易组织企业生产，缩小企业规模。

（二）资产专用性理论

资产专用性理论同样为企业的存在提供了解释，指出了影响交易费用的因素。这一流派的主要代表人物有：奥利弗·威廉姆森（Oliver Williamson）、本杰明·克莱因（Benjamin Klein）、奥利弗·哈特（Oliver Hart）、约翰·穆尔（John Moore）、桑福德·格罗斯曼（Sanford Grossman）等。

资产的专用性是指在不牺牲生产价值的条件下，资产可用于不同用途和由不同使用者利用的程度。也就是说，如果一种资产在某种用途上的价值大大高于在其他用途上的价值，那么这种资产在这种用途上就是有专用性的。专用性资产有多种形式，如专用场地、专用实物资产、专用人力资产等。资产的专用性会在契约不完全的背景下凸显出来。

在狭义上，所有的商品买卖都是一种契约关系；在广义上，宪法和法律也是一种契约关系，是公民和政府之间的隐性契约。所谓契约理论，就是将所有交易和制度都看作一种契约（合同），在考虑信息不对称的情况下，设计最优的契约来减少道德风险、逆向选择和敲竹杠等问题，提高社会总福利。

由于契约是不完全的，缔约双方的利益冲突不可能在事前完全得到解决。而在事后的谈判和协调中，投入专用性资产的一方由于不能将其投入挪作他途，因而对缔约伙伴具有更强的依赖性，这就会导致缔约双方之间地位的变化，没有专用性资产投入的一方将处于垄断地位，导致要挟等机会主义行为的发生。这就使得双方的专用性投资不能达到最优，从而产生交易费用。

由于交易费用的存在，在市场中的资源配置就并不是最有效率的。从这个角度看，企业组织就被看成内部一体化的市场组织的替代物。在现实决策中，市场和企业之间的选择是经常发生的。例如，当一家企业使用自己的汽车而不是付款给运输公司运输货物时，企业就替代了市场。也就是说，企业是为了减少交易费用（交易成本）而把市场交易行为转变为企业内部的行政协调行为，从而实现市场交易内部化的一种制度形式，它是对市场机制的一种替代。

资产专用性理论的提出对企业理论的发展产生了深刻的影响。既然市场交换存在交易费用，而在企业组织内部进行生产组织协调可以减少交易费用，说明市场机制并非配置资源唯一的、最有效的方式。企业组织可以弥补市场机制的某些缺陷，从而在一定条件下可以替代市场机制。它的提出，使企业理论研究的重点深入到了企业的组织功能、组织形式、组织结构、管理体制等方面，从而使企业理论发展到一个新的阶段。

（二）团队生产理论

团队生产理论从团队生产的视角对企业进行了分析。这一流派的主要代表人物有：阿门·阿尔奇安（Armen Alchian）、哈罗德·德姆塞茨（Harold Demsetz）等。

团队生产理论认为企业的实质是团队生产。团队生产具有如下特点：使用几种不同的资源；其产品不是各项相互合作的资源的独立产出之和；生产所使用的所有资源不属于同一个人。在团队生产中，任何一件产品都是由企业内部若干成员合作协同生产出来的，而且任何一位成员的行为都将影响其他成员的生产率。

团队生产的优势是显而易见的，不同类型的资源在相互配合中可以充分发挥其比较优势，企业内部成员的协调与交流要比相互独立的生产者之间的协调更有效率。但是，团队生产也存在难以解决的问题。由于每件产品都是团队协作的成果，因此团队产出无法表现出个体工作的努力程度。在缺乏监督和激励的情况下，偷懒和"搭便车"成为个体的理性选择。因此，为了确保团队生产的效率，有必要引入监督者和设计奖励机制等手段来激励团队成员有效率地工作，而这样的监督和奖励都是有成本的。尽管如此，团队生产仍然被采用，一个重要的原因就是团队生产所获得的总产出大于各个成员单独生产的产出之和。只要团队生产的产出大于各个成员单独生产的产出之和再加上监督激励团队成员所消耗的成本，团队生产就会继续进行，而这就是企业存在和持续发展的原因。

（四）代理理论

随着现代公司的不断发展，由所有权与控制权分离而产生的种种问题纷纷涌现，而对这些问题的分析和研究也随之进入学者的视野。代理理论则是由此产生的代表性理论体系。这一流派的代表人物有：迈克尔·詹森（Michael Jensen）、威廉·麦克林（William Meckling）、斯蒂芬·罗斯（Stephen Ross）等。

公司广泛向社会筹资，导致公司资本社会化，众多的小股东虽是公司的所有者，但不可能或没有能力直接参与公司的经营管理；少数大股东组成的董事会及由他们聘任的总经理和其他高级职员成为公司经营活动的真正决策者和管理者。因此，便产生了股东——企业的所有者将公司资产委托给董事会及经理人员代理经营的企业运营机制，由此产生了代理效率、代理成本、代理约束的问题，以及经理人员的有效激励与约束机制问题、内部人控制问题、经理人员与所有者的目标不一致问题等。这些都是现代企业制度中有待解决的特殊问题。

由于公司的所有者和经营者的利益目标不一致以及信息不对称的存在，经营者极有可能做出损害公司所有者利益的行为，产生道德风险和逆向选择问题，从而产生代理成本。代理成本包括三方面的内容：一是委托人对代理人实施监督以确保其行为符合委托人利益的监督成本；二是代理人保证不采取损害委托人利益的行为，以及一旦违反保证而必须采取补偿措施所产生的担保成本；三是剩余损失，即在采取了上述措施后仍然无法形成最有效率的决策而产生的社会剩余的损失。代理理论指出，为了降低代理成本，就必须建立完善代理人的激励约束机制。同时，代理成本理论对企业股权和债权结构的选择安排问题进行了研究，强调企业产权结构的关键是使剩余权益与所有权相统一。

【人物专栏】罗纳德·科斯（Ronald Coase，1910—2013）

罗纳德·科斯 1910 年出生，1931 年毕业于伦敦政治经济学院，1982 年开始担任芝加哥法学院的教授，是芝加哥大学法学院慕瑟经济学荣誉教授及法律与经济学资深研究员。他曾担任伦敦政治经济学院讲师和布法罗大学教授，并获得美国经济协会的"杰出研究员"称号和伦敦政治经济学院的"名誉研究员"称号。早在 1937 年，科斯便在一篇名为《企业的性质》（The Nature of the Firm）的论文中，以独特的观点阐述了企业是如何形成的。截至目前，该文在 Google 搜索到的公开引用次数为 25992 次。在另一篇发表于 1960 年的名为《社会成本问题》（Problem of Social Cost）的著名论文中，科斯提出，假定交易成本为零，而且对产权界定是清晰的，那么法律规范并不影响合约行为的结果，即最优化结果保持不变，都可以通过市场自由交易达到资源的最佳配置。科斯在 1991 年获得诺贝尔经济学奖。2013 年 9 月 2 日，科斯在芝加哥去世。

【人物专栏】奥利弗·威廉姆森（Oliver Williamson，1932—）

奥利弗·威廉姆森 1932 年出生在美国威斯康星州的苏必利尔镇，1955 年获得麻省理工学院学士学位，1960 年获得斯坦福大学工商管理硕士学位，之后获卡耐基梅隆大学博士学位，自 1998 年以来在美国加州大学伯克利分校担任爱德华·凯泽（Edgar Kaiser）名誉企业管理学教授、经济学教授和法学教授。他曾任美国政治学与社会学学院院士、美国国家科学院院士、美国艺术与科学院院士和计量经济学学会会员。其主要著作有：1975 年出版的《市场与等级制：分析与反托拉斯含义》（Markets and Hierarchies：Analysis and Antitrust Implications），1985 年出版的《资本主义经济制度：企业、市场与关系性契约》（The Economic Institutions of Capitalism：Firms，Markets，Relational Contracting），1996 年出版的《治理机制》（The Mechanisms of Governance）等。他是"新制度经济学"的命名者，被誉为重新发现"科斯定理"的人。正是由于他的宣传，科斯的交易费用学说才能成为现代经济学中异军突起的一派，并汇聚了包括组织理论、法学、经济学在内的大量学科交叉和学术创新，逐步发展成当代经济学一个新的分支。瑞典科学院将 2009 年诺贝尔经济学奖颁给威廉姆森，以表彰"他对经济治理的分析，特别是对公司的经济治理边界的分析"。

【人物专栏】奥利弗·哈特（Oliver Hart，1948— ）

奥利弗·哈特 1969 年获得剑桥大学数学学士学位，1972 年获得华威大学经济学硕士学位，1974 年获得普林斯顿大学经济学博士学位，研究领域涉及微观经济理论、数理经济学、企业理论与组织、契约理论、企业的财务结构、法学与经济学。他是不完全契约理论创始人之一，至今仍是该领域的领军人物之一。他曾任埃塞克斯大学经济学讲师、剑桥大学丘吉尔学院研究员、宾夕法尼亚大学沃顿商学院高级讲师、伦敦政治经济学院经济学教授、麻省理工学院经济学讲师，现任哈佛大学经济学教授。他是美国人文与科学院院士、英国科学院院士、美国法律和经济学协会会长、美国经济学会副会长，曾担任哈佛大学经济系主任。哈特在企业理论上做出过突出贡献，他与格罗斯曼在 1986 年发表的论文《所有权的成本和收益：纵向一体化和横向一体化的理论》（The Costs and Benefits of Ownership：A Theory of Vertical and Lateral Integration）以及与穆尔在 1990 年发表的论文《产权与企业的本质》（Property Rights and the Nature of the Firm）奠定了当代企业理论的基础，并为企业理论确立了一个基于合约理论的分析框架。他在 1995 年出版的《企业、合约与财务结构》（Firms，Contracts，and Financial Structure）一书已是企业理论的经典教科书。2016 年，哈特凭借"在契约理论方面的贡献"与芬兰经济学家本特·霍姆斯特罗姆（Bengt Holmstrom）共同获得当年的诺贝尔经济学奖。

【人物专栏】本特·霍姆斯特罗姆（Bengt Holmstrom，1949— ）

本特·霍姆斯特罗姆 1949 年 4 月 18 日出生在芬兰首都赫尔辛基，是芬兰经济学家。他于 1972 年获得赫尔辛基大学数学、物理、理论物理、统计学学士学位，1975 年获得斯坦福大学运筹学硕士学位，1978 年于斯坦福大学商学研究所获得博士学位。他曾在耶鲁大学担任经济系经济学教授，曾任麻省理工学院经济系主任，1994 年至今在麻省理工学院任教，现任保罗·萨缪尔森（Paul Samuelson）经济学教授，主要研究领域是信息不对称情况下的激励问题。他于 2001 年当选为瑞典皇家科学院院士，2011 年任计量经济学学会会长，1999—2012 年担任诺基亚公司（Nokia）董事。其在契约理论和激励理论方面的研究更令他享誉国际学术界。他的著作涵盖组织和激励设计、执行补偿、资本管理、劳动契约等领域，近期研究涉及流动性在资产市场和宏观经济中的作用等方面。1979 年，他在《贝尔经济学杂志》（The Bell Journal of Economics）上发表的经典论文《道德风险与可观察性》（Moral Hazard and Observability）奠定了他在信息经济学领域的权威地位。霍姆斯特罗姆和哈特是契约理论的开创者与领军人物，这一理论已经被广泛应用于分析企业问题、政府问题、法律问题以及各类社会问题。他们 1987 年发表的综述文章《契约理论》（The Theory of Contracts）奠定了他们在这个领域的权威地位。2016 年，霍姆斯特罗姆与哈特共同获得诺贝尔经济学奖。

【人物专栏】尤金·法玛（Eugene Fama，1939—）

尤金·法玛教授 1939 年 2 月 14 日出生于美国马萨诸塞州波士顿，是意大利裔移民的第三代。1960 年毕业于马萨诸塞州塔夫茨大学，主修法文，获得学士学位；1960—1963年在芝加哥大学商学院攻读工商管理硕士；1963 年开始攻读博士学位，1964 年获得芝加哥大学博士学位，其博士论文为《股票市场价格走势》。他曾任芝加哥大学商学院金融学助理教授、副教授，现任芝加哥大学布斯商学院金融学教授，是全世界被引用率最高的经济学家之一、金融经济学领域的思想家。法玛的研究兴趣十分广泛，包括投资学理论与经验分析、资本市场中的价格形成、公司财务与组织等。1972 年，他与诺贝尔经济学奖获得者，同是芝加哥大学的默顿·米勒（Merton Miller）教授合著的《财务理论》（The Theory of Finance）以及 1976 年所著的《基础财务学》（Foundations of Finance）成为理财学发展的里程碑，并在世界各大学广为流传，标志着西方财务管理理论已经发展成熟。其最主要的贡献之一就是提出了著名的"有效市场假说"（Efficient Markets Hypothesis，EMH）和"三因子和五因子定价模型"（Fama-French Pricing Model）。法玛在公司治理领域也有一定的建树，与詹森合作发表过文章。2013 年 10 月，因为对资产价格的实证分析，法玛与另一位芝加哥大学教授、芝加哥经济学派代表人物之一的拉尔斯·汉森（Lars Hansen）以及罗伯特·希勒（Robert Shiller）获得 2013 年诺贝尔经济学奖。

【人物专栏】迈克尔·詹森（Michael Jensen，1939—）

迈克尔·詹森生于 1939 年，1962 年获得麦卡利斯特学院经济学学士学位，1964 年获得芝加哥大学工商管理硕士学位，1968 年获得芝加哥大学经济、金融与会计学博士学位。詹森是代理成本理论创始人之一。詹森在经济学、金融学、管理学和法学等诸多方面都大有建树，他在过去几十年中发表的论文不仅数量相当可观，而且被引用的次数甚至超过了大多获得诺贝尔经济学奖的学者。特别是 1976 年，他与麦克林合作发表的《企业理论：经理行为、代理成本与所有权结构》（Theory of the Firm: Managerial Behavior, Agency Costs, and Ownership Structure）是公司治理领域中引用率最高的经典文献之一，截至目前，该文在 Google 搜索到的公开引用次数为 42129 次。在芝加哥大学攻读博士期间，詹森已在西北大学和罗彻斯特大学担任讲师和助理教授。他于 1967 年起执教于罗彻斯特大学，1984 年起任该校金融和商务管理专业 LaClare 荣誉教授，一直执教到 1988 年，之后执教于哈佛大学商学院。他曾当选为美国艺术与科学研究院院士和美国金融学会会长。他于 2000 年从哈佛大学荣休后，担任摩立特集团（Monitor Group）常务董事。1973 年，他创建《金融经济学》（Journal of Financial Economics），如今这份杂志已成为金融经济学领域最有影响力的刊物之一。1994 年，他与人合作创建了社会科学电子出版公司，致力于社会科学著作的电子出版事业。公司旗下的 SSRN 网站，包括会计、经济、金融经济学、法律、管理、信息系统、市场营销、谈判等专业研究网，已成为社会科学研究的重要平台。

进一步阅读材料：

1. 张仁德.企业理论[M].北京：高等教育出版社，2005.
2. 张维迎.企业的企业家——契约理论[M].上海：上海三联书店，1995.
3. 宋劲松.现代企业理论与实践[M].北京：中国经济出版社，2000.
4. 范黎波，李自杰.企业理论与公司治理[M].北京：对外经济贸易大学出版社，2001.
5. 迈克尔·波特.陈小悦译.竞争优势[M].北京：华夏出版社，2003.

本章思考题：

1. 企业的本质是什么？
2. 现代企业理论主要有哪些学派？
3. 简述我国现行法律对企业的分类及意义。
4. 从企业产生与发展的过程理解企业制度的形成。
5. 有限责任制度和无限责任制度的利弊及其作用有哪些？

【章末案例】

美的集团的发展历程

创业于 1968 年的美的集团，是一家以家电业为主、涉足物流等领域的大型综合性现代化企业集团，旗下拥有四家上市公司、四大产业集团，是中国最具规模的白色家电生产基地和出口基地之一。1980 年，美的正式进入家电业；1981 年开始使用"美的"品牌。目前，美的集团有员工 13 万人，旗下拥有美的、小天鹅、威灵、华凌等十余个品牌。除顺德总部外，美的集团还在国内的广州、中山、重庆、合肥、芜湖、武汉、荆州、无锡、淮安、苏州、临汾、邯郸等地建有生产基地，并在越南、白俄罗斯建有生产基地。集团下属有小天鹅（000418）、美的电器（000527）、威灵控股（HK00382）和埃及控股的一家上市公司，合计四家上市公司。

1968年，何享健先生带领23人通过集资5000元成立"北滘街办塑料生产组"，隶属顺德县北滘街道办，何享健任组长，主要生产小型塑料制品（药瓶盖），生产条件艰苦，工艺落后，主要使用手动设备。1973年开始，增加生产药用玻璃瓶（管）、皮球等产品，这些产品主要销往邻近地区。1975年工厂拥有自有资金10万多元，其中固定资产近4万元，流动资金6万多元，生产范围包括塑料五金制品，兼营橡胶配件、标准零件等，生产服务方式为产销结合，产品销往各地制药厂和运输部门。1975年12月6日，经顺德县工商行政管理局批准，原"北滘街办塑料生产组"更名为"顺德县北滘公社塑料金属制品厂"，同时转为公社企业。此时的生产规模已经有所壮大，工厂有管理人员6人、技术人员1人、生产工人60人左右，厂房面积在后期发展至200多平方米。1981年，正式注册使用"美的"商标，并开始生产电风扇。1985年开始生产空调，逐渐在家电领域做大做强。1993年，美的成为顺德唯一的股份制试点企业，进行了股份制改造，同年在深交所上市，成为中国第一家由乡镇企业改制的上市公司。在20世纪90年代，美的分别进军电饭煲、空调压缩机等领域，继续其在家电领域的扩张。然而在90年代后期，美的公司的经营陷入困境。2000年，美的公司管理层和工会出资组建了美托投资公司，通过法人持股的形式收购了美的22.19%的股权，成为美的第一大股东，完成了美的公司私有化过程的重要一步。在完成管理层收购之后，美的集团积极开展新业务，先后进军微波炉、冰箱、燃气具等领域，扩展业务范围。2003年进军汽车产业，开始多元化发展。2006年，美的完成了股改，实现股权全流通，同时通过定向增发引入战略投资者。在这一年，美的推出了对董事和高管的股权激励计划，进一步完善了公司治理机制。至2010年，美的年销售额超过1000亿元，实现了10年增长10倍的奇迹。

讨论：美的集团的发展过程中，经历了哪些企业组织形式？企业的性质和类型先后发生了怎样的变化？美的集团的发展和扩张采取了什么样的模式？可能遇到什么样的问题？该如何解决？

第二篇　企业的环境

多想一下竞争对手。

——比尔·盖茨

第四章　企业的外部环境

【本章导读】在市场经济中，只有适应外部环境的企业才能够生存和发展。本章介绍企业所面临的各种外部环境，力图使读者对企业外部环境有一个较全面、系统的了解。

【开篇案例】

可口可乐收购汇源果汁

2008 年 9 月 3 日，注册于美国特拉华州的可口可乐公司（以下简称可口可乐）和注册于开曼群岛的中国汇源果汁集团有限公司（以下简称汇源）在我国香港共同签署收购要约，可口可乐公司以每股 12.2 港元的价格，收购汇源 64.51% 的股份，总交易值约为 196.47 亿港币，约合 24 亿美元。

2008 年 9 月，商务部收到了可口可乐递交的申报材料。可口可乐应商务部要求四次补充材料后，商务部于 2008 年 11 月 20 日对此立案审查。商务部完成第一阶段的审查之后，判定可口可乐会造成"市场集中"的垄断，并在第二阶段要求可口可乐能够提供"消除限制竞争效果的解决方案"。经过进一步商谈，可口可乐提出了最终方案。经再次评估，商务部认为，尽管对部分问题的救济方案有所改进，但仍不足以消除此项收购产生的不利影响。

2009 年 3 月 18 日，商务部依据《中华人民共和国反垄断法》（以下简称《反垄断法》）就可口可乐公司收购中国汇源果汁集团有限公司的反垄断审查做出裁决，认定此项集中将对竞争产生不利影响，因此禁止此项经营者集中式的收购。

思考：一个国家的法律环境对企业的经营会带来哪些影响？除了法律环境，还有哪些因素会影响一个企业的生存和发展？

第一节　企业的一般环境

企业面临着各种各样的外部环境。从企业经营管理的一般角度分析，企业的外部环境包括一般环境和产业环境两大类。企业的一般环境，也称为宏观环境，是对所有的企业均产生影响的外部环境因素，例如国家的法规、宏观经济状况等。很多学者和企业界人士将外部环境分为四方面，称为 PEST 分析，即政治（Politics）环境因素、经济（Economy）环境因素、社会（Society）环境因素和技术（Technology）环境因素。

一、政治环境因素

政治环境因素是指政治制度、政治形势、国际关系、国家法律和法令、政府政策等，其中特别重要的是法律因素和国家的产业政策。我国根据企业特点和国家政治经济需要，制定了各种法律对企业加以保护和约束。法律具有强制性，管理者只能按法律的规定开展各种生产经营活动。违背法律约束，则必然受到法律的制裁，从而给企业造成损失。所以，管理者必须全面了解与本企业生产经营活动有关的各种法律政策，依法管理企业，并运用法律保护企业的合法利益，减少不必要的损失。另外，优秀的管理者对法律不仅能做出迅速的反应，而且要有一定的预见力，能预见到可能获得通过的法律，及时调整自身的管理政策和管理方法。

国家的产业政策对企业的发展有着更直接的重要作用。国家会根据一个产业的供需状况和生产情况，根据国家整体经济发展的全局和需要，调整和改变其对某一产业的政策。例如，2008 年，我国通过实施家电下乡政策，极大地启动和拉升了农村市场潜在的需求，带动了电冰箱、冷柜、洗衣机的内销量的增加，对于家电行业渡过金融危机、抵御由于全球经济下降造成外部需求大幅度减少的风险具有积极意义和积极作用；20 世纪90 年代，我国纺织行业总量过剩（供大于求），而且生产技术和设备落后，于是国家决定"限产压锭"，要求在一定时期内各纺织公司限定产量，压缩落后设备。虽然这一政策主要是在国有纺织企业中强制执行，但对非国有企业的生产经营也会产生有利或不利的影响。我国改革开放以来实施的经济特区、经济开发区、大力扶植大西北的开发等政策，都是对企业产生重大影响的政治与法律因素。

另外，一个国家的政治局势直接决定了企业的投资环境和经营环境，对企业的生存和发展有着极大的影响。比如，2011 年 2 月，利比亚的国内局势出现动荡，据中国商务部统计，2011 年 1—2 月，中国在利比亚承包工程业务新签合同额同比减少 45.3%，大部分中资企业人员撤出利比亚之后，延误了各类项目的进展，对中资企业的经营状况造成了相当大的影响。

二、经济环境因素

经济环境因素是指宏观的经济系统的情况。国内外的经济形势、政府财政和税收政策、银行利率、物价波动、整体市场状况等都属于宏观经济因素。2010 年和 2011 年，我国消费者物价指数（Consumer Price Index，CPI）[①]一直居高不下，企业不得不为原材料及劳动力支付越来越高的价格，同时也可能需要适当地提高产品价格以弥补成本的上涨，由此造成许多企业经营不利甚至倒闭。经济环境因素对于非营利性组织来说也是至关重要的，例如，国家经济情况的好坏会直接影响政府的购买力和政府对许多非营利性组织的财政支持。这些变化对企业，特别是为政府和非营利性组织提供产品与服务的企业，同样是十分重要的。

自然资源因素也可以视为一种重要的宏观经济因素。几乎所有的企业活动中，都需要有自然资源的投入。资源是可以用来创造价值的材料或要素。在很多产业中，需要大量地投入自然资源，如矿业产业等，因此，自然资源的状况、企业对自然资源的占有程度和地理位置等，都会对企业的发展产生重要的，有时是至关重要的影响。如果自然资源不可再生或再生周期远长于消耗周期，则国家会从可持续发展的角度做出许多自然资源消耗的限制，从而对企业活动产生重大的影响。

三、社会环境因素

社会环境因素是指风俗习惯、文化传统、教育程度、价值观念、道德伦理、宗教信仰和商业习惯等。社会环境中最为重要的是文化传统和教育。不同的国家（或地区）和民族，其社会文化传统和教育水平往往不同，这会影响甚至改变人们的生活习惯和价值观念，从而对企业的产品和服务提出不同要求。风俗习惯、文化传统、道德价值观念等对人们的约束力量往往比正式法律的约束力量要大得多。管理的实质是对人的管理，因此，社会环境对管理实务的影响和重要性是显而易见的。

在社会环境因素中，还有一个重要的因素就是人口（Demographic）因素，也称人口统计因素。人口因素对很多产业中的企业都有直接的影响，对消费品产业中的企业更是如此。因此，有些学者将人口因素作为一般环境中单独的一大类因素进行分析。通常，人口因素包括的具体方面有人口数量、年龄结构、区域分布、收入分布和伦理状况等。

四、技术环境因素

技术的含义很广，它既包括生产技术，如劳动手段、工艺流程的改进、发展与完善，特别是新技术、新设备、新工艺、新材料、新能源的生产与制造等；也包括管理技术，如管理方法、计划决策方法、企划方法及推销方法的改进与更新等；还包括生活技术、服务技术等内容。

---

① CPI 通常作为观察通货膨胀水平的重要指标。

科学技术是第一生产力，技术对社会和企业及其管理工作一直具有重要的影响。任何企业为了达到其预定目标，都必须进行生产经营活动，而任何生产经营活动都与一定的技术密切相关。例如，由于高精尖技术的产生和发展，很多企业采用电子计算机进行设计和控制生产，日本的汽车制造商甚至采用机器人进行生产。技术也会直接或间接地影响管理工作。例如，由于戴明（Deming）等美国质量管理专家把先进的质量管理理论和方法介绍给了日本人，日本企业在质量管理上有了重大的转变，并形成了风格独特的全公司质量管理理论和方法，进而大幅地提高了产品的质量水平，提高了产品在国际市场上的竞争力。只要我们注意观察就会发现，企业结构和规模以及企业中的计划、决策、控制等管理工作和管理方法在一定程度上都因技术而异。

当今社会，经济发展的资源禀赋条件发生了重大变化。从全球范围来看，传统产业遇到了瓶颈。传统产业是以化石能源为基础的工业体系，全世界的产业发展到目前为止仍然是以化石能源为主的阶段，资源能源紧缺的问题已经暴露出来。要解决资源能源问题，就要发展节能减排的技术和与节能减排相关的产业，如新能源产业、新材料产业。

第二节　企业的产业环境

"产业"的概念与通常所说的"行业"基本相同。产业的基本含义是，用基本相同的企业活动生产相互竞争的产品或服务的企业群。产业环境是对同一产业中的企业产生影响的环境因素。产业环境是具体的微观环境，对企业的影响更频繁、更直接。产业环境主要包括：顾客（Customers）、供应商（Suppliers）、竞争者（Competitors）和产业外威胁（Threats）等。对企业而言，要充分地了解这些因素及其对本企业的影响，同时要了解这些因素的变化和发展趋势。

一、顾客

顾客也称为客户或用户，是购买企业产品或服务的个人、企业或组织。顾客是一个企业的基础并使它能继续存在。正是为了满足顾客的需求和需要，社会才把物质生产资源托付给工商企业。一个企业可能要面对多种顾客，如个人和企业、批发零售商和最终消费者、国内和国外顾客等。企业的顾客也会因教育水平、收入水平、生活方式、地理条件等众多方面的不同而对企业的产品和服务提出不同的要求。企业在战略决策、市场营销、质量管理等经营管理的各个方面，都必须充分关注顾客及其需求变化。

二、供应商

供应商是企业从外部获取资源的供应者。对于一个企业来说，供应商可能是企业，也可能是个人。企业从他们那里获得原材料、劳动力、能源、资金、信息等。迪士尼乐园向可口可乐公司购买饮料,向大宇公司购买单轨火车,向莎莉和斯味可公司购买食品,向米德公司购买纸制品。这些公司都是迪士尼乐园的供应商。供应商提供产品和服务的质量、价格,直接影响到企业产品和服务的质量及成本水平。因此,许多企业对供应商有许多要求,同时也给予稳定的供应商一定的支持。日本的许多公司则率先把供应商纳入自己的生产体系之中。

三、竞争者

竞争者是与本企业竞争资源的其他企业,即竞争对手。企业与其竞争对手竞争的最大资源就是顾客为购买产品或服务而支付的货币。显然,麦当劳与肯德基是竞争对手,长虹和康佳也是竞争对手。企业的竞争不仅局限于生产同类产品或提供同类服务的不同企业之间,有时两个不相关的企业也会为获得一笔贷款而竞争,不同单位在人才招募上也存在竞争。

四、产业外威胁

产业外威胁主要是指进入威胁(Threat of Entrants)和替代威胁(Threat of Substitutes)。当一个产业有吸引力时,例如利润水平比较高、市场的需求前景比较好或者竞争不太激烈等,在其他产业里经营的企业就很可能进入到该产业中开展经营活动,从而对该产业的企业构成新的竞争威胁。例如,当成衣生产比布料生产能获得更高的利润时,许多布料生产企业可能会在生产布料的同时,也开始生产成衣,从而使成衣生产企业面临进入威胁。此外,其他产业的企业有时并不生产与本产业相同的产品,但却生产与本产业产品有相同或部分相同功能的产品,从而对本产业企业构成替代威胁。例如,计算机的出现,特别是电子邮件(E-mail)的产生,就对传真机产业及其企业形成了产业间的替代威胁。

对产业环境的分析,就是要从上述方面逐一进行分析,同时从动态的角度,分析产业的演变,即在时间维度上分析上述各个因素的变化。

通过产业环境分析,企业可以明确自身经营管理中面临哪些机遇、哪些威胁,从而更好地满足顾客的需要,更好地适应外部环境。

【人物专栏】松下幸之助(Konosuke Matsushita,1894—1989)

松下幸之助是日本著名跨国公司"松下电器"的创始人,被人称为"经营之神"。少年时代的松下幸之助只接受过4年小学教育,因父亲生意失败,曾离开家到大阪去当学徒,开始做自行车的生意,然后又对电器感兴趣。1918年,他在大阪建立了"松下电气器具制作所",当时环境很艰苦,但松下幸之助带领制作所员工一同努力、创新,连续推出了先进的配线器具、炮弹形电池灯、电熨斗、无故障收音机、电子管、真空管等一个又一个成功的产品。7 年之后，松下幸之助成了日本收入最高的人。通过对经营实践的总结和自己的感悟思考，松下幸之助提出了一整套经营哲学。概括起来，以"水坝式经营""自来水哲学"和"玻璃式经营"最为重要。水坝式经营法，是指好像拦阻和储存河川的水坝，随着季节或气候的变化，经常保持必要的用水量。有这种调节和运用机制，才能稳定发展。如果公司的各部门都能像水坝一样，即使外界情况发生变化，也不会受很大影响，而是能够维持稳定的发展，这就是"水坝式经营"的观念。

【人物专栏】罗伯特·卡普兰（Robert Kaplan, 1940—）

罗伯特·卡普兰，是平衡计分卡（Balanced Scorecard, BSC）的创始人、美国平衡计分卡协会主席，现执教于哈佛商学院（Harvard Business School）领导力开发专业之 Marvin Bower 教席，之前他曾执教于卡耐基梅隆大学管理学研究生院（Graduate School of Industrial Administration of Carnegie Mellon University）达 16 年之久。他的研究方向为快速变化环境下制造业和服务业组织的新成本计量和业绩管理系统。平衡计分卡是卡普兰与诺朗顿研究院（Nolan Norton Institute）的执行长大卫·诺顿（David Norton）于 1992 年在《哈佛商业评论》（Harvard Business Review）上提出的，从财务（Financial）、客户（Customer）、内部运营（Internal Business Processes）、学习与成长（Learning and Growth）四个角度，将组织的战略落实为可操作的衡量指标和目标值的一种新型绩效管理体系。设计平衡计分卡的目的就是要建立"实现战略制导"的绩效管理系统，从而保证企业战略得到有效的执行。因此，人们通常称平衡计分卡是加强企业战略执行力的最有效的战略管理工具。平衡计分卡也许是卡普兰一生最伟大的贡献，它作为一种前沿的、全新的组织绩效管理手段和管理思想，在全世界的各行各业得到了广泛的运用。美国《哈佛商业评论》将平衡计分卡理论评为 75 年来最具影响力的管理学说。

第三节 企业的要素市场

市场经济是由一系列市场体系构成的。企业的各项活动存在于市场经济的市场体系中。市场体系是由一系列市场构成的。国家需要建立完善的市场体系，而企业则需要充分地了解这些市场体系，从而更好地适应这些市场体系，更好地参与市场竞争。要素市场是市场体系的重要组成部分之一。

一、要素市场概述

要素是企业的各项投入，即企业的资源。企业的各项要素既可以通过企业内部提供，也可以从外部购买。企业从外部购买的各项投入的交易市场就构成了企业的要素市场。

因此可以简单地说，要素市场就是企业的供应商市场或供应商资源市场，或者说是企业的资源市场。在很多情况下，企业所需的一些投入通过与其他企业（或组织、个人）合作来获得，这是一种介于内部提供和外部购买之间的方式。企业活动最基本的资源是人、财、物、技术、信息和厂房。因此，企业重要的要素市场包括物质资源市场、技术资源市场、资金市场、人力资源市场、房地产市场和信息市场等。

二、物质资源市场

物质资源既包括自然资源，也包括经过加工的原材料和半成品等，还包括经营管理的物质工具和设施。

物质资源市场的顾客（或客户）是企业，因而具有以下一些特点。

1. 客户数量少、购买量大。在很多情况下，用户是为数较少的企业用户，通常购买量较大。

2. 最终受消费需求的拉动。在上下相连的产业链中，物质资源是一系列上下相连的企业的资源投入。只有最终消费者有足够的需求，才能拉动企业用户对其物质资源的需求。

3. 一般情况下，物质资源的"需求弹性"较小。"需求弹性"是指需求随价格变化和广告宣传的变化而相应变化的幅度。对企业用户而言，只要自身进行生产经营，对物质资源的需求就是基本确定的。

4. 对品种、规格、型号和质量比较敏感和严格，而且替代性较差（即其他的物质资源难以替代）。

5. 很多情况下是批发交易。

6. 基本上是理性交易，技术复杂，知识性强。

7. 交易形式多样。有直接交易、间接交易、相互购买和租赁等多种形式。

如同多数的市场交易一样，物质资源市场的交易形式也包括现货市场和期货市场。现货市场是出售商品、收取货款并即期交货的市场。期货市场是现期只买卖期货合同，货物的交付和货款的交付（交割）在规定期限到来时再进行的市场，即"成交在先，交割在后"。

三、技术市场

科学技术是第一生产力，技术推动着产业和社会的发展。在知识经济的时代，技术的重要地位已被广泛认同。

（一）技术市场分类

根据技术的不同性质，技术市场可以划分为：

1. 硬件技术市场，如新材料、新器件、新设备等；

2. 软件技术市场，如技术图纸、新工艺、新设计、新配方等；

3. 技术服务市场，如技术咨询、技术培训、技术指导、技术测量等。

技术市场的主要形式包括：技术成果交易会或交易市场、技术信息发布、网络技术市场等。技术交易主要包括：技术转让、技术咨询服务和技术招标投标。随着网络技术的不断发展和渗透，通过网络来进行技术交易是技术交易的趋势。

（二）可转让技术的分类

可转让的技术成果包括专利技术和非专利技术。

1. 专利技术

我国的专利法对各种专利的申请和保护做出了法律规定。《中华人民共和国专利法》（以下简称《专利法》）中，专利主要包括三类。

（1）发明专利，即"对产品、方法或者其改进所提出的新的技术方案"，包括产品发明和方法发明。

（2）实用新型专利，即"对产品的形状、构成或者其结合所提出的适于实用的新的技术方案"，这种专利又称"小发明"，只适用于制造一定形状和构造的产品，不适用于无固定形状和构造的产品，也不适用于工艺方法。

（3）外观设计专利，即"对产品的形状、图案、色彩或者其结合所做出的富有美感并适用于工业上应用的新设计"。

2. 非专利技术

非专利技术是对企业或其他组织有价值，但未申请专利的各种技术。非专利技术分为两种情况：一种是可以申请专利，但企业不想或没有意识到要申请专利的技术；另一种是不符合《专利法》，不能申请专利，但对企业或组织仍有价值的技术，如很多管理技术等。

非专利技术的特征是：

（1）无专利保护。非专利技术是没有取得专利权保护的技术知识。因此，如果其他企业模仿、破译或获得了这项技术，这些企业就可以合法地使用这项技术，而原来拥有这项技术的企业无权申请法律的排他性使用权。这是与专利技术明显不同的。对于专利技术，其他任何企业、组织或个人，即使通过模仿、破译或其他渠道获得、掌握了这项技术，在技术专利的保护期内，仍然不能使用这项技术，否则就是违法的。

（2）事实上的"独占"。非专利技术具有以保密为前提的事实上的独占性，且独占性没有时间和地域限制，即无论何时何地，只要该技术不被他人了解，其拥有者就可以在事实上拥有对它的独占权。但是，一旦非专利技术泄密，任何人都可以无偿使用。

四、资金市场

对企业而言，资金市场是企业筹集资金和对外投资的市场。目前，制约我国许多企业发展的因素之一就是资金不足。因此，了解资金市场，以便在金融市场中充分地筹资和投资，对企业十分重要。

资金市场是金融市场（Financial Market）的一部分。金融，即货币、资金的融通。在整个市场体系中，金融市场是最基本的组成部分之一。在市场经济条件下，企业的任何交易活动都伴随着资金的运动，都需要金融市场的交易活动。在金融市场中，融资方式有直接融资和间接融资两种。直接融资是资金的供应者（投资者或放贷者）和资金需求者直接接触并商议完成的融资。直接融资的主要方式是发行股票和债券。间接融资是资金的供需双方不直接见面，以金融机构为媒介完成的融资活动，例如从银行获得贷款等。通常是，金融机构以吸收存款或出售证券的方式从资金的供应者手中获得资金，再以贷款和投资的方式提供给资金的需求者。

站在企业的立场上，最重要的是企业的筹资和投资市场。因此，以下分别介绍短期和长期的资金市场，如图 4-1 所示。

（一）短期资金市场

短期资金市场是指从事一年以内的资金融通活动的市场。短期资金市场具有以下特点：第一，交易期限短，最短 1—2 天，最长 1 年，一般为 3—6 个月；第二，以解决短期资金周转为目的；第三，流动性强，短期资金市场的金融工具价格相对平稳，流动性强，随时可以兑换为货币，所以经常作为货币的替代品。因此，短期资金市场通常也称为货币市场。

1. 票据市场

票据（Bill）作为一种信用工具和流通手段，在短期资金市场中发挥着越来越大的作用。票据是指以支付一定金额为目的，其支付为无条件并且可以流通转让的有价证券。票据主要包括汇票、本票和支票三大类。票据在市场交易中可以用于支付手段、信用手段、汇兑结算和资金调度。在当今市场经济发达的国家，票据制度十分完善，一切重要的交易，特别是国际贸易，大都使用各种票据进行结算。我国于 1981 年开始开办承兑和贴现业务。为适应市场经济的建立和完善，我国已经颁布了《票据法》。现在，大企业之间的业务活动使用票据比较普遍。

2. 其他短期资金市场

例如短期证券市场，是一年之内的证券（有价证券）的发行、流通市场。

短期贷款也是企业重要的短期融资市场。企业出于短期的需要，可以向银行申请短期贷款。一般短期贷款的利率比长期贷款的利率低一些。

（二）长期资金市场

长期资金市场亦称资本市场，是指期限在一年以上的长期资金交易场所，由发行市场（又称初级市场或一级市场）和流通市场（又称次级市场或二级市场）构成。企业筹集长期资金有三个渠道：（1）发行企业债券；（2）发行股票；（3）向银行等金融机构借款。因而，长期资金市场包括证券（股票、债券等）市场和中长期资金借贷市场。

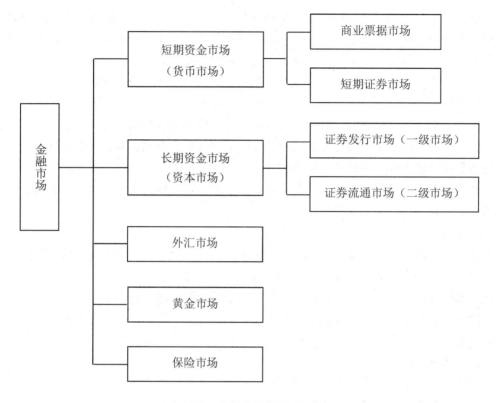

图 4-1 金融市场的通用分类

1. 股票

股票（Stock）是股份有限公司在筹集资金时向出资人发行的股份凭证。作为一种有价证券，股票是表示财产所有权的凭证。

2. 债券

债券（Bond）是债务人开给债权人的债务凭证，持有人可以凭此证向债务人收回本金并获得利息。按照债券的发行主体，债券分为企业债券和政府债券。由企业发行的债券是公司债券，其特点是风险高、收益率高。政府债券（又称国债）是列入国家财政预算、由财政部在国内发行的债券，其特点是风险较小、收益率较低。

3. 中长期贷款

中长期贷款（Medium and Long Term Loan）是期限在一年以上的贷款。由于其具有期限长、数额大及利率高等特点，所以企业和银行都需要慎重决策。企业需要认真分析自身发展和相应的中长期资金需要，分析自身的偿贷能力和偿贷计划。银行需要认真分析企业发展的前景和偿贷能力。

五、其他要素市场

企业其他的基本资源市场还包括人力资源市场、房地产市场和信息市场等。

（一）人力资源市场

和企业的其他资源一样，人力资源是能够创造价值的要素，是企业发展所必需的资源。正是从这一角度，以往的劳动力市场逐渐发展为现在的人力资源市场。它包括劳务市场和人才市场，前者在企业中完成相对简单的活动；后者因自身素质、文化知识和经验等，在企业中完成相对较复杂和有难度的活动。作为人力资源的提供者和拥有者，人力资源均有其自身的价值，称为人力资本。在市场经济中，人力资源市场是衡量人力资本的最重要和最终的尺度。同时，人力资源市场为企业提供它们所需要的人力资源，在实现全社会人力资源的优化配置中发挥着重要作用。

（二）房地产市场

企业要进行生产和经营活动，就必须有一定的场所，这需要从房地产市场中获得。企业既可以买来地产，自己设计、建造厂房，也可以将设计和建造的任务外包给专业的房地产公司。企业出于经营的需要，通常还需要一些办公用房。在房地产业中，有民用房地产市场和商用房地产市场等。商用房地产是专门向企业出售或出租的房地产。显然，一个适应企业发展的房地产市场对企业的设立和发展是必不可少的。

（三）信息市场

信息市场也是企业的重要资源市场。这些市场往往由提供专业服务的公司构成，将在下面的中介服务市场中介绍。

六、中介服务市场

中介机构是在市场经济体制中，联系各市场主体并为之提供信息、咨询、监督等服务，以保障市场正常运行的机构。中介市场实际上也是企业的供应商市场，是信息、咨询、监督等资源市场。

市场主体是在市场上从事交易活动的企业和个人，既包括自然人，也包括法人和其他企业；既包括营利性机构，也包括非营利性机构。在通常情况下，市场主体包括企业、居民、政府和其他非营利性机构。企业是最主要的市场主体。事实上，市场中介机构也是一种特殊的市场主体，其提供的服务也是一种市场交易行为，是为企业提供中介服务的机构。有时很难区分哪些是市场主体，哪些是中介机构。

不过，通常将提供信息、服务和监督等方面服务的机构称为中介机构。中介机构的种类和类型是多种多样的，会随着市场经济的发展而不断发展、增多和完善。目前的中介机构包括以下几种。

（一）会计师事务所

会计师事务所为企业提供会计制度的设计、账务会计的审计和记账、核算与报表等业务服务。从国外的情况看，审计的内容不只是财务审计，还包括管理审计和经营审计等方面，是对企业现状的全面考察和分析。

（二）律师事务所、公证和仲裁机构

律师事务所为企业提供与法律相关的各种服务，例如法律咨询、法律诉讼等。公证机构是由国家设立的、为企业提供公证服务的机构。国家和各级公证局的工作突出公正性和权威性，对企业和其他社会组织的活动审定其合法性、真实性和公正性。仲裁机构对企业活动中的争议进行仲裁，是企业通过法律途径解决争端的另一种方式。

（三）计量和质量检验机构

有些情况下，企业需要委托专门的计量和质量检验机构进行检验，这样可以提高企业的计量活动和产品质量的权威性及信誉。

（四）管理咨询机构和信息咨询机构

管理能力和市场等外部环境信息是市场的稀缺资源，是一个企业在市场上获得利润的两个主要原因。换言之，一个企业之所以能够赚到钱，除其他因素之外，具备管理能力和信息独占是两个主要的因素。因此，这两种资源一般都需要企业从内部开发。如果管理能力和关键信息能够完全从市场上获得，则管理能力和关键信息的提供者会自己进行生产和经营，从而获得利润。但随着市场专业化程度的提高，出现了提供管理咨询和信息咨询的专业公司。这些公司真正擅长的方面不是在某行业具体地经营一个企业，而是积累不同企业和不同行业的成功经验，积累有效的管理理论与信息，为企业提供专业化服务。企业在内部开发管理能力与信息的过程中，可以通过委托管理咨询和信息咨询机构，大大地提高自身的管理能力和信息质量，从而加速企业的发展。

（五）投资银行

投资银行是经营有价证券的证券中介机构，它一般不经办存贷业务，专门经办证券业务。企业可以委托其作为证券代理商，由其在股票市场上发行证券和进行证券交易，也可委托其开展兼并收购企业等投融资业务。

在建立市场经济的过程中，中介企业在所有企业中数量并不太多，但对其所服务的为数众多的企业发展影响很大。因此，国家对中介企业越来越加强管理。例如，有很多管理咨询企业和质量检验企业分别为所服务的企业提供 ISO 9000、ISO 14000[①]等规范认证。为强化产业管理，国家连续出台了多项相应的政策和法规。

---

① ISO 即国际标准化组织（International Organization for Standardization），ISO 9000 是企业质量管理标准，ISO 14000 是企业环境质量管理标准。

第四节　主要的国家管理机构与相关法律

一、国家管理机构与相关法律概述

在企业的一般环境中，国家的政治和法律法规是非常重要的因素。市场经济是规则经济，企业的成败就取决于企业能否在这些规则的"游戏"中获胜。这些"游戏规则"的形成有很多因素。其中，国家的法律法规和国家机构的管理活动是最重要的因素之一。

国家对企业进行管理的机构是与企业经营管理等各项活动关系更为直接的国家环境因素。这些机构根据国家的法律法规和政策，对企业的各项相关行为进行直接的，而且是强制性的管理。因此，企业必须很好地了解这些机构对企业的管理内容。

企业既是市场经济的一员，也是社会的一员。因此广义而言，国家的所有机构都是管理企业的机构。但就管理程度和内容而言，管理企业的国家机构主要包括工商行政管理机构、税务征管机构、技术监督机构、证券监管机构和海关等。

目前，我国对国有企业还有一个重要的国家管理机构，即国有资产监督管理机构。从严格的意义上讲，这是所有者行使所有者权益的机构，与国家政府部门对企业的管理行为有着本质的区别，但考虑到我国存在大量国有企业的现实情况，本节也对国有资产监督管理机构做了详细介绍。

以下就上述主要的国家管理机构及其对企业的管理内容逐一介绍。

二、工商行政管理机构

工商行政管理机构是国家设置的对工商企业的经济活动和市场活动进行监督和管理的经济行政管理机关。"工商企业"是一个传统的概念。实际上，现在所有的营利性机构和组织都是"工商企业"，或简称"企业"。

工商行政管理机构是我国根据自身的国情所设立的国家机构。其他国家一般没有这一机构。国务院于1978年成立工商行政管理总局，1982年更名为国家工商行政管理局。各省、直辖市、自治区以及省辖市（区）、地区、县设立工商行政管理局，县以下的乡、镇和较大的市场设立工商行政管理所。国家工商行政管理局是各省及其以下工商行政管理机构的领导机构。直到2001年，根据《国务院关于国家工商行政管理局、新闻出版署、国家质量技术监督局、国家出入境检验检疫局机构调整的通知》（国发〔2001〕13号），国家工商行政管理局更名为国家工商行政管理总局，其级别也将由原来的副部级单位晋升为正部级单位。

根据第十三届全国人民代表大会第一次会议批准的国务院机构改革方案，将国家工商行政管理总局的职责、国家质量监督检验检疫总局的职责、国家食品药品监督管理总局的职责、国家发展和改革委员会的价格监督检查与反垄断执法职责、商务部的经营者集中反垄断执法以及国务院反垄断委员会办公室等职责整合，组建国家市场监督管理总局，作为国务院直属机构。2018 年 4 月 10 日，国家市场监督管理总局正式挂牌；国家市场监督管理总局的官网为 http://samr.saic.gov.cn。需要说明的是，该官网下方目前仍保留有原国家工商行政管理总局、原国家质量监督检验检疫总局、原国家食品药品监督管理总局的网站链接。新组建的国家市场监督管理总局主要负责市场综合监督管理，统一登记市场主体并建立信息公示和共享机制，组织市场监管综合执法工作，承担反垄断统一执法，规范和维护市场秩序，组织实施质量强国战略，负责工业产品质量安全、食品安全、特种设备安全监管，统一管理计量标准、检验检测、认证认可工作等。①

工商行政管理机构对企业的管理内容包括以下四个方面。

（一）办理工商企业登记

各类工商企业，包括外商企业在我国的代表机构，均需在工商行政管理机构办理登记手续。其意义首先表现为确认经营资格，获得营业执照，为企业建立经济户口，从而建立对企业进行监督和管理的基础；其次是行业准入的管理，国家根据国民经济发展的需要和行业的发展状况，制定行业的准入政策和准入标准，并在必要的时候对一定的行业进行企业数量的总量控制。通过登记管理，加强对企业和行业的管理，强化对产业布局的管理和经济秩序的管理，同时为企业提供相关的咨询服务。

企业的重大事项，在规定的范围内，都需要登记，主要包括以下三类。

1. 设立

新设立企业时，必须到工商行政管理机构登记。

2. 变更

企业重大事项发生变更时，如经营领域变动、资产结构重大变动、法人代表变动等，也必须登记。

3. 终止

企业由于经营不善而破产或有意撤出某个经营领域而需要终止企业的经营时，需要登记。

我国企业登记有自身的特点。首先，由工商行政管理机构实施企业登记和行政管理相结合的统一管理。国外许多国家的企业登记是在司法部门如法院等进行的，而没有专门的行政管理机构。其次，我国有全面、系统的企业登记管理法规。当然，我国的工商行政管理也面临如何适应市场经济发展的问题。工商管理法规是相对稳定的，但企业的经营管理活动却处于不断变动之中，特别是我国经济处于建立和完善市场经济的过程中，

---

① 考虑到本教材编写时包括国家市场监督管理总局、中国银行保险监督管理委员会等机构的"三定"方案（即职能配置、内设机构和人员编制）还没有公布，所以本节内容主要是按照国家管理机构 2018 年改革前的状态来介绍。

工商行政管理法规如何快速、准确地适应就成为非常关键的一个环节。例如，随着社会的发展，随着市场经济的不断完善和企业间的不断竞争，会出现许多新兴的行业和业务，这就需要对工商管理条例中关于业务种类的法规及时做出调整。

（二）商标和广告管理

1. 商标的专用权与管理

商标是企业在其产品上所使用的、与其他企业产品相区别的标志，是企业及其产品的信誉和品牌的标志。商标通常用文字、图形或其组合构成。商标作为企业信誉和企业信息最集中、最凝练的体现，在现代企业活动中已经发挥着越来越重要的作用，是企业的一项重要的无形资产。现在，不仅生产大众消费品（例如彩电、空调等）的企业和服务业企业大量使用商标，许多原材料和配件行业（例如石化、电缆等）也大量使用商标。

我国的《中华人民共和国商标法》（以下简称《商标法》）是我国企业登记、使用商标和国家对企业商标进行行政管理的共同法律依据。

目前国际上对商标专用权归属的确认有两种原则，即首先使用原则和注册原则。商标分为注册商标和未注册商标。商标专用权即商标权。根据不同的原则，不同的商标专用权有不同的确认方式。首先使用原则即商标权归首先使用者。注册原则即经过合法注册商标获得商标专用权。我国采取的是注册原则，首先申请、首先注册的企业获得商标权。商标专用权的保护范围以核准注册的商标和核定使用的商品为限。未注册商标不享有受法律保护的商标专用权。

在我国现阶段，商标侵权和商标意识不强两种情况同时存在。一方面，一些企业为了自己的一时之利，假冒他人商标。有的企业则不是出于有益于产业发展和社会发展的目的，没有"护法至上"的护法意识，而是钻法规的空子。例如，法规规定，在同类产品中，不得使用与他人商品相同或很相似的商标与包装，但有的企业在生产洗涤剂产品时，模仿另一果汁厂家产品的商标和包装，不仅对果汁厂家造成间接的损害，而且极易导致儿童误食。在现阶段我国市场经济法规不断完善的过程中，这种行为从单纯的法制观念出发，肯定是合法的，但却不一定合理。另一方面，有些企业的商标意识淡薄，给企业经营造成了很大的损失。四川有一位年轻人，专门找没有进行商标注册的产品，自己抢先注册，然后向该公司索赔，或对簿公堂。这可以视为以另一种方式对企业进行的代价昂贵的法制观念和商标权观念的教育。我国还有一家国内外知名的、历史悠久的大医院，借助其医院名称的名牌效应推出药品，但却遭到一家日本公司的侵权起诉，原因是这家日本公司在我国改革开放初期刚开始进行商标注册时，就早已捷足先登，将这一名称进行了商标注册。最后，这家大医院只好作罢，将自己的药品商标另行命名。

2. 广告管理

"广告"一词有多种含义，在此指企业的商业广告，主要分为企业形象广告和销售广告。我国的《中华人民共和国广告法》（以下简称《广告法》）规定，广告是指"商品经营者或者服务提供者承担费用，通过一定媒介和形式直接或者间接地介绍自己所推销的产品或者所提供服务的商业广告"。在企业广告中，一般都会出现企业的商标。广告是企业与外部环境进行沟通的最主要，也是最重要的手段之一，在现代企业经营管理活动中占有十分重要的地位。

广告管理是国家根据有关的法律法规，对广告的刊户（登广告的企业）和经营单位（广告公司、媒体）、广告的内容和形式以及广告费等方面进行管理。广告管理的法规主要包括：《广告管理条例》（1987年10月发布）和《广告管理实施细则》（1988年1月发布）。我国1994年10月人大常委会通过《广告法》，并于1995年2月1日起实施。从此，广告管理有了法律依据。此外，对特殊的行业，例如药品、医疗器械和食品等，国家制定了相应的广告管理法规。

在广告管理中，还涉及维护消费者权益、公平竞争和防止垄断等内容。我国对企业广告提出了越来越详细、越来越科学的规定。例如，我国规定，在广告中，不得将企业自身的产品与其他厂家的产品相比较。又如，1999年，我国出台了有关禁止对保健品做虚假广告的规定；在各类企业的广告中，严禁使用销售排名、市场份额等内容。

（三）合同管理

经济合同是当事人（包括企业）之间为实现一定的经济目的，明确相互的经济权利和经济义务关系的协议。经济合同是民事合同的一种。经济合同的法律法规依据是《中华人民共和国合同法》（以下简称《合同法》）。此外，还有针对特殊行业或特殊内容的经济合同法规，例如《工矿产品购销合同条例》《借款合同条例》等。《合同法》将企业的经济合同分为15类，分别是买卖合同、赠予合同、借款合同、租赁合同、融资租赁合同、承揽合同、建设工程合同、运输合同、技术合同、保管合同、仓储合同、委托合同、行纪合同、居间合同以及供用电、水、气、热力合同。

对企业的合同管理是管理企业的经济合同及其相关的企业行为。县级以上工商行政管理机构负责对企业和企业间的合同进行管理。

（四）市场管理

站在企业的立场上，市场是买卖双方交易的场所。市场管理则是运用行政的和经济的手段，对在市场上交易的产品（或服务）、交易的人员和交易的方式进行监督和管理，制止非法经营，维护合法经营。

市场管理有三个目的，也是市场管理的三个根本标准，即有利于经济与社会发展、有利于顾客和有利于行业发展。

制止和惩治企业的违法经营，是通过工商行政管理机构等国家行政管理和国家司法机构共同完成的。

反不正当竞争和反垄断是市场管理的重要方面，二者的目的和标准不同。反不正当竞争以维护市场主体（企业）为目的和标准，反垄断以维护顾客和社会公共利益为目的和标准。

反垄断法规的本质是，禁止垄断和其他限制竞争的行为，从而维护顾客和社会公众的利益。反垄断法规产生于 19 世纪末。现在，许多国家有反垄断法。我国《反垄断法》于 2008 年 8 月 1 日起开始施行，其宗旨是为了预防和制止垄断行为，保护市场公平竞争，提高经济运行效率，维护消费者利益和社会公共利益，促进社会主义市场经济健康发展。其主要内容包括限制竞争行为的禁止和允许。

现在，反垄断正在由反对"垄断地位"转向反对"垄断行为"。反对垄断地位是一种结构主义的观点。该观点认为，只要企业达到了垄断的结构性地位，如市场份额超过了某一限定等，就构成垄断，就应当予以限制和制裁。反对垄断行为是一种行为主义的观点。该观点认为，企业达到垄断的结构性地位并不构成垄断，只有企业利用这种垄断地位采取了减缓新技术的采用、主导并制定高市场价格等损害产业和社会发展、损害顾客的利益的行为时，才构成垄断。相对而言，结构主义的观点比较容易找到客观的依据，反垄断的力度大，但容易限制企业的大规模发展，由于各国对垄断地位的标准不一，在参与国际竞争中容易造成劣势。行为主义的观点有利于企业的大规模发展，同时又能保障顾客、产业和社会的利益，但有时依据不容易识别。

限制竞争行为的允许，又称"适用除外"或"豁免"，主要是依法赋予的独占权、专卖权（如烟草）和国家对某些行业的垄断经营（如铁路）。

三、税务征管机构

税收是国家为了实现其职能，依照税法规定，凭借政治权利参与社会产品和国民收入分配，强制地、无偿地取得财政收入的一种方式。税收是国家取得财政收入的主要形式，也是实施经济调控的重要杠杆。

（一）税务机关与税务征管

税务系统是负责我国税收征收管理工作的部门，包括国家税务局系统和地方税务局系统[①]。国家税务局系统的机构设置为四级，即国家税务总局（http://www.chinatax.gov.cn）、省（自治区、直辖市）国家税务局、地（市、州、盟）国家税务局、县（市、旗）国家税务局。省地方税务局实行省人民政府和国家税务总局双重领导，以地方政府领导为主的管理体制。国家税务总局对省地方税务局的领导，主要体现在税收政策、业务的指导和协调以及对国家统一的税收制度、政策的监督和组织经验交流等方面。

目前，我国为调动中央和地方两个积极性，在税收收入方面实行中央和地方的分税制。相应地，我国建立有两套税务机关，即国家税务机关和地方税务机关。

在分税制中，按税种划分中央和地方的财政收入。分税类别和具体税种如表 4-1 所示。其中，中央税由中央税务机关征收；地方税由地方税务机关征收；共享税由中央税

---

① 2018 年 3 月 13 日，国务院提请十三届全国人大一次会议审议《国务院机构改革方案议案》，改革内容之一是合并国税地税机构。国税地税机构合并后，实行以国家税务总局为主，与省（自治区、直辖市）人民政府双重领导管理体制。2018年 6 月 15 日上午，全国各省（自治区、直辖市）级以及计划单列市国税局、地税局合并且统一挂牌。2018 年 7 月 5 日上午，全国各市级国税局、地税局合并。此处介绍的为合并前的情况。

务机关征收，再向地方返还地方应收的税款。

表 4-1　我国分税制的分税类别和主要税种

分税税种类别	具体税种
中央税	中央企业所得税；铁道、银行和保险等部门的营业税和所得税；消费税；关税；海关代征的消费税和增值税等
地方税	营业税；城镇土地使用税；个人所得税；城市建设税；房产税；印花税；农牧业税；耕地占用税；契税；土地增值税
中央和地方共享税	增值税；企业所得税；资源税；证券交易税

需要说明的是，以 2001 年为基年，2001 年底之前成立的中央企业所得税由国家税务局管理，2001 年底之前成立的地方企业所得税归地方税务局管理。从 2002 年 1 月 1 日起，新增企业所得税纳税人中，应缴纳增值税的企业，其所得税由国家税务局管理；应缴纳营业税的企业，其所得税由地方税务局管理。

就纳税程序而言，税务机关对企业的管理主要包括以下几个方面。

1. 税务登记与纳税鉴定

（1）督促并依法监督企业进行税务登记

企业在进行了工商登记（设立、变更和终止）之后，都需要进行相应的税务登记。

（2）纳税鉴定

税务机关对纳税企业的纳税事项做出书面认可，即纳税鉴定。在企业办理了纳税登记之后，税务机关即为企业办理纳税鉴定，包括适用的税种、税目、税率和纳税环节、计税依据、纳税期限和征收方式等内容。

2. 账簿与凭证管理

账簿和凭证是税收的重要依据。企业需要按照国家的有关规定建立相关的财务、会计制度，设置和管理账簿与凭证。税务机关督促企业管理好自身的账簿和会计凭证。

发票是在购销产品、提供或接受服务及其他经营活动中，开具或收取的收付款凭证，属于原始凭证。企业在税务登记后，向税务机关领购盖有税务专用章的发票本。

对已使用的账簿、记账凭证、完税凭证和其他有关资料，应当妥善保管，不得伪造、编造，未经批准不得擅自销毁，要遵守规定的保管期。

3. 纳税申报

企业作为纳税人，需要向主管税务机关报送纳税申报书、财务会计报表和有关材料。企业应依法按期进行纳税申报。对特殊情况不能按期申报的企业，主管税务机关可根据企业的申请酌情延期。对不按期申报纳税的企业，依法严惩。

4. 征收税款

企业应在规定的期限内，将应纳税款足额交入国库。对不及时缴纳税款者，除责令其限期缴纳外，按日加收滞纳金。此外，我国将按照国际通行做法，积极推行税务代理制度，实行由会计师事务所、律师事务所等中介机构代理办税。

5. 税务检查

主管税务机关对所管的当地企业进行税务检查。企业到外地从事生产、经营或提供劳务时，原所在地的税务机关为该企业签发税务征管证明，该企业向现所在地税务机关报验登记，由现所在地的税务机关进行税务检查。

6. 违反税法行为处理

税务机关对各种违反税法的企业行为依法进行处罚。情节严重的，除由税务机关进行处罚外，还要由司法机关追究该企业的刑事责任。对逃避纳税的企业，税务机关依法采取的措施包括税收保全和强制执行。

纳税人有权在发生争议时申请税务行政复议或者诉讼；但需要先交税，再按法规申请复议。

（二）企业应交纳的主要税种

我国的税收种类主要包括流转税、所得税、资源税、行为税和财产税等，如表 4-2 所示。

表 4-2 我国现行的企业交纳的主要税种

税收类别	税种
1. 货物与劳务税类	（1）增值税；（2）消费税；（3）营业税；（4）烟叶税；（5）关税
2. 所得税类	（1）企业所得税；（2）个人所得税
3. 资源税类	（1）资源税；（2）土地增值税；（3）耕地占用税
4. 行为税类	（1）城市维护建设税；（2）车辆购置税；（3）城镇土地使用税；（4）契税；（5）印花税
5. 财产税类	（1）车船税；（2）房产税

以下就主要的税种逐一简单地介绍。

1. 货物与劳务税类

货物与劳务税类是以流转额为征收对象，选择其在流转过程中的特定环节加以征收的税，包括增值税、消费税、营业税、关税和其他流转税。

（1）增值税

增值税是指以产品新增价值为课税对象的一种。具体而言，增值税是对销售货物、进口货物和提供加工、修理修配劳务征收的一种税。

（2）消费税

消费税是对特定的消费品征收的一种税。其目的是调节消费结构，引导消费，确保国家财政收入。凡在我国境内生产、委托加工和进口规定内的消费品的单位和个人，均为消费税的纳税人。

（3）营业税

营业税是对提供劳务、转让无形资产和销售不动产征收的一种税。所包括的服务行业包括以下 7 个：交通运输业、建筑业、金融保险业、邮电通信业、文化体育业、娱乐业、服务业。

2011 年，经国务院批准，财政部、国家税务总局联合下发《营业税改征增值税试点方案》。从 2012 年 1 月 1 日起，在上海交通运输业和部分现代服务业开展营业税改增值税试点。自 2012 年 8 月 1 日起至年底，国务院将扩大营改增试点至 8 省市。2013 年 8 月 1 日，"营改增"范围已推广到全国试行，将广播影视服务业纳入试点范围。2014 年 1 月 1 日起，将铁路运输和邮政服务业纳入营业税改征增值税试点。至此，交通运输业已全部纳入营改增范围。2016 年 3 月 18 日召开的国务院常务会议决定，自 2016 年 5 月 1 日起，中国将全面推开营改增试点，将建筑业、房地产业、金融业、生活服务业全部纳入营改增试点。至此，营业税退出历史舞台，增值税制度更加规范。

2. 所得税类

所得税的征收对象是应纳税所得额。我国现行所得税有企业所得税和个人所得税。一般而言，公司等法人缴纳企业所得税，自然人缴纳个人所得税。

3. 资源税类

由于各地的自然资源结构不同，使不同地区和国家的企业在开发、使用和销售我国自然资源方面形成收入上的级差。资源税正是针对这种级差收入征收的一种税。其目的是为了调节各企业在资源开发和利用中的收入级差，并使国有资源得到有效和可持续的开发与利用，同时保障国家税收收入。征收资源税的自然资源主要包括各种矿产品和各种盐类等自然资源。

4. 行为税类

行为税是国家为了对某些特定行为进行限制或开辟某些财源而课征的一类税收。如过去针对一些奢侈性的社会消费行为，征收娱乐税、宴席税等。行为税收入零星分散，一般作为地方政府筹集地方财政资金的一种手段。其最大特点是征纳行为的发生具有偶然性或一次性。

5. 财产税类

财产税是以纳税人所有或属其支配的财产为课税对象的一类税收。它以财产为课税对象，向财产的所有者征收。财产包括一切积累的劳动产品（生产资料和生活资料）、自然资源（如土地、矿藏、森林等）和各种科学技术、发明创造的特许权等。国家可以选择某些财产予以课税。对各种财产课征的税，按一般税收分类方法，统称为财产税。

四、技术监督管理机构及法规

企业拥有或使用许多与其他企业、顾客和社会生活的许多方面都关系密切的技术和技术标准，因此，国家必须进行必要而有效的技术监督。技术监督是国家机关对企业技术进行行政管理和司法管理的重要方面，体现在计量法、标准化法等一系列的法规和相应的国家管理与司法行为中。相对应的国家管理机构是原国家质量监督检验检疫总局。

（一）原国家质量监督检验检疫总局

2001 年 4 月，经国务院决定，国家质量技术监督局与国家出入境检验检疫局合并，组建国家质量监督检验检疫总局（http://www.aqsiq.gov.cn），简称国家质检总局。原国家质检总局是国务院主管全国质量、计量、出入境商品检验、出入境卫生检疫、出入境动植物检疫和认证认可、标准化等工作，并行使行政执法职能的直属机构。按照国务院授权，将认证认可和标准化行政管理职能分别交给原国家质检总局管理的中国国家认证认可监督管理委员会（中华人民共和国国家认证认可监督管理局，简称国家认监委）和中国国家标准化管理委员会（中华人民共和国国家标准化管理局，简称国家标准委）承担，国家质检总局对其实施管理。如前文所述，2018 年国务院机构改革过程中，国家质量监督检验检疫总局的职责被整合到新组建的国家市场监督管理总局中。[①]

原国家质检总局内设 19 个司（厅、局），即办公厅、法规司、质量管理司、计量司、通关业务司、卫生检疫监管司、动植物检疫监管司、检验监管司、进出口食品安全局、特种设备安全监察局、产品质量监督司、食品生产监管司、执法督查司（原国家质检总局打假办公室）、国际合作司（WTO 办公室）、科技司、人事司、计划财务司、机关党委和离退休干部局。另外，中共中央纪律检查委员会和国家监察部向原国家质检总局派驻了纪律检查组和监察局。

原国家质检总局下设 15 个直属事业单位，即机关服务中心、信息中心、国际检验检疫标准与技术法规研究中心、中国纤维检验局、中国检验检疫科学研究院、中国标准化研究院、中国计量科学研究院、中国质量认证中心、中国合格评定国家认可中心、中国特种设备检测研究中心、人力资源开发培训中心、中国质量报社、中国国门时报社、中国标准出版社和中国计量出版社，为质检决策和实施提供技术等方面的支持。

经国家民政部批准，10 个行业学会、协会挂靠在原国家质检总局，即中国出入境检验检疫协会、中国国际旅行卫生保健协会、中国质量检验协会、中国计量协会、中国认证认可协会、中国标准化协会、中国计量测试学会、中国防伪行业协会、中国设备监理协会、中国质量万里行促进会。

为履行出入境检验检疫职能，原国家质检总局在全国 31 个省（自治区、直辖市）共设有 35 个直属出入境检验检疫局，海陆空口岸和货物集散地设有近 300 个分支局和 200 多个办事处，共有检验检疫人员 3 万余人。质检总局对出入境检验检疫机构实施垂直管理。

为履行质量技术监督职责，全国共设有 31 个省（自治区、直辖市）质量技术监督

---

① 考虑到机构改革的过程性，本部分按照整合前的状态介绍国家技术监督管理机构及其相关法规。

局，并下设 2800 多个行政管理部门，共有质量技术监督人员 18 万余人。原国家质检总局对省（自治区、直辖市）质量技术监督机构实行业务领导。

原国家质检总局对国家认监委和国家标准委实施管理。国家认监委（副部级）是国务院授权的履行行政管理职能，统一管理、监督和综合协调全国认证认可工作的主管机构。国家标准委（副部级）是国务院授权的履行行政管理职能，统一管理全国标准化工作的主管机构。

（二）计量法

计量法是我国有关计量单位和器具的法规。在我国境内建立计量基准、标准器具，或进行计量鉴定、制造、修理和销售等涉及计量标准的活动，都需要遵守这一法律。我国有法定的计量单位。企业（或事业单位）可以建立自己使用的计量标准器具，但需要经过国家计量行政部门考核。国家对制造、维修计量器具的行业实行许可证制度，必须由省级以上人民政府计量行政部门对其样品考核批准，经县级以上政府计量行政部门发放许可证，方可办理营业执照。对无照经营者，依法予以取缔和处罚，情节严重者，依法追究刑事责任。

（三）标准化法

标准化法的主要内容包括以下几方面。

1. 制定标准

即对需要统一标准的技术，制定统一的标准。例如，工业产品的品种、规格、质量、等级或者安全、卫生要求；在经营环节方面，包括产品的设计、生产、试验、检验、包装、储存、运输使用的方法，或者这些过程中的安全、卫生要求；有关环境保护的各项技术要求和检验方法等。

2. 标准的实施

国家标准在全国范围内统一实施，地方标准在本地区内实施，企业标准在企业内部实施，但都须以达到国家标准为前提。

3. 标准化的管理体制

国务院标准化行政主管部门负责统一管理，国务院有关部门负责本部门和本行业的标准化工作。各级地方政府（县级以上）均设立标准化专门部门。

（四）产品质量法

国务院还根据国家标准化法，制定了有关产品质量监督的行政法规，即《产品质量监督试行办法》。为提高和保障市场上产品的质量，我国还进一步制定了《中华人民共和国产品质量法》（以下简称《产品质量法》）和相应的产品质量认证管理条例，推行产品质量认证制度，实施以抽查为主的监督检查制度。《产品质量法》主要内容包括：总则，产品质量的监督，生产者、销售者的产品质量责任和义务，损害赔偿，罚则，附则。

法规明确了国家标准局和各级政府标准管理机关负责产品质量的监督与管理，对产品质量的争议进行仲裁。要求企业必须对其产品质量负责，产品必须进行检验，出厂和销售的产品必须有质量检验合格证，否则不许出厂和销售。有关安全的产品，必须有安全使用的说明书。因产品存在缺陷造成人身、他人财产损失的，生产者应当承担赔偿责任。产品包装上必须注明厂名和厂址。对违法行为进行处罚或移交司法部门。销售者应当实行进货检验制度，验明产品合格证和其他标志，同时不得销售失效、变质的产品，不得以不合格的产品冒充合格产品销售。用户和消费者有权维护自己得到合格产品的权利。

从根本上而言，房屋建筑、工程、药品、食品、化妆品、种子、烟草等出现质量问题，同汽车出现质量问题一样，都应当受《产品质量法》调整；但鉴于其不同于普通产品之特点，国家分别出台了一些特别的法律、法规，如《中华人民共和国建筑法》《中华人民共和国食品安全法》《中华人民共和国药品管理法》《中华人民共和国种子法》《化妆品卫生监督条例》等，作为质量法体系里的特别法规，它们同《产品质量法》共同适用，构成解决该类纠纷的法律依据。

（五）进出口商品检验法

为了保护消费者的利益、保障经济活动的顺利进行、保护我国的自然环境，一切进出口商品都必须经过检验。进行商品检验的国家机构是商品检验机构（简称商检机构）。为落实进出口商品检验法，国务院还颁发了有关进出口商品检验标志的管理办法。

检验的标准是，进出口交易合同有规定的，按合同检验；国家有强制标准的，按国家强制标准检验。进行检验的机构是，凡列入商检机构需要实施检验的商品名类表中的进出口商品，或法律规定的某些重要商品，必须由商检机构进行检验；其他商品由有关机构进行检验，商检机构有权进行监督和抽样检验。根据协议、委托或申请，商检机构为国外机构的进出口商品应办理质量认证和鉴定。

对违反商检法规和商检管理的，商检机构对其进行处罚，情节严重的，追究刑事责任。

五、行业监督管理机构

"一行三会"是国内金融界对中国人民银行、中国证券监督管理委员会、中国银行业监督管理委员会和中国保险监督管理委员会这四家中国金融监管部门的简称，也构成了中国金融业分业监管的格局[①]。监管部门的政策法规会直接影响到监管对象的行为，中国人民银行更多是从宏观角度来进行管理，因此本部分选取了直接接触监管对象的"三会"来进行分析和介绍。

---

① 2018 年 3 月 21 日，中国银行业监督管理委员会和中国保险监督管理委员会合并为中国银行保险监督管理委员会（简称中国银保监会）。2018 年 4 月 8 日，中国银行保险监督管理委员会正式挂牌。中国银行保险监督管理委员会的官网是 http://www.cbrc.gov.cn，该官网下同样保留了原中国银行业监督管理委员会和原中国保险监督管理委员会的网站链接。截至本教材出版前，中国银行保险监督管理委员会的"三定"方案还没有正式公布，为了更好地理解监管机构的职能，本部分按监管机构合并前的状况进行介绍。

（一）中国证券监督管理委员会

1. 中国证券监督管理委员会的设立与演变

为了保护广大投资者的利益，维护经济的健康发展，世界各国对证券市场均实行严格的管理。我国政府对证券的发行和上市实施了严格的管理，企业必须了解政府对证券发行和上市的管理及其规定。

在1992年以前，我国的证券市场监督管理职责由中国人民银行承担。1992年10月，国务院成立了国务院证券委员会和中国证券监督管理委员会。1998年，国务院决定保留设置中国证券监督管理委员会，将原国务院证券委员会的职能和中国人民银行履行的证券业务监管职能都划入中国证券监督管理委员会（http://www.csrc.gov.cn），建立起全国统一的证券监督管理机构。

中国证券监督管理委员会，简称中国证监会，是国务院直属正部级事业单位，依照法律、法规和国务院授权，统一监督管理全国证券期货市场，维护证券期货市场秩序，保障其合法运行。中国证监会设在北京，设主席1名，副主席4名，纪委书记1名（副部级），主席助理3名；机关内设18个职能部门，1个稽查总队，3个中心；在省、自治区、直辖市和计划单列市设立36个证券监管局，以及上海、深圳证券监管专员办事处。组织结构如图4-2所示。

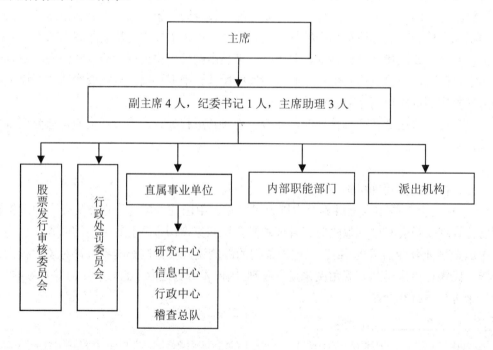

图 4-2　中国证监会组织结构图

资料来源：中国证监会网站（http://www.csrc.gov.cn）。

中国证监会出台的政策法规文件包括综合类、发行类、上市公司类、市场交易类、证券公司类、基金类和期货类等。以上市公司类为例，包括《上市公司重大资产重组管理办法》《上市公司股权激励管理办法》《上市公司收购管理办法》《关于改革完善并严格实施上市公司退市制度的若干意见》《非上市公众公司监督管理办法》《关于修改上市公司重大资产重组与配套融资相关规定的决定》《关于修改上市公司现金分红若干规定的决定》《上市公司并购重组财务顾问业务管理办法》《国有股东转让所持上市公司股份管理暂行办法》《上市公司信息披露管理办法》等。

2. 企业上市与证券市场管理

股份制企业公开发行股票是筹集资金的重要方式。企业发行的股票，被批准在证券交易所挂牌交易，称为"上市"。获准挂牌交易的股份有限公司称为"上市公司"。而且《中华人民共和国公司法》（以下简称《公司法》）、《中华人民共和国证券法》（以下简称《证券法》）、《首次公开发行股票并上市管理办法》和《上海证券交易所股票上市规则》等法律法规对公司的上市条件和上市程序有明确的规定。

除发行股票筹资之外，企业也可以通过发行债券的方式进行筹资，企业债券也可以上市交易，这两种情况均称为证券的发行和证券的上市。在这两个过程中，企业都需要接受中国证监会等证券管理机构的监督和管理。

证券发行是在证券发行市场上完成的。我国法律规定，证券发行人（即准备发行股票或债券的企业）必须通过证券经营机构（即证券公司）承销的方式销售证券（即采取间接方式发行证券），后者则称为承销商。证券发行人发行证券，必须经主管机关审核。我国在发行审核方面采用的是较为严格的核准制。

证券发行人在发行时以及发行后，还应当接受主管机关的监督。管理机关的监督首先是对发行人的"招募说明书"进行的监督。招募说明书是发行人或承销商按照法律规定制作的、向投资者披露发行人有关信息的公开文件。招募说明书包括招股说明书（即企业发行、招募股票的说明书）和债券招募说明书（即企业债券发行章程）。证券获准发行后，发行人必须在规定的时间内公布招募说明书。作为较为严格的核准制的重要构成部分，中国证监会对招股说明书和债券招募说明书的内容都做出了详细的规定，要求企业提供相关的资料。

需要说明的是，证券的发行和购买是民事行为。因此，在投资者对发行人说明书真实性的判断正确与否的问题上，审批发行的政府机关只是履行政府的义务，协助投资者进行分析和判断，但并不承担法律责任。发行人应对其说明书的真实性负法律责任。

管理机关还通过对发行人"报告书"的审查，对发行过程和发行后的情况进行监督。在证券发行过程中和发行后，发行人依法向管理机关提交并公开或公布年度、中期、季度以及临时的报告书。为了便于管理，监督机关对发行人的年度报告内容也做出了规定。

证券发行后，就可以进入流通市场进行交易。一般分为交易所集中交易（上市交易）和场外交易。公开发行的公司股票或债券满足法定条件时，可提请证券交易所予以审查并经主管机关批准后，于证券交易所集中竞价买卖。需要注意的是，只有公开发行的证券才能申请上市。大多数发行股票的公司并不能成为上市公司，其股票只能在场外交易（店铺交易和柜台交易，由证券商在其营业场所自营或代客买卖）。即使在发达国家，能够上市的也只占发行股票的股份公司的1‰到2‰。

（二）原中国保险监督管理委员会

原中国保险监督管理委员会（http://www.circ.gov.cn），简称中国保监会，成立于1998年11月18日，是国务院直属正部级事业单位。根据国务院授权履行行政管理职能，依照法律、法规统一监督管理全国保险市场，维护保险业的合法、稳健运行。其主要职能包括：研究和拟定保险业的方针政策、发展战略和行业规划；起草保险业的法律、法规；制定保险业的规章；依法对全国保险市场实行集中统一的监督管理，对中国保险监督管理委员会的派出机构实行垂直领导；制定主要保险险种的基本条款和费率，对保险公司上报的其他保险条款和费率审核备案等。

原中国保监会出台的政策法规文件有《关于规范保险公司治理结构的指导意见（试行）》《关于定期报送保险公司基本资料和数据的通知》《中国保险监督管理委员会办公厅关于保险监管机构列席保险公司股东（大）会、董事会会议有关事项的通知》《保险公司董事和高级管理人员任职资格管理规定》《保险公司设立境外保险类机构管理办法》《保险公司独立董事管理暂行办法》《保险公司风险管理指引（试行）》《保险公司关联交易管理暂行办法》《保险公司内部审计指引（试行）》《公开发行证券的公司信息披露编报规则第4号——保险公司信息披露特别规定》《保险公司合规管理指引》《保险公司总精算师管理办法》《保险公司董事、监事及高级管理人员培训管理暂行办法》《保险公司董事会运作指引》《关于规范保险公司章程的意见》《中国保监会关于进一步规范保险公司关联交易有关问题的通知》《保险公司董事会提案管理指南》《中国保监会关于加强保险公司筹建期治理机制有关问题的通知》《保险公司服务评价管理办法（试行）》《保险公司经营评价指标体系（试行）》等。

（三）原中国银行业监督管理委员会

原中国银行业监督管理委员会（http://www.cbrc.gov.cn），简称中国银监会。其主要职能是统一监督管理银行、金融资产管理公司、信托投资公司以及其他存款类金融机构，维护银行业的合法、稳健运行。原中国银监会自2003年4月28日起正式履行职责。

原中国银监会的成立，使中国金融监管的"三驾马车"真正齐备，标志着我国"一行三会"（中国人民银行、中国证监会、中国保监会、中国银监会）分业监管的金融格局的正式确立，对于增强银行、证券、保险三大市场的竞争能力、更大范围地防范金融风险起到非常重要的作用，确立了央行宏观监管和中国银监会微观监管的新型银行监管体系。

原中国银监会实行垂直管理模式，在中央为银监会，一般在各省设立银监局，在各地级市设立银监分局。

原中国银监会先后出台了很多政策法规文件，有《中国银监会关于进一步深化整治银行业市场乱象的通知》《中国银监会关于规范银信类业务的通知》《中国银监会关于进一步规范银行业金融机构吸收公款存款行为的通知》《中国银监会关于银行业风险防控工作的指导意见》《中国银监会关于提升银行业服务实体经济质效的指导意见》《中国银监会关于印发银行业金融机构全面风险管理指引的通知》《中国银监会关于规范商业银行代理销售业务的通知》《中国银监会关于进一步加强银行业金融机构境外运营风险管理的通知》《商业银行并购贷款风险管理指引》等。

六、商业经济和贸易主管机构

中华人民共和国商务部（http://www.mofcom.gov.cn），简称商务部，是中华人民共和国国务院主管商业经济和贸易的组成部门。为适应中国加入世贸组织后，中国市场与全球市场将会融为一体，很难再继续严格地区分内贸和外贸的形势。2003年举行的第十届全国人民代表大会第一次会议决定，把原国家经济贸易委员会内负责贸易的部门和原对外经济贸易合作部合并成"商务部"，统一负责国内外经贸事务。

商务部主要职责：（1）拟订国内外贸易和国际经济合作的发展战略、方针、政策，起草国内外贸易、国际经济合作和外商投资的法律法规，制定实施细则、规章；研究提出我国经济贸易法规之间及其与国际多双边经贸条约、协定之间的衔接意见。（2）拟订国内贸易发展规划，研究提出流通体制改革意见，培育发展城乡市场，推进流通产业结构调整和连锁经营、物流配送、电子商务等现代流通方式。（3）研究拟订规范市场运行、流通秩序和打破市场垄断、地区封锁的政策，建立健全统一、开放、竞争、有序的市场体系；监测分析市场运行和商品供求状况，组织实施重要消费品市场调控和重要生产资料流通管理。（4）研究制定进出口商品管理办法和进出口商品目录，组织实施进出口配额计划，确定配额，发放许可证；拟订和执行进出口商品配额招标政策。（5）拟订并执行对外技术贸易、国家进出口管制以及鼓励技术和成套设备出口的政策；推进进出口贸易标准化体系建设；依法监督技术引进、设备进口、国家限制出口的技术和引进技术的出口与再出口工作，依法颁发与防扩散相关的出口许可证。（6）研究提出并执行多双边（含区域、自由贸易区）经贸合作政策；负责多双边经贸对外谈判，协调对外谈判意见，签署有关文件并监督执行；建立多双边政府间经济和贸易联系机制并组织相关工作；处理国别（地区）经贸关系中的重要事务，管理同未建交国家的经贸活动；根据授权，代表我国政府处理与世界贸易组织的关系，承担我国在世界贸易组织框架下的多边谈判和贸易政策审议、争端解决、通报咨询等工作。（7）指导我国驻世界贸易组织代表团、常驻联合国及有关国际组织经贸代表机构的工作和我国驻外经济商务机构的有关工作；联系国际多边经贸组织驻中国机构和外国驻中国官方商务机构。（8）承担组织协调反倾销、反补贴、保障措施及其他与进出口公平贸易相关工作的责任，建立进出口公平贸易预警机制，组织产业损害调查；指导协调国外对我国出口商品的反倾销、反补贴、保障措施的应诉及相关工作。（9）宏观指导全国外商投资工作；分析研究全国外商投资情况，定期向国务院报送有关动态和建议，拟订外商投资政策，拟订和贯彻实施改革方案，参与拟订利用外交的中长期发展规划；依法核准国家规定的限额以上、限制投资和涉及配额、许可证管理的外商投资企业的设立及其变更事项；依法核准大型外商投资项目的合同、章程及法律特别规定的重大变更事项；监督外商投资企业执行有关法律法规、规章及合同、章程的情况；指导和管理全国招商引资、投资促进及外商投资企业的审批和进出口工作，综合协调和指导国家级经济技术开发区的有关具体工作。（10）负责全国对外经济合作工作；拟订并执行对外经济合作政策，指导和监督对外承包工程、劳务合作、设计咨询等业务的管理；拟订境外投资的管理办法和具体政策，依法核准国内企业对外投资开办企业（金融企业除外）并实施监督管理。

商务法规包括市场流通、对外贸易、国际经济合作、知识产权、对外投资和外商投资、竞争法等多个方面。其中市场流通方面，包括《汽车销售管理办法》《商业特许经营信息披露管理办法》《再生资源回收管理办法》《零售商供应商公平交易管理办法》《直销管理条例》《报废汽车回收管理办法》等；对外贸易方面，有《机电产品国际招标代理机构监督管理办法（试行）》《机电产品进口管理办法》《纺织品出口管理办法（暂行）》《对外贸易壁垒调查规则》《货物出口许可证管理办法》等。

七、进出境管理机构

中华人民共和国海关总署（http://www.customs.gov.cn），简称海关总署。作为国务院的直属机构，它是国家进出境监督管理机关，实行垂直领导体制。基本任务是出入境监管、征税、打私、统计，对外承担税收征管、通关监管、保税监管、进出口统计、海关稽查、知识产权海关保护、打击走私、口岸管理等主要职责。海关总署是中华人民共和国国务院下属的正部级直属机构，统一管理全国海关。建立健全关税制度，是一个国家对进出本国的商品及货物实施有效管理的重要手段。它对防止国外商品的倾销、保护自己的民族工业、规范市场动作和对市场进行宏观调控起着决定性的作用，即使在最发达、最自由的市场经济国家，依然如此。企业在开展进出口业务时，必须符合海关的有关管理规定。

（一）报关与通关

企业在进行进出口业务时办理报关，经审查批准才可通关。

1. 报关

企业持经营执照、税务登记证、审批批准文件或合同备案证明书、对外正式合同副本等材料进行登记备案，并如实填写报关单。

2. 通关

持报关单、《登记手册》、商品检验凭证、税收凭证等有关单证向海关申报。海关进行查验，有时包括到货物现场对货物查验。海关查验无误，予以签章放行。海关也是商品检验过程的重要一环。海关凭商检机构或其委托机构的商检证书或印章放行。未经检验或检验不合格的商品，不准进出口。

（二）关税制度

关税制度的主要内容是进出口税则。《中华人民共和国海关进出口税则》是依商品进行分类的，共分为 21 类，分别规定了各类商品的进出口关税税率。关税是对进出国境的货物和物品征收的一种税，包括进口关税（由收货人、收件人缴纳）、出口关税（由发货人缴纳）和过境关税（由进出境物品的所有人/持有人缴纳），征收对象包括贸易性的货物和非贸易性的物品。

我国海关实施的关税制度还包括加工贸易货物的监管、保税制度的执行和特定减免税货物的管理。

八、国有资产监督管理机构

我国国有资产实行分级管理制度。在中央层面的对应国有资产监督管理机构是我国国务院国有资产监督管理委员会（http://www.sasac.gov.cn），简称国务院国资委，是国务院直属特设机构。其主要职责包括：负责监管中央所属企业（不含金融类企业）的国有资产，承担监督所监管企业国有资产保值增值的责任；指导推进国有企业改革和重组，推进国有企业的现代企业制度建设，完善公司治理，推动国有经济布局和结构的战略性调整；对所监管企业负责人进行任免、考核，完善经营者激励和约束制度；向所监管企业派出监事会，负责监事会的日常管理工作；对地方国有资产管理工作进行指导和监督。国务院国资委负责监管的中央企业名单如表 4-3 所示。2017 年 98 家中央企业资产总额已达到 54.5 万亿元，实现利润 14230.8 亿元，首次突破 1.4 万亿元，较上年增加 1874 亿元，同比增长 15.2%，经济效益的增量和增速均为五年来最好水平。98 家中央企业中，利润总额超过百亿元的中央企业达到 41 家。

表 4-3 我国全部中央企业名单

序号	企业名称	序号	企业名称
1	中国核工业集团有限公司	50	中国商用飞机有限责任公司
2	中国核工业建设集团有限公司	51	中国节能环保集团有限公司
3	中国航天科技集团有限公司	52	中国国际工程咨询公司
4	中国航天科工集团有限公司	53	中国诚通控股集团有限公司
5	中国航空工业集团有限公司	54	中国中煤能源集团有限公司
6	中国船舶工业集团有限公司	55	中国煤炭科工集团有限公司
7	中国船舶重工集团有限公司	56	机械科学研究总院
8	中国兵器工业集团有限公司	57	中国中钢集团有限公司
9	中国兵器装备集团有限公司	58	中国钢研科技集团有限公司

序号	企业名称	序号	企业名称
10	中国电子科技集团有限公司	59	中国化工集团有限公司
11	中国航空发动机集团有限公司	60	中国化学工程集团有限公司
12	中国石油天然气集团有限公司	61	中国盐业有限公司
13	中国石油化工集团公司	62	中国建材集团有限公司
14	中国海洋石油集团有限公司	63	中国有色矿业集团有限公司
15	国家电网有限公司	64	有研科技集团有限公司
16	中国南方电网有限责任公司	65	北京矿冶科技集团有限公司
17	中国华能集团有限公司	66	中国国际技术智力合作有限公司
18	中国大唐集团有限公司	67	中国建筑科学研究院有限公司
19	中国华电集团有限公司	68	中国中车集团有限公司
20	国家电力投资集团有限公司	69	中国铁路通信信号集团有限公司
21	中国长江三峡集团公司	70	中国铁路工程集团有限公司
22	国家能源投资集团有限公司	71	中国铁道建筑有限公司
23	中国电信集团有限公司	72	中国交通建设集团有限公司
24	中国联合网络通信集团有限公司	73	中国普天信息产业集团公司
25	中国移动通信集团有限公司	74	电信科学技术研究院
26	中国电子信息产业集团有限公司	75	中国农业发展集团有限公司
27	中国第一汽车集团有限公司	76	中国中丝集团有限公司
28	东风汽车集团有限公司	77	中国林业集团有限公司
29	中国一重集团有限公司	78	中国医药集团有限公司
30	中国机械工业集团有限公司	79	中国保利集团有限公司
31	哈尔滨电气集团有限公司	80	中国建筑科技有限公司
32	中国东方电气集团有限公司	81	中国冶金地质总局
33	鞍钢集团有限公司	82	中国煤炭地质总局
34	中国宝武钢铁集团有限公司	83	新兴际华集团有限公司
35	中国铝业集团有限公司	84	中国民航信息集团公司
36	中国远洋海运集团有限公司	85	中国航空油料集团有限公司
37	中国航空集团公司	86	中国航空器材集团有限公司
38	中国东方航空集团公司	87	中国电力建设集团有限公司
39	中国南方航空集团有限公司	88	中国能源建设集团有限公司
40	中国中化集团有限公司	89	中国黄金集团有限公司

续表

序号	企业名称	序号	企业名称
41	中粮集团有限公司	90	中国广核集团有限公司
42	中国五矿集团有限公司	91	中国华录集团有限公司
43	中国通用技术（集团）控股有限责任公司	92	上海诺基亚贝尔股份有限公司
44	中国建筑集团有限公司	93	武汉邮电科学研究院有限公司
45	中国储备粮管理集团有限公司	94	华侨城集团公司
46	国家开发投资集团有限公司	95	南光（集团）有限公司
47	招商局集团有限公司	96	中国西电集团有限公司
48	华润（集团）有限公司	97	中国铁路物资集团有限公司
49	中国旅游集团公司	98	中国国新控股有限责任公司

资料来源：中国国有资产监督管理委员会网站（http://www.sasac.gov.cn）。截至 2017 年 12 月底，总计有 98 家央企。2018 年 1 月，中国核工业集团有限公司与中国核工业建设集团有限公司实施重组，中国核工业建设集团有限公司整体无偿划转进入中国核工业集团有限公司，不再作为国资委直接监管企业，中央企业数量减少到 97 家。

国务院国资委出台的相关政策法规文件包括《企业国有产权向管理层转让暂行规定》《关于加强中央企业企业文化建设的指导意见》《国务院国资委关于国有控股上市公司股权分置改革的指导意见》《关于进一步规范国有企业改制工作的实施意见》《中央企业经济责任审计实施细则》《国有独资公司董事会试点企业职工董事管理办法（试行）》《中央企业发展战略与规划编制大纲（修订稿）》《中央企业全面风险管理指引》《中央企业投资监督管理暂行办法实施细则》《国有控股上市公司（境内）实施股权激励试行办法》《关于加强和改进国有企业监事会工作的若干意见》《关于中央企业履行社会责任的指导意见》《董事会试点中央企业职工董事履行职责管理办法》《关于规范国有企业职工持股、投资的意见》《关于规范上市公司国有股东行为的若干意见》《中央企业负责人经营业绩考核暂行办法》《中央企业境外投资监督管理暂行办法》《关于全面推进法治央企建设的意见》《关于国有企业功能界定与分类的指导意见》《关于完善中央企业功能分类考核的实施方案》《中央企业负责人经营业绩考核办法》《中央企业主要负责人履行推进法治建设第一责任人职责规定》等。

九、其他国家机关对企业的管理

企业是市场经济的主体，其活动对社会产生着重大的影响。因此，国家的各种机关都不同程度地对企业行使着管理职能。

（一）中华人民共和国国家知识产权局

在企业参与市场竞争中，技术优势是非常重要的。在技术优势中，专利是重要的形式之一。国家知识产权局（http://www.sipo.gov.cn）是主管专利工作和统筹协调涉外知识产权事宜的国务院部委管理的国家局（由国家市场监督管理总局管理）。

（二）国家烟草专卖局

国家为了维护国家利益和经济社会秩序，对某些特殊商品可能实施专卖制度，例如我国对烟草等商品实行专卖制度，成立了国家烟草专卖局（http://www.tobacco.gov.cn），是国务院部委管理的国家局（由工业和信息化部管理）。凡生产、经营专卖商品的企业，国家专卖局的政策和管理都是其最重要的外部环境条件之一。

（三）公安、司法机关

在企业经营管理中，应当掌握法理，同时积极寻求法律的专业服务。从一定角度讲，市场经济是一种法制经济。企业必须依法经营管理，同时也需要依法自我保护。法律是为了维护社会正常秩序和社会与个体利益而建立的，是一种工具。但随着法律的健全和完善，一般的个人和企业都难以充分详细地了解和掌握越来越复杂和庞大的法律体系，对它的了解和掌握就成为一种职业化的工作。在经营管理中，遇到更详细的法律问题则应向法律专业人士和专业机构充分寻求法律的专业服务。

与企业有关的国家管理机关还有很多，如作为国务院组成部门的外交部、国家发展和改革委员会、科学技术部、人力资源和社会保障部、生态环境部、交通运输部、农业农村部、文化和旅游部、中国人民银行、工业和信息化部、民政部、财政部、自然资源部、水利部、国家卫生健康委员会、应急管理部和审计署等；作为国务院直属机构的部门，例如，国家广播电视总局、国家统计局、国家医疗保障局等；作为国务院部委管理的国家局，例如，国家信访局（由国务院办公厅管理）、国家能源局（由国家发展和改革委员会管理）、国家林业和草原局（由自然资源部管理）、中国民用航空局（由交通运输部管理）、国家文物局（由文化和旅游部管理）、国家煤矿安全监察局（由应急管理部管理）、国家药品监督管理局（由国家市场监督管理总局管理）、国家粮食和物资储备局（由国家发展和改革委员会管理）、国家国防科技工业局（由工业和信息化部管理）、国家移民管理局（由公安部管理）、国家铁路局（由交通运输部管理）、国家邮政局（由交通运输部管理）、国家中医药管理局（由国家卫生健康委员会管理）、国家外汇管理局（由中国人民银行管理）。企业也必须遵守有关的法律和法规，接受它们的管理。

进一步阅读材料：

1. 吴申元.现代企业制度概论[M].北京：首都经济贸易大学出版社，2009.

2. 张晓农.现代企业税务管理：面向企业面向决策[M].天津：南开大学出版社，2010.

3. 常桦，智山.迈克尔·波特——竞争战略之父[M].北京：中国物资出版社，2010.

4. 克朋.组织环境：内部组织与外部组织[M].北京：经济管理出版社，2005.

5. 迈克尔·波特.陈小悦译.竞争战略[M].北京：华夏出版社，2005.

6. 周三多，陈传明，鲁明泓.管理学——原理与方法[M].上海：复旦大学出版社，2009.

本章思考题：

1. 企业一般环境和产业环境的主要内容有哪些？

2. 要素市场及其主要种类有哪些？

3. 工商行政管理机构对企业的管理内容包括哪些？

4. 就纳税程序而言，税务机关对企业的管理主要包括哪几个方面？

【章末案例】

奥运会的召开与北京房地产市场的发展

从 2001 年北京申奥成功开始，北京的楼市进入火爆期。随着奥运的临近，楼市愈演愈烈。"2008 奥运"是中国的一件大事，北京从 2003 年起正式启动奥运工程，将近 2800 亿元的投资大部分投向基础设施，这无疑是奥运地产发展的巨大推动力，随之带来的交通、环境、配套等也都大大加强。房地产商对北京的地产进行了如下分析：北京的南城历来是经济发展相对落后的区域，对比北部的奥运板块、东部的 CBD 即中央商务区、西部的中关村，南部并没有相对集中的发展热点区域，且配套设施落后。所以，如果开发企业在北京南部选择开发项目，必须因地制宜，不能将价格定得过高，同时亦要保证相当面积的配套设施。除此之外，房地产商还了解到，在消费者消费观念不断更新、消费要求不断提高的今天，产品的竞争已经不仅仅是房子与地的竞争，还包括周边环境、产品设计、建筑风格、园林配套等多方面因素的竞争。目前对于环境的分析可分大气环境、声觉环境、水文环境、视觉环境、卫生环境。

时隔三年，2006 年国家出台了以"国六条"为指导思想的《关于调整住房供应结构稳定住房价格的意见》，其内容涉及开盘时间、项目户型、付款方式等多个房地产开发层面。这么大规模地对房地产业进行政策性干预近年来尚属首次，其矛头直指大部分开发企业。面对如此大力度的宏观政策，开发企业应充分了解政策及政府态度，以政策为基本原则，在许可的范围内调整自己的产品定位，从而获得市场的认同。

讨论：宏观环境给房地产企业经营和发展带来哪些影响？

第五章　企业的制度环境

【本章导读】企业的制度环境是企业内部环境中重要的组成部分，主要体现为企业的制度安排。本章从企业的产权关系、法律形态以及治理等有关企业制度的基本概念出发，以我国的股份有限公司为例，系统地介绍了我国公司的组织机构和基本制度，还简要地介绍了有限责任公司、国有独资公司以及一人公司的特点。

【开篇案例】

"真功夫"家族企业的公司治理

1994 年，"真功夫"起步于东莞街边的一家甜品店。创始人为潘宇海、潘敏峰、蔡达标三人，股权结构为潘宇海占 50%，蔡达标、潘敏峰二人占 50%。1997 年，潘宇海与蔡达标二人将"电脑程控蒸汽柜"引入中式快餐烹饪，实现了中式快餐的标准化、规模化加工，原来的甜品店也因此得以蜕变为标准化的中式快餐连锁店，并改组为东莞市双种子饮食有限公司。潘宇海担任双种子公司董事长、总裁，股权结构不变。应该说，在初创阶段，大厨出身的潘宇海始终掌握着餐厅的主导权。但在"电脑程控蒸汽柜"等一系列设备实现了中式快餐的标准化之后，公司规模越来越大，但对潘宇海的依赖却越来越弱；反而蔡达标在谋篇布局、制定战略、策划及经营方面的才能得以显现，并逐步强化了其在公司中的地位。

2003 年，双种子公司的总裁改由蔡达标担任。据媒体报道，两人口头协议，5 年换届一次，轮流"坐庄"。次年，双种子公司走出东莞，进入广州和深圳开店。在遭遇了开局不利之后，启用"真功夫"新品牌取代"双种子"，以打开一线城市市场。往后数年，"真功夫"在全国一线城市攻城略地，并迅速成为中式快餐连锁的一线品牌。而在公众的视野中，蔡达标也因"真功夫"品牌的成功得以跻身于知名企业家行列，并被外界视为"真功夫"的真正代言人。

双方权力的失衡令昔日的合作伙伴嫌隙渐生，而蔡达标与潘敏峰婚姻的解体则令蔡、潘两家的关系雪上加霜。2006 年，蔡达标与妻子潘敏峰因感情破裂协议离婚。两人关于财产及抚养权的安排是：潘敏峰所持有的25%的公司股权转归蔡达标所有，其他的物业、现金以及一对儿女的抚养权则归潘敏峰。财产分割之后的蔡达标获得了与潘宇海同等的股权比例。因为双方的股权份额几乎相当，这导致他们之间的冲突难以在不影响公司发展的条件下自行解决。

思考：如何避免"真功夫"内斗局面的出现?

第一节　企业制度安排的基本内容

企业是由人和财产等资源依照一定的规则组织起来的营利性组织。作为一种组织，它是由各种机构和制度联结起来的。不同企业的组织是不同的，从而其制度也是有差异的。正是这些制度的差异，才形成不同的企业，并给企业的经营与管理带来诸多的课题。研究企业的制度安排，熟悉不同企业的组织与制度，是正确管理企业的前提。而企业制度是随着企业的发展不断进化的，企业制度的形成与发展是非常复杂的过程，不仅涉及企业内部的所有者与所有者之间、所有者与经营管理者之间、管理者与普通员工之间等方面复杂的关系，还与国家机构、债权人、客户以及法律有着重要的关系。一般而言，企业的制度安排包括企业的法律形态、企业的产权关系和企业的治理等基本内容。

一、企业的法律形态

企业的法律形态是指法律规定的企业组织形式，或称企业组织形态。企业的法律形态是由企业的组织方式与法律资格等方面的内容构成的。企业的发起人及其所有者往往是根据企业的创办目的、拥有的物质条件和国家的法律以及财产责任形式在几种法定的企业形态中做出选择。

由于企业法律形态是适应于一定的生产方式和某一国家或某一地区特定的商业和法律习惯而形成的，因此，不仅不同国家之间的企业法律形态存在着差异，而且一个国家在不同时期的企业形态也不一样。与之相适应，某一国家在某一时期内有一种或几种具有代表性和起重要作用的企业法律形态。

按照企业法律内在规定的不同，企业组织形态分为自然人企业和法人企业两种基本类型。自然人企业具有企业的民事权利义务与投资者个人的权利义务合为一体、投资者对企业债务负连带无限责任等特征，而法人企业具有法人资格。法人是相对于自然人的民事权利义务主体，它是一个社会组织，由法律赋予其"人格"，独立地承担民事责任和民事义务，并具有相应的权利能力和民事行为能力。在我国法律中，个人独资企业和合伙制企业属于自然人企业，公司是法人企业。

现代公司的组织结构及其制度与自然人企业有根本性的区别。自然人企业的所有权与经营权统一于业主，企业没有独立的法人身份，所以企业组织结构的设置是业主自己的事情，不需要法律做出统一规定。而现代公司则不然，所有权与经营权相分离，企业具有独立的法人地位，股东的所有权与公司法人财产权之间、股东与经营者之间、股东与债权人之间可能发生的对立，需要由法律做出规定。所以，我们将主要介绍公司的组织机构和基本制度。

二、企业的产权关系

产权是经济学界和法学界的理论范畴，包括财产的所有权、占有权、支配权、使用权、收益权和处置权等。

（一）古典所有权理论

现代产权理论源于古典所有权理论，但又不同于古典所有权理论。古典所有权理论认为，所有权是一种明确物——财产的最终归属和所有人支配财产的权利范围的制度。古典所有权理论认为所有权具有以下特征。

1. 归属权能

古典所有权理论强调财产的法律归属，认为所有权只能由一个确定的主体拥有，在同一物上，不能设立两个平行的、地位相等的所有权。

2. 全面权能

古典所有权理论认为所有权拥有物权的一切权能，所有者在合法的范围内可以拥有占有、使用、处分和收益的权利。所有权四项权能是全面的、集中统一的，如果有分离，也是偶然的、暂时的现象。

3. 自然人权能

古典所有权理论认为所有权主体是自然人，自然人所有权是古典所有权的唯一形式。

（二）现代产权理论

从企业管理角度分析，如果说公司的组织形式是现代企业制度的外壳，产权安排则是现代企业制度的内核。公司制度的产生不仅实现了企业组织形态的创新，更重要的是实现了企业产权的革命，古典所有权理论发展为现代产权理论。现代产权理论中出现了法人产权的概念，并认为法人产权与出资人所有权可以并立和共存。法人产权又称为法人所有权，产生于古代日耳曼法的"总有"制度。所谓"总有"，是指"将所有权之内容，依团体内容之规约，加以分割，其管理、处分等支配的功能，属于团体，而使用、收益等利用的权能，则分属其构成成员，此等团体之全体的权利，与其构成成员之个别的权利，为团体规约所综合统一"。总有权制度最典型地体现了当时马尔克公社的生产方式。恩格斯在论及股份制度时，曾论及现代股份制与马尔克公社的总有权制度极为相似。他说，在股份制企业中，"每个股份都享有同等的一份利益，并且像马尔克成员的份地一样，每个股份的权利和义务也可以分割"。这表明，总有权制度是现代公司法人产权的萌芽形式。所以，有的学者认为，在企业制度演变过程中，"总有团体转化为法人，总有权成为法人之单独所有权"。现代产权理论与古典所有权理论相比较：一方面，古典所有权强调财产的归属权，而现代产权强调财产利得权（即所有者取得资本营运收益的权利），形成二者在财产上的"占有"与"收益"强调重心的不同；另一方面，古典所有权强调人对物的权利，而现代产权不仅重视人对物的权利，更强调在物的占有基础上的人对人的行为权利。正如科斯所说，产权不等于所有权，经济学要解决的是由于使用稀缺资源而引起的利益冲突，而这种冲突必须用产权来解决，产权不仅指人与物的关系，更重要的是指由于物的存在及关于它们的使用所引起的人们之间相互认可的行为关系。

公司的产生与发展导致了产权裂变，形成了各自独立的最终产权与企业法人产权。具体说来，现代产权结构安排具有以下特征。

1. 最终产权结构具有多元性

公司是由多个独立的投资者形成的法人企业，它改变了自然人企业以内部积累为主的筹资模式，在信用基础上，形成了多元化投资主体和社会化筹资的方式。

2. 法人产权具有独立性

现代产权发生裂变，一方面，投资者拥有最终产权，确切地说，享有规定权益的股东权；另一方面，公司法人享有法人产权，即获得了对财产占有、使用、处分和收益的权利。这样，形成了临终产权主体（投资者或股东）与法人产权主体（公司法人）并立的局面。公司法人产权虽然基于临终产权的存在而形成，但却独立于最终产权而存在和运行。

3. 法人产权的代理具有社会性和专业性

在现代公司中，社会化、专业化的经理人作为法人产权的代理人，扮演着重要角色。正如艾尔弗雷德·钱德勒（Alfred Chandler）所说："由一组支薪的中、高层经理人员所管理的多单位企业即可适当地称之为现代企业。""当多单位工商企业在规模和经营多样化方面发展到一定水平，其经理变得越来越职业化时，企业管理就会和它的所有权分开。"

【人物专栏】艾尔弗雷德·钱德勒（Alfred Chandler，1918—2007）

钱德勒是伟大的企业史学家，战略管理领域的奠基之一，1918 年生于美国特拉华州。"二战"期间，他从哈佛大学本科毕业后，到海军服役 5 年。他于 1952 年在哈佛大学历史系获博士学位，随后任教于麻省理工学院和霍普金斯大学。自 1971 年被哈佛商学院聘为企业史教授后，他一直在那里工作，直至近 80 岁退休。2007 年 5 月 9 日，钱德勒逝世。钱德勒在哈佛求学期间，曾经直接受到经济学家约瑟夫·熊彼特（Joseph Schumpeter）的影响。熊彼特以强调"企业的创新是经济发展动力"而著称，钱德勒则比任何学者都更多地为这个主题提供了实质内容。钱德勒在 1977 年出版了《看得见的手——美国企业的管理革命》（The Visible Hand: The Managerial Revolution in American Business），主要讨论美国企业发展过程中出现的管理革命。钱德勒不仅明确提出了和"看不见的手"截然相反的"看得见的手"的论点，指明了"看得见的手"已经在企业中取代了"看不见的手",同时还在该书前言中列举了为什么管理协调"有形的手"取代市场机制"无形的手"的 8 个论点。

三、企业的治理

随着公司制企业组织形式的出现,企业的治理问题便被提上议程。企业的治理,即公司治理。对公司治理有两种影响较大的观点:一种是奥利弗·哈特(Oliver Hart)的决策机制说。根据他的看法,公司是一组契约的集合,但在初始合约中不可能将未来会出现的各种决策在进入公司的所有成员中加以设定。因而,公司作为一组契约,实际上是不完备的,当在经营管理的实际中出现初始合约中没有明确设定的状态时,就需要有人来决定如何处理这一状态,这就是剩余控制权问题,即公司的治理是一个剩余控制权如何分配的问题。具体内容涉及股东、董事会、经理、债权人及职工等关系的制度安排。另一种是治理结构说,该观点认为公司治理是由所有者、董事会和经理三者组成的组织机构,以及在这三者之间形成的制衡关系。

这两种观点的表述不同,但实质内容是相近的。我们综合各种观点,可以将公司治理定义为:通过一套包括正式或非正式的、内部的或外部的制度或机制来协调公司与所有利益相关者之间的利益关系,以保证公司决策的科学化,从而最终维护公司各方面利益的一种制度安排(李维安,2009)。这种制度安排的目的是使诸方面资产权利的掌握及运用受到相应的制约。这种公司治理是公司利益相关者通过一系列的内外部机制实施的共同治理。公司治理的目标不仅是股东利益的最大化,而且还要保证公司决策的科学化,从而保证公司各方面的利益相关者的利益最大化。

现代企业法人治理的核心内容是委托—代理关系的确定。在现代公司理论中,委托—代理关系被定义为一种契约。在这种契约下,一个或一些人(委托人)授权另一个人或一些人(代理人)为他们的利益而从事某项活动,其中包括授予代理人某些决策权力。由于代理人的目标函数并不总是和委托人相一致,因而会出现所谓代理成本问题。委托人为了减少其代理成本,则需要另外的监督人员履行监督职能。这样实际上就形成了三个方面的委托—代理关系。

(一)股东(大)会与董事会之间的委托—代理关系

股东(大)会是依照公司法和公司章程的规定,由全体股东或股东代表所组成的,对公司经营方针和股东利益进行决策的机构。股东(大)会是公司的最高决策机关,但不是执行机关。股东(大)会对内不执行业务,对外也不代表公司。股东(大)会通过一定的程序,选举董事作为自己的财产受托人,由董事组成董事会并受股东(大)会的信任委托负责经营公司的法人财产。这种股东与董事之间的信任托管关系构成了法人治理的第一层次委托—代理关系。

股东(大)会与董事会之间的委托—代理关系一旦形成,董事会就成为公司的法定代表,代表股东利益经营公司。股东们既然对董事们投了信任票,一般就不再去干预公司的一般经营管理事务，也不能因商业经营原因随意解聘董事，但可以起诉玩忽职守的董事，或者下次不选举他们。但选举不是由个别股东决定的，而是由股东（大）会投票机制来决定的。个别股东如不满意这种信任托管关系，还可"用脚投票"，即转让股权离公司而去，亦会对董事会产生一定的压力。

（二）董事会与经理之间的委托—代理关系

董事会是依法律规定，由股东（大）会推选的董事组成，对内管理公司业务、对外以公司名义进行活动的常设机构。董事会是决策机关，在股东（大）会闭会期间，董事会拥有经营管理决策的职权；同时它又是一个执行机关，执行股东（大）会的决议是董事会的职责。

董事会是会议体制形式的机关。从体制上看，董事会必须以会议的形式来行使权限，对重大问题不开会不表决就无法行使权限。董事会作为一个决策集团，并不直接行使企业日常经营管理权。董事会通过经理市场选择具有专门知识、专门技能的经理人员作为自己的经营代理人。经理人员是具体掌管和处理公司事务、对外可以在董事会授权范围内代理或代表公司进行工商活动的高级职员。他对公司的经营活动具有总的管理权力和合理的干预能力，是公司的执行机构。但经理的权力受到董事会委托范围的限制，包括法定限制和任意限制，如某种营业方向的限制、处置公司财产的限制等。超越限制的决策被公司章程或董事会定义为重大战略决策，要报董事会来决定。公司对经理人员是一种有偿委托的雇用，经理人员有义务和责任依法经营好公司业务。董事会有权依经理人员的经营业绩进行监督，并据此约定做出奖励或惩罚的决定。

（三）股东（大）会与公司监事会之间的委托—代理关系

公司股东（大）会与董事会、董事会与经理之间的委托—代理关系很自然地引出一个问题：经营者（董事和经理）实际做出的决策是否符合股东的利益？对这种关系引起的是代理问题的认识最早可以追溯到亚当·斯密，他在《国富论》中对支薪经理人员能否以股东利益为决策的出发点深表怀疑。他提出"在钱财的处理上，合股公司的董事为他人尽力，而私人合伙的合伙人，则纯是为自己打算。所以，要想合股公司的董事们监视钱财用途，像私人合伙的合伙人那样用意周到，那是很难做到的……疏忽和浪费，常为合股公司业务经营者难免的弊漏"。

股东与经营者之间的委托—代理关系难以完全保证所有者的利益。首先是由于经营者与股东的目标函数不同，股东作为投资者期望回报的最大化，而经营者希望自己的地位、权力及其带来的报酬理想化，这两者之间经常出现不一致；其次是信息的非对称性，经营者了解企业的实际经营状况，从生产、销售、财务，直到市场竞争、消费要求等，而所有者了解的只是一些重大决策及财务报表所反映的经营成绩，仅仅根据这些信息难以判断经营者的决策是否以股东权益为目标；最后是不确定性，由于利润受多种因素的影响，经营者并不能通过自己的努力而完全控制利润水平，进而不能准确地向所有者表明自己实际的努力水平，导致股东也无法完全以利润水平来判断经营者的努力程度。面对这些情况，如果所有者想了解企业的所有状况，就需要对经营者进行严格的监督，由此而产生的成本之高使这种愿望无法实现。监督是必需的，但是所有者要通过自己的监督对经营者的努力状况做出准确无误的判断是不可能的，除非所有者自己经营企业。

正是基于上述原因，在现代公司治理中，股东（大）会在向董事会委托经营权的同时，还专门设立独立于经营者的监督机构，即监事会，授权其对企业的经营管理行使监督权，这样又形成了法人治理的第三组关系——监事会与经营管理者（董事、经理）之间的监督制约关系。

监事会及其成员作为股东的代理人，其目标函数与所有者的目标函数也会发生偏离，这种委托—代理监督关系也会产生代理成本。现代公司的委托—代理问题是自现代法人产权制度和法人治理产生以来一直困扰公司发展的一个问题，也是现代公司制度与自然人企业制度相比所存在的一个特殊问题。

第二节　股份有限公司的组织机构与基本制度

由于股份有限公司规模大，资本来源具有广泛的社会性，公司利益相关者众多，国家为了保护公司、公司股东、公司债权人及社会公众的合法权益，维护正常的社会经济秩序，必须对公司的组织与行为进行严格规范并加以监督。所以，与其他类型的企业相比，股份有限公司的组织与行为具有高度的规范性。此外，股份有限公司所有权和经营权的较高程度的分离，使内部关系更为复杂。为了处理好股东、公司及经营者的利益，《公司法》等法律对公司各职能机构的职权及设置、活动的基本原则及程序都做出了明文规定，因此，股份有限公司的治理也表现出高度的规范性。考虑到股份有限公司的以上特点，在各种企业形态中，本节将重点介绍股份有限公司的组织机构与基本制度。

一、股份有限公司组织机构概述

股份有限公司的组织机构是指股份有限公司内部决定公司重大问题、经营管理公司事务和实施监督的机构。它一般由四个部分组成：一是公司的权力机构——股东大会；二是公司的执行和经营决策机构——董事会；三是公司的监督机构——监事会；四是日常经营管理机构——经理人员。其结构如图5-1所示。

二、股份有限公司的权力机构——股东大会

股东大会或股东代表大会是股份有限公司的必设机构，《公司法》赋予了股东大会重要的地位与职权。

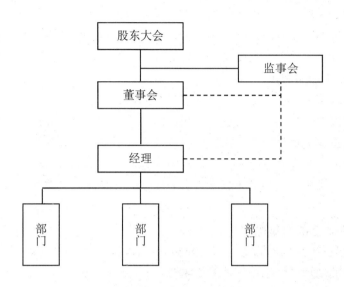

图 5-1 股份有限公司的组织机构

（一）股东大会的法律地位

股东大会是公司的权力机构，由股东或股东代表组成。股东作为公司的出资者，享有所有者的资产收益权、重大决策权和选择管理者的权利。但由于股东众多，不可能都直接参与公司事务，股东大会就是股东参与公司事务的会议。股东大会作为一个机构，是全体股东权利的代表。从形式上看，股东大会是依法或依公司章程由股东参加的会议。

虽然股东大会具有重要的法律地位，但由于其性质和形式的限制，它对内不能直接执行公司业务，对外不能代表公司。

（二）股东大会的职权

股东大会作为公司的权力机构，在公司中享有最高的、充分的职权：

1. 决定公司的经营方针和投资计划；

2. 选举和更换由股东代表担任的董事、监事，决定有关董事、监事的报酬事项；

3. 审议批准董事会的报告；

4. 审议批准监事会的报告；

5. 审议批准公司的年度财务预算方案、决算方案；

6. 审议批准公司的利润分配方案和弥补亏损方案；

7. 对公司增加或者减少注册资本做出决议；

8. 对发行公司债券做出决议；

9. 对公司合并、分立、解散、清算或者变更公司形式做出决议；

10. 修改公司章程；

11. 公司章程规定的其他职权。

股份有限公司股东大会的职权与有限责任公司股东会的职权基本相同，区别在于股份有限公司的股东有权依照法律规定或公司章程规定自由转让其股份，股东大会一般无权限制股东转让其股份，而有限责任公司的股东会对股东转让出资有一定的管理职权。

（三）股东大会的形式

股东大会表现为会议的形式。为保障股东的权益，各国的法律或公司章程对股东大会一般都做出规范性的要求。我国《公司法》将股东大会分为股东年会和临时股东大会两种形式。股东年会每年召开一次。而当董事人数不足《公司法》规定的人数或者公司章程所定人数的 2/3 时、公司未弥补的亏损达股本总额 1/3 时、持有公司股份 10% 以上的股东请求时、董事会认为必要时或监事会提议召开时，应当在 2 个月内召开临时股东大会。

（四）股东大会的召集程序

股东大会会议一般由董事会负责，董事长主持。董事长因特殊原因不能履行职务时，由董事长指定的副董事长或者其他董事主持。

为了使股东有充分的时间为股东大会做准备，召开股东大会会议，应当将会议召开的时间、地点和审议的事项于会议召开 20 日前通知各股东；临时股东大会应当于会议召开 15 日前通知各股东；发行无记名股票的，应当于会议召开 30 日前公告会议召开的时间、地点和审议事项；无记名股票持有人出席股东大会会议的，应当于会议召开 5 日前至股东大会闭会时将股票交存于公司。

为了保证广大股东的权益，避免少数股东操纵公司的现象，各国对股东大会必需的法定人数做出了明确规定，例如美国规定必须有占 1/3 以上表决权股份的股东参加，法国规定必须有代表股本总值 1/4 以上的股东出席，股东大会才能有效地召开。我国虽对股东大会的法定人数没有明确的规定，但规定股东大会讨论通过重大决议须有持有 2/3 以上具有表决权股份的股东出席。这意味着达不到这些人数所通过的决议无效，实际可看作对法定人数的规定。此外，《公司法》还规定临时股东大会不得对会议通知中未列明的事项做出决议。

（五）股东大会的议事规则

股东大会的议事规则与议事方式关系到股东的权利和会议的秩序及其效率，应本着公平与公正的原则做出具体可行的规定。

我国《公司法》对股东大会的议事规则做出原则性的规定：股东出席股东大会，所持每一股份有一表决权；股东可以委托代理人出席股东大会；代理人应当向公司提交股东授权委托书并在授权范围内行使表决权。

但《公司法》中的这些简单的原则性规定是不够的。上海市政府证券管理办公室制定了《关于上市公司股东大会议事规则的指导意见》，对股东大会的议事规则提出了具体的指导意见。例如：股东要求在会议上发言，应在会议召开前两天，向大会秘书处登记；登记发言的人数一般以 10 人为限，超过 10 人时，取持股数最多的前 10 位股东；发言顺序按持股数的多少来决定；每一股东发言不得超过两次，第一次不得超过 5 分钟，第二次不得超过 3 分钟；董事长或总经理答问时间不得超过 5 分钟。一般而言，对股东大会的议事方式和表决程序除法律有明文规定外，应由公司章程做出具体明确的规定。

（六）股东大会的决议

股东大会的决议是全体股东意志的体现，对公司及其股东、董事、监事和经理的行为具有约束力。只要股东大会的决议合法有效，公司的任何人都要执行，包括对决议存有不同意见的人。

股东大会的决议分为普通决议和特别决议。普通决议是指以出席会议的股东所持表决权的简单多数通过即可的决议，通常是对诸如董事和监事的选举、通过董事会和监事会的报告、批准年度财务预算和决算方案、决定投资计划和利润分配等一般事项的决议；特别决议是指以股东表决权的绝对多数才能通过的决议，例如公司章程的修改、公司的合并、分立或者解散等必须经出席会议股东所持的 2/3 以上的表决权才能通过。

三、股份有限公司的决策机构——董事会

由于股东大会是定期召开的，在其闭会期间需要将公司的财产交给值得信赖和有能力的人管理与经营，这些人就是董事。由董事们组成的机构是董事会。

（一）董事会的地位和性质

董事会是指按照《公司法》设立的，由公司的全体董事组成的常设的经营决策和业务执行机关。从形式意义上讲，是指依照公司立法的规定召开的、由董事参加的会议。董事会的权力源于股东大会的授权并受其限制，对股东大会负责。

在公司法人的股东大会、董事会、经理层、监事会四大机构中，股东大会作为公司的权力机构，拥有最高决策权，而董事会的职责是执行股东大会的决议，是执行机构。但 20 世纪以来，由于所有权与经营权的分离，使股东大会的权限和作用日益减小，而董事会的权限和作用逐渐扩大。在公司的实际经营活动中，董事会已不再是单纯的执行机构，而是具有一定的经营决策职能。可以这样说，在公司的决策权力系统中，董事会仍然是执行机构；但是执行决策的系统内，董事会则成为经营决策机构，经理机构是实际执行机构。董事会处于公司决策系统和执行系统的交叉点，是公司运行的中心。所以董事会作为公司的常设机构，代表股东执行公司业务，执行股东大会的决定，负责经营决策和日常经营管理活动，一般对外作为公司的代表。

（二）董事会的产生与组成

董事会是股东利益的代理者，其产生方式及其组成关系到股东利益的保障。各国法律对此一般做出明确规定。我国《公司法》规定，股份有限公司的董事会由 5—19 名董事组成，董事由股东大会选举产生。对于董事是否必须具有股东身份，各国的规定是不一样的。一般而言，董事应该是股东，这样董事与股东之间就会有工作的利益关系，董事会能更好地维护股东利益；但公司的经营管理需要专家，许多国家的公司在董事会中

设置了外部董事（亦称社会董事、独立董事，指没有股东身份的董事），对公司的发展起了一定的作用。我国《公司法》规定上市公司要设立外部董事。

有些公司的股东中有法人股东，法人股东也可以被选为董事，但需指定自然人为其代表。

（三）董事任职资格的规定

由于董事要代表股东对公司进行领导和管理，因而，董事不仅需有经营管理的才能，还要有良好的个人品质和信誉。中外公司法都对此有明确规定。我国《公司法》规定，有下列情形之一者，不得担任公司的董事：无民事行为能力或者限制民事行为能力；因贪污、贿赂、侵占财产、挪用财产或者破坏社会主义市场经济秩序，被判处刑罚，执行期满未逾 5 年，或者因犯罪被剥夺政治权利，执行期满未逾 5 年；担任破产清算的公司、企业的董事或者厂长、经理，对该公司、企业的破产负有个人责任的，自该公司、企业破产清算完结之日起未逾 3 年；担任因违法被吊销营业执照、责令关闭的公司、企业的法定代表人，并负有个人责任的，自该公司、企业被吊销营业执照之日起未逾 3 年；个人所负数额较大的债务到期未清偿。此外，国家公务员不得兼任公司董事。

董事的任期由公司章程规定，每届任期不得超过 3 年，任期届满，可连选连任。董事在任期届满前，股东大会不得无故解除其职务。

（四）董事的义务

对股东大会负责是董事会的基本义务。为防止董事利用董事的地位谋取私利，杜绝公司腐败，我国《公司法》对股份有限公司的董事（监事和经理亦然）的义务做了如下规定：董事应当遵守法律、行政法规和公司章程，对公司负有忠实义务和勤勉义务，不得利用职权收受贿赂或者其他非法收入，不得侵占公司的财产。同时不得有下列行为：

1. 挪用公司资金；

2. 将公司资金以其个人名义或者以其他个人名义开立账户存储；

3. 违反公司章程的规定，未经股东大会或者董事会同意，将公司资金借贷给他人或者以公司财产为他人提供担保；

4. 违反公司章程的规定或者未经股东大会同意，与本公司订立合同或者进行交易；

5. 未经股东大会同意，利用职务便利为自己或者他人谋取属于公司的商业机会，自营或者为他人经营与所任职公司同类的业务；

6. 接受他人与公司交易的佣金归为己有；

7. 擅自披露公司秘密；

8. 违反对公司忠实义务的其他行为。

（五）董事长

董事会是由董事组成的集体，一般通过会议方式行使职能。为了能够更好地执行股东大会的决议，履行董事会的职责，处理公司日常具体事务，董事会需要设董事长。一般公司在董事会中设董事长 1 人，副董事长 1—2 人。

　　董事长是公司的法定代表人，对外代表公司，以公司的名义负责行使公司的民事权利并承担民事义务。董事长有以下职权：召集和主持股东大会和董事会会议；检查董事会决议的实施情况；签署公司的股票和债券；在董事会闭会期间，对公司的重要业务活动给予指导；公司章程所规定的其他职权。副董事长协助董事长工作，在董事长不能履行职权时，受董事长委托代行董事长职权。

（六）董事会的职权

　　董事会作为公司的经营决策和业务执行机构，为了充分行使其职能，拥有广泛的职权。

1. 召集股东大会，并向股东大会报告工作；

2. 执行股东大会的决议；

3. 决定公司的经营计划和投资方案；

4. 制订公司的年度财务预算方案、决算议案；

5. 制订公司的利润分配方案和弥补亏损方案；

6. 制订公司增加或者减少注册资本以及发行公司债券的方案；

7. 制订公司合并、分立、变更公司形式、解散的方案；

8. 决定公司内部管理机构的设置；

9. 决定聘任或者解聘公司经理及其报酬事项，并根据经理的提名决定聘任或者解聘公司副经理、财务负责人及其报酬事项；

10. 制定公司基本的管理制度。

　　除上述职权以外，公司还可以在公司章程中赋予董事会一些其他适当的职权。

（七）董事会会议

　　董事会会议由董事长召集和主持；董事长因特殊原因不能履行职务时，由董事长指定副董事长或者其他董事召集和主持。代表 1/10 以上表决权的股东、1/3 以上董事或者监事会，可以提议召开董事会临时会议。董事长应当自接到提议后 10 日内，召集和主持董事会会议。召集董事会，应于会期 10 日前通知全体董事。董事会的议事方式和表决程序由公司章程规定。董事会应当对所议事项及决定做成会议记录，并由出席会议的董事签名。

（八）董事会的议事规则和程序

　　由于在公司中的重要地位，董事会的运行质量对公司有着举足轻重的影响。因此，各国对董事会的议事规则与程序一般在法律上有明确的规定，或者在章程中做出明确的规定。我国公司的董事会议事规则和程序主要有以下几点。

1. 董事会会议应有过半数的董事出席方可举行。董事会做出决议，必须经全体董事的过半数通过。

2. 董事会决议的表决，实行一人一票。

3. 董事会会议应由董事本人出席；董事因故不能出席，可以书面委托其他董事代为出席，委托书中应载明授权范围。

4. 董事会应当对会议所议事项的决定做成会议记录，出席会议的董事应当在会议记录上签名。

5. 董事应当对董事会的决议承担责任。董事会的决议违反法律、行政法规或者公司章程、股东大会决议，致使公司遭受严重损失的，参与决议的董事对公司负赔偿责任。但经证明在表决时曾表明异议并记载于会议记录的，该董事可以免除责任。

四、股份有限公司的执行机构——经理

在多数国家的公司法中，董事会是公司的执行机构，经理机构没有独立的法律地位，只是董事会的附属机构。但继所有权与经营权分离之后，公司的经营决策权与经营决策执行权之间又出现进一步的分离。董事会作为经营决策机构，不直接行使公司的日常经营管理权，而是选择具有专门知识、专门技能的职业经理作为经营代理人。

（一）经理在公司中的地位

在我国《公司法》中，经理是公司的经营决策执行机构，负责公司日常经营管理的工作。董事会与经理之间是一种委托—代理关系。经理人员作为董事会聘任的高级职员，在董事会授权范围内，具体处理公司的日常经营管理事务，并对董事会负责。

（二）经理的任职资格

由于经理由自然人担任，也有任职资格的限制。经理的任职资格限制与董事的任职资格限制基本相同。所不同的是，董事一般从股东中产生，而经理可以不是股东。因为经理所从事的工作，专业化程度较高，非一般人所能胜任，所以法律就规定把选任经理的范围扩大到股东之外，以便能够选择到更适合管理公司的专业人员。

（三）经理的职权

经理在董事会的授权范围内，行使公司的日常经营管理权，一般包括以下职权：

1. 主持公司的生产经营管理工作，组织实施董事会决议；

2. 组织实施公司年度经营计划和投资方案；

3. 拟订公司内部管理机构设置议案；

4. 拟订公司的基本管理制度；

5. 制定公司的具体规章；

6. 提请聘任或者解聘公司副经理、财务负责人；

7. 聘任或者解聘应由董事会聘任或者解聘以外的负责管理人员；

8. 公司章程和董事会授予的其他职权。

此外，经理可以列席董事会会议。

五、股份有限公司的监督机构——监事会

（一）监事会的法律地位

股份有限公司实行典型的委托—代理机制。股东出资建立公司，将公司委托给董事

会经营管理，董事会再委托给经理机构负责日常经营管理。只要存在资产委托，就会存在对代理人的监督问题。为保障股东的权益，防止董事会和经理机构滥用职权，必须建立监督机构——监事会。监事会是公司内部的监察机构，负责检查、监督公司经营管理活动。监事会直接对股东大会负责，与董事会具有平行的法律地位。

（二）监事会的组成

我国《公司法》规定，监事会由股东大会推选，对股东大会负责。监事会的成员不得少于3人，由股东代表和适当比例的公司职工代表组成，具体比例由公司章程规定。监事会中的职工代表由公司职工民主选举产生。监事的任期每届为3年，任期届满后，可以连选连任。

由于监事在公司治理中的重要地位，《公司法》对监事的任职资格也做出了规定，除了与董事一样的限制条件外，还明确规定公司的董事、经理及财务人员不得兼任监事。

（三）监事会的职权

监事会作为公司的监察机构，有权检查公司的财务，对公司的董事、经理执行公司职务时违反法律、法规或公司章程的行为进行检查和监督。当发现董事和经理的行为损害公司的利益时，有权要求董事和经理予以纠正。如果监事会认为存在重大问题会给股东和公司的利益造成威胁时，可以提议召开临时股东大会，以采取相应措施。为了保证监事会能够有力地行使职权，《公司法》规定监事有权列席董事会会议，以了解董事会会议的情况，判断董事和经理的行为是否损害公司和股东的利益。

《公司法》规定监事会监事行使下列职权：

1. 检查公司财务；

2. 对董事、高级管理人员执行公司职务的行为进行监督，对违反法律、行政法规、公司章程或者股东大会决议的董事、高级管理人员提出罢免的建议；

3. 当董事、高级管理人员的行为损害公司的利益时，要求董事、高级管理人员予以纠正；

4. 提议召开临时股东大会会议，在董事会不履行《公司法》规定的召集和主持股东大会会议职责时，召集和主持股东大会会议；

5. 向股东大会会议提出提案；

6. 依照《公司法》第152条的规定，对董事、高级管理人员提起诉讼；

7. 公司章程规定的其他职权。

六、公司的非权力性组织机构——工会

公司的法定权力组织机构是股东大会、董事会及经理机构、监事会，它们分别行使公司股东的所有权、公司经营管理权、公司经营管理监督权。除此之外，公司还有非权力性的组织机构，即工会。

工会是代表和维护劳动者合法权益的群众性组织，依法独立自主地开展活动。我国

《公司法》中有关条款规定：公司应为本公司工会提供必要的活动条件。公司在研究有关职工工资、福利、安全生产以及劳动保护、劳动保险等涉及职工切身利益的问题时，应当事先听取公司工会的意见，并邀请工会或职工代表列席有关会议；公司研究决定生产经营的重大问题，制定重要的规章制度时，也应当听取公司工会和职工的意见和建议。

七、"新三会"与"老三会"

"老三会"是指国有企业和集体企业中的党委会、职工代表大会和工会。"新三会"是指《公司法》中的股东（大）会、董事会和监事会。自从国企进行改革后，"老三会"的行政领导作用逐步向"新三会"转移。改制后，"老三会"需要有机地渗透到"新三会"中发挥作用。在同一个企业里，这六个会不能互相替代，各自按自己的章程办事，但六个会的目标是一致的，就是把企业的各项工作干得更好。

第三节　其他形式公司的组织机构与基本制度

除了股份有限公司以外，在公司性质的企业形态中，我国还存在有限责任公司和国有独资公司两种类型。虽然各种类型的公司在组织机构与基本制度方面存在着共性，但各种不同的公司具有各自的特点。

一、有限责任公司的组织机构和基本制度

由于有限责任公司的规模一般比股份有限公司小，股东人数少，所以，与股份有限公司相比，有限责任公司的组织机构具有简化的特征。

（一）股东会

有限责任公司的股东人数比较少，因此，股东会召集手续比较简单，并且经全体股东同意，召集手续也可以省略。召集会议通知的期限也比股份有限公司要短，一般于15日前即可，甚至经全体股东同意采用书面决议的方法，还可以不召开股东会，直接做出决定，并由全体股东在决定文件上签名、盖章。

有限责任公司设立董事会的，股东会会议由董事会召集，董事长主持；有限责任公司不设董事会的，股东会会议由执行董事召集和主持；董事会或者执行董事不能履行或者不履行召集股东会会议职责的，由监事会或者不设监事会的公司的监事召集和主持；监事会或者监事不召集和主持的，代表 1/10 以上表决权的股东可以自行召集和主持。

（二）董事会或执行董事

各国对有限责任公司董事会的规定不尽相同，一般规定的董事人数少，有的国家规定只设一人。因此，没有董事会和执行董事的分工，形式也比较简单。董事没有资格的

限制，既可以是股东也可以不是，但必须经股东会选任，并且任期没有规定，可以是终身制。日本规定有限责任公司可以配置一个或数个董事，德国规定可以设管理董事一人或数人。

我国《公司法》规定，有限责任公司可设立董事会，成员为3—13人。股东人数较少和规模较小的，可以不设立董事会，只设一名执行董事。有限责任公司不设董事会的，执行董事为公司的法定代表人，其职权参照《公司法》中关于董事会的职权，由公司章程规定。

（三）监事会或监事

规模较大的有限责任公司应设立监事会，其成员不得少于3人。但在股东人数较少的有限责任公司，也可以不设立监事会，而只设1—2名监事。

二、国有独资公司的组织机构和基本制度

（一）国有独资公司只有国家一个股东

国有独资公司，是指国家单独出资、由国务院或者地方人民政府授权本级人民政府国有资产监督管理机构履行出资人职责的有限责任公司，股东只有一个。一般的公司理论认为，公司是社团法人，由多个投资者投资组成是其根本特征。所以，绝大多数国家的法律都规定公司必须有2个以上的投资者，从而否认了一人公司的合法地位。但在公司的发展中，股份的转让使有的公司会出现股权集中于一人的情况。在这种情况下，是绝对否认一人公司的存在，依法令其解散，还是考虑到工人失业、财产限制等问题，让其继续存在并经营下去，人们的观点是不同的。有的国家从法律上承认了一人公司的存在。但一个公司只有一个股东，公司财产与股东的私有财产很容易混淆，又缺乏内部监督机制，从而在经营管理上极具保密性，极易发生利用一人公司进行违法或者规避法律的行为，不利于交易的安全和社会经济秩序的稳定。正因这些原因，多数国家不承认一人公司的存在。我国《公司法》规定有限责任公司由50个以下股东出资设立，从法律上承认了一人公司。国有独资公司是有限责任公司的特殊形式。

（二）国有独资公司不设股东会

国有独资公司是一人公司，只有一个股东，因而无须设立股东会，由国有资产监督管理机构行使股东会职权。国有资产监督管理机构可以授权公司董事会行使股东会的部分职权，决定公司的重大事项，但公司的合并、分立、解散、增加或者减少注册资本和发行公司债券，必须由国有资产监督管理机构决定；其中，重要的国有独资公司合并、分立、解散、申请破产的，应当由国有资产监督管理机构审核后，报本级人民政府批准。

（三）董事会有更广泛的职权

由于国有独资公司不设股东会，从而使董事会行使职权的范围比一般有限责任公司董事会的职权范围要广。根据我国《公司法》的规定，国家授权投资的机构或者国家授权的部门可以授权董事会行使股东会的部分职权而行使广泛的职权。董事会成员由国有资产监督管理机构委派；但是，董事会成员中的职工代表由公司职工代表大会选举产生。董事会设董事长一人，可以设副董事长。董事长、副董事长由国有资产监督管理机构从董事会成员中指定。

（四）对高级管理人员的任职限制

《公司法》规定："国有独资公司的董事长、副董事长、董事、经理，未经国家授权投资的机构或者国家授权的部门同意，不得兼任其他有限责任公司、股份有限公司或者其他经营组织的负责人。"

（五）国有独资公司监事会

国有独资公司监事会成员不得少于 5 人，其中职工代表的比例不得低于 1/3。监事会成员由国有资产监督管理机构委派；但是，监事会成员中的职工代表由公司职工代表大会选举产生。监事会主席由国有资产监督管理机构从监事会成员中指定。

三、一人有限责任公司的组织机构和基本制度

一人有限责任公司，是指只有一个自然人股东或者一个法人股东的有限责任公司。

一人有限责任公司不设股东会。股东行使《公司法》规定的一般公司股东会的主要职权时，决定应当采用书面形式，并由股东签名。一人有限责任公司章程由股东制定。

一个自然人只能投资设立一个一人有限责任公司。该一人有限责任公司不能投资设立新的一人有限责任公司。一人有限责任公司应当在公司登记中注明自然人独资或者法人独资，并在公司营业执照中载明。

一人有限责任公司应当在每一会计年度终了时编制财务会计报告，并经会计师事务所审计。一人有限责任公司的股东不能证明公司财产独立于股东自己的财产的，应当对公司债务承担连带责任。

进一步阅读材料：

1. 郝臣.中国上市公司治理案例[M].北京：中国发展出版社，2009.

2. 李维安.公司治理学（第二版）[M].北京：高等教育出版社，2009.

3. 廖元和.现代企业制度[M].北京：经济管理出版社，2007.

4. 牛国良.企业制度与公司治理[M].北京：清华大学出版社，2008.

5. 刘淼主.现代企业制度与企业管理[M].广州：暨南大学出版社，2010.

6. 李维安，郝臣.公司治理手册[M].北京：清华大学出版社，2015.

7. 迈克尔·詹森.童英译.企业理论——治理、剩余索取权和组织形式[M].上海：上海财经大学出版社，2008.

本章思考题：

1. 公司治理的核心内容是什么？

2. 股东（大）会、董事会、监事会之间的区别有哪些？

3. 造成不同形式公司之间的组织机构和基本制度差异的主要原因是什么？

4. 分析一下产权、现代企业制度、公司治理之间的关系。

【章末案例】

东北高速的股权安排与公司发展

2005 年 1 月 15 日，东北高速发布两份公告，一份说明该公司 3 亿多元资金去向不明，另一份说明该公司董事长张晓光涉嫌挪用公款被刑事拘留。同时，2004 年年报披露公司净利润为-1.25 亿元，而 2003 年公司净利润为 1.63 亿元。缘何出现如此多的问题，我们通过分析该公司的股权结构就可以得到结论。

鉴于我国政府决定采取积极的财政政策，加大投资规模，特别是加大基础设施投资力度来扩大内需，国家交通部提出将交通部与黑龙江、吉林两省共同投资修建的哈大高速公路、松花江公路大桥、长平高速公路的资产进行重组，公开发行股票并上市，东北高速公路股份有限公司应运而生。这就形成国有股份为主，多家省市公司参股的股权结构格局。

东北高速公路股份有限公司中，主要有三家国有高速公司建设投资公司，它们分别是黑龙江省高速公路公司、吉林省高速公路公司和华建交通经济开发中心，持股约占75.27%，而流通股比例仅占 24.17%。且这三家国有投资公司的持股比例基本相当，分别为黑龙江高速 30.176%，吉林高速 24.998%，交通部所属华建中心 20.098%。在公司成立之初，为了平衡各方利益，公司注册地选择了吉林，董事长、总经理、监事会主席分别由前三大股东的人员担任，三大股东派出董事的比例为 4∶3∶2。但上市后，"三权分立"的构想很快被"两强相争"取代，管理层被全体"就地免职"，而董事会长期成为黑龙江高速和吉林高速两家大股东利益相争的战场。

我们再来看看维护股东权益的基本形式——股东大会的运作结果。东北高速 2004年年报中披露，出席该公司 2003 年度股东大会和 2004 年度第一次临时股东大会的股东及股东代表仅 3 人，代表股份却占公司股本总数的 75.27%。

另外，在东北高速中，由股东代表出任的监事很多都在控股股东所在单位任职，年报披露的在控股股东所在单位任职的监事会成员约占 78%，而上市公司的高管人员也多由控股股东（一般是国有股）以行政命令的方式任命或者指定，他们之间有着千丝万缕的联系。在东北高速中，东北高速领薪董事及高管人员多达 23 人，是所有高速行业公司中最多的。而且东北高速的董事全部在公司领取薪酬，也就是说，除了独立董事外，没有外部董事的参与和监督。

讨论：东北高速资金蒸发的可能原因是什么？从东北高速的股权结构缺陷中，你能得到什么启发？

第六章　企业的文化环境

【本章导读】企业文化被认为是构成企业竞争力的重要内容，越来越受到企业管理者的重视。企业的文化环境也是企业内部环境的重要组成部分。与企业的制度环境相比，企业的文化环境更"软"一些，是企业的软环境。本章详细介绍了企业文化的基本原理、基本理论以及企业文化建设与管理的相关内容，力图使读者对企业文化有一个比较全面的了解。

【开篇案例】

华为的"狼文化"

华为的"狼文化"并非强调残忍和反人性，而是狼的其他一些品质和秉性。我们可以重新审视华为"狼文化"的几个定义，了解它的真谛。

"狼文化"的首要之义是敏锐的嗅觉，指的是危机感、远见与设计感。华为自 1988年成立至今的发展，是一个不断面对危机、解决危机的过程，如果华为领导者缺少对内外环境强烈的危机感和忧患意识，华为也许早垮掉了。对所处行业、技术、市场以及组织自身的变化，企业家要有远见，华为能够走到今天，重要的一点就在于华为的领导者对 5 年、10 年之后的发展，有一种远见和长远的规划。

华为"狼文化"的第二个定义，就是不屈不挠的进取精神、奋斗精神。前些年，华为倡导"薇甘菊战略"。中国改革开放之后，由于贸易的频繁往来，薇甘菊的种子通过货运从南美洲到了我国深圳，它被称作"疯狂成长的恐怖野草"，从一个节点上，仅需要极少水分、极少营养就可以迅速地扩张。华为倡导的就是这样一种文化与市场战略。

"狼狈精神"是"狼文化"的第三条定义。华为最初 10 年中，由于既缺资本，又缺技术，更缺人才，所以倡导一种绝地逢生的个人英雄主义。谁能让这个组织活下来，能给饥饿中的华为带来合同，谁就能够分到更多的蛋糕。早期 10 年，个人英雄主义带来了高速成长，因此在一定阶段，企业要想进一步发展，必须将个人英雄文化加以改造，使之演化成为群体英雄文化，成为具有凝聚力、类似于军队的族群。

思考：华为"狼文化"是什么？

第一节　企业文化基本原理

一、企业文化的内涵、特征与要素

（一）企业文化的内涵

"企业文化"作为专业术语，最初出自 20 世纪 80 年代初期的西方管理学界，在英语中由于其出现的场合不同而有几种不同的称谓：组织文化（Organizational Culture）、公司文化（Corporate Culture）、企业文化（Enterprise Culture）等。

威廉·大内（William Ouchi）认为，一个公司的文化由其传统和风气所构成。此外，文化还包含一个公司的价值观，如进取、守势、灵活性，即确定活动、意见和行为模式的价值观。

特雷斯·迪尔（Terrence Deal）和阿伦·肯尼迪（Allan Kennedy）在《企业文化》一书中认为，企业文化是由五个方面的要素组成的系统。其中价值观、英雄人物、习俗仪式和文化网络是四个必要要素，而企业环境则是形成企业文化唯一的而且又是最大的影响因素。

【人物专栏】特雷斯·迪尔（Terrence Deal，1939—　）

特雷斯·迪尔是领导力领域的国际知名专家，专门从事组织相关的研究。他已经出版了 20 多本书，发表了 100 多篇文章。他曾经在哈佛大学、斯坦福大学、范德比尔特教学，拥有斯坦福大学教育管理和社会学博士学位。1982 年 7 月，他与麦肯锡咨询公司顾问阿伦·肯尼迪（Allan Kennedy）出版了《企业文化——企业生活中的礼仪与仪式》（Corporate Culture: The Rites and Rituals of Corporate Life）。他们认为，每一个企业——事实上是每个组织——都有一种文化。无论是软弱的文化还是强有力的文化，在整个公司内部都发挥巨大的影响。该书堪称企业文化研究的奠基之作。一般来说，我们认为 20 世纪 80 年代先后出版的四部著作——威廉·大内著的《Z 理论——美国企业界怎样迎接日本的挑战》（Theory Z: How American Business Can Meet the Japanese Challenge）、理查德·帕斯卡尔和安东尼·阿索斯合著的《日本的管理艺术》（The Art of Japanese Management）、托马斯·彼得斯和小罗伯特·沃特曼合著的《追求卓越——美国管理最佳公司的经验》（In Search of Excellence: Lessons from America's Best-Run Companies）以及特雷斯·迪尔和阿伦·肯尼迪合著的《企业文化——企业生活中的礼仪与仪式》，宣告了企业文化研究的兴起。这些研究的一个共同观点是，强有力的文化是企业取得成功的新的"金科玉律"。

艾德佳·沙因（Edgar Schein）在《组织文化与领导》（Organizational Culture and Leadership）一书中把企业文化描述为"一套基本假设"，即"企业文化是企业（群体）在解决外在适应性与内部整合性问题时，习得的一组共享假定。因为它们运作得很好，而被视为有效，因此传授给新成员，作为遇到这些问题时，如何去知觉、思考及感觉的正确方法"。

【人物专栏】艾德佳·沙因（Edgar Schein，1928— ）

艾德佳·沙因是美国麻省理工学院斯隆商学院教授，1947年毕业于芝加哥大学教育系，1949年在斯坦福大学取得社会心理学硕士学位，1952年在哈佛大学取得博士学位，此后一直任职于斯隆学院。在组织文化领域中，他率先提出了关于文化本质的概念，对文化的构成因素进行了分析，并对文化的形成、文化的进化过程提出了独创的见解，在组织发展领域中针对组织系统所面临的变革课题开发出了组织咨询的概念和方法。他的主要研究著作包括《组织文化和领导》（Organizational Culture and Leadership）、《组织心理》（Organizational Psychology）、《职业动力学》（Career Dynamics）、《咨询过程》（Process Consultation）、《重新思考咨询过程》（Process Consultation Revisited）等，另外还有几十篇研究论文。沙因对组织文化的研究为我们认识自己文化的深层本质提供了工具，我们需要从根本上进行改变才能适应新的变化，而不仅仅是简单地改变战略、组织结构、管理系统。

综合国内外学者的相关观点，我们可以将企业文化看作在一定的社会大文化环境影响下，经过企业领导者的长期倡导和全体员工的共同认可、实践与创新所形成的具有本企业特色的整体价值观念、道德规范、经营哲学、企业制度、行为准则、管理风格以及历史传统的综合。同时，综合国内外学者对于企业文化的理解，发现在以下几个方面是存在共识的。

1. 以人为本的软性管理模式

企业文化是一种重视人、以人为中心的企业管理方式。和以制度为核心的硬性管理模式相比较，企业文化是一种软性管理模式。这种软性管理模式强调人的自觉与自律，强调共同价值的力量。企业文化管理理论代表着企业管理理论发展的新趋势。

2. 无形力量

企业文化是一个企业在长期的生产经营中形成的特定价值观、信念、道德规范、传统习惯和与此相联系的经营服务理念，它是一种无形的力量。优秀的企业正是善于利用这些无形的力量，组织内部各种有形力量，将其统一于共同的目标之下。

3. 全员文化

企业领导和英雄人物在企业文化形成过程中起着关键作用。但企业文化不是企业家文化和英雄文化，它是一种全员文化，建构企业共同价值和员工团体意识的企业文化结构，才能使企业成为人人都有责任感和使命感的命运共同体。

4. 文化与绩效的正相关性

企业文化决定企业的经营效率与经营绩效，企业文化与经营绩效有极大的正相关性。

（二）企业文化的特征

1. 客观性

企业文化是客观存在的，是不以人的意志为转移的。在实践中，企业文化是与企业同步产生的，无论是泰勒的科学管理时代的企业，还是现代知识经济时代的企业，都有自己的企业文化。

2. 稳定性

企业文化的形成往往需要很长时间，需要先进人物的楷模作用，需要一些引发事件，需要领导者的耐心倡导和培育等。企业价值观一旦形成，就会变成企业发展的灵魂，不会朝令夕改，不会因为企业产品的更新、组织机构的调整和领导人的更换而发生迅速的变化，一般来说，它会长期在企业中发挥作用。

3. 开放性

优秀的企业文化具有全方位开放的特征，它绝不排斥先进管理思想及有效经营模式的影响和冲击。企业文化的开放性，将促进企业文化的发展。通过引进、改造、吸收其他企业的文化，促使自身发育成长、不断完善。

4. 独特性

企业文化是一个企业独特精神和风格的具体反映，它以其鲜明的个性区别于其他企业。这是因为企业生存的社会、地理、经济等外部环境，以及企业所处行业的特殊性、自身经营管理特点、企业家的个人风范和员工的整体素质等内在条件各不相同，所以企业文化会呈现出不同的特点。

5. 系统性

企业文化具有整体性、全方位性，是从企业群体的精神文化、制度文化、行为文化、物质文化等方面全方位展开的。这些要素在企业内部不是单独发挥作用的，而是经过相互作用和联系，融合为一个有机整体。

（三）企业文化的要素

1. 种子要素

企业文化系统中的种子要素（又称中心要素）是：价值观念、精神境界、理想追求。之所以称之为"种子要素"，是因为它们决定着企业文化的内容和方向，企业文化的生成就是种子要素的展开与实现。

2. 催化要素

企业文化系统中的催化要素，是指一个企业的教育培训、科学技术、文学艺术和规章制度，有的时候也可以相应地称之为教育文化、科学文化、艺术文化和制度文化。种子要素要从个体意识"化"为群体意识，可以依靠教育培训、科学技术、文学艺术、规章制度的作用，并且也只能依靠它们。

3. 品质化要素

企业文化系统中的品质化要素，是指普遍地存在于企业职工身上的各种素养，如文明素养、道德素养、劳动素养等；也指企业职工已普遍牢固地树立的各种意识，如自主意识、参与意识、协作意识、集体意识、服务意识、质量意识、顾客意识、竞争意识、创新意识等。品质化要素的集中体现，就是一个企业的英雄模范人物。

4. 物质化要素

企业文化系统中的物质化要素，是企业向外提供的物质产品、技术服务、环境保护、社会赞助和企业内部的厂房设施、环境布置等。企业文化系统中的物质化要素，一方面是精神目的和理想追求的部分实现，另一方面是社会需要的部分满足。

5. 习俗化要素

企业文化系统中的习俗化要素，是指企业的风俗、习惯传统、仪式、非正式信息渠道等。习俗化要素的涵盖面极其广泛，既可以是物质性活动的习俗，也可以是思维性活动的习俗。

二、企业文化的分类

企业文化是一个由价值观、精神追求、伦理道德规范、形象风貌、传统习俗与习惯、物质表现等若干要素所构成，并通过生产经营、管理、对外交往活动以及文化典礼、仪式等载体反映其特征的复杂的开放系统。不同的内外环境会造就不同的企业文化，不过，当对不同的企业文化构成要素和影响要素进行必要的抽象时，可以发现很多相近或相同的文化特质。依据不同的文化特质的组合，就可以对千差万别的企业文化进行大致的分类。

（一）按发育状态分类

1. 成长型文化

成长型文化是一种年轻的、充满活力的企业文化类型。企业文化的发育状态一般是和企业的发展状态相适应的。在企业初创时期、企业经营迅速发展时期，企业中各种文化相互抗衡，表现出新文化不断上升的态势。在内外经营环境的作用下，企业被注入很多新的观念、新的意识和新的精神，如勇于创新、竞争和积极开拓进取等。

2. 成熟型文化

成熟型文化是一种个性突出且相对稳定的企业文化类型。一般来讲，企业发展进入成熟期，经营规模稳定，人员流动率降低，内部管理运行状态良好，企业与社会公众的关系也到了正常状态，与之相适应的企业文化也进入稳定阶段，并且经过企业成长期文化的冲突与整合，个性特征也越来越鲜明，企业的主导文化已经深入人心。

3. 衰退型文化

衰退型文化是一种不合时宜、阻碍企业进步的企业文化类型。企业文化从成长到成熟再到衰退是必然的，衰退型的企业文化意味着已经不适应企业进一步发展的需要，必须全面变革和更新。企业发展到一定的阶段，当市场发生渐变或突变时，传统的经营方式和管理方式面临着巨大的挑战，而与传统的市场及经营管理方式相适应的企业文化也就成为衰退型文化。

（二）按内容特质分类

按内容特质，企业文化可以划分为目标型文化、竞争型文化、创新型文化、务实型文化、团队型文化和传统型文化等。

1. 目标型文化

目标型文化是以企业的最高目标为核心理念的企业文化类型。具有这类文化的企业，在产品开发、市场营销、内部管理上都追求最高、最强、最佳，力争卓越、创造一流是企业最高精神境界、基本经营宗旨和管理哲学。

2. 竞争型文化

竞争型文化是以竞争为核心理念的企业文化类型。处于竞争异常激烈行业中的企业，往往注重外部市场环境对企业的影响，经常与竞争对手进行比较，在改进产品和服务上殚精竭虑，如拓宽市场面、延长经营半径和扩大市场占有率。这些企业把增强企业的竞争意识和竞争能力作为建设企业文化的重点，从企业精神的表述到企业经营管理的方式方法等，到处都渗透着竞争精神，体现着企业追求卓越、赢得优势的价值追求。

3. 创新型文化

创新型文化是以创新为核心理念的企业文化类型。在这种类型的企业文化中蕴含着强烈的创新意识、变革意识和风险意识，一切从未来着眼，求新求变。一般，高科技企业比较明显地具有这种文化特征。

4. 务实型文化

务实型文化是以求真务实为核心理念的企业文化类型。在务实成为文化主流的企业中，表现出浓厚的说实话、办实事、重实效，一切唯实，不拘形式，反对浮夸和虚假作风的特征，把工作实绩作为考核一个人的唯一尺度，把企业工作效率和经济效益高低作为衡量各项工作的唯一标准，企业内部从领导到员工都有一种鲜明的诚实性格和脚踏实地的工作作风。

5. 团队型文化

团队型文化是以团队精神为核心理念的企业文化类型。它强调以人为中心，倡导集体主义精神和团结协作精神。其企业行为特征是，一般采用集体决策方式，在工作中强调个人目标与集体目标的一致性，鼓励员工爱厂如家，把精诚团结、形成一个拳头作为取得经营优势和谋求企业发展的根本。

6. 传统型文化

传统型文化是突出民族优良传统、党的优良传统以及企业历史传统特征的企业文化类型。一般在历史悠久的老字号企业、以战争年代公营企业为基础发展起来的企业、20

世纪五六十年代创办的国有企业中，较容易找到这种类型的企业文化。具有这种文化的企业，具有强烈的社会责任感和自力更生、艰苦奋斗、勇于奉献、积极敬业、严肃认真、对人民高度负责的精神。

（三）其他分类

除了上述分类方式外，学者梅泽正（Umezawa）和上野征洋、奎因（Quinn）和卡梅隆（Cameron）分别对企业文化按照各自设定的维度进行了分类。

1. 梅泽正和上野征洋的分类

根据挑战性—保守性、内部方针—外部方针两个维度，他们把企业文化分为自我革新型、重视分析型、重视同感型、重视管理型四种。

（1）自我革新型（挑战型与外部方针）：适应市场变化，重视竞争与挑战，不断自我变革。

（2）重视分析型（挑战型与内部方针）：重视企业发展的各种因素，生产效率、管理效率被立为大政方针。

（3）重视同感型（保守型与外部方针）：重视市场地位的稳定和客户满意度，回避风险，重视安稳。

（4）重视管理型（保守型与内部方针）：重视企业内部规范，以及竞争对手之间的关系协调，重视风险回避和安稳地位。

2. 奎因和卡梅隆的分类

根据奎因和卡梅隆提出的竞争性文化价值模型，衡量企业文化的差异对企业效率的影响。按组织柔性—稳定性、外部导向—内部导向这两个维度把企业文化分成宗族型、层级型、市场型和创新型这四种类型。

（1）宗族型：友好的工作环境，员工之间相互沟通像一个大家庭，领导者以导师甚至长辈的形象出现。组织靠忠诚或传统来凝聚员工，强调凝聚力、士气，关注客户和员工，鼓励团队合作、参与和协调。组织的成功意味着人力资源的发展。

（2）层级型：非常正式、有层次的工作环境，员工做事有章可循，领导者以协调者和组织者的形象出现。组织靠正式的规则和政策凝聚员工，长期目标是组织运行的稳定性和有效性。组织的成功意味着可靠的服务、良好的运行和低成本。

（3）市场型：结果导向型组织。强调员工之间的竞争，以目标为导向。领导者以推动者和竞争者的形象出现。组织靠强调竞争来凝聚员工，关心声誉和成功，长期目标具有竞争性，并关心可测度目标的实现。组织的成功意味着高市场份额和市场领导地位。

（4）创新型：充满活力的、有创造性的工作环境让员工敢为人先、勇于冒险，领导者以革新者和敢于冒险的形象出现。组织靠不断实验和革新来凝聚员工，强调领导地位。组织的成功意味着提供独特的产品或服务，提倡个体主动性和自主权。

三、企业文化的功能

企业文化作为一种新的管理方式，不仅强化了传统管理方式的一些功能，而且还具有很多传统管理方式不能完全替代的功能。

（一）凝聚功能

由于企业文化体现着强烈的"群体意识"，可以改变原来那种从个人角度建立价值观念的一盘散沙的状态，体现了世界上流行管理方式的要求。当一种企业文化的价值观被企业成员认同之后，它会成为一种黏合剂，从各方面把企业成员团结起来，形成很强的向心力和凝聚力，通过企业来实现个人追求。企业文化像一根纽带，把员工个人的追求和企业的追求紧紧联系在一起，像磁石一般，将分散的员工个体力量聚合成团队的整体力量。与企业外在的硬性管理方法相比，企业文化本能地具有一种内在凝聚力和感召力，使每个员工产生浓厚的归属感、荣誉感和目标服从感。企业文化的这种凝聚功能尤其在企业的危难之际和创业之时更显示出其巨大的力量。维系一个企业的正常运行有三根纽带，即资本、权利和文化纽带，而文化纽带是韧性最强、最能突出企业个性的纽带。

（二）导向功能

企业文化的导向功能主要表现在企业价值观对企业主体行为的影响，即对企业领导者和广大员工行为的引导上。由于企业价值观是企业多数人的"共识"，因此，这种导向功能对多数人来讲是建立在自觉的基础之上的。他们能够自觉地把自己的一言一行经常对照企业价值观进行检查，纠正偏差，发扬优点，改正缺点，力求使自己的行为符合企业目标的要求。

（三）激励功能

管理的核心是人，管理的目的是要把蕴藏在人肌体内的智能和才能充分挖掘出来。积极的企业文化强调尊重每一个人，相信每一个人，凡事都以员工的共同价值观念为标尺，而不是单纯以领导者个人的意志为标尺，员工在企业中受到重视，参与愿望能够得到充分满足。因此，企业文化能够最大限度地激发员工的积极性和首创精神，使他们以主人翁的姿态，关心企业的发展，贡献自己的聪明才智。实际上，在企业文化的激励下，员工积极工作，将自己的劳动融入集体事业中去，共同创造、分享企业的荣誉和成果，本身又会得到自我实现及其他高层次精神需要的满足，从中受到激励。

（四）约束功能

企业文化对员工行为具有无形的约束力。它虽然不是明文规定的硬性要求，但它以潜移默化的方式，形成一种群体道德规范和行为准则（即非正式规则体系）以后，某种违背企业文化的言行一旦出现，就会受到群体舆论和感情压力的无形约束，同时使员工产生自控意识，达到内在的自我约束。企业文化把以尊重个人感情为基础的无形的外部控制和以群体目标为己任的内在自我控制有机融合在一起，实现外部约束和自我约束的统一。

（五）协调功能

企业文化的形成使得企业员工有了共同的价值观念，对众多问题的认识趋于一致，增加了相互间的共同语言和信任，使大家在较好的文化氛围中相互交流和沟通，减少各种摩擦和矛盾，使企业上下左右的关系较为密切、和谐，各种活动更加协调，个人工作时也会心情舒畅。企业文化充当着企业"协调者"的角色。

（六）创新功能

企业文化可以激发员工的创新精神，鼓舞员工开拓进取。最典型的例子就是 3M 公司，他们提出"3M 就是创新"的理念，鼓励员工大胆尝试，成为以创新闻名的公司，保持了企业的活力和竞争力。日本的卡西欧公司提出"开发就是经营"的企业哲学，对激发员工的创新精神起到了积极的作用。可见，优秀的企业文化不是一成不变的，是需要创新的。在变幻莫测的网络时代，只有不断创新，企业才能生存，这种思想在优秀企业的企业文化中多有体现。

第二节　企业文化基本理论

一、Z 理论

Z 理论（Theory Z）是威廉·大内（William Ouchi）在 1984 年出版的《Z 理论——美国企业界怎样迎接日本的挑战》（Theory Z: How American Business Can Meet the Japanese Challenge）一书中提出的。该书用比较的方法分析了企业管理与企业文化的关系，不仅证明以无形的形式、情感的微妙性和集体价值观为特征的日本管理方式更适应现代企业管理环境，能带来更高的生产率；而且进一步揭示了形成美、日管理模式差别的文化原因：日本管理模式根源于日本民族长期的"文化特质"，美国管理模式则根源于美国的"异质性"。一个公司的文化由其价值观、传统和风气所构成，它包括一整套象征、仪式和神话，给那些原本就稀少而又抽象的概念添上血肉，赋予它们生命力。

在该书中，作者对日本企业和美国企业进行了对比，两者之间的差异如表 6-1 所示。

表 6-1　日本企业和美国企业的差异

日本企业特征	美国企业特征
终身雇佣制	短期雇佣制
评价与升级缓慢	评价与升级迅速
非专业化的经历道路	专业化的经历道路
含蓄的控制	明确的控制

续表

日本企业特征	美国企业特征
集体决策过程	个人决策过程
集体负责	个人负责
整体关系	局部关系

资料来源：威廉·大内.孙耀君，王祖融译.美国企业界怎样迎接日本的挑战[M].北京：中国社会科学出版社，1984.

【人物专栏】道格拉斯·麦格雷戈（Douglas McGregor，1906—1964）

道格拉斯·麦格雷戈是美国著名的行为科学家，人性假设理论创始人，管理理论的奠基人之一，X理论、Y理论管理大师。麦格雷戈是人际关系学派最具影响力的思想家之一。他的学生评价他说："麦格雷戈有一种天赋，他能理解那些真正打动实际工作者的东西。"1935年，麦格雷戈取得哈佛大学哲学博士学位，随后留校任教。麦格雷戈认为，有关人的性质和人的行为的假设对于决定管理人员的工作方式是极为重要的。各种管理人员以他们对人的性质的假设为依据，可用不同的方式来组织、控制和激励。基于这种思想，麦格雷戈提出了有关人性的两种截然不同的观点：一种是消极的X理论，即人性本恶；另一种是基本上积极的Y理论，即人性本善。通过观察管理者处理员工关系的方式，麦格雷戈发现，管理者关于人性的观点是建立在一些假设基础之上的，而管理者又根据这些假设来塑造他们对下属的行为方式。基于这种思想，他提出了X理论和Y理论。

【人物专栏】杰伊·洛希（Jay Lorscn，1932— ）

杰伊·洛希，美国管理心理学家。1970年，他与另一位美国管理心理学家约翰·莫尔斯（John Morse）根据"复杂人"的假定，提出了一种超Y理论。该理论的主要观点见于1970年《哈佛商业评论》杂志上发表的《超Y理论》（Beyond Theory Y）一文和1974年出版的《组织及其他成员：权变法》（Organization and other Members: The Right to Political Reform）一书。该理论认为，没有什么一成不变的、普遍适用的最佳的管理方式，必须根据组织内外环境自变量和管理思想及管理技术等因变量之间的函数关系，灵活地采取相应的管理措施，管理方式要适合于工作性质、成员素质等。超Y理论在对X理论和Y理论进行实验分析比较后，提出一种既结合X理论和Y理论，又不同于X理论和Y理论，主张权宜应变的经营管理理论，实质上是要求将工作、组织、个人、环境等因素进行最佳的配合。其基本观点是：人们带着许多不同的需要和动机加入组织，但最主要的是实现其胜任感；由于人们的胜任感有不同的满足方法，所以对管理要求也不同，有人适用X理论管理方式，有人适用Y理论管理方式；组织结构、管理层次、职工培训、工作分配、工资报酬和控制水平等都要随着工作性质、工作目标及人员素质等因素而定，才能提高绩效；一个目标达成时，就会产生新的更高的目标，然后进行新的组合，以提高工作效率。

【人物专栏】威廉·大内（William Ouchi，1943— ）

威廉·大内是 Z 理论创始人，最早提出企业文化概念，是日裔美籍管理学家、美国斯坦福大学的企业管理硕士，在芝加哥大学获企业管理博士学位。在对 Z 理论的研究过程中，大内选择了日、美两国的一些典型企业进行研究。在组织模式的每个重要方面，日本与美国都是对立的。但是，在美国的一些成功企业中，如国际商用机器公司（IBM）、普罗克特与甘布尔公司（Procter & Gamble Company，简称宝洁）、柯达公司（Kodak）等，在经营管理上与日本企业有着惊人的相似之处。这些企业都在本国及对方国家中设有子公司或工厂，采取不同类型的管理方式。大内的研究表明，日本企业的经营管理方式一般较美国企业的效率更高，这与 20 世纪 70 年代后期，日本经济咄咄逼人的气势是吻合的。大内因此提出，美国的企业应该结合本国的特点，向日本企业学习管理方式，形成自己的管理方式。他把这种管理方式归结为 Z 型管理方式，并对这种方式进行了理论上的概括，称为"Z 理论"。该书一经出版立即获得广泛重视，成为 20 世纪 80 年代初研究管理问题的名著之一。Z 理论不同于"性本恶"的 X 理论，也不同于"性本善"的 Y 理论。

大内把典型的美国企业称作 A 型组织，把典型的日本企业称作 J 型组织，主张美国应向日本学习，在两国成功经验有效结合的基础上建立 Z 型组织，形成 Z 型文化。在上述比较的基础上，他提出 Z 型组织具有如下管理和文化上的特征。

1. 倾向于长期雇佣制，虽然没有说明是终身雇佣关系。

2. 评价和升级比 A 型公司来得慢一些，但有显著工作业绩的人会得到较快的升迁。

3. 雇员的职业常常在岗位和职务之间流动。

4. 现代化的明确控制方法多用于获得情报，很少在重要决策中起决定作用。在 Z 型组织中，含蓄和明确之间似乎存在一种平衡状态。

5. 决策问题是一个多人参加并取得统一意见的过程；决策可能是集体做出的，但是最终要由一个人对这个决定负责。这种集体决策和个人负责的结合，要求组织中有相互信任的气氛。

6. 把对于下级和同事的广泛关切看作工作关系的自然组成部分。人与人之间的关系趋向于无拘无束，保持一种强烈的平等气氛，并且着重于全体人员在工作中相互打交道。

大内认为，Z 型文化的核心就是信任、微妙性和人与人之间的亲密性。一家 Z 型组织的所有方面，从战略到人事，没有不为这种文化所涉及的，就连其产品也是由这些价值观所决定的。事实上，这种文化的人道化因素还扩展到组织之外。

二、7S 模式理论

7S 模式是理查德·帕斯卡尔（Richard Pascale）和安东尼·阿索斯（Anthony Athos）在 1984 年出版的《日本企业管理艺术》(The Art of Japanese Management)一书中提出的。他们认为，企业管理既要注重"硬件"，更要重视"软件"；并且认为，企业管理不仅是一门科学，还应是一种文化，即具有自己的价值观、信仰、工具和语言的一种文化。

【人物专栏】理查德·帕斯卡尔（Richard Pascale，1938— ）

理查德·帕斯卡尔是牛津大学的协同院士，也是圣塔菲研究中心（Santa Fe Institute）的访问学者。帕斯卡尔曾经参与多个全球 500 强公司的组织转型，被誉为"全球 50 位管理大师之一"和"影响世界进程的 100 位思想领袖之一"，是全球首屈一指的企业顾问、备受推崇的学者和畅销书作家。帕斯卡尔曾任职于白宫，担任劳工部长的特别助理。帕斯卡尔博士是《纽约时报》(The New York Times)畅销书《日本企业管理艺术》(The Art of Japanese Management)的合著者，在《哈佛商业评论》上发表的文章《禅与管理艺术》(Zen and the Art of Management)曾获得"麦肯锡"奖。帕斯卡尔和安东尼·阿索斯在《日本企业管理艺术》一书中也详尽地描述了日本企业如何重视"软性的"管理技能，而美国的企业则过分依赖"硬性的"管理技能，并从中总结出管理中的七个要素——共同价值观、战略、结构、制度、人员、作风和技能，论述了它们之间的相互关系。

帕斯卡尔和阿索斯认为，美、日企业管理最基本的差异表现在企业价值观和对人的看法上。日本重视集体主义价值观，美国信奉个人主义价值观。日本企业管理人员认为人既是供使用的客体，也是应该给予尊重的主体；美国管理人员则只把员工看成被动受制的工具，是可以互换的生产零部件。正是这种差异导致两种不同的增长率。日本的管理方式代表了企业管理的发展方向。

为此，他们提出了著名的 7S 模式。他们认为，企业管理包含不可分割的七个要素：共同价值观（Shared Vision）、战略（Strategy）、结构（Structure）、制度（Systems）、人员（Staff）、作风（Style）和技能（Skill）。它们的相互关系形成网状结构，如图 6-1 所示。

他们把这七个要素（企业管理分子）融合在一起，构成一个相互依靠的强有力的网络。帕斯卡尔和阿索斯提出 7S 模式的意图，虽只是为了找出分析企业复杂问题的"工具"，但这一模式远远超出"工具"的范畴。它具有的系统性和实用性，成为企业文化理论的重要内容和分析企业管理模式的重要战略方法。

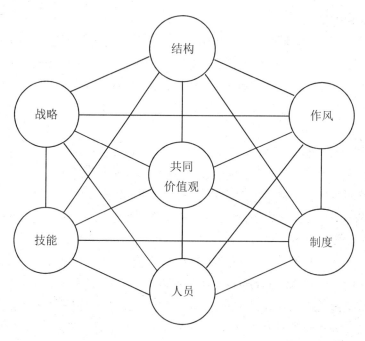

图 6-1　7S 模式结构图

三、八大原则理论

美国学者托马斯·彼得斯（Tomas Peters）与小罗伯特·沃特曼（Robert Waterman Jr.）在 1985 年出版的《追求卓越——美国管理最佳公司的经验》（In Search of Excellence: Lessons from America's Best-Run Companies）一书中，提出了著名的企业文化"八大原则"。八大原则是他们在对 43 家优秀公司进行研究的基础上，通过大量生动的实例概括出来的。其具体内容是：贵在行动、紧靠用户、自主创新、以人促产、价值驱动、不离本行、精兵简政、宽严并济。表面看来，这是美国 43 家优秀公司的成功经验，实际上，它揭示了美国企业文化的基本精神和主要特色。

（一）贵在行动

不纠缠于制定规划和计划，而是立即着手解决各种实际问题，奉行"干起来，再整顿，再试验"的哲学，以行动为导向，简化组织，集中精力，瞄准目标，在尝试中不断学习。

（二）紧靠用户

变以"我"为中心为以"用户"为中心，坚持用户导向，倾听用户的意见，向用户学习，执着于质量和服务的改进，不断提升用户的满意度。

（三）自主创新

在管理上鼓励革新和竞争，宽容失败，充分调动员工的主动性、创造性，设计新工艺，开发新产品，开辟新市场。

（四）以人促产

坚持以人为本，关心每一个人，尊重和信任每一个人，激励每一个人；重视员工的参与，发掘人的最大潜力；把员工作为推动企业生产经营活动、提高生产率的根本源泉。

（五）价值驱动

一个企业要有一套健全而清晰的价值体系，领导者应带头践行这些价值和信念，深入现场，以身作则，用先进的价值影响和引导员工，使企业形成共同目标和团队凝聚力、向心力，降低管理成本，提高竞争力。

（六）不离本行

坚持企业经营的专业化，即使采取多样化的经营战略，也不能离开企业的核心能力，不能离开本行。要扬长避短，发挥优势。

（七）精兵简政

推进组织变革，精简组织结构，善用简单组织形式和临时性组织形式，保持组织的灵活性；缩小编制，减少管理人员和员工，提高效率，降低成本。

（八）宽严并济

在管理过程中不仅要注重理性化的科学管理，同时也要注重人性化管理，集权与分权结合，制度约束与价值驱动结合，宽严有度，在提高作业效率的同时，保持员工的积极性与主动性。

这八大原则就每一条来讲，都不是全新的理念，但《追求卓越——美国管理最佳公司的经验》却把这八大原则构筑成一个体系，变成一种新的管理方式，这说明管理与文化并不是高深莫测的科学，只要把那些人们认为最寻常的事情做得不寻常，企业就能做好。

【人物专栏】托马斯·彼得斯（Tomas Peters，1942— ）

托马斯·彼得斯是美国最负盛名的管理学大师，他对于无论是巨型公司还是小型企业、无论是制造业还是服务业方面的管理都有很高的造诣。他和小罗伯特·沃特曼（Robert Waterman Jr.）合著的《追求卓越——美国管理最佳公司的经验》（In Search of Excellence: Lessons from America's Best-Run Companies）以及后来和南希·奥斯汀（Nancy Austin）合著的《志在成功》（A Passion for Excellence），这两本书在 20 世纪 80 年代的美国影响是非常大的，以至于成为美国的畅销书，并且在世界管理学界都产生了巨大的影响。到了 20 世纪 80 年代后期，他的《振兴于混乱之上——管理革命的手册》（Thriving on Chaos: Handbook for Management Revolution）同样掀起巨大的轰动，这说明彼得斯的思想反映了美国 20 世纪 80 年代管理思想的一个重要方面。彼得斯的管理思想基本上有这样两个方面：一是人受到"两重性"的驱动，他既要作为集体的一员，又要突出自己；他既要成为一个获胜队伍中的一个可靠的成员，又要通过不平凡的努力成为队伍中的明星。二是只要人们认为某项事业从某种意义上说是伟大的，那么他们就会心甘情愿地为了这个事业吃苦耐劳。

【人物专栏】小罗伯特·沃特曼（Robert Waterman Jr.，1936—）

小罗伯特·沃特曼生于美国丹佛市，曾获科罗拉多州矿业大学工程学学士学位、斯坦福大学企业管理硕士学位，曾在麦肯锡顾问公司任职 20 多年。他发表了许多有关企业管理方面的文章，并被斯坦福大学企业管理学院聘为兼职教授。沃特曼与托马斯·彼得斯（Tomas Peters）合著了《追求卓越——美国管理最佳公司的经验》（In Search of Excellence：Lessons from America's Best-Run Companies）一书。这本书曾行销百万册，自 1982 年出版以来，连年荣登《纽约时报》非文学类排行榜，旋即被译成十几种文字而风靡全球，三年中发行量达 600 万册。该书成为第一本销量超过百万册的商业书籍。《福布斯》（Forbes）杂志评出 20 世纪最具影响力的工商书籍，该书排名第一。

第三节　企业文化建设

一、企业文化精神层建设

企业文化精神层主要包括企业价值观、企业精神以及企业伦理道德三方面的主要内容。

（一）企业价值观

企业价值观是指企业商品生产、经营中人们所特有的有关自然交换、社会交往的价值，是企业内部群体对生产经营和目标追求以及其他价值关系方面的基本看法。

培育企业价值观的方法：（1）确认企业现有价值观；（2）坚持在继承基础上的创新；（3）重视员工个人正确价值观的确立；（4）抓住典型事例，发现新生事物。

（二）企业精神

企业精神是指一个企业中大多数乃至全体职工共同一致、彼此共鸣的内心态度、意志状态、思想境界和理想追求境界。企业精神的主要内容包括主人翁精神、敬业精神、团队精神、竞争精神、创新精神和服务精神等。

企业精神建设这个过程并不是一蹴而就的，而是一个长期复杂漫长的过程，同时又是一个综合型工程。在这个过程中，应做到以下三点：（1）提升员工境界，这是培育企业精神的根本；（2）提升员工行为，通过行为教育，实现组织意识、员工意识和企业精神的高度融合；（3）提升员工学习，员工的继续学习是深化企业精神的内在动力。

（三）企业伦理道德

伦理道德是一种特殊的社会意识形态，是调整人与人之间以及个人与社会之间关系所提倡的行为规范的总和。伦理是人们处理相互关系时所应遵循的行为准则，而道德是依靠舆论、传统、习惯和人们的信念来维系、规范人的行为的社会意识，二者在本质上是一致的。

企业伦理（Enterprise Ethics）是指一个企业中大多数乃至全体员工认同并在实际处理各种关系中体现出来的善恶标准、道德原则和行为规范，特别是用以调整企业与员工、员工与员工、一般员工与管理者以及企业与社会等关系的行为规范的总和。企业伦理建设的途径：（1）加强政府管理和引导，完善社会信用体系；（2）树立正确的价值观，加强对员工的伦理教育；（3）践行社会责任，提升企业形象；（4）加强制度建设，完善企业内部控制。

企业道德（Enterprise Morality）是以善良、正直、公正和诚实等为标准，来评价、规范企业和职工的行为，进而调整和控制企业与职工、企业与顾客、企业与企业之间关系的行为规范。企业道德建设的途径：（1）要集成企业优秀伦理道德观念等，需要注入符合本企业实际情况和时代要求的新内容，建立完善的道德规范；（2）要把企业道德建设和提高员工素质结合起来；（3）要坚持个人示范和集体影响相结合；（4）要坚持企业道德建设和管理制度改革相结合；（5）要坚持企业道德和行政、司法管理相结合。

【人物专栏】丹尼尔·戈尔曼（Daniel Goleman，1946— ）

丹尼尔·戈尔曼是哈佛大学心理学博士，也是美国《时代》（Time）杂志的专栏作家，曾任教于哈佛大学，专研行为与头脑科学，撰写的作品多次获奖，现为美国科学促进协会（American Association for the Advancement of Science，AAAS）研究员，曾四度荣获美国心理协会（American Psychological Association，APA）最高荣誉奖项，20世纪80年代即获得心理学终身成就奖，并曾两次获得普利策奖（Pulitzer Prize）提名。此外，他还曾任职于《纽约时报》12年，负责大脑与行为科学方面的报道；他的文章散见于全球各主流媒体。戈尔曼在1995年发表《EQ》（Emotional Intelligence）一书，在全球掀起了一股强劲的旋风，使得情绪智商（EQ）一词变成时下流行的名词。它颠覆了长期以来占据主流地位的人生成功"唯智商论"。接着，戈尔曼把情商实务化工作引向它的主战场——企业组织，帮助企业组织中的个人、团队乃至整个组织改善情商，提高绩效。

二、企业文化制度层建设

企业制度文化是一种约束企业和员工行为的规范性文化，主要包括企业领导体制、企业组织文化和企业管理制度。其作用在于规范员工的行为，促进企业的发展。企业制度的建设就要以这三方面为出发点，形成良好的领导方式、结构以及制度，筹划好合理的企业内部各组成部分和关系，以及加强企业自身管理制度建设。

三、企业文化物质层建设

企业物质文化是企业的物化形象的外在表现和对社会的影响，包括企业生产经营的物质基础（厂房、机器、设备等）和生产经营的产品。它是一种以物质为形态的表层企业文化，是人们可以直接感受到的，是企业文化中的浅层基础文化，企业环境、企业建筑、企业广告、产品包装设计等都是企业物质文化的主要内容。

第四节　企业文化管理

一、企业文化管理主体

（一）企业员工是企业文化建设与管理的基本力量

员工素质高，才能建构高层次的企业文化。因此，企业文化管理必须坚持"以人为本"的主旨，把提高员工素质作为企业文化管理的中心任务；反过来，依靠高素质的员工建设高层次的企业文化。

（二）企业楷模是企业先进文化的体现者

作为企业价值观的化身，企业楷模的观念、品格、气质与行为反映了企业文化的主脉与特定的文化价值，引领着企业文化的风尚。积极造就企业楷模，发挥企业楷模的作用，有利于在企业中形成文化正气和积极向上的精神风貌。

（三）企业家是企业文化管理的旗手

作为旗手，企业家积极倡导、培育和身体力行先进的企业文化，变革落后的企业文化，创造新的企业文化。企业家在企业文化管理中的地位和作用是其他主体不能替代的，他引领着企业文化管理的方向，影响着企业文化的内容与品位。尤其是在企业初创时期和变革时期，企业家的素质、价值观、精神追求和工作作风等对企业文化有着决定性影响。因此，提高企业家素质，强化企业家精神，激发企业家的文化自觉，在企业文化管理中是关键之举。

以上所述企业文化管理主体，是从企业本身而言，或者说，是从推动企业文化不断发展的内部动力而言的。实际上，企业文化管理离不开消费者的参与，离不开股东及合作者的参与，离不开其他社会公众的参与，这些群体是企业文化管理的外部力量。优秀的企业文化多是在社会大环境的影响下，由企业与市场内外力量相互推动、共同铸就的。

二、企业文化管理原则和程序

（一）企业文化管理的基本原则

1. 目标原则

企业文化管理作为企业活动的高层次，有了目标才能启发企业家和员工的文化自觉意识，促使企业文化的发展由自发变为自觉；有了企业文化目标管理，才能使企业文化有效控制管理过程，以达到预期目标。

2. 共识原则

创造共识是企业文化管理的本质。企业文化管理强调共识原则主要是由于：（1）由企业文化特性决定，只有从多样化的群体以及个人价值观中抽象一些基本信念，然后在全体成员中强化这种信念，进而达成共识，才能使企业产生凝聚力；（2）由企业内外环境决定，企业面临的科技环境、市场环境以及管理环境瞬息万变，单靠一人的知识智慧很难做出正确的决策，只有强调共识、全员参与、集思广益，才能实现最科学的决策。

3. 一体化原则

一体化原则即坚持企业管理人员和一线员工之间的关系一体化，最终实现企业精神的一体化。坚持按一体化原则建设企业文化，有助于打破管理人员和一线员工之间人为的"文化界限"，使二者融为一体，建立共同的目标，互相支持、促进企业文化的发展。

4. 卓越原则

企业文化管理的任务之一就在于创造一种机制、一种氛围，强化每个人追求卓越的内在动力，并引导到正确的方向。有无强烈的卓越意识是区别企业文化良莠的标志之一。贯彻卓越的标准，要做到：（1）建立卓越的标准，建立反馈和激励机制；（2）造就英雄人物，鼓励人们效仿英雄卓越行为。

（二）企业文化管理的程序

企业文化管理一般需要做好五环节的工作，即对企业文化现状的"盘点"与分析、企业文化管理规划的制定、企业文化理念的定格设计、企业文化的传播推广与实践巩固以及企业文化的完善与创新。这五个环节构成企业文化管理的一个循环，它们在实践逻辑上并不是一个环节结束、另一个环节开始，而是不断继起、相互交叉和渗透的，从而促使企业文化不断升华和逐渐趋于成熟。

三、企业文化管理战略

（一）企业识别战略

企业识别战略（Corporate Identity Strategy，又称 CI 战略）是一种形象传播，一种可视文化，也是一种经营战略。其内容包括理念识别系统、行为识别系统和视觉识别系统三方面。

企业识别战略是指用企业识别手段，把企业及产品形象中的个性、特点有效地传达给消费者，使其对企业及产品产生统一的认同感和价值偏好，从而达到促进销售、提升企业品牌价值目的的一种营销战略。

从企业文化角度理解，企业识别是一种"文化资本积累"，导入企业识别的核心目的在于固化、传达企业文化；企业识别是企业文化的外显形式，企业识别活动可以使企业文化抽象的理念看得见、摸得着，有助于企业对外"推销"自我，促进社会更有效地认识与认同企业；企业识别可以促进企业文化市场化，通过导入企业识别，实现企业与市场的文化沟通，使企业现有文化得到市场检验，也可以强化企业文化的市场内涵。企业识别战略在企业文化管理中发挥识别功能、代表功能、解释功能和象征功能。一个完整的企业识别实施过程，也是一种新文化的营造过程。

（二）顾客满意战略

从表象来看，顾客满意战略（Customer Satisfaction Strategy，又称 CS 战略）与企业识别战略都是占领市场、提高竞争力的战略方法，但是在出发点和战略重点上两者具有本质差异。企业识别以"企业中心论"为出发点和战略重点；顾客满意以"顾客中心论"为出发点和战略重点，它把顾客满意与不满意作为衡量各项经营管理活动的标准，追求的结果是贡献，通过为顾客创造价值而实现企业价值。顾客满意战略在一定程度上可以促使企业文化走向"顾客中心论"，丰富企业文化管理的内涵和外延。

顾客满意是企业文化的一种表现，同企业识别一样，发挥着一定的代表功能和解释功能。顾客满意也是企业文化的一部分，顾客满意的理念推动和发展了企业文化，尤其是推动和发展了企业的营销文化，延展了"以人为本"的内涵，实现了以员工为本和以顾客为本的统一。

（三）品牌文化战略

品牌文化战略（Brand Culture Strategy，又称 BC 战略）就是企业为了提高其品牌文化内涵，增强市场竞争力而制定的一系列长期的、根本性的总体规划和行动方案。

品牌是某种文化和生活方式的象征，品牌中蕴含着巨大的市场文化、竞争文化和管理文化价值，具有鲜明的文化特色。品牌文化价值和文化特色市场的形成，与企业家的文化意识、企业的文化品位和对文化资源的优先开发与利用直接相关。品牌既是企业文化的有形载体，也是企业文化的最高境界；建设品牌文化，既是企业文化管理的手段，也是企业文化管理的目的。

品牌文化塑造的要点主要包括：（1）确定品牌核心价值，它是让人们明确、清晰地识别并记住品牌的亮点与个性，驱动消费者认同、喜欢乃至热爱品牌的中心理念，是品牌文化的精髓，是品牌资产的基础；（2）加强品牌文化建设，正确进行品牌文化定位、设计以及广告宣传。

从企业文化实践的角度看，品牌既是体现、传播企业文化的载体，也是创造以消费者为中心的企业文化的有效方法。企业文化与品牌形影相随，不可分离。企业文化的至高境界是品牌；品牌的至高境界是文化。品牌的本质主要反映的是一种信任关系，加强品牌文化建设，对推进和谐型的企业文化管理，尤其是巩固企业与消费者、企业与合作者和竞争者的信赖、合作关系，促进企业文化的市场化具有重要意义。

进一步阅读材料：
1. 罗长海.企业文化学[M].北京：中国人民大学出版社，2013.
2. 陈春花，曹海涛，李洁芳.企业文化[M].北京：机械工业出版社，2017.
3. 李亚民.企业文化学[M].北京：机械工业出版社，2013.
4. 赖文燕，周红兵，赵婧.企业文化[M].南京：南京大学出版社，2015.
5. 张国梁.企业文化管理[M].北京：清华大学出版社，2017.
6. 王荣成.企业文化管理[M].北京：中国人民大学出版社，2012.

本章思考题：
1. 企业该如何建立适合自己的企业文化？
2. 企业文化管理常用的方法有哪些？
3. 管理者进行企业文化管理时应注意哪些方面？
4. 管理者、员工在企业文化管理过程中分别扮演什么样的角色？

【章末案例】

一杯咖啡传播的文化

一杯星巴克（Starbucks）咖啡的价格大约三倍于纽约普通咖啡店的咖啡。然而这并不影响消费者的慷慨，因为星巴克是消费者在家庭和工作场所之外的"第三场所"。在这里，咖啡豆的醇香萦绕于室内，别致的桌椅、宾至如归的服务令人倍感亲切。而店堂内精心布置的电子插座以及免费的无线网络，可以方便消费者上网和使用各类随身电子设备。这些独到之处帮助星巴克培养了一大批忠实"粉丝"。

在"小资"当中流行着这样一句经典的话：我不在办公室，就在星巴克，我不在星巴克，就在去星巴克的路上。泡星巴克，在"小资"的生活中是不可或缺的。毫无疑问，这杯名叫"星巴克"的咖啡，是"小资"的标志之一。

星巴克人认为他们的产品不单是咖啡，而且是咖啡店的体验文化，咖啡只是一种载体。而正是通过咖啡这种载体，星巴克把一种独特的格调传送给顾客。咖啡的消费很大程度上是一种感性的文化层次上的消费，文化的沟通需要的就是咖啡店所营造的环境文化能够感染顾客，并形成良好的互动体验。

另外，星巴克更擅长咖啡之外的体验，如气氛管理、个性化的店内设计、暖色灯光、柔和的音乐等。就像麦当劳一直倡导售卖欢乐一样，星巴克把美式文化逐步分解成可以体验的东西，以顾客为本。"认真对待每一位顾客，一次只烹调顾客那一杯咖啡"这句取材自意大利老咖啡馆工艺精神的企业理念，成为星巴克快速崛起的秘诀。注重"one at a time"（当下体验）的观念，强调在每天工作、生活及休闲娱乐中，用心经营"当下"这一次的生活体验。

讨论：星巴克文化的构建有哪些值得中国企业借鉴的地方？

第三篇　企业的设立

企业的成功靠团队，而不是靠个人。

——管理大师罗伯特·凯利

第七章　企业设立概述

【本章导读】本章从企业的设立筹划开始，分析了设立企业需要考虑的基本问题；然后对企业设立的资本制度、公司章程和发起人等企业设立中的基本要素进行了系统的阐述；最后给出了企业设立的原则。

【开篇案例】

阿里巴巴的创立过程

在经历 1997 年中国黄页和 1999 年中国国际电子商务中心的两次创业失败后，马云和他的团队悄然南归。1999 年 2 月，在杭州湖畔家园马云的家中召开第一次全体会议，18 位创业成员或坐或站，神情肃穆地围绕着慷慨激昂的马云。马云快速而疯狂地发表激情洋溢的演讲："黑暗中一起摸索，一起喊，我喊叫着往前冲的时候，你们都不会慌了。你们拿着大刀，一直往前冲，十几个人往前冲，有什么好慌的？"在这次"起事"的会议上，马云和伙伴共筹了 50 万元本钱，并按照惯例进行了全程录像，马云坚信这将有极大的历史价值。在这次会议上，马云说："我们要办的是一家电子商务公司，我们的目标有三个：第一，我们要建立一家生存 102 年的公司；第二，我们要建立一家为中国中小企业服务的电子商务公司；第三，我们要建立世界上最大的电子商务公司，要进入全球网站排名前十位。"从这天开始，马云开始铁下心来做电子商务。

尽管只有 50 万元创业资金，但马云首先花了 1 万美元从一个加拿大人手里购买了阿里巴巴的域名，并细心注册了 alimama.com 和 alibaby.com。他们没有租写字楼，就在马云家里办公，最多的时候一个房间里坐了 35 个人。他们每天 16—18 个小时野兽一般地在马云家里疯狂工作，日夜不停地设计网页，讨论网页和构思，困了就席地而卧。阿里巴巴就这样孕育、诞生在马云家中。1999 年 3 月阿里巴巴正式推出，逐渐为媒体、风险投资者关注，并在拒绝了 38 家不符合自己要求的投资商之后，于 1999 年 8 月接受了以高盛基金为主的 500 万美元投资，于 2000 年第一季度接受了软银的 2000 万美元的投入。2017 年 11 月 12 日，根据阿里巴巴集团（股票代码：BABA）披露的数据，仅用 3

分钟 1 秒，阿里巴巴平台上的交易额就冲破 100 亿元人民币！这一惊人的数字意味着在传统商务和电子商务的竞争中，电子商务已成为"主流竞争者"。

思考：设立一个企业时需要考虑的问题有哪些？

第一节　企业设立的筹划

设立一个企业，就好像诞生一个生命，人们充满了对企业前景的憧憬。但由于内外部某些环境的不确定性，也面临着诸多的风险。因而，设立企业时的筹划，是成功设立一个企业的重要工作。

一、明确企业的使命

明确一个企业的使命（Mission），是设立企业的前提，这将对企业的战略、职能、机构、人员、文化以及经营活动产生决定性的导向作用。

人们设立企业的动机和目的并不完全相同。企业是营利性的经济组织，一般而言，营利是设立企业的基本动机，企业的发展过程中将追求利润最大化或企业价值最大化。但也会存在另外一些情况，其设立企业还有其他动机。例如，学医的阿曼德·哈默（Armand Hammer）年轻时去苏联是为了帮助战胜正在那里蔓延的伤寒，他看到了粮荒、饥饿比疾病带来更多的死亡，而大量珍贵的白金、宝石、毛皮卖不出去，美国却粮食大丰收，粮价下跌，便设立企业，联合 30 多家美国公司，组织易货贸易，成为苏联对外贸易的总代理。哈默帮助了苏联人民，苏联也成了他成为西方石油大亨的发迹地。还有相当多的人设立企业是为了将自己的某项发明或者某种理想变成现实。

二、确立企业的发展战略

在明确了设立企业的目的后，需要进一步明确企业发展的战略（Strategy）。企业的战略将一直指导着企业以后的生产和经营，贯彻在企业成长的每一个环节。因此，正确选择企业设立的战略对每个企业来说都具有重要的意义。具体到每个不同企业的设立，都可能会有不同的发展战略，例如采取低成本战略还是采取差异化战略，向原材料等上游产业发展还是向靠近消费者的下游产业发展，这取决于不同时期社会经济水平和科学技术发展的宏观环境对企业的要求和制约、企业设立人自身的企业经营管理能力和道德文化水准，以及不同的社会制度和所有制形式、企业性质等因素。总的来说，企业的发展战略应该适应社会政治经济环境，符合市场的需要。

【人物专栏】伊戈尔·安索夫（Igor Ansoff，1918—2012）

伊戈尔·安索夫，1918 年出生于海参崴（符拉迪沃斯托克）。1924 年，安索夫随家庭搬到莫斯科。1936 年，安索夫的全家移民到了美国纽约。1965 年，安索夫正式出版他的代表作《公司战略》（Corporate Strategy），本书也是他的成名之作。1979 年，出版《战略管理理论》（Strategic Management），本书与 1965 年出版的《公司战略》、1976 年出版的《从战略计划到战略管理》（From Strategic Planning to Strategic Management）、1984 年出版的《植入战略管理》（Implanting Strategic Management），是公认的战略管理开山之作。安索夫在战略管理中的特殊地位最主要表现在他对战略管理的开创性研究上，由于他的开创性研究，终于使他成为这门学科的一代宗师。作为战略管理的一代宗师，他首次提出公司战略概念、战略管理概念、战略规划的系统理论、企业竞争优势概念以及把战略管理与混乱环境联系起来的权变理论。因此，管理学界把安索夫尊称为战略管理的鼻祖。安索夫的伟大不仅在于他提出了一套广为学术界、企业管理实务界所接受的战略管理理论和方法、程序、范式，而且在于他能成功地把战略的理论、方法与实践的范式等引进学术的殿堂里；同时，他还把它们带入企业的董事局、经理室等。

【人物专栏】迈克尔·波特（Michael Porter，1947—）

迈克尔·波特是哈佛商学院的大学教授，大学教授是哈佛大学的最高荣誉，波特是该校历史上第四位获得此项殊荣的教授。波特在世界管理思想界可谓是"活着的传奇"，他是当今全球第一战略权威，是公认的"竞争战略之父"，在 2005 年世界管理思想家 50 强排行榜上，他位居第一。他提出了决定产业竞争的五种力量、三种基本的竞争战略、分析竞争对手的四种要素等具有深远影响的见解。五力包括同行业竞争者的竞争能力、供应商的议价能力、购买者的议价能力、潜在竞争者的进入能力、替代品的替代能力。著有 1980 年出版的《竞争战略》（Competitive Strategy）、1985 年出版的《竞争优势》（Competitive Advantage）、1990 年出版的《国家竞争力》（The Competitive Advantage of Nations）等。波特认为，在与五种竞争力量的抗争中，蕴含着三类成功型战略思想，这三种思想是：总成本领先战略、差异化战略和专一化战略。对竞争对手的分析有四种诊断要素：第一，未来目标；第二，现行战略；第三，能力，即竞争对手的优势与劣势；第四，假设，即竞争对手如何看待自己在成本、技术和其他方面的地位，以及对其他竞争者的目标和能力的认识等。

【人物专栏】马文·鲍尔（Marvin Bower，1903—2003）

马文·鲍尔 1903 年 8 月 1 日在俄亥俄州辛辛那提出生，1930 年获哈佛大学商学院工商管理硕士学位，之后在俄亥俄州的众达律师事务所担任公司法执业律师。1933 年，因为鲍尔所在律师事务所减薪，他与当教师的新婚妻子的微薄薪水不足以养家，他便从箱子里翻出两年前麦肯锡事务所创始人詹姆斯·麦肯锡（James McKinsey）发给他的工作邀请函。他与妻子没钱下馆子，就坐在一家小冰激凌店里铸铁造的椅子上讨论是否要接受这份工作。1933 年，他受聘加入詹姆斯·麦肯锡新成立的会计和工程管理事务所，当时只有两个分所和 15 位员工。马文从 1935 年至 1950 年担任纽约分公司经理，从 1950 年至 1967 年担任公司董事长总裁。之后应合伙人的请求，他继续为客户和公司服务，直到 1992 年正式退休。主要贡献：现代管理咨询之父，开创管理咨询行业，缔造了麦肯锡咨询公司的传奇故事，主要理论是公司文化和价值、团队工作和计划管理、管理顾问的专业化等领域。著有《管理意志：有序管理，实现企业成功》（ The Will to Manage：Corporate Success Through Programmed Management ）、《领导意志：用领导者的网络经营企业》（ The Will to Lead：Running a Business With a Network of Leaders ）。

【人物专栏】大前研一（Ohmae Kenichi，1943— ）

大前研一是日本著名管理学家、国际著名企业策略家、经济评论家。著作有《无国界世界》（ The Borderless World ）、《全球舞台大未来》（ The Next Global Stage ）等。他是日本早稻田大学应用化学系毕业，东京工业大学核工硕士，麻省理工学院核工博士。1970—1972 年，任职日立制作所核能开发部工程师。1972 年始，任职于麦肯锡顾问公司，1979 年升任为该公司日本分公司总经理，1981 年担任该公司董事，1995 年离职。曾先后担任斯坦福大学客座教授、大前协会董事、创业家学校创办人。他是现时世界上有关商业及企业策略的其中一位领导者，以其发展的"3C 模型"（或称作战略三角）而知名，被誉为"策略先生"。他强调成功战略有三个关键因素，在制定任何经营战略时，都必须考虑这三个因素，即公司自身（ Corporation ）、公司顾客（ Customer ）和竞争对手（ Competition ）。日本许多非常著名的公司，通常会在制定竞争战略时寻求他的帮助，而他的建议同样深受美国和欧洲跨国公司的欢迎。大前研一在许多行业领域为企业提供服务，包括电子设备、办公室设备、摄影设备、机械设备、食品、橡胶以及化工产品，他都能够提出创新性的战略，并提出相应的组织观念去实现这些战略。

三、适当的市场定位

创办一个企业，需要认真研究所投资行业的市场状况，需要了解企业的产品在市场上的需求状况或有可能占多大的市场份额。只有对企业将要针对的特定市场和特定的消费者进行认真的研究和分析，才能选择企业适当的市场定位（Market Positioning），确定正确的经营方向。

四、创业的技术条件

创办一个企业还需要具备企业所需要的技术（Technology）。如果一个企业的所有设立者对该企业的业务内容一无所知，或者对企业发展所需要的技术资源毫无准备，我们很难想象这个企业能创办成功。尤其当今我们所面临的是一个知识经济的时代，高科技迅猛发展，技术条件甚至可能成为决定企业命运的关键因素。

五、创业的资金

资金是一个企业存在的物质基础。创办企业需要资金（Funds），这是不言而喻的。但究竟是以什么样的方式来取得创业的资金，这是企业设立时要面临的现实问题。企业的创业资金首先来源于创业者或者发起人。但很多企业规模大，仅凭创业者的资金难以满足企业的需要，企业资金面临缺口。这部分资金缺口可以向银行或其他债权人借入，还可选择向其他投资者筹集股份，例如通过成立有限责任公司的形式来创办企业。因此，企业必须进行筹资的决策分析，以选择最适合企业设立的资金筹集方式。

六、企业组织形式的选择

设立企业需要选择适当的企业组织形式（Organization Form）。是选择合伙制，还是有限责任公司，或者股份有限公司？不同的企业组织形式规定了不同的权利以及对债务所负的不同责任，而且不同企业组织形式在法律上都规定有不同的设立条件、出资要求、设立程序等，在创办企业时需要根据实际情况来确定企业组织形式。

我国的企业组织形式有三类：个人独资企业、合伙企业和公司。每类均有其优缺点，设立企业时需根据情况来正确选择，具体如表 7-1 所示。

表 7-1　不同企业组织形式的特点比较

比较内容	个人独资企业	合伙企业	公司
基本定义	个人出资并经营的企业	两人以上合伙经营的企业	多个投资者出资组成的企业法人
主要优点	◆ 所有权与经营权统一 ◆ 容易设立和关闭 ◆ 决策高效简单 ◆ 经营管理灵活 ◆ 利润独享，亏损自负 ◆ 政府管制少 ◆ 不缴纳企业所得税	◆ 所有权与经营权统一 ◆ 政府管制较少 ◆ 经营和管理可实行分工、专门化 ◆ 经营管理水平较高 ◆ 不缴纳企业所得税	◆ 所有权与经营权分离 ◆ 有限债务责任 ◆ 容易筹集资金 ◆ 企业规模较大 ◆ 企业寿命较长 ◆ 容易吸收人才 ◆ 经营管理较科学
主要缺点	◆ 企业规模小 ◆ 无限清偿责任 ◆ 筹集资金困难 ◆ 缺乏经营管理人才 ◆ 经营管理水平较低	◆ 无限清偿责任 ◆ 企业寿命不稳定	◆ 股东和经营者关系复杂 ◆ 管理复杂且成本较高 ◆ 决策效率较低 ◆ 政府监管较严 ◆ 上市公司难以保密 ◆ 投资者存在双重纳税

资料来源：作者根据有关资料编制。

第二节　企业设立的资本

一、个人独资企业和合伙制企业的资本

资本是企业设立的关键要素之一。企业的资本一方面作为企业产生和发展的物质基础，另一方面也是企业对外承担债务的资信保证。因此，各国政府在企业设立时都把资本作为一个审查和控制的内容，并分别对企业类型做出不同的规定和要求。

个人独资企业投资者、普通合伙制企业投资者以及有限合伙企业投资者中的普通合伙人对企业的债务承担无限责任，当企业的债务超过了企业的资产以后，投资者要以自己的全部财产承担清偿企业债务的责任，直至偿清债务。其中，合伙企业的普通合伙人还要对企业的债务承担连带责任，即合伙人除了清偿自己份额内的企业债务责任外，还需对其他合伙人份额内的企业债务承担连带性责任，当该合伙人无力偿还其债务份额时，自己有义务代其偿还。这两类企业由于其债务是以投资人的个人财产和个人信誉来承担无限责任，因此各国政府对个人独资企业和合伙制企业设立的资本往往都没有严格的限制。我国的《中华人民共和国个人独资企业法》（以下简称《个人独资企业法》）和《中华人民共和国合伙企业法》（以下简称《合伙企业法》）对企业设立的资本规定有如下特点。

（一）没有最低注册资本限额

个人独资企业和合伙制企业在设立时，以投资者申报的必要出资作为企业注册登记的资本，国家没有规定最低的注册资本限额。这是因为：第一，个人独资企业、普通合伙企业和有限合伙企业投资者的个人财产为企业的偿债能力提供了保证；第二，个人独资企业和合伙制企业与其他企业类型相比，企业组织较为简单，生产规模也较小，其对资金的需求也相对较少；第三，体现了我国政府的政策导向，即鼓励和保护个人独资企业和合伙制企业的发展，减少了企业设立的障碍，为更多的中小投资者设立企业创造了条件。

（二）劳务出资

对于企业设立的出资方式，根据国家工商行政管理局《关于实施〈个人独资企业登记管理办法〉有关问题的通知》的规定，设立个人独资企业可以用货币出资，也可以用实物、土地使用权、知识产权或者其他财产权利出资，采取实物、土地使用权、知识产权或者其他财产权利出资的，应将其折算成货币数额。对于合伙企业，《合伙企业法》规定：合伙人可以以货币、实物、土地使用权、知识产权、其他财产权利、劳务等方式来投入资本。其中，可以用劳务出资是合伙企业不同于其他企业的一个特点。但《合伙企

业法》同时也规定，有限合伙企业有限合伙人不得以劳务出资。所谓劳务出资是指，经全体合伙人协商一致，合伙人可以用劳务作为资本投资于合伙企业，其评估办法由全体合伙人协商确定。以劳务出资的合伙人对合伙企业的亏损分担问题，按照合伙协议的约定办理；合伙协议未约定或者约定不明确的，由合伙人协商决定；协商不成的，由合伙人按照实缴出资比例分配、分担；无法确定出资比例的，由合伙人平均分配、分担。

很多国家或地区都允许合伙人以劳务出资，对以劳务出资的合伙人分担债务的主要做法有以下几种。

1. 平摊风险

德国《民法典》第 722 条规定，利润和债务分配比例未经协商约定的，不论出资种类，各合伙人平均分担损益。

2. 按最低分担比例执行

法国《民法》第 1853 条规定，只以劳务出资的合伙人，其利润和损失的分配比例与出资最少的合伙人的比例相同。

3. 负盈不负亏

我国台湾地区规定，以劳务出资的合伙人，除合同另有约定外，不负担损失之分配。

二、公司的资本

（一）公司的资本制度

公司是资合企业，其设立必然也必须具备一定数量的资本。公司的资本是在公司章程中明确规定数额，由发起人认缴或者由发起人和股份的认购者共同缴纳的财产总和，也就是公司登记机关核定的注册资本。

对公司资本的法律规定，一方面是为了保证公司正常的生产和经营，另一方面是为了维护公司债权人的利益。因为公司具有独立的法人资格，一般以其可支配的全部法人财产对公司的债务承担有限责任，公司资本是债权人权利的基本保障。公司资本的充足和稳定对公司的运营发展和债权人的权利具有重要的意义。

很多国家在规范公司设立的立法中体现了公司资本的三项原则。所谓资本的三项原则是指公司在成立时，必须确定相当数量的资本并且连续保持该数量资本的三个基本原则：资本确定原则、资本维持原则和资本不变原则。

1. 资本确定原则

资本确定原则是指公司在成立时，必须在章程中明确规定公司的资本额，发起人和股份认购人对确定的资本加以认购，资本总额不得低于法定的最低限额；否则，公司不能设立。但各国对此原则实现的方式不尽相同，大致分为以下三种情况。

（1）法定资本制（Statutory Capital System）。欧洲大陆法系国家早期对资本确定原则普遍采取法定资本制来实现。所谓法定资本制，指公司设立必须在章程中明确规定资本总额，此资本额必须以"一次到位"的形式由发起人和股份认购人全部认购缴纳，使注册资本和实缴资本数额一致。公司以后要增资或减资必须严格遵守法律规定。法定资本制保证了公司拥有稳定的资本来经营和发展，有利于保证债权人的利益。但此种资本确定方式缺乏灵活性，需要资本规模较大的公司在设立时因要求资本一次全部发行，会增加设立的难度。同时，公司在以后的经营中若经济形势或公司状况发生变化，易发生资本利用率不高的情况，造成资金的浪费。

（2）授权资本制（Authorized Capital System）。英美法系国家普遍采用授权资本制方式来实现资本确定原则。根据授权资本制，公司章程中明确规定的资本总额，在公司设立时，发起人和股份认购人不必一次认足和全部缴清。发起人和股东只需足额认购首期发行的股份，公司即可成立。首期以外的那些没有认购的股份授权董事会在以后时期根据需要发行。授权资本制将公司资本分为授权资本（Authorized Capital）和发行资本（Issued Capital）。授权资本是公司设立时按章程规定授权筹集的全部资本，无须一次性全部发行。发行资本是公司已经发行的股份总数，发行资本才是公司真正的实有资本。授权资本制减小了公司设立时关于资本的障碍，灵活地发行股份能保持公司合理的资本实际需要量，同时有利于公司调整最优资本结构。但是此种方式有时会因为首期股本数量过小，不能维持公司的良好运行，同时可能造成公司设立的欺骗行为，损害债权人的利益。

（3）折中资本制（Eclectic Capital System），又称认可资本制。折中资本制是结合法定资本制和授权资本制的优势演变而成的资本形成制度，指公司设立时，投资者不必一次缴足公司章程中规定的资本数额，但必须按法律规定的数额和期限缴清剩余的首次发行的股份数额。折中资本制筹资灵活性虽不如授权资本制大，但却高于法定资本制。现代大陆法系国家大都奉行折中资本制，在法律上规定首期股份占公司股份总额的比例和其余股份发行期限、间隔。例如：法国政府规定，设立股份有限公司时，发起人必须将公司拟发行的股份全部认购。若以非货币出资，在公司登记时必须全部缴清；若以货币出资，认购时缴纳不得少于25%的股款。同时，在公司设立5年内，董事会可根据情况决定一次或分次缴足其余未缴股份。

2. 资本维持原则

资本维持原则指公司正常经营期间，必须持续保持与公司章程规定的资本额相当的实有资本。各国为了实现资本维持原则，均采取了相关措施，主要有四类制度的规定：第一，在公司设立时，要求股东的非货币出资在公司登记时应全部缴清，并对非货币出资的作价严格审查，防止高估价值。第二，在公司正常的运营中，通过固定资产的折旧制度来弥补公司的资本价值转移。第三，政府限制公司不恰当地处理资本。如我国《公司法》规定，禁止以低于股票面值的价格发行股票；公司不得任意收回公司已发行股票；公司不得接受股份持有公司以公司发行股票作为抵押品等。第四，规定公司公积金制度和股息分配制度，公司必须做到有盈余时先弥补公司亏损或提取储备基金后才能向股东分配利润。资本维持原则的用意是要求公司实际拥有的资本与其注册资本保持一致，以利于保持公司的稳定经营和债权人的利益。

3. 资本不变原则

资本不变原则是指公司资本额在章程中确定以后，必须保持相对稳定。增、减注册资本要遵照法定程序修改公司章程，并经公司登记机关变更登记。除此之外，公司的资本总额不得任意变动。

（二）公司资本的出资方式

由于公司实行有限责任制度，各国对公司的出资方式都做出了相应的规定。例如，美国《公司法》规定，一切有形资产、无形资产及公司可以享受的权利，如现金、已提供劳务、允诺提供的劳务合同及公司的其他证券，都可作为投资者的出资方式。

从世界上很多国家的法律规定来看，设立有限责任公司，可以货币出资，亦可以实物和无形资产出资。但实物出资的权利一般只归属于公司发起人。若法律允许以劳务、无形资产或其他资产权利作为出资方式，通常会规定相应的预防措施。如美国《公司法》允许股东以劳务及其他预期可享受的利益作为出资方式的同时，还规定在劳务提供完毕之前及可享受的利益获得之前，公司将应付给股东的股票存放于第三人处，或者采取必要的措施限制该股票转让，直至全部利益由公司实际享受为止。另外，还可用出资人依股份应从公司分得的利润或其他利益抵偿其应付而未付的出资。德国《股份公司法》规定，股东如以非货币形式出资，公司章程需载明该实物出资和无形资产出资的名称、作价（所支付的股票面值）并提供该出资的股东姓名或名称，以及因接受这类出资而提供的赔偿金。章程如无记载，非货币出资行为无效。

我国《公司法》规定，公司发起人可以用货币出资，也可以用实物、工业产权、非专利技术、土地使用权作价出资。对作为出资的实物、工业产权、非专利技术或土地使用权，必须进行评估作价，核定财产，并折合为股份。不得高估或者低估作价。土地使用权的评估作价，依照法律、行政法规的规定办理。以土地使用权出资必须依法办理土地使用权的转移手续，进行土地使用权的转移登记。同时以实物、工业产权、非专利技术等出资的，要履行所有权转移的法定手续，只有完成了使用权或所有权的法定转移，才能被认为出资到位。股东以货币出资的，应当将货币出资足额地存入准备设立的有限责任公司在银行开设的临时账户。发起人以工业产权、非专利技术作价出资的金额，一般不得超过股份有限公司注册资本的20%；被国家有关部门认定为高科技型的企业，另有较高比例的规定。

（三）公司资本制度变化新动态

自1987年美国公司法改革，对有限责任公司放弃最低资本额规定以来，英、法、日等国纷纷取消了对有限责任公司的最低资本额限制，甚至我国台湾地区2009年也取消了对有限责任公司的最低资本额限制。这是一个世界性的新动态。

设置公司最低资本额制度是对应公司有限责任可能引发的道德危机的机制，其目的在于保护债权人的利益。当时，人们普遍认为，"一家公司的资本越少，股东从事过度风险活动的动因越大"。而经过长时期的公司实践，人们发现最低资本额的设计本身存在问题：第一，如果最低资本额设计过高，将阻碍新企业产生，导致已有企业享有垄断利益，如设计过低，则无法防范风险；第二，一些大型公司破产事件表明，公司并不因其资本金额巨大就不会破产；第三，即使公司设立之初有很多财产，但在经营失败中会有资产损失，同样也会破产；第四，对打算设立公司的很多人来说，最低资本金额是他们通往创业路上的一大障碍；第五，责令所有公司必须满足最低资本额要求，对企业整体而言，这种"防弊重于兴利"的方式使社会成本远远超过可能发生的风险带来的损失。因而，许多国家纷纷采取了对有限责任公司取消最低资本额的做法。

其他国家和地区取消最低资本额的做法在我国引起一定反响，在当时就有人提出我国也应对有限责任公司取消最低资本额。但是，通过中外比较，多数专家和学者认为我国不能如此简单地跟随。在欧美等发达国家，有一系列的机制并形成了最低资本额以外的安全网，例如揭穿公司面纱（又称公司人格否认、公司法人资格否认、股东有限责任待遇之例外、股东直索责任等）对低资本化的阻却、公司高管人员责任对诚信义务的呵护、衡平居次原则（又称深石原则）对外部债权人的保障、破产之际董事对债权人负有诚信义务的设计等，更好地维护了债权人利益。而我国的市场经济还在建设之中，社会信用基础还比较薄弱，在公司治理还不完善难以"确保信用"，在会计信息虚假难以"记载信用"，在信息披露难以"传输信用"，在缺乏征信机构难以"评估信用"，在欠缺"珍惜信用"文化氛围的背景下，若取消对公司最低资本额的规定，债权人的利益就会失去基本的保障。而随着法律法规制度的完善和相关外部环境因素的培育，我国在2014年也导入了这一做法，即取消最低资本额。

第三节　公司章程

一、公司章程的概念

现代公司设立需要三个最重要的构件：资本、章程和发起人。公司章程（Charter）是规定公司的性质、地位、组织机构、权利能力、行为能力、责任能力以及公司对内对外关系的规范性文件，可被看作公司的"根本大法"。

在世界范围内，不同法系的国家对公司章程含义的规定有所不同。

在英美法系国家，公司章程分为两部分。在美国是"公司章程"和"公司细则"，在英国为"公司大纲"和"公司细则"。"公司章程"或"公司大纲"是规范公司对外事务的有关规定，是公司外部利益集团，如债权人及社会公众了解公司的经营范围、资本等的重要文件。"公司细则"规范的是公司的内部事务，它从属于章程并受其制约，一般仅在公司内部有效。

在大陆法系国家，公司章程作为一个统一文件存在。公司章程的制定和修改都要经过公司登记机关核准。公司章程的内容可分为"绝对记载事项"和"相对记载事项"。"绝对记载事项"必须记载于公司章程中，否则公司不得设立。"相对记载事项"是否载入公司章程均可。但一旦记载，与绝对记载事项法律效力相同。大陆法系国家里，日本和德国法律规定公司章程必须经过公证，否则章程无效。

二、公司章程的作用

（一）公司章程是公司设立的必要条件和重要文件

各国公司法都明确规定，订立公司章程是公司设立的必经法定程序。公司章程也是各国公司登记机关的必备核准文件。没有公司章程，公司就不能获得设立登记。

（二）公司章程是确立公司权利和义务关系的基本法律文件

公司章程经登记注册后，便产生法律效力。公司将根据公司章程，行使其权利，承担应有的义务。股东与公司间、股东与股东间的权利和义务，除法律有具体规定外，主要靠公司章程来明确。

（三）公司章程是确定公司经营管理人员的职责和权限范围的法律文件

现代公司存在公司所有权和经营权的分离，决定了股东和公司经营管理人员间存在委托—代理关系。股东将资本投入公司后，资本便由公司经营管理人员来负责经营。为了保障股东的权益，避免经营管理人员滥用权力，股东通过公司章程来确定公司经营管理人员的职责和权限。股东将认可公司经营管理人员在章程约定的范围内的决策结果，但若经营管理人员超越章程规定的权限行事造成对第三人的伤害，应由越权人自行承担责任。因此，章程是保护股东的所有者权益、对公司经营管理者职权进行控制的法律性文件。

三、公司章程的基本内容

各国虽然都把公司章程作为公司设立的必要文件，但对章程的具体内容有不同的规定。

日本《商法》规定，公司章程里的绝对记载事项包括：公司的目的、公司的名称、公司发行股份的总额及每股的金额；公司设立时发行的股份数额及有面值和无面值股份的数额；总公司住所；公司进行公告的方法；发起人的姓名及住所。相对记载事项包括：发起人可以接受的特别利益及接受人的姓名；非货币出资者的姓名及其出资财产的名称、价格、支付其股份的种类、面值及数量等；发起人应接受的报酬数额；应该由公司负担的设立费用。

英国《公司法》规定，公司章程要记载公司被准予成为法人的基本条件。公司细则包括股份的缴清、股份的没收、资本的增减、董事的报酬和资格、股利的分配和公积金的提取、账目及审核等。公司细则规范的是公司的内部事务，不能与章程抵触。

我国《公司法》规定有限责任公司章程应载明如下事项：

1. 公司名称和住所；

2. 公司经营范围；

3. 公司注册资本；

4. 股东的姓名或者名称；

5. 股东的出资方式、出资额和出资时间；

6. 公司的机构及其产生办法、职权、议事规则；

7. 公司法定代表人；

8. 股东会会议认为需要规定的其他事项。

对于股份有限公司，我国《公司法》规定了章程应该记载如下事项：

1. 公司名称和住所；

2. 公司经营范围；

3. 公司设立方式；

4. 公司股份总数、每股金额和注册资本；

5. 发起人的姓名或者名称、认购的股份数、出资方式和出资时间；

6. 董事会的组成、职权和议事规则；

7. 公司法定代表人；

8. 监事会的组成、职权和议事规则；

9. 公司利润分配办法；

10. 公司的解散事由与清算办法；

11. 公司的通知和公告办法；

12. 股东大会会议认为需要规定的其他事项。

第四节　公司发起人

一、发起人概述

在公司设立的过程中，发起人（Originator）是一个很重要的角色。发起人必须负责公司设立的一切必要的组建和筹备工作，如制定章程草案、筹集公司资本。没有发起人，公司设立就不能完成。由于发起人对公司设立的成败以及未来公司的发展都起着特殊的影响作用，而且发起人的行为会影响到广大的股东及社会投资者的利益，因而，各国法律都对股份有限公司的发起人做出相关的规定，用以保证发起人自身的利益及公司和投资者的利益。通常，判断公司发起人的标准是看其是否作为公司章程的制定者签名盖章于公司章程。

在我国，公司发起人是指股份有限公司的发起人。股份有限公司的发起人，是指参加订立发起人协议，提出设立公司申请，认购公司出资或者股份并对公司设立承担责任的人。在公司成立后，发起人一般会拥有股东的地位。

二、发起人的工作

我国《公司法》规定，股份有限公司在不同的设立方式下，发起人要完成不同的工作。

（一）在发起设立方式时的主要工作

1. 订立发起人协议。

2. 订立章程。

3. 准备有关成立文件，并向政府报批。

4. 认缴应发行的股份并缴足股款。如果以实物、工业产权、非专利技术或者土地使用权作价出资，必须聘请有资格的评估机构评估价格、核实财产、折合为股份并依法办理产权的转移手续。

5. 选举董事会和监事会。

（二）在募集方式时的主要工作

1. 订立章程。

2. 订立发起人协议。

3. 制作招股说明书。

4. 制作经营估算书。

5. 与证券商签订承销协议。

6. 向政府部门申请批准设立公司。

7. 认缴不少于股份有限公司股份总数的35%的股份。

8. 向国务院证券管理部门递交募股申请并报送下列主要文件：

（1）批准设立公司的文件；

（2）公司章程；

（3）经营估算书；

（4）发起人姓名或名称、发起人认购的股份数、出资种类及验资证明；

（5）招股说明书；

（6）代收股款银行的名称及地址；

（7）承销机构名称及有关的协议。

9. 公告招股说明书并制作认股书，催缴股款。

10. 主持召开创立大会。

三、发起人的权利和责任

（一）发起人的权利

由于发起人在公司设立中的特殊地位以及在公司设立过程中的贡献，无论是英美法系还是大陆法系国家都准许发起人在公司章程明文规定的前提下享有一些特殊的权利。但是发起人从设立公司中获得的利益必须是公开的而不是秘密的，而且是合理的。

一般情况下，各国法律赋予发起人的权利主要有以下几个方面。

1. 非货币出资的权利。即发起人有权用未来公司发展所需要的非现金的资产来投资。如日本法律明确规定：设立股份有限公司，只有发起人可以用现金以外的财产来出资。我国《公司法》也规定了发起人可以用实物、土地使用权、无形资产等非货币方式出资的权利。

2. 自认优先股或后配股的权利。

3. 优先分配股息和红利的权利。

4. 优先认购公司新股的权利。

5. 优先分配剩余财产的权利。

6. 要求公司支付相应报酬的权利。发起人可根据公司章程的规定，要求公司支付一定的报酬。

7. 要求公司返还垫支的设立费用的权利。

（二）发起人的责任

为防止发起人在公司设立过程中发生恶意的损害公司利益和股东权益的行为，各国公司法也相应规定发起人应该担负的法律责任。

德国《公司法》规定，发起人在投资、非货币出资或公司设立费用等方面，故意或发生严重过失而使公司利益受到损害时，发起人应对公司负连带赔偿责任。另外，公司设立时若有认股人未缴纳其份额内的股款，发起人应负责缴纳这部分股本。

我国《公司法》也明确规定了股份有限公司发起人的责任。

1. 以发起设立方式设立股份有限公司时，由发起人认购公司应发行的全部股份；以募集设立方式设立股份有限公司时，发起人认购的股份不得少于公司股份总数的35%。

2. 公司不能成立时，对设立行为所产生的债务和费用负连带责任。

3. 公司不能成立时，对认股人已缴纳的股款，负返还股款并加算银行同期存款利息的连带责任。

4. 在公司设立过程中，由于发起人的过失致使公司利益受到损害的，应当对公司承担赔偿责任。

5. 发起人持有的本公司股份，自公司成立之日起1年内不得转让。

6. 虚报注册资本、提交虚假材料或者采取其他欺诈手段隐瞒重要事实取得公司登记的，由公司登记机关责令改正。对虚报注册资本的公司，处以虚报注册资本金额5%以上15%以下的罚款；对提交虚假材料或者采取其他欺诈手段隐瞒重要事实的公司，处以

5万元以上50万元以下的罚款；情节严重的，撤销公司登记或者吊销营业执照。

7. 公司的发起人、股东虚假出资，未交付或者未按期交付作为出资的货币或者非货币财产的，由公司登记机关责令改正，处以虚假出资金额5%以上15%以下的罚款。

8. 公司的发起人、股东在公司成立后，抽逃其出资的，由公司登记机关责令改正，处以所抽逃出资金额5%以上15%以下的罚款。

四、对发起人的限制

（一）对发起人资格的限制

各国法律对设立发起人的资格都有一定的规定。一般，各国都规定自然人、法人、政府均可作为股份有限公司的发起人。但各国对发起人资格又有一些具体的限制。例如法国规定，丧失管理或经营公司权利的人或被禁止行使管理或经营公司权利的人，不得作为设立发起人。

对于什么样的人可以担任发起人，我国《公司法》并没有明文规定。但根据《公司法》的规定不得担任公司董事、监事、高级管理人员的人，应该不能作为公司的发起人。具体规定如下：

1. 无民事行为能力或者限制民事行为能力；

2. 因贪污、贿赂、侵占财产、挪用财产或者破坏社会主义市场经济秩序，被判处刑罚，执行期满未逾5年，或者因犯罪被剥夺政治权利，执行期满未逾5年；

3. 担任破产清算的公司、企业的董事或者厂长、经理，对该公司、企业的破产负有个人责任的，自该公司、企业破产清算完结之日起未逾3年；

4. 担任因违法被吊销营业执照、责令关闭的公司、企业的法定代表人，并负有个人责任的，自该公司、企业被吊销营业执照之日起未逾3年；

5. 个人所负数额较大的债务到期未清偿。

（二）对发起人人数的限制

各国对公司发起人的最低人数一般都提出限制要求。这是因为：一方面，由于股份有限公司法定的资本最低限额较大，无论何种设立方式对发起人的资本实力都提出了较高的要求，限制发起人人数能保证公司设立所需的资本顺利筹集；另一方面，由于各国法律一般都规定当公司不能设立时，或由于发起人的过失使公司利益受到损害时，发起人要以其财产对设立公司过程中所产生的债务和费用负连带责任，限制发起人人数能保证设立过程中公司利益的安全。德国法律规定公司发起人最低人数为5人，英国和法国规定为7人。我国《公司法》规定，股份有限公司的发起人为2人以上200人以下。

（三）对发起人住所的限制

许多国家和地区对发起人的住所都提出了限制要求。如美国规定，发起人中必须有数人在公司登记地域内有住所。我国《公司法》规定，发起人中必须有过半数在中国境内有住所。对发起人住所的限制便于发起人完成公司筹备事务。另外，限制发起人住所，有利于确定诉讼管辖权，当公司或股东利益受损时，方便追究发起人的法律责任。

第五节　企业设立的原则

纵观历史，西方国家在企业设立上先后实行过自由设立原则、特许设立原则、核准登记原则和准则设立原则。不同的设立原则，决定了企业设立的不同程序，形成了不同的企业设立制度。

一、自由设立原则

自由设立原则也称自由设立主义，是最早的企业设立原则，是指政府对企业的设立不予以干预，企业依照设立者的意图设立。此原则是公司制度处于萌芽时期西方国家采用的形式。由于企业设立过于自由，政府无法掌握企业的发展状况，无从监督企业，因此该原则逐渐被各国所抛弃，转而实行特许设立原则。

二、特许设立原则

特许设立原则亦称特许主义，是指企业必须经特别立法或政府的命令方可设立。此原则在16—19世纪为一些西方国家所采用。由于该原则程序烦琐，限制过严，不利于企业的发展，所以使用范围较小。但是，目前仍有一些国家采用。

三、核准登记原则

核准登记原则也称核准主义或者行政许可主义，是指企业的设立首先需要经过政府的审批许可，然后再经登记注册方可设立。后来，随着经济的发展和自由主义经济理论的盛行，很多国家逐渐放弃了核准登记原则，但部分行业的企业仍然采用这个原则。

四、准则设立原则

准则设立原则也称准则主义或者登记准则主义，是指由法律规定企业设立的要件，企业只要具备这些要件，无须政府审批和核准，经登记机关依法登记即可成立。此原则使企业设立手续简便，也减少了政府的行政干预，目前为很多国家广泛采用。有些国家对该原则进行了完善，例如进一步严格规定企业设立要件、加重企业发起人的责任、对企业财务和重要活动实行信息披露制度等，实行了所谓的严格准则主义。

目前，各国出现了以准则主义为主、核准主义和特许主义并存的格局，一方面反映了政府要为企业设立乃至经济发展创造方便、有利的制度以促进经济发展的理念，另一方面反映出政府对企业和经济发展要保持必要干预和监管的思想。

我国企业的设立实行核准登记制度，即行政许可制度，企业在具备法定的设立条件后，向工商行政管理机构提交法律规定的文件，经审核确认登记后，就可取得企业营业执照，完成企业设立。图 7-1 为我国企业网上注册示意图。

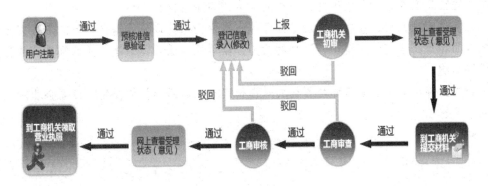

图 7-1　企业网上注册示意图

资料来源：国家工商行政管理局网站（http://www.saic.gov.cn）。

进一步阅读材料：

1. 张春光，李光.公司设立法务操作全程指引[M].北京：法律出版社，2007.

2. 李正清.公司企业设立运营转让全程指南：公司与产权法律实务[M].北京：法律出版社，2006.

3. 赵玲.公司法典型案例评析[M].北京：对外经济贸易大学出版社，2009.

本章思考题：

1. 我国公司设立采用何种类型的资本确定原则？

2. 为什么对不同组织类型的企业，出资方式要求不同？

3. 怎样理解公司章程在企业设立中的作用？

4. 我国对公司发起人有哪些相关规定？为什么？

【章末案例】

温州澳珀与佛山澳珀

温州澳珀家具有限公司（以下简称温州澳珀）在家具行业内享有一定知名度。2000年 1 月至 2002 年 6 月，温州澳珀先后向国家商标局申请并获得核准取得在家具产品、广告宣传、货物展出等方面使用"澳珀"中文商标及"OPAL＋澳珀"组合商标的专用权。后来，温州澳珀发现佛山市澳珀家具有限公司（以下简称佛山澳珀）在其佛山、番禺等地的总店及连锁店经营场所外部或宣传广告牌匾上分别挂有"澳珀家具""AOPO＋澳珀＋

澳珀家具"等字样，遂以佛山澳珀未经其许可，使用与其注册商标相同的"澳珀"字样，足以导致消费者产生混淆、误认误购为由，向法院提起诉讼，要求判令被告停止侵害并赔偿其各项损失共 11 万元。被告佛山澳珀认为，本公司名称登记于 1996 年，属于使用在先，理应享有在先权利。因此，不构成对温州澳珀的侵权。

法院经审理判决，被告佛山澳珀立即停止在佛山地区以外的地区进行的广告宣传中突出使用和不正当使用"澳珀"字样的行为，赔偿原告温州澳珀 1 万元的损失，并且登报消除影响。

讨论：佛山澳珀企业名称是否构成对温州澳珀注册商标权的侵犯？设立企业时注意什么？

第八章　个人独资企业设立

【本章导读】 本章介绍了个人独资企业的概念，分析了个人独资企业与个体工商户的区别，梳理了我国《个人独资企业法》的出台背景及修订情况，并在此基础上给出了我国个人独资企业设立的法律条件和程序。

【开篇案例】

国家公务员可以设立个人独资企业吗？

李某是某国家机关的工作人员，享受国家公务员待遇。由于李某的工作比较清闲，收入也不高，因此李某很想从事一些其他的职业，并借此增加自己的收入。李某对个人独资企业非常感兴趣，希望自己能够创办一家个人独资企业。李某了解到市场上饮食业非常赚钱，因此打算成立一家餐馆，采取个人独资企业的形式。但是由于担心自己的资金及管理水平有限，因此李某同自己的表弟王某商量后，决定两人共同出资成立该餐馆。两人决定将该餐馆命名为"好味来海鲜酒楼"。酒楼登记注册的企业名称为"好味来餐饮公司（个人独资）"。李某了解到成立个人独资企业的出资由自己自愿申报，为了减少自己的责任风险，打算不予申报。同时，由于经营场所对于经营饮食业非常重要，李某和王某商量后，打算好好挑选，所以想在取得工商局营业登记、获得个人独资企业的营业执照后再行确定酒楼的营业地点。接着，李某拿着自己以及王某的身份证明和填写好的个人独资企业设立申请书，到当地工商行政管理部门办理设立登记。根据《个人独资企业法》第16条的规定，法律、行政法规禁止从事营利性活动的人，不得作为投资人申请设立个人独资企业。因此，作为个人独资企业的投资人不能是法律、行政法规禁止从事经营性活动的人。而依据我国《中华人民共和国公务员法》第53条的规定，国家行政机关工作人员禁止从商。公务人员一律不准个人独资或与他人合资、合股、合伙经商办企业。由于诸多事项不符合法律规定，李某的申请被退回。

思考：李某的行为是否符合个人独资企业设立的条件？

第一节　个人独资企业介绍

一、个人独资企业概述

个人独资企业是指依照《个人独资企业法》在中国境内设立，由一个自然人投资，财产为投资人个人所有，投资人以其个人财产对企业债务承担无限责任的经营实体。个人独资企业所有权与经营权统一，容易设立和关闭，利润独享、亏损自负，具有决策高效简单、经营管理灵活、政府管制少、不缴纳企业所得税等特点。但个人独资企业规模小，其主要缺点在于投资人对企业承担无限清偿责任、筹集资金困难、缺乏管理人才和经营管理水平较低等。

二、个人独资企业与个体工商户的区别

个体工商户是指生产资料属于私人所有，主要以个人劳动为基础，劳动所得归个体劳动者自己支配的一种经济形式。个体工商户有个人经营、家庭经营与个人合伙经营三种组织形式。由于个体工商户对债务负无限责任，所以个体工商户不具备法人资格。个人独资企业和个体工商户是个人投资可供选择的不同法律形式，以下从几个方面对个人独资企业和个体工商户进行比较。

（一）成立条件不同

个人独资企业必须有固定的生产经营场所和合法的企业名称；而个体工商户可以不起字号名称，也可以没有固定的生产经营场所，可以进行流动经营。换句话说，合法的企业名称和固定的生产经营场所是个人独资企业的成立要件，但不是个体工商户的成立要件。

（二）法律地位不同

根据我国法律，民事法律关系的主体可分为自然人和法人。个体工商户不具有法人资格。依照相关法律规定，公民在法律允许的范围内，依法经核准登记从事工商业经营的为个体工商户。个体工商户是我国特有的公民参与生产经营活动的一种形式，也是个体经济的一种法律形式。个体工商户可比照自然人和法人享有民事主体资格，但个体工商户不是一个经营实体。

个人独资企业是依法在中国境内设立，由一个自然人投资，财产为投资人个人所有，投资人以其个人财产对企业债务承担无限责任的经营实体。个人独资企业不具有法人资格，虽然可以起字号，并可以对外以企业名义从事民事活动，但也只是自然人进行商业活动的一种特殊形态，属于自然人企业范畴。

（三）出资人不同

个体工商户既可以由一个自然人出资设立，也可以由家庭共同出资设立。个人独资企业的出资人只能是一个自然人。

（四）承担责任的财产范围不同

根据《中华人民共和国民法通则》（以下简称《民法通则》）和现行司法解释的规定，就承担的责任性质而言，个体工商户对所负债务承担的是无限清偿责任，即不以投入经营的财产为限，而应以其所有的全部财产承担责任。是个人经营的，以个人财产承担；是家庭经营的，以家庭财产承担。当然，无论是以个人财产还是家庭财产承担责任，都应当保留其生活必需品和必要的生产工具。

个人独资企业的出资人在一般情况下，仅以其个人财产对企业债务承担无限责任。只有在企业设立登记时明确以家庭共有财产作为个人出资的，才依法以家庭共有财产对企业债务承担无限责任。

（五）适用法律不同

个人独资企业依照《个人独资企业法》设立，个体工商户依照《民法通则》《城乡个体工商户管理暂行条例》的规定设立。

（六）财税要求不同

根据《个人独资企业法》的规定，个人独资企业必须建立财务制度，以进行会计核算。而个体工商户可以按照税务机关的要求建立账簿，如果税务部门不做要求，也可以不进行会计核算。另外，在税收政策方面，一般来说，个体工商户较难被认定为一般纳税人，而符合条件的个人独资企业则可以被认定为一般纳税人。

（七）设立分支机构不同

个人独资企业可以设立分支机构，也可以委派他人作为个人独资企业分支机构负责人，但由设立该分支机构的个人独资企业承担责任。而根据规定，个体工商户不能设立分支机构。由此可以看出，个人独资企业的总规模一般大于个体工商户。

三、《个人独资企业法》出台背景及修订

个人独资企业同合伙企业一样，从经济性质上说是属于私营经济范畴的。在社会主义初级阶段，公有制是主体，多种所有制共同发展。私营经济的发展正是在这一总的架构中实现的。私营经济的发展不仅有助于增加供给，缓和社会某些产品和劳务的需求大于供给的矛盾，满足人民的需要；而且有助于增加国家财政收入，加快小城镇建设，增加社会的就业人数，促进农村多余劳动力向农村以外、向非农业部门转移，增加社会的购买力。私营企业之所以能起到这些作用，与它们的活力密不可分。它们的活力来自市场竞争，来自市场竞争的巨大压力。这些私营企业一开始就是在计划经济体制之外建立与运作的，它们的目标是在市场中占据一定的份额。如果不能适应市场的需要，它们就会被淘汰。这就迫使它们时时刻刻注意市场的变化，选择投产方向。加之，它们的规模

不大，机制灵活，能够随着市场供求的变化而转产，可以按照订货单调整产品结构。此外，私营企业由于自负盈亏，自己承担投资风险，它们在增加投资以扩大内需时会竭力避免重复建设，避免无效益投资，这对经济增长同样有利。

由于我国的私营经济经历了一个曲折的过程，使得私营经济的立法也相对落后，主要有一部《私营企业暂行条例规范》加以约束，另外的一些规定散见于《民法通则》之中，这些规范、规定内容粗略、概括，还有许多疏漏之处。至今，私营企业以其经营灵活、产权自有等优势吸引了众多投资者，使得我国的私营经济蓬勃发展，成为国民经济中一支不可忽视的生力军。为此，建立一部完善的私营经济立法已成为必然。

为了规范个人独资企业的行为，保护个人独资企业投资人和债权人的合法权益，维护社会经济秩序，促进社会主义市场经济的发展，根据《宪法》，制定了《个人独资企业法》。1999 年 8 月 30 日，第九届全国人民代表大会常务委员会第十一次会议通过，1999 年 8 月 30 日中华人民共和国主席令第二十号公布，自 2000 年 1 月 1 日起施行，截至目前没有修订。

从社会主义市场经济的法律体系来说，这是规范市场经济主体行为的法律之一。个人独资企业是一种市场经济主体，由一个自然人投资，财产为投资人个人所有，投资人以自己的个人财产对企业的债务承担无限责任。制定这部法律，是为了规范个人独资企业的行为，保护投资人和债权人的合法权益，以促进社会主义市场经济的发展。《个人独资企业法》同以前全国人大常委会通过的《公司法》《合伙企业法》一样，都属于规范市场经济主体的法律，区别在于《公司法》规范的是有限责任公司和股份有限公司的行为，《合伙企业法》规范的是合伙企业的行为，而这部《个人独资企业法》规范的则是个人独资企业的行为。

第二节　个人独资企业设立的法律条件

企业作为现代社会的基本细胞之一，对社会的各个方面有着重要的影响和作用，因此，各国对企业的设立都规定了一定的法律规范。由于企业存在多种组织形式，各种组织形式的企业对社会的影响有所不同，所以，法律对不同企业的设立条件与程序的规定也有所不同。理解与掌握企业设立的法律条件和程序，对于设立企业是必备的知识。

一、投资人为一个自然人且只能是中国公民
企业投资者是一个自然人，这是个人独资企业区别于其他企业组织形式的显著特征。

二、有合法的企业名称

企业名称是企业间相互区别的识别性标志。个人独资企业由于要以其个人财产对企业债务承担无限责任，《个人独资企业法》规定企业的名称应当与其责任形式及从事的营业相符合。因此，在个人独资企业的名称中不允许出现"有限""有限责任""公司"字样或与企业所从事的经营内容不一致的名称。企业的名称要遵循我国《企业名称登记管理办法》的规定要求，具体规定如下。

1. 企业通常只能使用一个名称。在登记机关辖区，企业不能使用和同行业已登记注册企业相同或相近的名称。

2. 企业名称通常由四部分组成：企业所在地的行政区划名称；字号或商号；行业或者经营特点；组织形式。

3. 企业名称应该使用汉字。

4. 不得使用法律禁止以及与自身实际情况不符的名称。

5. 企业名称应经工商行政管理机关核准登记。

三、有投资者申报的出资

个人独资企业在设立时要申报创办该企业的必要出资。所申报的投资是企业存在和发展的必备物质基础。由于个人独资企业经营和决策比较灵活，加之要以投资人的个人财产对企业的债务承担无限责任，因此，在设立时，国家没有规定最低的注册资本限额。

四、有固定的生产经营场所和必要的生产经营条件

固定的生产经营场所能为个人独资企业发展提供一个稳定的生产经营环境。同时，企业设立还必须具备与企业发展相适应的生产设备、稳定的原料供应和产品销售网络等必要的生产经营条件。

五、有必要的从业人员

个人独资企业必须具有企业所需从业人员。《个人独资企业法》规定企业必须依法招用职工。

第三节　个人独资企业设立的程序

一、提出登记申请

申请设立个人独资企业，应当由投资人或者其委托的代理人向个人独资企业所在地

的工商行政管理机关提交以下文件。

1. 设立申请书。申请书中应当载明企业的名称和住所、投资人的姓名和居所、投资人的出资额和出资方式、经营范围。

2. 投资人身份证明。

3. 生产经营场所使用证明等文件。

4. 若有委托的代理人，应当出具投资人的委托书和代理人的合法证明。

5. 若从事法律、法规规定需报经有关部门审批的业务，应当提交有关批准文件。

二、登记审批

个人独资企业所在地的工商行政管理局应当在收到设立申请文件之日起 15 日内对企业提交的文件进行审查，对符合《个人独资企业法》规定条件的，予以登记，发给营业执照；对不符合《个人独资企业法》规定条件的，不予登记，并应当给予书面答复，说明理由。

个人独资企业的营业执照的签发日期，为个人独资企业的成立日期。在领取个人独资企业营业执照前，投资人不得以个人独资企业名义从事经营活动。

三、设立分支机构

个人独资企业设立分支机构，应当由投资人或者其委托的代理人向分支机构所在地的登记机关申请登记，领取营业执照。分支机构经核准登记后，应将登记情况报该分支机构隶属的个人独资企业的登记机关备案。分支机构的民事责任由设立该分支机构的个人独资企业承担。

第四节　个人独资企业注册登记

本节以天津市市场和质量监督管理委员会[①]为例，说明天津市个人独资企业网上注册登记业务操作流程。

---

① 2014 年 7 月 30 日，天津市市场和质量监督管理委员会正式挂牌。该委员会由原市工商行政管理局、食品药品监督管理局、质量技术监督局三个部门"三合一"整合而成。在全国省级层面，天津市率先建立了大市场大部门监管新体制。为深化"放管服"改革，进一步优化我市营商环境，推进"互联网+政务服务"，提高企业开办效率，天津市市场和质量监督管理委员会于 2018 年 7 月发布了《关于落实"政务一网通"深入推进企业登记全程电子化的通知》（津市场监管规〔2018〕7 号）。

一、天津市企业登记全程电子化服务平台概述

该平台为企业申报人开通 24 小时互联网云端信息报送服务的入口，采用大数据技术手段，通过"傻瓜式"问答方式，最大限度减少企业申报人的信息录入工作。后台帮办预审通过后自动生成申报材料，平台同时将预审信息通过部署在前置机上的预审信息自动录入程序，模拟帮办动作，自动化录入一口式界面，帮办不再需要重复录入，大幅提高了帮办的办件效率，实现了商事登记的快速办理。

二、注册登录

在平台注册时，包括个人独资企业在内的任何类型企业首先要登录天津市企业登记全程电子化服务平台的网站（http://qydj.tjmqa.gov.cn）。

申报人首次登录平台需进行注册，点击"一步注册"输入手机号后点击"发送验证码"，该手机将收到平台下发的验证码，将该验证码填写到相应位置，设置登录密码，确认登录密码，点击"马上注册"即完成注册。

注册成功后，使用手机号以及用户设定的密码，拖动滑块进行登录。若用户忘记密码，可点击下方"忘记密码"，系统会发送验证码至用户手机，用户可自行重置密码。

登录后，平台会弹出"天津市市场监管委企业登记全程电子化服务平台使用承诺书"，阅读相关内容并点击"我同意"。

三、填写信息

（一）选择设立类型

选择"设立"业务，点击"设立一家企业"，进而选择企业设立类型。类型包括个人独资企业设立、合伙企业设立、外商投资企业设立、有限公司设立、有限公司分公司设立等。

（二）填写主体信息

在填写主体信息界面，申报人需填写预核准或自主申报名称和名称自主申报告知书编号、注册资本、营业期限、许可经营项目、经营范围、执照副本数、住所所在行政区划、乡镇/街道、住所、属地监管工商所、党员人数、其中预备党员人数、法定代表人是否党员等信息。

1. 填写名称预核准编号

需填写在名称申报平台或登记系统预核准的名称的编号，点击"查询"即可。

2. 填写注册资本、经营期限、许可项目

手动输入注册资本数额，以万元为单位，注册资本必须大于 0；营业期限系统给出 10 年、20 年、30 年、40 年、50 年、长期和其他单选项，用户可以用鼠标进行单项选择，若选择"其他"选项则需要在后面方框中填入注册单位想要申请的营业期限；若注册单位没有前置审批项目，则需要点击许可经营项目下方"没有前置审批项目"前的方框，

系统自动在许可经营项目框中填写"无"，若有前置审批项目在方框中填写即可。需要说明的是，个人独资企业对注册资本并没有限制要求，营业执照上也不会显示注册资本的数额。

3. 填写经营范围

经营范围由"经营项目"＋"经营方式"组合而成，用户填写经营范围首项应与企业名称首项标书一致。如出版物批发兼零售，可同时填写多个经营项目，用顿号（"、"）隔开。如果申请的经营项目不含经营方式，请明确。比如，经营范围是医疗器械，应当明确生产还是批发或零售。

4. 填写执照副本数

申报人手动填写需要申请的营业执照副本数，营业执照副本数的限制是整数1—99。

5. 填写住所

天津市企业名称全程电子化服务平台在全市范围上线，对企业注册地址进行了行政区域划分。填写住所时，申报人点击右侧下拉菜单选择住所所在行政区域和乡镇/街道，系统在住所处自动生成该信息，申报人只需在后方增加详细地址即可。如果有属地监管工商所，申报人需下拉选择对应的工商所。

6. 填写党员人数

申报人手动填写公司党员人数、其中预备党员人数，在"法人代表是否党员"选项中选择"是"或"否"。

（三）填写人员信息

主体信息填写完成后，通过点击"下一步"即可进入人员信息的编辑界面。人员信息需录入股东或发起人、董事、监事、经理人、法定代表人、委托代理人、联络人、财务负责人和办税人信息等。

对于个人独资企业来说，相关人员比较简单，没有董事、监事等人员的信息。点击"股东或发起人信息"，可查看在名称申报或登记系统填写的股东信息；点击"操作"栏下的编辑按钮，可编辑股东的住所、认缴额、出资方式、出资期限，点击"保存"即可。

（四）上传登记资料

股东证件上传：点击股东右侧"上传"按钮，弹出"证件照上传"文本框，参照右侧说明，点击"添加文件"，上传相应证件，点击"确认上传"即可。

其他人员证件上传：点击其他人员右侧"上传"按钮，弹出"证件照上传"文本框，分别点击"上传证件正面照片"与"上传证件背面照片"，上传成功后点击"确认"即可。

相关许可证上传和其他文件上传：如有需要提交的相关许可证和其他文件，分别点击"相关许可证上传"和"其他文件上传"，可以将图片直接拖至下方相应线框内，或者点击"上传"。

所有资料提交后，关闭当前页面，回到"我的业务"界面，点击"上报"即可完成企业设立。

上报后系统会提示上报成功；如不成功，系统会提示产生的问题，点击"编辑"进行修改。

四、查看我的业务与查询审核

（一）查看我的业务

申报人录入信息之后可在"我的业务"中查看当前状态，可进行编辑、删除、上报等相关操作。点击"编辑""删除"可编辑或删除预设立/变更的企业信息；点击"上报"可将企业信息上报至审核账户，待审核用户审核；点击"撤销上报"可将已上报的企业撤销，撤销成功后可进行编辑、删除、上报。

（二）查询审核

1. 第一步：查询

登录该平台后，可通过过滤框分别查询做设立、变更和注销的企业。

2. 第二步：审核操作

审核通过，申报人的手机将收到平台下发的初筛通过的短信，同时在平台上的"我的业务"中能看到"打印登记材料"。

审核驳回，申报人的手机将收到平台下发的驳回短信，同时在平台上的"我的业务"中能看到初筛意见。

进一步阅读材料：

1. 李建中，贾俊玲.个人独资企业法与个人独资企业管理[M].北京：国家行政学院出版社，2000.

2. 孙丽佳.公民实用法律百问丛书：个人独资企业法百问[M].长春：吉林人民出版社，2010.

3. 刘劲柳.个人独资企业法新释与例解[M].北京：北京日报出版社，2003.

4. 法宝网.中小企业法律速查速用大全集：案例应用版[M].北京：中国法制出版社，2014.

本章思考题：

1. 试分析个人独资企业的特点。

2. 尝试思考个人独资企业设立的法律条件比较简单的原因。

【章末案例】

个人独资企业投资人变更后债务谁担

案情概况：原告为沛县东光铸造有限责任公司（以下简称东光公司）；被告为徐州宏达水泵厂（以下简称徐州水泵厂）和李传营。

被告徐州水泵厂是个人独资企业,在 2000 年至 2002 年间多次向原告购买配件。2002 年 6 月,双方结欠货款 57259 元,在支付 2 万元后,被告投资人李传营以水泵厂名义和原告于 2002 年 8 月达成还款计划,约定余款于 2003 年 5 月前还清。

2002 年 11 月 8 日,李传营(甲方)与王某(乙方)达成转让协议,甲方决定将徐州水泵厂转让给乙方,协议约定:(1)至转让之后所发生的债权债务由乙方承担;(2)乙方自签字之日方能有自由经营权;(3)本协议自签字之日起生效。协议签订的当日,徐州水泵厂即在工商部门办理了企业投资人变更登记。后原告依还款计划要求被告徐州水泵厂偿还到期债务,但被告以投资人变更为由拒绝偿还。

原告诉至沛县人民法院,要求徐州水泵厂承担到期债务的清偿责任。在审理期间,又依原告申请追加李某为被告。被告徐州水泵厂辩称,徐州水泵厂为个人独资企业,原厂负责人是李传营,2002 年 11 月 8 日变更为王传沛,并办理了工商变更登记,依据协议的约定,转让前的债务应由李传营承担,请求驳回原告对徐州水泵厂的诉讼请求。被告李传营辩称,徐州水泵厂负责人的变更不能影响债务的承担方式,故应由企业承担清偿责任。

讨论:法院应如何判决?

第九章　合伙制企业设立

【本章导读】本章首先解析了合伙制企业的概念，论述了主要合伙制企业类型之间的区别以及我国《合伙企业法》出台的背景和修订情况，并以此为基础，介绍了我国合伙企业设立的法律条件和程序。

【开篇案例】

张家港正富创业投资企业的合伙协议

张家港正富创业投资企业（有限合伙企业，以下简称"正富创投"）由正豪投资管理有限公司（普通合伙人，General Partner，以下简称"GP"）、其他法人和自然人（有限合伙人，Limited Partner，以下简称"LP"）合伙成立。合伙协议主要包括如下几个方面内容：（1）GP，出资 100 万元。（2）LP 为金源科技有限公司、昌源发展有限公司、华源投资有限公司、赵某、钱某和孙某，分别出资 2000 万元、1500 万元、1000 万元、2200 万元、2200 万元和 1000 万元。（3）合伙目的为对高成长型企业投资以获取资本增值收益，单个投资项目的变现在退出后分配，利润分配顺序依次为支付合伙人资金成本（依未返还出资额按年 6% 计算）、返还合伙人出资（未返还出资）、剩余资金 20% 分配给 GP 和 80% 按出资比例分配给全体合伙人，亏损由全体合伙人按出资比例分担。（4）GP 管理团队按项目投资总额的 5% 进行配比投资，作为项目投资风险准备金；项目退出时项目收益小于零，风险准备金弥补项目损失，有剩余的退还配比投资人；项目收益大于零，配比投资人收回本金并享有年均收益率对应的收益；项目年均收益率超过 15% 的，配比投资人另获奖励。（5）合伙企业依全体合伙人出资总额的 2% 每年向 GP 支付管理报酬。（6）合伙人违约应依其出资额的 0.5% 支付违约金，守约方按出资比例获得该违约金。（7）合伙人被除名，其份额以被除名合伙人出资额 70% 的价格由其他合伙人按出资比例获得。

思考：合伙协议应该包含什么内容？

第一节　合伙制企业介绍

一、合伙制企业概述

合伙企业是指自然人、法人和其他组织依照《合伙企业法》在中国境内设立的，由两个或两个以上的自然人通过订立合伙协议，共同出资经营、共负盈亏、共担风险的企业组织形式。合伙协议依法由全体合伙人协商一致，以书面形式订立。订立合伙协议、设立合伙企业，应当遵循自愿、平等、公平、诚实信用原则。

合伙企业一般无法人资格，不缴纳企业所得税，缴纳个人所得税。类型有普通合伙企业和有限合伙企业。其中，普通合伙企业又包含特殊的普通合伙企业。普通合伙企业由普通合伙人组成，合伙人对合伙企业债务承担无限连带责任。有限合伙企业由普通合伙人和有限合伙人组成，普通合伙人对合伙企业债务承担无限连带责任，有限合伙人以其认缴的出资额为限对合伙企业债务承担责任。国有独资公司、国有企业、上市公司以及公益性事业单位、社会团体不得成为普通合伙人。

合伙企业所有权与经营权统一，经营和管理实行分工、专门化，因此合伙企业的经营管理水平较高。另外，合伙企业还具有政府管制较少和不缴纳企业所得税等优点。其主要缺点在于，投资人对企业债务承担无限清偿责任，企业的寿命不稳定。

二、合伙制企业的类型及其区别

（一）类型

合伙企业类型有普通合伙企业和有限合伙企业。其中，普通合伙企业又包含特殊的普通合伙企业。

普通合伙企业由普通合伙人组成，合伙人对合伙企业债务承担无限连带责任。特殊的普通合伙企业指合伙企业的一个合伙人或者数个合伙人在执业活动中因故意或者重大过失造成合伙企业债务的，应当承担无限责任或者无限连带责任，其他合伙人以其在合伙企业中的财产份额为限承担责任。合伙人在执业活动中非因故意或者重大过失造成的合伙企业债务以及合伙企业的其他债务，由全体合伙人承担无限连带责任。

有限合伙企业由普通合伙人和有限合伙人组成，普通合伙人对合伙企业债务承担无限连带责任，有限合伙人以其认缴的出资额为限对合伙企业债务承担责任。

（二）区别

1. 合伙企业名称

普通合伙企业、特殊的普通合伙企业和有限合伙企业名称应分别标明"普通合伙"

"特殊普通合伙""有限合伙"字样。

2. 合伙人要求

普通合伙企业的人数要求为 2 人以上，对投资人数没有上限规定；普通合伙人不得为国有独资公司、国有企业、上市公司以及公益性事业单位、社会团体。有限合伙企业的人数要求为 2 人以上、50 人以下，其中至少有一个普通合伙人。

3. 出资形式要求

普通合伙人可以用货币、实物、知识产权、土地使用权或其他财产权利出资，也可以用劳务出资；有限合伙人不得以劳务出资。

4. 合伙事务执行人

普通合伙人对执行合伙事务享有同等的权利；有限合伙企业由普通合伙人执行合伙事务，执行事务合伙人可以要求在合伙协议中确定执行事务的报酬及报酬提取方式，有限合伙人不得对外代表有限合伙企业。

5. 责任承担

普通合伙企业由普通合伙人对合伙企业债务承担无限连带责任，新合伙人对入伙前合伙企业的债务承担无限连带责任；特殊的普通合伙企业中，在执业活动中因故意或者重大过失造成合伙企业债务的一个或数个合伙人承担无限责任或者无限连带责任，其他合伙人以其在合伙企业中的财产份额为限承担责任，合伙人在执业活动中非因故意或者重大过失造成合伙企业债务以及合伙企业的其他债务，由合伙人承担无限连带责任；有限合伙企业由普通合伙人和有限合伙人组成，普通合伙人对合伙企业债务承担无限连带责任，有限合伙人以其认缴的出资额为限对合伙企业债务承担责任，有限合伙人转变为普通合伙人的，对其作为有限合伙人期间有限合伙企业发生的债务承担无限连带责任。

6. 合伙人的继承人的资格

普通合伙企业合伙人的继承人，按照合伙协议的约定或者全体合伙人一致同意，从继承开始之日起，取得该合伙企业的合伙人资格；有限合伙人的继承人或者权利承受人可以依法取得该有限合伙人在有限合伙企业中的资格。

三、《合伙企业法》出台的背景与修订

（一）背景

由于合伙企业这种组织形式与公司相比，具有设立简便、出资形式灵活多样、内部结构简单、管理便利等优点，在发展经济、扩大就业、方便人民生活、满足社会多样化需要等方面具有重要作用，所以，改革开放以来，我国的合伙企业有很大发展，到 1995 年底，已有近 12 万个，在社会主义市场经济发展中起了积极作用，成为我国市场经济主体的组成部分之一。《合伙企业法》的颁布和执行，对于规范合伙企业的组织和行为，保护合伙企业、合伙人和债权人的合法权益，维护社会经济秩序，促进社会主义市场经济的发展，必将起到积极的作用。

我国第八届全国人民代表大会常务委员会第二十四次会议于 1997 年 2 月 23 日通过了《合伙企业法》，对合伙企业的设立、财产、经营管理、入伙、退伙以及解散清算等事项均做出了较为详细、具体的规定。作为我国第一部全面系统地规范合伙企业的法律文件，该法弥补了我国《民法通则》对合伙企业残缺不全的规定，是一部很重要的调整市场主体的民商法律。它的通过与实施，必将在现实经济生活中发挥积极的作用。

（二）修订

中华人民共和国成立后第一部《合伙企业法》于 1997 年正式颁布实施。这是建立现代企业制度的重要步骤。但由于当时对合伙制度的理论研究不够充分，国内的实践还不够丰富，因此还存在不少问题需要进一步探索与解决。经过了多年比较充分的研究与探索后，全国人大常委会终于在 2006 年 8 月对《合伙企业法》进行了修订。

该法由中华人民共和国第十届全国人民代表大会常务委员会第二十三次会议于 2006 年 8 月 27 日修订通过，自 2007 年 6 月 1 日起施行。修订后的《企业合伙法》将原第二、三、四、五、六章合并为第二章下的五个小节，增加了一个小节（特殊的普通合伙企业）、增加了一个章节（有限合伙企业）。在条文上，在原 78 条的基础上增加了 31 个条文，修订后的条文共 109 条。

这部于 2007 年 6 月 1 日起施行的《合伙企业法》有不少重大突破。它承认了国际通行的有限合伙制度；引入了最近几年在国外风行的有限责任合伙制度（为了避免与有限合伙的混淆，最后把有限责任合伙改名为"特殊的普通合伙"）；明确承认了企业之间的合伙；对合伙企业不缴纳企业所得税也做出了明确的规定等。

修改后的《合伙企业法》明确规定，有限合伙企业由普通合伙人和有限合伙人组成，普通合伙人对合伙企业债务承担无限连带责任，有限合伙人以其认缴的出资额为限承担责任。

有限合伙企业中的有限合伙人只对合伙企业债务承担有限责任，为了保护交易相对人的利益，有限合伙企业的一些情况应当公示，让交易相对人知悉。因此，修改后的《合伙企业法》规定：有限合伙企业的名称中应当标明"有限合伙"字样；有限合伙企业登记事项中应当载明有限合伙人的姓名或者名称及认缴的出资数额。

有限合伙人对合伙企业债务承担有限责任也不是绝对的，当出现法定情形时，有限合伙人也会对合伙企业债务承担无限连带责任。修改后的《合伙企业法》规定，第三人有理由相信有限合伙人为普通合伙人并与其交易的，该有限合伙人对该笔交易承担与普通合伙人同样的责任，即对该笔债务承担无限连带责任。

针对有限合伙企业的特点，修改后的《合伙企业法》对有限合伙企业做出了一些不同于普通合伙企业的规定，主要包括：

1. 如果合伙协议有约定，有限合伙企业可以将全部利润分配给部分合伙人；

2. 除合伙协议另有约定外，有限合伙人可以同本有限合伙企业进行交易；

3. 除合伙协议另有约定外，有限合伙人可以自营或者同他人合作经营与本有限合伙企业相竞争的业务；

4. 除合伙协议另有约定外，有限合伙人可以将在有限合伙企业中的财产份额转让或者出质，而不必经全体合伙人一致同意；

5. 作为有限合伙人的自然人在有限合伙企业存续期间丧失民事行为能力的，其他合伙人不得因此要求其退伙；

6. 作为有限合伙人的自然人死亡、被依法宣告死亡或者作为有限合伙人的法人及其他组织终止时，其继承人或者权利承受人可以依法取得该有限合伙人在有限合伙企业中的资格。

修改后的《合伙企业法》，在"普通合伙企业"一章中专门以一小节"特殊的普通合伙企业"对专业服务机构中合伙人的责任做出了特别规定。

1. 特殊的普通合伙企业的适用范围

修改后的《合伙企业法》规定，以专业知识和专门技能为客户提供有偿服务的专业服务机构，可以设立为特殊的普通合伙企业，适用本法关于特殊的普通合伙企业的责任规定。此外，《合伙企业法》只规范注册为企业的专业服务机构，而很多专业服务机构如律师事务所并未注册为企业，不适用《合伙企业法》的规定，但在责任形式上也可以采用《合伙企业法》规定的特殊的普通合伙的责任形式。因此，修改后的《合伙企业法》在附则中专门做出规定，非企业专业服务机构依据有关法律采取合伙制的，其合伙人承担责任的形式可以适用本法关于特殊的普通合伙企业合伙人承担责任的规定。

2. 对特殊的普通合伙企业的公示要求

特殊的普通合伙企业，其合伙人对特定合伙企业债务只承担有限责任，为保护交易相对人的利益，应当对这一情况予以公示。修改后的《合伙企业法》规定，特殊的普通合伙企业名称中应当标明"特殊普通合伙"字样。

3. 特殊的普通合伙企业合伙人的责任形式

这是特殊的普通合伙企业制度最关键的内容，修改后的《合伙企业法》借鉴国外的立法经验，并结合我国实际，将其规定为：特殊的普通合伙企业，一个合伙人或者数个合伙人在执业活动中因故意或者重大过失造成合伙企业债务的，应当承担无限责任或者无限连带责任，其他合伙人以其在合伙企业中财产份额为限承担责任。合伙人在执业活动中非因故意或者重大过失造成的合伙企业债务以及合伙企业的其他债务，由全体合伙人承担无限连带责任。

4. 对特殊的普通合伙企业债权人的保护

特殊的普通合伙企业，其合伙人对特定合伙企业债务只承担有限责任，对合伙企业的债权人的保护相对削弱。为了保护债权人的利益，修改后的《合伙企业法》专门规定了对特殊的普通合伙企业债权人的保护制度，即执业风险基金制度和职业保险制度。修改后的《合伙企业法》规定，特殊的普通合伙企业应当建立执业风险基金、办理职业保险；执业风险基金用于偿付合伙人执业活动造成的债务；执业风险基金应当单独立户管理；执业风险基金的具体管理办法由国务院规定。特殊的普通合伙企业实质上仍然是普通合伙企业，因此修改后的《合伙企业法》规定，特殊的普通合伙企业，本法未做规定的，适用本法关于普通合伙企业的规定。

修改后的《合伙企业法》对合伙企业破产问题首次做出了明确规定，即合伙企业不能清偿到期债务的，债权人可以依法向人民法院提出破产申请，也可以要求普通合伙人清偿；合伙企业被依法宣告破产的，普通合伙人对合伙企业债务仍应承担无限连带责任。

第二节　合伙制企业设立的法律条件

一、符合法律要求的合伙人人数

普通合伙企业由普通合伙人组成，合伙人对合伙企业债务承担无限连带责任。《合伙企业法》对普通合伙企业合伙人人数限制在 2 人以上，合伙人为自然人的，应当具有完全民事行为能力。

有限合伙企业由普通合伙人和有限合伙人组成，普通合伙人对合伙企业债务承担无限连带责任，有限合伙人以其认缴的出资额为限对合伙企业债务承担责任。《合伙企业法》对有限合伙企业合伙人人数限制在 2 人以上、50 人以下（法律另有规定的除外），有限合伙企业至少应当有一个普通合伙人。

二、有书面合伙协议

合伙协议在合伙企业的地位和作用等同于公司的章程，是调整合伙人关系、规范合伙人权利和义务的法律文件，是合伙企业设立和经营管理的行动指南。合伙协议必须采用书面形式。《合伙企业法》规定普通合伙企业的合伙协议应当载明下列事项：

1. 合伙企业的名称和主要经营场所的地点；

2. 合伙目的和合伙经营范围；

3. 合伙人的姓名或者名称、住所；

4. 合伙人的出资方式、数额和缴付期限；

5. 利润分配、亏损分担方式；

6. 合伙事务的执行；

7. 入伙与退伙；

8. 争议解决办法；

9. 合伙企业的解散与清算；

10. 违约责任。

对于有限合伙企业，合伙协议除符合上述规定外，还应当载明下列事项：

1. 普通合伙人和有限合伙人的姓名或者名称、住所；
2. 执行事务合伙人应具备的条件和选择程序；
3. 执行事务合伙人权限与违约处理办法；
4. 执行事务合伙人的除名条件和更换程序；
5. 有限合伙人入伙、退伙的条件、程序以及相关责任；
6. 有限合伙人和普通合伙人相互转变程序。

三、有各合伙人实际缴付的出资

各合伙人实际缴付的出资是在合伙企业设立时，各合伙投资人经协商后，承诺并实际投入企业的全部资本的总和。实际缴付的出资一方面为企业设立和经营发展奠定了物质基础，另一方面也是企业设立登记时的注册资本。

普通合伙人可以用货币、实物、知识产权、土地使用权或者其他财产权利出资，也可以用劳务出资。合伙人以实物、知识产权、土地使用权或者其他财产权利出资，需要评估作价的，可以由全体合伙人协商确定，也可以由全体合伙人委托法定评估机构评估。合伙人以劳务出资的，其评估办法由全体合伙人协商确定，并在合伙协议中载明。

有限合伙人可以用货币、实物、知识产权、土地使用权或者其他财产权利作价出资；有限合伙人不得以劳务出资。

四、有合伙企业的名称和生产经营场所

企业名称是一个企业区别于另一个企业的识别性标志。各国对企业名称都有明确而严格的法律规定。特别地，由于合伙企业要承担企业债务的无限连带责任，对于合伙企业的名称设立要求比其他企业更高。例如：在英国，法律规定合伙企业的名称应以合伙人的姓氏命名，在企业名称中可加上商号或"公司"字样，但禁止使用"有限"字样。在我国，普通合伙企业应当在其名称中标明"普通合伙"字样，其中，特殊的普通合伙企业应当在其名称中标明"特殊普通合伙"字样，合伙企业的名称必须和"合伙"联系起来，名称中必须有"合伙"二字。

固定的经营场所不仅能保证企业正常生产经营的需要，而且便于确定企业债务履行地、法律文书送达地、民事诉讼管辖地等，以保证企业和债权人的正当权益。从事经营的必要条件指的是进行生产经营所必需的条件，如必要的生产设备、从业人员、原材料供应和销售渠道等。

五、法律、行政法规规定的其他条件

除上述条件外，还要满足法律、行政法规规定的其他合伙制企业设立的条件。

第三节　合伙制企业设立的程序

一般地，设立合伙企业需要履行如下的程序：合伙人协商、订立合伙协议、合伙人实际缴付出资和企业注册登记。

一、合伙人协商

具有共同建立合伙企业意愿的合伙人应就设立企业的相关事宜进行协商，明确各合伙人在公司设立过程中的权利和义务。

二、订立合伙协议

合伙协议是合伙企业的"宪法"，是调整合伙关系，规范合伙人之间权利义务的法律文件，是合伙企业设立和从事经营管理活动的基本依据。合伙协议必须由全体合伙人共同订立，取得全体合伙人的认可并签名盖章。协议必须采用书面的形式。

二、合伙人实际缴付出资

在合伙企业设立时，各合伙投资人将承诺的出资实际投入企业。

四、企业注册登记

合伙企业设立登记包含申请名称核准、提出设立登记申请、领取执照等步骤，具体在第四节阐述。

第四节　合伙制企业注册登记

本节以北京市工商行政管理局为例，说明北京市合伙企业注册登记业务的操作流程，详见图 9-1。

一、申请名称核准

填写并提交名称预先核准申请书，由工商行政管理机关进行企业名称预先核准。

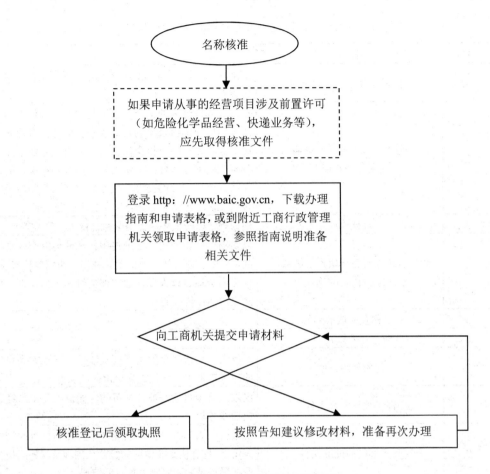

图 9-1　北京市合伙企业注册登记流程图

资料来源：北京市工商行政管理局网站（http://www.baic.gov.cn）。

二、领取表格

登录北京市工商行政管理局网站（http://www.baic.gov.cn），下载办理指南和申请表格，或到附近工商行政管理机关领取申请表格，参照指南说明准备相关文件。

三、提出设立登记申请

登记申请指的是筹备企业设立的合伙人在具备全部法定设立条件后，向当地工商行政管理局提出的注册登记请求。提出设立登记申请时应向登记机关提交登记申请书、合伙协议书、合伙人的身份证明和实缴出资、经营场所证明等书面文件。如果从事法律规定须审批才能经营的行业，还应提供有关的批准证书。需要提交的材料具体如表 9-1 所示。

表 9-1　合伙企业申请登记需要提交的材料

序号	材料	提示
1	《合伙企业设立登记申请书》	根据规定，《合伙企业设立登记申请书》需由全体合伙人签署
2	全体合伙人的身份证明或主体资格证明	合伙人为自然人的提交身份证复印件；合伙人为企业法人的提交加盖公章的营业执照复印件；合伙人为农民专业合作社的，提交加盖公章的农民专业合作社营业执照副本复印件；合伙人为民办非企业单位的，提交加盖单位公章的民办非企业单位证书复印件。特殊普通合伙企业还应提交合伙人的职业资格证明
3	合伙协议	根据规定，合伙协议需由全体合伙人共同签署
4	全体合伙人对各合伙人认缴或者实际缴付出资的确认书	以实物、知识产权、土地使用权或其他财产权利出资的，可由全体合伙人协商确认并出具协商作价确认书，也可由全体合伙人委托法定评估机构评估作价，提交法定评估作价证明
5	《企业名称预先核准通知书》	—
6	《指定（委托）书》	—
7	住所使用证明	产权人签字或盖章的房产证复印件，产权人为自然人的应亲笔签字，产权人为单位的应加盖公章
8	许可项目审批文件	仅限经营项目涉及前置许可的，如危险化学品经营、快递业务等
9	商务部门的批准文件	仅限合伙人为外商投资企业（不含外商投资的投资性公司），且合伙企业申请的经营范围涉及《外商投资产业指导目录》中限制类项目的情况
10	《补充信息登记表》	—
11	执行事务合伙人委派代表的委派书	仅限执行事务合伙人为法人企业时需要提交

资料来源：北京市工商行政管理局网站（http://www.baic.gov.cn）。

四、受理审查

登记机关在收齐申请人应提交的上述材料后，发给申请人"合伙企业申请登记提交材料收据"。企业登记机关自收到申请人应提交的全部文件之日起 30 日内，做出核准登记或者不予登记的决定。

五、领取执照

登记机关对登记申请经过严格的审查后，对符合法律规定条件的合伙企业进行登记，颁发营业执照。合伙企业取得营业执照之日，即为企业成立之日，从此可以对外开展生产经营业务。

进一步阅读材料：

1. 张晨颖.合伙企业破产法律问题研究[M].北京：法律出版社，2016.

2. 康至军.事业合伙人：知识时代的企业经营之道[M].北京：机械工业出版社，2016.

3. 姜博仁.新合伙制：移动互联网时代的新型企业组织模式[M].北京：人民邮电出版社，2016.

4. 王乐宇.我国合伙企业法律制度完善研究[M].北京：中国财政经济出版社，2014.

5. 解银坤.合伙制：重新定义企业的组织形式[M].广州：广东经济出版社，2017.

本章思考题：

1. 简要比较各类合伙制企业的特点。

2. 试分析我国合伙制企业设立的法律条件与程序的特点。

【章末案例】

鸿运饭店的合伙故事

鸿运饭店是由公民于某、王某、刘某三人分别以房屋使用权、劳务和货币出资开办的一家普通合伙企业。其合伙协议约定：由于某执行饭店业务并赋予其 10 万元以下业务的独立执行权；三方按出资比例（5:3:2）分配损益；但未约定经营期限。该饭店于 2001年 10 月 10 日获准开业，当年获利 4 万元，并按约定分配给了各合伙人。

2004 年 5 月，为拓展饭店业务，于某以饭店名义从某银行取得一年期贷款 15 万元，其中 10 万元用于饭店业务，另 5 万元用于其个人住房的装修。2002 年 8 月，刘某以个人财产出资与朋友一起开办了一家"网吧"并委托朋友经营，因此遭于、王二人指责，刘某愤然离开饭店并声明退伙，但未及时办理结算。此后的饭店经营中，因于某对王某隐瞒账目及经营情况，两人之间也矛盾频发，到 2002 年底，二人决定关闭该饭店。在解散清算时，饭店以其财产结清了雇用人员的工资及劳保费，缴清了税款，退还了三人的出资本金，并提前偿还了 10 万元银行贷款本息。

2003 年 5 月，饭店从银行贷款的期限届满，因该饭店已关闭，银行遂向原三个合伙人主张债权，要求其对尚未清偿的 5 万元贷款及利息负连带清偿责任。对此，于某同意按合伙协议约定的 50%的损益分配比例对银行偿债，拒绝偿还另外一半；而王某认为，该部分贷款及利息为于某的越权执业行为所致且为于某个人所用，故应由于某一人负责清偿全部；刘某则认为，自己早已退伙，饭店解散时未能清偿的债务与己无关。

讨论：该案中合伙人及其合伙企业的行为有哪些不合法之处？依据是什么？

第十章 公司制企业设立

【**本章导读**】本章介绍了股份有限公司和有限责任公司的基本概念，梳理了我国《公司法》的出台背景和前后四次修订情况，最后详细说明了我国公司制企业设立的法律条件和程序。

【**开篇案例**】

1949 年中华人民共和国成立后的第一家股份制公司：天桥百货

当人们还在争论股份制姓"社"还是姓"资"的时候，有一家百货商场已经在进行着股份制改造的工作，这就是北京天桥百货股份有限公司（以下简称天桥百货）。

天桥百货始建于 1953 年 4 月，原名为中国百货公司北京市公司第四批发部，后改名为天桥百货商场。1958 年，它成为全国闻名的红旗单位。同年，周恩来总理曾经视察过商场。但是，由于在旧的体制下，只能长期维持简单再生产，企业发展缺乏后劲。当时商场的财务审批权限仅在 10 元以下，没有自主经营权。

1983 年，商场在借鉴国外经验的基础上，结合国情，大胆选择了股份制公司这种与商品经济相联系的组织形式，借以实现自主经营、自负盈亏、自我改造和发展。1984 年，商场开始实行一系列股份制改造工作；并以每股 100 元人民币，由工商银行代理分期发行，共 1000 万元。同年 7 月 26 日，北京天桥百货股份有限公司召开成立大会。一期发行股票 300 万元，1988 年二期又发行 700 万元。改造后的企业经营资产增加到 1.6 亿元，营业额达 2 亿元，面积扩大到 17000 平方米。到 1992 年底，天桥百货共发行股票总额 2870 万元。

天桥百货在经济体制改革中的率先突破，使其成为北京市第一家实行股份制的企业，同时也是全国第一家正式注册的商业股份制公司，还是全国第一家由国营企业转制为股份制的公司。公司股票于 1993 年 5 月 24 日正式在上海证券交易所上市挂牌交易。

思考：天桥百货进行股份制改造的原因有哪些？

第一节　公司制企业介绍

一、公司制企业概述

（一）基本概念

公司制企业是指由一个以上投资人（自然人或法人）依法出资组建，有独立法人财产，自主经营、自负盈亏的法人企业。

（二）股份有限公司和有限责任公司

股份有限公司是指全部资本分成等额股份，股东承担有限责任，公司以其全部资产对公司债务承担责任的公司。

有限责任公司是指全部资本不区分为等额股份，股权转让通常受法律或章程限制，股东承担有限责任，公司以其全部资产对公司债务承担责任的公司。

股份有限公司与有限责任公司的主要区别有以下几点。

1. 股东人数

在股东人数上，有限责任公司设立时股东不超过 50 人，股份有限公司股东人数无上限。

2. 股份流动性

在股份流动性上，有限责任公司股份转让前须征求其他股东意见；股份有限公司的资本划分为等额股份，股份转让相对便捷、自由。

3. 募集资金

股份有限公司可以公开发行股份募集资金，有限责任公司不可。

4. 股权表现形式

有限责任公司里，权益总额不做等额划分，股东的股权是通过所认缴的出资额比例来表示的，股东表决和偿债时以其认缴的出资额比例享有权利和承担责任；而股份有限公司的全部资本分为数额较小、每一股金额相等的股份，股东的表决权按认缴的出资额计算，每股有一票表决权。

5. 组织机构

一般的有限责任公司其组织机构为股东会、董事会和监事会；股东人数较少和规模较小的有限责任公司，其组织机构为股东会、执行董事和监事。股份有限公司的组织机构包括股东大会、董事会、经理和监事会。

6. 信任关系

有限责任公司，资本的结合要大于股东之间的信任关系，但"人合性"也不低；股份有限公司，完全是资合公司（资本结合），不基于股东间的信任关系。"人合"即人的合作，"资合"即资本的合作，有限责任公司属于"人资两合"公司。

7. 上市

有限责任公司不能上市，只有股份有限公司才可以上市。有限责任公司不能上新三板，股份有限公司可以按规定上新三板。

8. 信息披露

有限责任公司不用向社会公开披露财务、生产、经营管理等信息；股份有限公司要按规定向社会公开其财务状况和生产经营状况。

9. 设立方式

有限责任公司只能以发起方式设立，公司资本只能由发起人认缴，不允许向社会募集。股份有限公司既可以发起设立，也可以募集设立，即由发起人认缴公司设立时发行的一部分股份，其余股份向社会公开募集或者向特定对象募集而设立公司。

10. 出资证明形式不同

有限责任公司股东的出资证明为出资证明书，通常为纸面形式。股份有限公司股东的出资证明为股票。股票可以采用纸面形式，但目前通常为无纸化形式。有限责任公司股东的出资证明书必须采取记名方式。股份有限公司的股票除法律另有规定外，既可以采取记名方式，也可以采取无记名方式。

（三）特殊类型的有限责任公司

1. 一人有限责任公司

一人有限责任公司，是指只有一个自然人股东或者一个法人股东的有限责任公司。一个自然人只能投资设立一个一人有限责任公司。该一人有限责任公司不能投资设立新的一人有限责任公司。

一人有限责任公司应当在公司登记中注明自然人独资或者法人独资，并在公司营业执照中载明。一人有限责任公司章程由股东制定，股东不能证明公司财产独立于股东自己的财产的，应当对公司债务承担连带责任。

2. 国有独资公司

国有独资公司，是指国家单独出资、由国务院或者地方人民政府授权本级人民政府国有资产监督管理机构履行出资人职责的有限责任公司。国有独资公司章程由国有资产监督管理机构制定，或者由董事会制定并报国有资产监督管理机构批准。

国有独资公司不设股东会，由国有资产监督管理机构行使股东会职权。国有资产监督管理机构可以授权公司董事会行使股东会的部分职权，决定公司的重大事项，但公司的合并、分立、解散、增加或者减少注册资本和发行公司债券，必须由国有资产监督管理机构决定；其中，重要的国有独资公司合并、分立、解散、申请破产的，应当由国有资产监督管理机构审核后，报本级人民政府批准。

董事会成员由国有资产监督管理机构委派；但是，董事会成员中的职工代表由公司职工代表大会选举产生。董事会设董事长一人，可以设副董事长。董事长、副董事长由国有资产监督管理机构从董事会成员中指定。国有独资公司设经理，由董事会聘任或者解聘。经国有资产监督管理机构同意，董事会成员可以兼任经理。国有独资公司的董事长、副董事长、董事、高级管理人员，未经国有资产监督管理机构同意，不得在其他有限责任公司、股份有限公司或者其他经济组织兼职。国有独资公司监事会成员不得少于5人，其中职工代表的比例不得低于1/3，具体比例由公司章程规定。监事会成员由国有资产监督管理机构委派；但是，监事会成员中的职工代表由公司职工代表大会选举产生。监事会主席由国有资产监督管理机构从监事会成员中指定。

二、《公司法》的出台背景及修订

（一）出台背景

我国《公司法》由中华人民共和国第八届全国人民代表大会常务委员会第五次会议于1993年12月29日通过，自1994年7月1日起施行。自1978年确立改革开放的政策到1993年《公司法》的出台，其间15年的时间，为了促进商业和市场的发展，国家颁布了各种名目纷繁的法律法规，在市场经济发展的初期，这些法律条文起到了规范的作用。需要说明的是，这些法律法规，一方面，相互之间有一定的交叉重复；另一方面，直接涉及公司的法律还是较少，只有1979年的《中华人民共和国中外合资经营企业法》，此后就是1988年的《中华人民共和国私营企业暂行条例》、1992年的《有限责任公司规范意见》和《股份有限公司规范意见》等。因此，人们呼吁制定统一的《公司法》来解决法律实践中的难题。在1992年邓小平同志视察南方谈话之后，全国的改革开放进入了一个新的阶段。1993年《公司法》在市场经济的背景下应运而生，这是中国深化改革的重要体现。

1993年《公司法》第23条对有限责任公司注册资本最低限额的规定依据不同的行业性质而有所不同，注意到不同经营性质的公司所需要的资本存在天然的差异，生产经营类公司的注册资本不得少于人民币50万元，生产批发类公司的注册资本不得少于人民币50万元，商业零售类公司的注册资本不得少于人民币30万元，科技开发、咨询、服务性公司的注册资本不得少于人民币10万元。对于特殊行业，由其他的法律、行政法规规定。第78条对股份有限公司最低资本的限制则是不得少于人民币1000万元，特殊行业由其他的法律、行政法规规定。以上两个条款所标明的数额在今天看来仍然不是小数目，在当时的中国更是天文数字，《公司法》此种规定在现今看来是不切实际的，而在当时却很好地回应了国有企业改革。这部《公司法》的一个特点是在"有限责任公司的设立和组织机构"一章中专门规定了组织形式同为有限责任公司的"国有独资公司"，这种立法体例成为中国《公司法》的独创，形象地体现了中国特色。

（二）四次修订

1. 第一次修订

《公司法》1999 年 12 月 25 日进行了第一次修订，增设了国有独资公司监事会，授权国务院放宽高新技术股份有限公司中发起人以工业产权和非专利技术作价出资的金额占公司注册资本的比例以及公司发行新股和申请股票上市的条件，允许在证券交易所内部为高新技术股份有限公司股票开辟第二板块市场等。

2. 第二次修订

2004 年 8 月 28 日，《公司法》二次修订，删去了"以超过票面金额为股份发行价格的，须经国务院证券管理部门批准"的规定。

3. 第三次修订

2005 年 10 月 27 日第十届全国人民代表大会常务委员会第十八次会议上修订，于 2006 年 1 月 1 日起开始施行。第三次修订的要点有：引入公司法人人格否认制度；取消了按照公司经营内容区分最低注册资本额的规定；无形资产可占注册资本的 70%；取消公司对外投资占公司净资产一定比例的限制；增加股东诉讼的规定；规定有限责任公司中小股东在特定条件下的退出机制；上市公司要设独立董事；对关联交易行为做出严格的规范；允许设立一人有限责任公司；规定了公司的社会责任，增加依法与职工签订劳动合同的规定。

与 1993 年《公司法》相比，2006 年《公司法》没有根据公司经营的性质做出不同的最低资本的规定，而是统一成了人民币 3 万元。2006 年《公司法》第 81 条规定股份有限公司注册资本的最低限额为人民币 500 万元，法律、行政法规对股份有限公司注册资本的最低限额有较高规定的，从其规定。这一条款中规定的数额是 1993 年《公司法》规定数额的 1/2，股份有限公司的成立降低了门槛。

从十一届三中全会之后，"开放、搞活"成为市场的趋势，个体工商户如雨后春笋般涌现，一人有限公司的出现解决了部分个体工商户长期以来对法律地位的诉求，一人有限公司拥有规范的设立程序和组织运作模式，在市场竞争中更具影响力和竞争力。2006 年《公司法》的另一个变化是规定了一人有限公司的相关内容，明确一人有限责任公司的最低注册资本是人民币 10 万元，这是一次创新。考虑到一人有限公司股东的唯一性，在实践中股东出资和其个人财产难以区分，在风险给付方面的不确定因素较大，因此对最低注册资本的规定相较于同一法律中有限责任公司的规定偏高。

2006 年我国《公司法》修订之前，沿袭了大陆法系的法定资本制，公司的注册资本为在公司登记机关登记的全体股东实缴的出资，注册资本即为实收资本。法定资本制的核心，是"资本三原则"，即资本确定原则、资本维持原则、资本不变原则。这主要是出于交易安全、保护债权人利益的考虑。然而，由于法定资本制的种种缺陷，2006 年《公司法》修订后，实行了分期缴付的法定资本制，即较为宽松的法定资本制，公司的注册资本为在公司登记机关登记的全体股东认缴的出资额或全体发起人认购的股本总额，公司发起人的首次出资不低于注册资本的20%，剩余部分可以在两年内缴足。

4. 第四次修订

2013年12月28日第十二届全国人民代表大会常务委员会第六次会议通过《关于修改〈中华人民共和国海洋环境保护法〉等七部法律的决定》，其中关于《公司法》有多项调整。修订后的《公司法》自2014年3月1日起施行。

2014年《公司法》的修改集中于公司资本制的修改，其他方面并没有变化，相较于2006年《公司法》对1993年《公司法》的资本制度的修改范围，本次修改的幅度较大。就最低资本制而言，由于2006年《公司法》第23条第2款"股东出资达到法定资本最低限额"条文的删除，公司的成立便不以出资数额的多少为要件，无论是有限责任公司（包括一人有限责任公司）还是股份有限公司，均取消了对最低资本制的要求。当然例外条款仍然存在，法律、行政法规以及国务院决定另有规定的，从其规定。

从1993年《公司法》到2006年《公司法》，《公司法》的立法迈出了重要的一步，而2006年《公司法》到2014年《公司法》的修改则是历史性的变化，是公司资本制选择模式上的更新。究竟采用何种资本制，不同的国家各有选择。资本制的形式主要分为三类，分别是法定资本制、折中资本制和授权资本制。这三种资本制度对公司的设立者而言，法定资本制的要求最高，折中资本制的要求其次，而授权资本制的要求最低。学界普遍认为1993年《公司法》是法定资本制的体现，其对最低资本的严格限制是法定资本制下《公司法》的重要表征；2006年《公司法》虽仍然规定了最低资本制，但引入分期缴纳的模式证明此阶段的资本制带有折中资本制的色彩；而2014年《公司法》对最低资本制的舍弃表明中国《公司法》未来的走向是授权资本制。

根据第四次修订后的《公司法》，除法律、行政法规以及国务院决定对有限责任公司或者股份有限公司的注册资本最低限额另有规定外，取消有限责任公司最低注册资本3万元、一人有限责任公司最低注册资本10万元、股份有限公司最低注册资本500万元的限制。这意味着，公司设立向所有的市场主体放开，注册资本不因公司形式的不同而有不同的要求，公司股东（发起人）可以不受注册资本多少的影响而自主决定设立有限责任公司或者股份有限公司，"1元"设立有限责任公司或者股份有限公司成为可能。

第四次修改删去《公司法》第27条第3款："全体股东的货币出资金额不得低于有限责任公司注册资本的百分之三十。"这意味着，有限责任公司股东或者股份有限公司的发起人可以用货币以及实物、知识产权、土地使用权等能以货币估价并依法转让的非货币财产作为出资，出资方式不再做任何限制，公司注册资本可以不用货币出资。

第四次修订取消公司登记提交验资证明的要求，公司营业执照不再记载"实收资本"事项。本次修改删去第7条第2款中的"实收资本"，删去第29条："股东缴纳出资后，必须经依法设立的验资机构验资并出具证明。"将第30条改为第29条，修改为："股东认足公司章程规定的出资后，由全体股东指定的代表或者共同委托的代理人向公司登记机关报送公司登记申请书、公司章程等文件，申请设立登记。"删去第33条第3款中的

"及其出资额"。这意味着，自 2014 年 3 月 1 日起，股东缴纳出资后，不再要求必须经依法设立的验资机构验资并出具证明，公司登记机关也不再要求提供验资证明，不再登记公司股东的实缴出资情况，公司营业执照不再记载"实收资本"事项。

第二节　股份有限公司设立的法律条件与程序

一、股份有限公司设立的条件

根据《公司法》的规定，设立股份有限公司，应当具备下列条件。

（一）发起人符合法定人数

股份有限公司发起人为 2 人以上、200 人以下，其中须有半数以上的发起人在中国境内有住所。

（二）有符合公司章程规定的全体发起人认购的股本总额或者募集的实收资本

股份有限公司采取发起方式设立的，注册资本为在公司登记机关登记的全体发起人认购的股本总额，在发起人认购的股份缴足前，不得向他人募集股份；采取募集方式设立的，注册资本为在公司登记机关登记的实收股本总额，发起人认购的股份不得少于股份总数的 35%。

2013 年《公司法》修订，取消了对股份有限公司最低注册资本的要求，但如果其他法律、行政法规以及国务院决定对股份有限公司注册实缴资本、注册资本最低限额另有规定的，从其规定。

（三）股份发行、筹办事项符合法律规定

股份有限公司经国务院证券监督管理机构核准公开发行新股时，必须公告新股招股说明书和财务会计报告，并制作认股书。公司公开发行新股应当由依法设立的证券公司承销，签订承销协议，并同银行签订代收股款协议。公司发行新股募足股款后，必须向公司登记机关办理变更登记，并公告。股份的公开发行需要经过证券监督管理机构的核准，必须符合法定的条件和程序。

（四）有发起人制定的公司章程

股份有限公司章程应当载明下列事项：

1. 公司名称和住所；

2. 公司经营范围；

3. 公司设立方式；

4. 公司股份总数、每股金额和注册资本；

5. 发起人的姓名或者名称、认购的股份数、出资方式和出资时间；

6. 董事会的组成、职权、任期和议事规则；

7. 公司法定代表人；

8. 监事会的组成、职权、任期和议事规则；

9. 公司利润分配方法；

10. 公司的解散事由与清算办法；

11. 公司的通知和公告办法；

12. 股东大会会议认为需要规定的其他事项。

此外，上市公司应在其公司章程中规定股东大会的召开和表决程序，包括通知、登记、提案的审议、投票、计票、表决结果的宣布、会议决议的形成、会议记录及其签署、公告等，还应在公司章程中规定股东大会对董事会的授权原则，授权内容应明确具体。采用募集方法设立的，公司章程应经创立大会通过。

（五）有公司名称

股份有限公司必须在名称中标明"股份有限公司"或"股份公司"字样。

（六）建立符合股份有限公司要求的组织机构

股份有限公司的组织机构包括股东大会、董事会、监事会及高级管理人员。根据《公司法》的规定，高级管理人员是指公司的经理、副经理、财务负责人、上市公司董事会秘书和公司章程规定的其他人员。

（七）有公司住所

股份有限公司的住所是指股份有限公司的主要办事机构所在地，是公司章程载明的地点。

二、股份有限公司的设立方式

股份有限公司可以采取发起设立方式或者募集设立方式。

（一）发起设立方式

发起设立是指发起人认购公司应发行的全部股份而设立公司，发起人认缴全部出资后，按照公司章程的规定缴纳出资额。

（二）募集设立方式

募集设立是指由发起人认购公司应发行股份的一部分，其余股份向社会公开募集或者向特定对象募集而设立公司，发起人以及认购人应当一次缴纳出资额。

三、股份有限公司的设立程序

根据股份有限公司设立的方式不同，程序略有不同，即公开募集设立还需要经过向社会公开招募股份等相关程序，其他程序与发起设立方式相同。

（一）签订发起人协议

该协议包括各个发起人的基本情况、认缴股份数额、认缴股份方式等发起设立股份有限公司过程中的相关权利义务。

（二）报经有关部门批准

这主要是指依据法律、行政法规规定设立公司必须报经批准的，应当在公司登记前依法办理批准手续。这主要是前置审批方面的内容。除法律、行政法规有特别规定外，设立股份有限公司不需要经过特别批准，可以直接向企业登记机关注册设立。

（三）申请名称预先核准并制定公司章程

设立公司应当申请名称预先核准，向有名称核准管辖权的工商行政管理机关提交名称预先核准申请书。另外，发起人应当按照要求制定公司章程。

（四）认购股份

以发起设立方式设立股份有限公司的，发起人应当书面认足公司章程规定其认购的股份。以非货币财产出资的，应依法办理其财产权的转移手续。

公开募集设立股份有限公司的认购股份程序较为严格，应先经国务院证券监督管理机构核准；公开信息，发布招股说明书和财务会计报告等信息；由证券经营机构承销股票；与银行签订收股款协议；认购人缴纳股款并获得缴款证明；验资机构验资等。发起人、认股人缴纳股款或者交付抵作股款的出资后，除未按期募足股份、发起人未按期召开创立大会或者创立大会决议不设立公司的情形外，不得抽回其股本。

（五）选举董事会和监事会

发起设立方式设立公司的，发起人首次缴纳出资后，应当选举董事会和监事会，由董事会依法向公司登记机关申请设立登记。

募集设立方式设立公司的，应当在足额缴纳股款、验资证明出具后 30 日内召开公司创立大会。发起人应当在创立大会召开 15 日前将会议日期通知各认股人或者予以公告。创立大会应有代表股份总数过半数的发起人、认股人出席，方可举行。

创立大会行使下列职权：

1. 审议发起人关于公司筹办情况的报告；

2. 通过公司章程；

3. 选举董事会成员；

4. 选举监事会成员；

5. 对公司的设立费用进行审核；

6. 对发起人用于抵作股款的财产的作价进行审核；

7. 发生不可抗力或者经营条件发生重大变化直接影响公司设立的，可以做出不设立公司的决议。

创立大会对上述事项做出决议，必须经出席会议的认股人所持表决权过半数通过。董事会应于创立大会结束后 30 日内，向公司登记机关报送下列文件，申请设立登记：公司登记申请书；创立大会的会议记录；公司章程；验资证明；法定代表人、董事、监事的任职文件及其身份证明；发起人的法人资格证明或者自然人身份证明；公司住所证明。

以募集方式设立的股份有限公司公开发行股票的，还应当向公司登记机关报送国务院证券监督管理机构的核准文件。

（六）发行股票

股份有限公司成立后，即向股东正式交付股票，公司成立前不得向股东交付股票。

（七）公告

公告登记的内容应当与公司登记机关核准登记的内容一致。

经过上述经历和步骤，我们的公司诞生了！就像一个经历了母亲的孕育，方能呱呱坠地的婴儿一样，我们的公司充满了希望和活力；然而也正如婴儿需要经历蹒跚学步的阶段一样，注定了我们这个刚刚成立的公司，发展道路并不会一帆风顺，需要在市场经济的风浪中努力奋斗，甚至要面对可能出现的颠簸和坎坷。

第三节 有限责任公司设立的法律条件与程序

一、有限责任公司的设立条件

（一）股东符合法定人数

我国《公司法》规定有限责任公司由 50 个以下股东出资设立。

（二）有符合公司章程规定的全体股东认缴的出资额

有限责任公司的注册资本为在公司登记机关登记的全体股东认缴的出资额。法律、行政法规以及国务院决定对有限责任公司注册资本实缴、注册资本最低限额另有规定的，从其规定。

股东可以用货币出资，也可以用实物、知识产权、土地使用权等能以货币估价并依法转让的非货币财产作价出资；但是，法律、行政法规规定不得作为出资的财产除外。对作为出资的非货币财产应当评估作价，核实财产，不得高估或者低估作价。法律、行政法规对评估作价有规定的，从其规定。

股东应当按期足额缴纳公司章程中规定的各自所认缴的出资额。股东以货币出资的，应当将货币出资足额存入有限责任公司在银行开设的账户；以非货币财产出资的，应当依法办理其财产权的转移手续。股东不按照前款规定缴纳出资的，除应当向公司足额缴纳外，还应当向已按期足额缴纳出资的股东承担违约责任。

（三）股东共同制定的公司章程

根据《公司法》的规定，有限责任公司章程应当载明下列事项：

1. 公司名称和住所；
2. 公司经营范围；

3. 公司注册资本；

4. 股东的姓名或者名称；

5. 股东的出资方式、出资额和出资时间；

6. 公司的机构及其产生办法、职权、议事规则；

7. 公司法定代表人；

8. 股东会会议认为需要规定的其他事项。

（四）有公司名称

依照《公司法》设立的有限责任公司，必须在公司名称中标明"有限责任公司"或者"有限公司"字样。

（五）建立符合有限责任公司要求的组织机构

建立符合有限责任公司要求的组织机构，是指要建立《公司法》所规定的股东会、董事会（或执行董事）、监事会（或监事）等机构。

（六）有公司住所

公司住所是有限责任公司主要办事机构所在地，是公司章程载明的地点。

二、有限责任公司的设立程序

有限责任公司的设立程序与前述股份有限公司设立登记部分说明的内容相同，这里仅就公司设立登记后的有关内容做一些补充说明。

（一）公告

登记主管机关核准登记后，应当发布公司登记公告。公告内容一般包括公司名称、住所、法人代表、公司类型、注册资本、经营范围和经营方式、注册号等。公告后，公司设立程序即为完成。公司登记的事项可以对抗第三人；公司未登记的事项，不得对抗第三人。

（二）出资证明书

有限责任公司成立后，应当向股东签发出资证明书。出资证明书是确认股东出资的凭证，应当载明下列事项：

1. 公司名称；

2. 公司成立日期；

3. 公司注册资本；

4. 股东的姓名或者名称、缴纳的出资额和出资日期；

5. 出资证明书的编号和核发日期。

出资证明书由公司盖章。

（三）股东名册

有限责任公司应当置备股东名册。股东名册是公司为记载股东情况及其出资事项而设置的账簿，应记载下列事项：

1. 股东的姓名或者名称及住址;

2. 股东的出资额;

3. 出资证明书编号。

记载于股东名册的股东,可以依股东名册主张行使股东权利。

第四节　公司制企业注册登记

一、申请名称预先核准

法律、行政法规或者国务院决定规定设立公司必须报经批准,或者公司经营范围中属于法律、行政法规或者国务院决定规定在登记前须经批准的项目的,应当在报送批准前办理公司名称预先核准,并以公司登记机关核准的公司名称报送批准。

设立有限责任公司,应当由全体股东指定的代表或者共同委托的代理人向公司登记机关申请名称预先核准;设立股份有限公司,应当由全体发起人指定的代表或者共同委托的代理人向公司登记机关申请名称预先核准。

(一)提交文件

申请名称预先核准,应当提交下列文件:

1. 有限责任公司的全体股东或者股份有限公司的全体发起人签署的公司名称预先核准申请书;

2. 全体股东或者发起人指定代表或者共同委托代理人的证明;

3. 国家工商行政管理总局规定要求提交的其他文件。

预先核准的公司名称保留期为6个月。预先核准的公司名称在保留期内,不得用于从事经营活动,不得转让。

(二)操作步骤

以网上方式注册登记的,在申请名称预先核准之前应进行如下操作。

1. 登录系统

打开企业登记网上注册申请业务系统有三种渠道:

第一种,鼠标放置在国家工商行政管理总局网站(http://www.saic.gov.cn)导航栏的"服务"位置,在弹出的下拉菜单栏"办事大厅—办事系统"栏目中,点击登录企业登记网上注册申请业务系统(以下简称"网上注册系统");

第二种,点击国家工商行政管理总局网站(http://www.saic.gov.cn)下方"办事系统"栏中的"企业登记网上注册申请业务系统",登录网上注册系统;

第三种,点击中国企业登记网站(http://qyj.saic.gov.cn)下方"企业办事"栏目中的

"在线申报"，登录网上注册系统。

进入系统后，点击"企业设立申请""企业变更申请""企业备案申请"或"企业注销申请"功能模块后，系统会弹出"登录"对话框，选择登录方式，输入登录信息，登录系统。或者直接点"登录"按钮会弹出"登录"对话框，选择登录方式，输入登录信息，登录系统。

2. 选择类型

根据所办业务，选择点击"企业设立申请""企业变更申请""企业备案申请"或"企业注销申请"模块，进入业务申请环境。

同一企业一次只能选择一种业务类型，待申请的业务办理结束后，方可再次申请业务办理。企业变更同时需要办理备案业务的，应当选择"企业变更申请"，该业务类型将会将变更、备案一并处理；只办理备案的，应当选择"企业备案申请"模块。

3. 填写信息

点击"企业设立申请"业务：企业需要选择申请的企业类型，输入名称预先核准通知书文号或者企业名称，点"查询"按钮提取申请的企业信息，然后对未填写的信息进行补录，点页面的"下一步"继续操作，在"其他信息"页面上传扫描材料，并在该材料清单前打"√"表示需要提交审核。

二、申请设立登记

设立有限责任公司，应当由全体股东指定的代表或者共同委托的代理人向公司登记机关申请设立登记。设立国有独资公司，应当由国务院或者地方人民政府授权的本级人民政府国有资产监督管理机构作为申请人，申请设立登记。法律、行政法规或者国务院决定规定设立有限责任公司必须报经批准的，应当自批准之日起 90 日内向公司登记机关申请设立登记；逾期申请设立登记的，申请人应当报批准机关确认原批准文件的效力或者另行报批。

（一）提交文件

申请设立有限责任公司，应当向公司登记机关提交下列文件：

1. 公司法定代表人签署的设立登记申请书；

2. 全体股东指定代表或者共同委托代理人的证明；

3. 公司章程；

4. 股东的主体资格证明或者自然人身份证明；

5. 载明公司董事、监事、经理的姓名和住所的文件以及有关委派、选举或者聘用的证明；

6. 公司法定代表人任职文件和身份证明；

7. 企业名称预先核准通知书；

8. 公司住所证明；

第十章　公司制企业设立

9. 国家工商行政管理总局规定要求提交的其他文件。

法律、行政法规或者国务院决定规定设立有限责任公司必须报经批准的，还应当提交有关批准文件。设立股份有限公司，应当由董事会向公司登记机关申请设立登记。以募集方式设立股份有限公司的，应当于创立大会结束后 30 日内向公司登记机关申请设立登记。

申请设立股份有限公司，应当向公司登记机关提交下列文件：

1. 公司法定代表人签署的设立登记申请书；

2. 董事会指定代表或者共同委托代理人的证明；

3. 公司章程；

4. 发起人的主体资格证明或者自然人身份证明；

5. 载明公司董事、监事、经理的姓名和住所的文件以及有关委派、选举或者聘用的证明；

6. 公司法定代表人任职文件和身份证明；

7. 企业名称预先核准通知书；

8. 公司住所证明；

9. 国家工商行政管理总局规定要求提交的其他文件。

以募集方式设立股份有限公司的，还应当提交创立大会的会议记录以及依法设立的验资机构出具的验资证明；以募集方式设立股份有限公司公开发行股票的，还应当提交国务院证券监督管理机构的核准文件。法律、行政法规或者国务院决定规定设立股份有限公司必须报经批准的，还应当提交有关批准文件。

（二）操作步骤

以网上方式注册登记的，在申请设立登记时应进行如下操作。

1. 上传文件

选择所需提交的文件目录，根据目录显示对应上传已经签字（盖章）材料的 PDF 格式扫描件。提交的文件目录与上述提交的文件目录一致。

2. 检查提交

对填报信息和上传材料进行预览，再次确认填写信息后，点击"检查"按钮，系统会对申请人填写的信息和上传的附件材料进行初步检查。检查通过后点击"提交"按钮，通过互联网将申请业务提交至工商行政管理总局业务部门进行审查。检查不通过的，申请人需根据提示修改填报信息，直至业务检查通过方可将申请业务提交至业务部门审查。在"预览"页面点"检查"按钮，整体再查看填报的企业信息，检查无误后点"提交"按钮，完成网上业务申请提交。业务状态为"已提交待预审"表示业务已经提交成功，此时申报信息只能查看，不能修改。

3. 查看反馈

登录系统，点击"我的业务申请"，系统会列出已提交审核的企业名称。如某个企

209

业名称的"申请状态"为"退回修改"的，应当点击"操作"栏中的"查看"，查看具体修改意见，并按照修改要求返回点击"操作"栏中的"修改"，修改相关信息，再次提交；也可以点击"操作"栏中的"删除"，删除该项申请。"申请状态"为"驳回"的，此次申请未获成功；可以点击"查看"，查看驳回理由，并根据驳回意见重新申请。审查意见为"拟同意"的，表示业务处于审核中，申请信息可查看，不可修改。

4. 现场交件

登录系统，点击"我的业务申请"查看申请的企业名称申请状态，如显示为"已办理成功""根据手机短信提示到相应注册大厅相应窗口提交纸质材料"，需根据要求对打印出的纸质材料进行签字盖章，确保与系统中的电子材料一致。

三、颁发执照

依法设立的公司，由公司登记机关发给《企业法人营业执照》。公司营业执照签发日期为公司成立日期。公司凭公司登记机关核发的《企业法人营业执照》刻制印章，开立银行账户，申请纳税登记。

第五节　分公司设立

分公司是指公司在其住所以外设立的从事经营活动的机构。分公司不具有企业法人资格，其民事责任由公司承担。分公司的名称应当符合国家有关规定，分公司的经营范围不得超出公司的经营范围。

一、申请登记

根据《中华人民共和国公司登记管理条例》（以下简称《公司登记管理条例》），公司设立分公司的，应当自决定做出之日起 30 日内向分公司所在地的公司登记机关申请登记；法律、行政法规或者国务院决定规定必须报经有关部门批准的，应当自批准之日起30 日内向公司登记机关申请登记。分公司的登记事项包括：名称、营业场所、负责人、经营范围。

设立分公司，应当向公司登记机关提交下列文件：

1. 公司法定代表人签署的设立分公司的登记申请书；

2. 公司章程以及加盖公司印章的《企业法人营业执照》复印件；

3. 营业场所使用证明；

4. 分公司负责人任职文件和身份证明；

5. 国家工商行政管理总局规定要求提交的其他文件。

法律、行政法规或者国务院决定规定设立分公司必须报经批准，或者分公司经营范围中属于法律、行政法规或者国务院决定规定在登记前须经批准的项目的，还应当提交有关批准文件。

二、颁发执照

分公司的公司登记机关准予登记的，发给《营业执照》。公司应当自分公司登记之日起 30 日内，持分公司的《营业执照》到公司登记机关办理备案。[①]

进一步阅读材料：

1. 徐志新.公司设立与股权纠纷[M].北京：中国民主法制出版社，2014.

2. 法律出版社法规中心.2017 中华人民共和国公司法律法规全书（含典型案例）[M].北京：法律出版社，2017.

3. 江必新，何东宁.最高人民法院指导性案例裁判规则理解与适用·公司卷[M].北京：中国法制出版社，2015.

4. 刘俊海.现代公司法[M].北京：法律出版社，2015.

5. 云闯.公司法司法实务与办案指引[M].北京：法律出版社，2016.

本章思考题：

1. 公司制企业具有哪些特点？

2. 公司制企业有哪些设立方式？

3. 试分析我国公司制企业设立的法律条件与程序的特点。

【章末案例】

西少爷

孟兵、宋鑫、罗高景三人在 2012 年底的西安交通大学北京校友会上认识（彼时袁泽陆尚未加入）。已在投资机构工作三年的宋鑫，有了想要出来创业的想法，于是通过校友会的关系认识了有技术能力的孟兵等人。三人一拍即合，第二年 4 月份，成立了名为"奇点兄弟"的科技公司。由于孟兵承担了主要的产品研发工作，因此孟兵、宋鑫、罗高景的股权分别为 40%、30%、30%。

2013 年 5 月份，孟、宋之间便开始争吵，在罗高景看来，宋鑫没有工作成果是争吵

---

① 分公司颁发《营业执照》后还会有变更和注销登记内容。根据《公司登记管理条例》规定，分公司变更登记事项的，应当向公司登记机关申请变更登记。公司登记机关准予变更登记的，换发《营业执照》。分公司被公司撤销、依法责令关闭、吊销营业执照的，公司应当自决定做出之日起 30 日内向该分公司的公司登记机关申请注销登记。申请注销登记应当提交公司法定代表人签署的注销登记申请书和分公司的《营业执照》。公司登记机关准予注销登记后，应当收缴分公司的《营业执照》。

的直接原因。宋鑫在接受凤凰科技专访时称，自己学土木工程出身，因此不会IT技术，但对销售工作已经尽力。"通常是我们三个人一起出去跑业务，都是我负责敲开每一家公司的门，之后再由孟兵跟经理谈业务。"业务的持续低迷，导致了孟、宋的矛盾升级。没有订单的7、8月份，两人在位于石景山的出租屋里发生了一次又一次的争吵。宋鑫认为产品本身存在问题因此才会卖不出去，而孟兵则将责任归结为销售不力。彼时，孟、宋两人已经表现出了对彼此的不满。

2013年10月份，由于业绩实在不佳，孟、宋、罗三人不再坚持之前的项目，开始转做肉夹馍，袁泽陆也在这时候加入，形成"西少爷"四个创始人的状态。

随着"西少爷"的走红，孟、宋之间的不满在一片红火之下被暂时地"和谐"掉了。

2014年4月8日，西少爷肉夹馍开业。当天中午，西少爷就卖出了1200个肉夹馍。火爆的销售业绩加上"互联网思维"的外衣，孟兵以创业明星的姿态登上各类媒体讲述创业故事。开业不到一周，便有投资机构找来，并给出了4000万元的估值。四个人认为这时候需要引入投资来扩大业务，但就在引入投资、协商股权架构的过程中，孟、宋之间的矛盾被彻底激发。

2014年5月初，西少爷四人开始与投资人商讨有关投资的细节。整个5月，引入投资的事情一直僵持着。这个情况下，在5月底6月初，宋鑫回西安学习豆花的制作。这成为他后面出局的导火索。"原本计划三五天就能回来的宋鑫，却花了整整11天时间在西安，关键是最终也没能搞定小豆花配方。"在西少爷的官方声明中如是说。过长时间的学习再度引起了另外三人的不满，使得他们决定要将宋鑫除名。袁泽陆称："学豆花这个事只是一个导火索，关键是我们的经管理念出现了分歧，宋鑫阻碍了公司的进程，在那种情况下，不能够再继续合作下去了。"

此时的宋鑫并没有意识到这点，"从西安回来之后，大家还和平时一样交往"。宋鑫回忆当时的情景，感觉异常的地方只有公司买了三台电脑但没有给他买，当时说从西安回来后再给他配。但不久，宋鑫被要求离开西少爷。宋鑫如此描述当时的情景："他们三个一大早就出去了，在下午的时候给我发了条微信，说股东决议我必须离开，当时我都懵了。在晚上又收到一条短信，说房子是属于公司的，我必须搬出去。"

整个股东的通知，都通过微信完成，之所以没有面对面进行沟通和决议，袁泽陆给出的理由是因为担心孟兵和宋鑫两个人当面打起来。按照宋鑫的说法，之后给另外三个人打电话并找了大家之前经常去的地方，但均未联系上。"搬走之后，一天晚上我走到西少爷门口，本来想去缅怀的。没有想到能碰到高景，他在那里数钱。隔了一块玻璃，我敲了一下，他看到我了，然后我对他苦笑了一下。他应该挺意外的，没有想到能够再见到我。我本来以为他忙完之后会找我谈一下，但没想到他绕过我走了。"之后，四个人在西少爷五道口店附近的咖啡馆坐下来谈了几次，但都不欢而散。

孟、袁、罗三人给出的方案是，27万元加2%的股权，买回宋鑫手中30%的股权。"这27万元是宋鑫之前在公司工资的4倍，4倍的投资回报应该也可以。"但宋鑫要1000

万元，理由是当时西少爷的估值有 4000 万元，他可以分得 1/4。"这根本是不可能的。"袁泽陆如此说道。由于一直没有谈拢，目前宋鑫仍然有"奇点兄弟"近 30% 的股权。2014年 7 月，宋鑫另起炉灶，重新开了名为"新西少"的肉夹馍店。

事情并没有就此完结。宋鑫发公开信提出，公司初创时曾在 2013 年底和 2014 年 5 月份发起过两次众筹，共筹得 85 万元，但西少爷一直没有公开财报，分红等几项事宜也并未跟进。之后，一位众筹人老婆生孩子急需用钱，本金却都拿不回来。对此，袁泽陆表示，公司会按照财报季度来向股东公开财报，而分红需要按照《公司法》的规定，通过股东（大）会来决议如何分红、分多少。

对于分红，双方还有一个争议点在于，能分几家店的收益。按照协议，众筹股东可以分得他们众筹起来的五道口店和由这家店的收益所开起来的另外两家店。目前西少爷共有四家店，在宋鑫离开之后，孟兵三人注册了新的公司"奇点同舟"，之后所开的三家店属于新公司。"这三家店的资金是用天使投资开起来的，没有用到五道口店的资金，因此如果分红的话，目前也只能分五道口这一家店。"袁泽陆如此解释道。对于众筹人无法拿回本钱，西少爷方面的回应是，按照《公司法》，股东是没有办法这样随便退出的，需要经过协议。鉴于特殊情况，同意退还本钱，但宋鑫方面迟迟没有给出转账凭证。双方各执一词，真相很难还原。

讨论：公司设立后会出现哪些问题？如何规避？

第四篇　企业的活动

创新就是创造一种资源。

——管理大师彼得·德鲁克

第十一章　企业活动概述

【本章导读】本章首先讨论了企业活动的概念、分类、性质及其相互关系，在此基础上，重点对企业活动中的管理活动进行了概括性分析。

【开篇案例】

苹果公司，成功的先驱

iPod 掀起了音乐播放器革命，iPhone 重新定义了智能手机概念，iPad 则让平板电脑成为一种潮流。苹果的每个产品都是革命性的。这家 1997 年靠着微软一笔 1.5 亿美元的投资才得以幸存的小公司，如今却超过微软成为全球市值最高的科技企业。人人都想知道，苹果为什么能成功，乔布斯不说，苹果也不言。《快公司》(Fast Company) 杂志整理的这 10 条苹果游戏规则，也许是你目前能获知的最接近苹果成功秘诀的东西。

美国当地时间 2010 年 5 月 26 日，苹果公司的市值正式超越了微软，成为全球市值最高的高科技企业，同时也成为美国仅次于美孚的第二大公司。苹果的长期专注使之可以做一些更为复杂的事情：借助现有的产品来拓展未来。过去 10 年间，该公司推出了一系列平台，例如 MacOSX、iPhoneOS、iTunes、零售店、应用商店。最近，苹果还推出了自己的微处理器和 iAd 广告平台，这都为苹果今后的产品奠定了坚实的基础。iPad 是这些产品的集大成者，它的玻璃屏幕、界面、一次成型的结构、操作系统和应用商店都来自其他的苹果产品。在 iPad 身上，透露着苹果对未来产品和服务的展望，尽管我们只能在事后发现这一点。

苹果专注长远目标的能力和决心是其最大优点。该公司有自己的计划，目前正朝着正确的方向前进，这将进一步激发苹果的信心和抱负。它也在身体力行，这是苹果之所以成为苹果的原因。

思考：你认为苹果公司成功的原因是什么？这与苹果公司开展的企业活动有什么样的关系？

第一节　企业活动的概念与分类

一、企业活动的概念

企业活动是指企业作为一种营利性社会组织所开展的生产、经营、管理及其相关活动的总和。企业作为营利性的经济组织，其存在的根本意义在于通过开展活动为社会提供商品或服务，并通过活动收回投资和获得利润，从而确保其自身的生存和发展。企业的活动是在整个社会经济环境下开展的，通过活动从社会获得其所需的各种资源（人力、物力、财力、信息、知识、企业家才能等），然后通过活动将这些资源加工转换成社会所需要的商品（机床、设备、建材等生产资料和食品、服装、家电等生活材料）或服务（电信服务、金融服务、餐饮服务等），再通过活动将这些产品或服务出售给社会公众（社会的组织或个人），从而收回投资，并实现资本的增值。根据系统论的观点，企业在其社会环境中的活动可以用图 11-1 来描述。

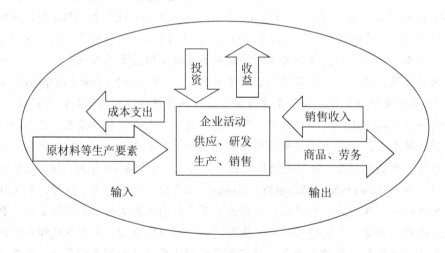

图 11-1　企业活动示意图

由图 11-1 可以看出，企业的基本活动是从社会获得"输入"的各种资源，然后将它们加工转化成商品或服务，再将这些商品或服务输出给社会。因此，从社会学的角度说，企业活动是一种人类社会赖以生存的物质生产活动。

同时，从图中还可以看出，企业是通过投资从社会获得资源的，然后通过开展活动将资源加工转换成社会所需的商品或服务并最终将它们输出给社会而获得收益。在这一过程中，社会通过提供资源从企业获得报酬，企业通过提供商品或服务从社会获得收益。

企业的收益通常不但包括了投资的收回，而且还包括盈利。这种盈利正是企业在将资源加工转换成商品或服务的过程中所创造的新增价值。因此，从经济学的角度说，企业活动是一种人类创造财富和增加财富的经济活动。

从图中还可以看出，企业的活动是在社会大环境下开展的。如果将企业看作一个子系统，那么它将离不开这个大的系统环境。企业的活动不但包括其系统内部的加工转换活动，还包括与社会的"输入"和"输出"活动。所以，从系统学的观点出发，企业的活动是一种在社会环境约束下的系统活动。

另外，从图中还可以看出，企业的活动包括：研发（商品与服务的研制与开发）、供应（资源的获得）、生产（加工和转换）、销售（产品或服务的提供）管理和辅助活动等一系列活动。这种系列活动不同于非营利性社会组织或单个社会成员的独立活动，它是一种以营利为根本目的的群体活动。所以，从企业学的角度说，企业活动是一种营利性组织的商业活动。

二、企业活动的分类

为了更好地认识企业的活动以及各种企业活动的特性，通常可以采用分类的方法，将一个企业的活动按照活动的内容分成四大类。这四类企业活动的内容与特性如下。

（一）企业的经营活动

企业只有开展经营活动，才能够通过市场与社会实现交换，最终实现盈利的目标。企业的经营活动主要包括两类。

1. 供应活动

企业通过开展供应业务活动，在商品市场、资金市场、劳动力和人才市场、技术市场等各种市场上，获得自己所需的资源。

2. 营销活动

企业通过营销活动，在商品市场或服务市场上销售出自己生产的商品或服务，实现生产经营活动增加的价值，从而获得收益，以维持企业生存和发展并增强企业的实力。

任何一个企业如果不能从市场上获得其生产经营所需的资源，就会逐步走向衰败，最终导致破产和倒闭。这就像无源之水一样，最终一定会枯竭。同样，任何一个企业如果不能通过市场销售出自己的商品或服务，就无法实现资金的周转和资本形态的转化，因为没有市场，企业的产品或服务无法变成现金，而没有现金，企业就难以获得资源，所以也逐步走向衰败，并最终导致破产和倒闭。因此，经营业务活动是企业实现价值的基本活动。

（二）企业的生产技术活动

企业只有通过生产技术活动，才能够将其所获得的资源转变成商品或服务，才能够实现资产保值和增值，才能够创造新增价值。企业的生产技术活动也包括两类。

1. 生产活动

企业生产活动是指通过加工制造或提供服务等，创造出社会需要的商品或服务的过程，然后通过经营活动将这些商品或服务提供给社会，从而实现这些商品或服务的价值。因此，生产活动是企业创造价值的最基本活动之一。

2. 技术活动

企业技术活动是指通过开展研究与开发等手段，创造出新产品、新技术、新工艺等一系列的知识产品和技术产品的过程。企业既可以在自己的生产活动中使用这些产品，也可以作为商品对外出售这些产品，所以技术活动也是企业创造价值的基本活动之一。

任何一个企业如果没有生产活动，不但无法创造出商品或服务，也无法实现资产的保值和增值，这样企业就会失去存在的价值，最终会走向消亡。任何一个企业如果没有技术活动，不但无法创造知识产品和技术产品，还会丧失企业在技术方面的进步，逐渐失去核心竞争力，最终会因为逐渐落伍而被市场所淘汰。这就像逆水行舟，不进则退，而且在市场竞争中，"退"就意味着"出局"。因此，企业的生产技术活动是企业创造价值的基本活动。

【人物专栏】加里·哈默尔（Gary Hamel，1954— ）

加里·哈默尔是世界一流的战略大师，当今商界战略管理的领路人。他的声望与他同哥印拜陀·克利修那·普拉哈拉德（Coimbatore Krishnarao Prahalad）的成功合作是分不开的，他们在《哈佛商业评论》上合写了多篇论文，数次夺得"麦肯锡奖"。哈默尔出生于1954年，他是Strategos公司的董事长暨创办人，也是伦敦商学院（London Business School）战略及国际管理教授。他是战略研究的最前沿大师，被《经济学人》（The Economist）誉为"世界一流的战略大师"；《财富》杂志称他为"当今商界战略管理的领路人"；在2001年美国《商业周刊》（Business Week）"全球管理大师"的评选中，他位列第四，可谓声名显赫。战略意图、核心竞争力、战略构筑、行业前瞻，这一系列影响深远的革命性概念，都是由他提出的，从而改变了许多知名企业的战略重心和战略内容。

【人物专栏】罗伯特·汤赛德（Robert Townsend，1920—1998）

罗伯特·汤赛德是20世纪70年代的管理实践者。青年时期的汤赛德在普林斯顿大学和哥伦比亚大学受高等教育，后任美国快递公司总裁、爱维斯汽车租赁公司总裁直到它并入ITT王国，并担任过多个重要的行政管理工作。马克斯·韦伯（Max Weber）在20世纪初还认定的作为文明象征的"官僚体制"正变得令人窒息，从经理层到普通员工，他们都是毫无生气的"组织人"。20世纪50年代，嘲笑大公司的官僚主义是一种时髦。1970年，汤赛德出版《提升组织》（Up the Organization），揭露了现代组织的臃肿、愚蠢和荒唐。1986年又出版了《继续提升组织》（Up Your Own Organization）。

（三）企业的管理活动

企业在开展经营业务活动和生产技术活动的同时，还必须开展各种各样的管理活动。因为只有科学地开展各方面的管理活动，企业才能够保证其自身的经营业务活动和生产技术活动的合理、有序和高效。通常，企业的管理活动可以分成以下两类。

1. 企业的过程管理活动

过程管理活动是指为了协调经营业务活动、生产技术活动各环节、各部门的合作，保证各项活动的有序展开而进行的计划、组织、领导、控制、激励等一系列活动。企业必须通过开展过程管理活动，才能实现对整个企业的经营业务活动过程和生产技术活动全过程的计划、组织、领导、控制、激励等一系列管理。

2. 企业的资源管理活动

资源管理活动是企业为了保证自身资源的合理配置及有效利用而开展的一系列活动。企业必须通过开展资源管理活动，才能实现对企业的人力资源、财力资源、物力资源、信息资源和知识资源的合理配置、有效利用和全面管理。

企业的管理活动是一种关系到企业成功与失败的决定性、保障性活动。企业只有通过开展科学的管理活动，才能够以满意的价格获得所需的资源，才能够创造出社会满意的商品或服务，才能够获得合理而满意的收益与回报。

（四）企业的辅助活动

企业在开展生产、技术和经营业务活动过程中，还需要开展大量的辅助性活动。这类活动并不能直接为企业创造价值或实现价值，但却是企业创造价值和实现价值的过程中必不可少的支持性、辅助性活动。这种活动也可以分为三类。

1. 生产技术活动的辅助活动

企业通过开展这类活动为生产技术活动提供支持和服务。例如，生产设备的维护、保养与修理活动；专用工具的生产、制造活动；生产中的技术准备活动；生产前的作业现场准备活动；生产中的技术服务活动等。这些活动并不能够直接生成商品或服务，但是没有这些辅助活动，企业生产技术活动就无法开展和进行。

2. 经营业务活动的辅助活动

企业必须通过开展这类活动为企业的经营业务活动提供支持、辅助和服务。例如，市场信息的收集活动、后勤总务服务活动、经营中的公关活动等。

3. 管理活动的辅助活动

企业必须通过开展这类活动为企业的管理活动提供支持与辅助。例如，各种决策辅助活动、信息收集活动、企业员工的文化体育活动等。

综上所述，一个企业的活动可以分为生产技术活动、经营业务活动、企业管理活动和企业辅助活动四大类。如图11-2所示。

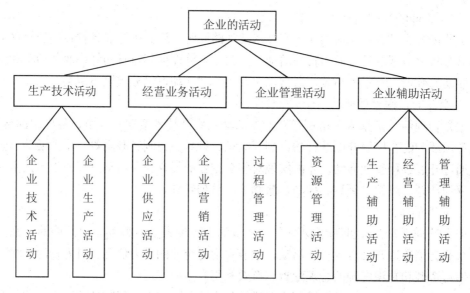

图 11-2　企业活动分类示意图

第二节　企业活动的性质及其相互关系

一、企业活动的性质

企业不同类的活动各自有其不同的性质。

（一）创造新增价值的企业活动

企业的技术活动和生产活动是创造新增价值的活动。在这两项活动中，企业通过活劳动的消耗（人力资源的使用）和物化劳动的消耗（原材料的使用、辅助材料的消耗、能源电力的消耗、设备的磨损、房产与土地的占用、资金的占用等），去实现生产对象的转变（包括：物理的转变、化学的转变、空间的转移等），从而生成最终的产品或服务。通过这些转变而生成的产品或服务中，既含有一定的转移价值（即所消耗的活劳动和物化劳动的价值），也包括新增价值。这种新增价值是通过生产、技术活动中人们的脑力和体力劳动创造出来的。

（二）实现价值的企业活动

企业的供应活动和营销活动是价值形态转换的活动。在这两项活动中，企业通过市场与社会进行商品的等价交换，使社会的资源和企业的商品或服务的价值形态得以变换。这里所谓价值形态的变换，是指以商品价值形态存在的实物与以货币价值形态存在的资金相互转换的过程。企业的供应活动使企业所拥有的以货币价值形态存在的资金，变换为各种以商品价值形态存在的资源。企业的营销活动使企业所拥有的各种以商品价值形态存在的产品，变换成了以货币价值形态存在的资金。所以，企业的供应活动和营销活动都是实现价值形态转换的活动。

（三）创造效率和效益的企业活动

企业的管理活动是涉及企业的供应、研发、生产和销售等一系列活动的决策、计划、组织、控制，从而实现企业经营目标的一种特殊活动。如果没有企业管理活动，企业的生产技术与经营业务活动就无法正常开展，企业的全部资源就无法实现合理的使用和科学的配置，企业的各种活动就会处于一种无序而混乱的状态。这样，企业就无法实现其组织目标。反之，如果企业能够科学地开展管理活动，就会使企业的生产技术和经营业务活动有序而高效地进行，就会使企业的生产技术和经营业务活动成本降低而效益提高。所以，企业的管理活动是一种创造生产效率和经营效益的活动。

（四）提供支持和服务的企业活动

企业的辅助活动是为企业的生产技术活动、经营业务活动和管理活动提供支持和服务的活动。企业的辅助活动并不能直接创造价值或实现价值，也不能直接创造效率和效益，但是如果没有企业的辅助活动，企业同样无法很好地开展自己的生产技术活动、经营业务活动和企业管理活动。企业的辅助活动与另外三种企业活动的不同之处在于，企业的辅助活动既可以由企业自己完成，也可以由社会化服务型企业或组织来完成（例如，由保安公司提供保卫服务，由运输公司提供运输服务等）。所以，企业的辅助活动是一种提供支持和服务的活动。

二、企业活动的相互关系

企业的上述四类活动相辅相成，它们共同构成了一个企业全部活动的整体。这些企业活动之间的关系可以由图 11-3 表示。

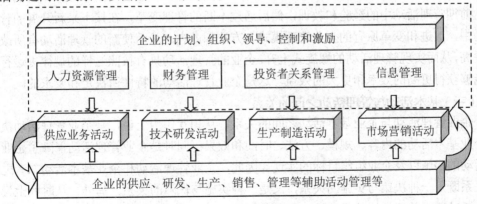

图 11-3　企业活动的相互关系示意图

223

由图 11-3 可以看出，企业的各种活动之间存在着下述几种基本关系。

（一）基本活动之间的关系

一个企业的供应业务、技术研发、生产制造和市场营销活动是企业最基本的活动，它们构成了企业活动的核心内容。它们之间的关系，从过程上说，这四项活动前后相接，环环相扣，共同构成一个企业创造价值和实现价值的完整过程。从内容上说，这四项活动是各自独立、自成体系的，它们各自有着完全不同的个体内容。特别需要注意的是，从时间上说，这四项活动是一种既前后接续，又同时并存的关系。所谓"前后接续"的关系，是指对于同一种产品品种和批次或同一种服务对象的内容而言，企业需要先获得资源（供应），然后才能够进行生产，并只有在生产出产品或服务以后，才能够将其销售出去（营销）。所谓"同时并存"的关系，是指对于不同种类与批次的产品或不同内容与对象的服务，在同一时间里企业不同的生产经营部门同时开展着各自不同的生产技术活动和经营业务活动。这就是企业基本活动之间的最主要的几个相互关系。

（二）企业管理活动之间的关系

企业的计划、组织、领导、控制、激励等管理活动构成了一个企业过程管理活动的基本内容。企业的管理活动依据对象不同，具体可以分为人力资源管理、财务管理、投资者关系管理以及信息管理等职能管理活动。各职能管理活动是企业管理活动的具体化，是企业管理活动的基本框架和载体。企业各管理活动之间从过程和时间上说，同样既有"前后接续"，也有"同时并存"的关系。但是这种"前后接续"和"同时并存"的关系，并不是单纯的循环往复式的，而是一种不间断地改进与变革，从而呈螺旋式上升的过程。所谓的"不间断"一方面是指企业的管理活动从对企业生产经营活动内容的决策开始，然后是对企业生产经营活动的计划管理和组织管理，一直到通过控制去保障企业生产经营活动的完成，在这个过程中计划、组织、控制等管理活动是连续地、不间断地进行的；另一方面是指企业的管理活动是在持续的改进之中的，这种持续的管理改进贯穿在整个管理活动的展开之中。所谓"呈螺旋式上升"是指在每个管理活动的环节中，人们都在总结前期管理活动中的经验和教训，然后通过不断的管理变革，在接下来新开展的管理活动中，改进和变革原有的企业管理模式、方法和内容，从而使新的管理活动有所改进和提高，从而实现管理活动的螺旋式上升。企业的管理活动只有按照这样的规律去运行，才能够获得更高的效率和更大的效益，这是企业管理活动的特性所决定和要求的。

（三）基本活动与管理活动之间的关系

企业管理活动与企业基本活动之间的关系，从相互作用上说，是企业管理活动决定了企业基本活动的内容、规模、方法、时间和效果；同时是企业管理活动保障了企业基本活动的实施以及企业组织目标的实现。因此，企业管理活动和企业基本活动二者之间的关系既是一种决策与实施的关系，又是一种实施与保障的关系。另外，从时间上说，这种活动既有前后接续关系，又有同时并存的关系。一方面，企业必须在完成了企业使命和组织目标的确定、企业发展战略的规划、企业基本活动的决策与企业具体活动的计划安排，以及对这些活动的科学组织等一系列的企业管理活动之后，才能够开展企业的生产、技术与经营活动，所以相对于策划、决策、计划、组织等企业管理活动来说，是先有企业管理活动、后有企业基本活动，所以企业管理活动与企业基本活动是前后接续的。另一方面，企业必须在开展基本活动的同时，开展对基本活动的调度、控制、组织、领导与协调等管理活动。

（四）辅助活动之间的关系以及辅助活动与其他活动的关系

企业中的各种辅助活动之间通常是相互独立的。不管是生产辅助活动、经营辅助活动、技术辅助活动还是管理辅助活动，各种辅助活动之间在活动内容和活动开展的时间等方面基本上是相互无关的。即便是同属于生产方面的辅助活动（或经营辅助活动及管理辅助活动）之间，基本上也都是相互独立的。例如，开始生产前的生产场地和生产工具的准备活动与生产结束时的生产场地整理活动虽然都属于生产辅助活动，但是它们是相互独立的两项生产辅助活动。辅助活动与其所支持和辅助的基本活动是紧密相关的。企业要开展生产活动或经营与管理活动，就必须同时开展生产辅助活动或经营与管理辅助活动。例如，机械加工车间要进行生产就会产生铁屑，就必须有人去做清理铁屑的生产辅助工作，否则就会由于铁屑堆积过多而造成活动的中断，甚至还会造成生产设备故障或人身事故。所以，企业的各种辅助活动与它们所辅助的基本活动或管理活动是紧密相关的，这种相关关系从时间上说，会有基本活动与辅助活动二者的同时并存或者前后接续关系。

第三节　企业的管理活动

一、企业管理活动的概念

企业管理活动是对企业的生产经营活动进行计划、组织、指挥、协调和控制等一系列活动的总称，是指企业为实现其经营目标所开展的一种特殊的活动。

虽然至今人们对于"管理"和"管理活动"的定义尚未统一，但是人们公认企业管理活动是企业全部活动中至关重要的活动。管理既是一门科学，又是一门艺术，科学而艺术地开展企业管理活动就能够使企业在正确的时间，用正确的方法，由正确的人员或团队，去做正确的事情，从而获得最佳的经济效益；就能够使企业不断发展，实现持续改进、永续经营的目标。否则，就可能使企业错失良机、误入歧途、损兵折将、得不偿失，最终走向失败。企业管理活动的主要内容包括涉及企业各种活动的决策、计划、组织、控制、激励、领导等特殊活动，涉及企业战略管理、战术管理和日常运营管理的各种管理活动，涉及企业不同层次的高层管理、中层管理、基层管理的管理活动，涉及不同管理对象的资源管理、过程管理、组织管理等内容。实际上，管理活动是一切人类有组织的活动中必不可少的一项活动内容，是在人类社会活动和生产活动中普遍存在的一种特殊活动，而且是人类社会活动中最为重要的活动之一。

二、企业管理活动的分类

企业管理活动的内容可以按照不同的分类标志进行分类，以便从不同的侧面去认识企业管理活动的特性。现有的企业管理活动分类多种多样，其中代表性的分类有以下三种。

（一）按照管理对象分类

管理对象也称为管理客体，是指管理者实施管理活动的对象。这种分类是根据企业管理活动的具体对象进行分类，通常包括企业的人力资源、物力资源、财力资源、信息资源、知识资源、时间资源和企业家才能等各种资源的合理配置、合理利用、综合开发等方面的管理。

（二）按照管理职能分类

所谓管理职能，是管理过程中各项行为内容的概括，是人们对管理工作应有的一般过程和基本内容所做的概括。这种分类是将管理过程和内容划分为几个相对独立的部分而进行的分类。

1. 计划

计划是根据组织目标，制定出具体行动方案与措施的管理活动。这类管理活动的根本作用是制定出企业未来的活动计划。计划为决策服务，计划是决策的基础，一个良好的决策往往是需要从两个以上的备选计划方案中选择的。

2. 组织

组织，一般有两种含义：一种是动词，即为实现组织目标，使每个组织成员在工作中形成合理的分工协作关系，组织管理是一种涉及分工合作的管理活动。另一种是名词，有广义和狭义之分。从广义上说，组织是指由诸多要素按照一定方式相互联系起来的系统；从狭义上说，组织就是指人们为实现一定的目标，互相协作结合而成的集体或团体，如党团组织、工会组织、企业、军事组织等。

3. 领导

领导是通过各种方法去影响他人，为实现组织的计划和目标服务的管理活动。领导的本质是妥善处理好各种人际关系，形成以主要领导者为核心的，团结一致，为实现预定目标而共同奋斗的一股合力。这一类管理活动的根本目的在于贯彻和实施企业所制定的计划决策。

4. 控制

这包括标准确定、业绩度量、确定偏差、采取纠偏措施、高度协调等一系列管理活动。控制职能是保证组织各部门各环节能按预定要求运作而实现组织目标的一项管理工作活动。协调则是正确处理组织内外各种关系,为组织正常运转创造良好的条件和环境。这类管理活动的基本作用是保障企业基本活动的开展和组织计划与目标的贯彻落实。

5. 激励

所谓激励,就是组织通过设计适当的外部奖酬形式和工作环境,以一定的行为规范和惩罚性措施,借助信息沟通,来激发、引导、保持和规划组织成员的行为,以有效地实现组织及其成员个人目标的系统活动。激励是管理过程中不可或缺的环节和活动。有效的激励可以成为组织发展的动力保证,实现组织目标。它有自己的特性,以组织成员的需要为基点,以需求理论为指导。

（三）按照管理内容分类

这种分类是根据与企业职能活动相关的管理活动内容进行分类。通常,这种分类将管理活动分为五类。

1. 供应管理活动

供应管理活动包括采购管理、运输管理、库存管理等一系列的供应业务管理活动。

2. 技术管理活动

技术管理活动包括研究与开发管理、技术服务管理、技术革新与技术改造管理等方面的技术业务管理活动。

3. 生产管理活动

生产管理活动包括生产计划、生产组织、生产调度、生产技术服务等一系列的生产业务管理活动。

4. 营销管理活动

营销管理活动包括销售管理、促销活动管理、售后服务管理等一系列的营销业务管理活动。

5. 辅助活动的管理活动

辅助活动的管理活动包括对各种业务辅助活动的管理活动,如企业形象管理活动。

【人物专栏】小托马斯·沃特森（Thomas Watson，1914—1993）

小托马斯·沃特森是 IBM 的开拓者,有史以来最伟大的资本家。沃特森生于俄亥俄州代尔顿,毕业于布朗大学,后加入美国空军,成为一名飞行员。第二次世界大战结束后退役,辅助父亲管理公司,任公司副总裁。1956 年继承父业,担任 IBM 总裁。1971 年辞去总裁职务。在他的苦心经营下,IBM 成了世界计算机行业中独占鳌头的巨型公司,而且一跃成为世界上第五大工业企业。在他任职期间,IBM 为股东创造的财富超过了商业史上任何一家公司。他著有《一个企业和它的信条》（A Business and Its Beliefs）等。

进一步阅读材料:

1. 万三敏,孙丽姗.管理学原理[M].北京:中国电力出版社,2017.

2. 方振邦，鲍春雷.管理学原理[M].北京：中国人民大学出版社，2014.

3. 荆全忠，安景文，张志强.现代企业管理（第二版）[M].北京：北京大学出版社，2016.

4. 朱健仪，苏淑欢.企业经济活动分析（第三版）[M].广州：中山大学出版社，2005.

5. 彼得·德鲁克.蔡文燕译.创新与企业家精神[M].北京：机械工业出版社，2009.

本章思考题：

1. 企业活动有哪些？

2. 各类企业活动有什么重要作用？

【章末案例】

戴尔公司实施作业成本法（ABC）

戴尔公司（Dell Inc.）1994 年的销售收入达到 29 亿美元，但是税后利润却是 3600 万美元净损失。公司上下清楚地知道公司正在面临着巨大的增长，但管理层却不确定应该推出哪种产品、针对哪个市场，公司才有可能实现最大盈利。公司管理层需要迫切地了解哪个产品线可以给企业带来最大收益。

所以，公司管理层决定在全公司实施作业成本核算系统。ABC 实施的第一步是在公司组建跨部门的团队，具体研究公司管理层确定的 8 个成本活动方面。这 8 个方面包括生产的物流、采购和运输、收货、计算机部件保险、组装、装载、配送和保证服务。组装部分又根据产品线分成了小的项目。

当涉及估计总的间接成本时，公司的项目团队需要重新收集数据，然后项目团队需要确定成本活动的成本动因。举例而言，公司的采购活动支持整个公司所有产品上百种计算机零部件的采购。一个零部件无论价值是 1 美元还是 100 美元，其采购成本都基本是一样的。所以每个生产线计算机零部件的采购种类就成为一个重要的成本动因。在实施 ABC 以前，公司采购部门的成本只作为公司管理费用（Overhead）的一部分，并没有具体分配到各个产品线上面去。

根据成本动因进行的成本数据全部汇总到公司的内部信息系统中。在实施 ABC 的初期，公司应用 EXCEL 电子表格进行 ABC 数据的收集和建立 ABC 模型。EXCEL 的电子表格使成本的计算非常方便，便于建立成本数据和成本动因之间的关系，使公司可以计算出各个成本动因的成本数量。电子表格还可以将成本在各个成本对象之间进行分配，譬如各个产品线之间的成本分配。随着公司规模的不断增长，公司建立了关于 ABC 的成本核算信息系统，使成本核算系统化和制度化。ABC 成本核算系统的建立使公司可以更加有效地执行低成本的竞争战略。

从 1994 年开始实施的 ABC 系统终于得到了巨大的回报，戴尔公司 1998 年销售收入达到 123 亿美元，比 1994 年增长了 329%。公司税后纯收入 1998 年达到 9.44 亿美元。

但更为重要的是，公司的所有管理者现在可以自信地指出公司在哪些业务上盈利，在哪些业务上亏损。公司副总裁和戴尔公司北美公司运营总监约翰·琼斯（John Jones）说，ABC 真正地使戴尔公司的管理更上一层楼。公司对各个产品的盈利有了更加透彻的了解，这将直接帮助公司制定竞争战略。ABC 的实施使戴尔公司完成了转型，由一个粗放经营的高速发展的企业转变为一个高速发展但同时管理精细化的成熟企业。

讨论：戴尔公司取得成功的关键原因是什么？

第十二章　企业的基本活动

【本章导读】本章对企业基本活动中的技术活动、生产活动、供应活动和营销活动做了阐述，然后分析了在企业基本活动中的资金运动与形态变化。

【开篇案例】

世界轮胎最多的车：1152 个车轮　载重超 50000 吨

世界上轮胎最多的车，你知道它在哪里吗?它究竟又有多少个轮子呢?告诉你答案，这个车在中国,名叫自行模块化运输平板车(Self-propelled Modular Transporter, SPMT)，拥有 1152 个车轮，简直让人一眼看不到头。据说，每个轮子标准载重 30 吨以上，整车载重超过 5 万吨。

这种车能干什么? SPMT 平板车在很多地方都用得到，例如大型桥梁建设、石油、海洋制造等行业超大型的零部件都经常使用这种特种车辆进行运输。甚至航天飞机、运载火箭、核潜艇、导弹驱逐舰、大型航母等大型军工武器装备都可以使用 SPMT 平板车进行装运。实际上，大型航空母舰的拼装过程中，必须用 SPMT 平板车。当然它最为人熟知的一次现身，是在 2009 年的港珠澳大桥修建上，当时就用了 SPMT 平板车。

但 SPMT 平板车绝不仅仅是超大载重的叠加，它包含的可是最尖端的科技。牵引部分有 8 台发动机，该车由电子计算机操纵，通过传递器，能反映每一瞬间汽车重心移动和道路的特点。他就像个儿童积木，根据你自身的需求来组合，有 4 轴和 6 轴，一个轴标准载重是 30 吨以上，4 轴 120 吨，6 轴 180 吨，可以并排组合；轮胎可以自动调节，转动为 360 度。

载重可达到 50000 吨，这个数字不是机械叠加的效果! 世界上轮胎最多的车，产自中国，那是一个令所有人感到吃惊的数字"1152"。

该车由苏州大方特种车股份有限公司研发生产，公司隶属于宝钢工程技术集团有限公司，是一家以研制特种工程机械及装备为主的专业公司。公司拥有现代化的生产厂房3.5 万余平方米及 2.6 万余平方米的调试和拼装场地，工程技术人员 120 余人，是一家具有自主知识产权的国家级高新技术企业。

思考：公司新产品的开发与研制会带来哪些影响？

企业的基本活动是指企业作为一种营利性组织所开展的创造价值和实现价值的活动。不同的企业会有不同的基本活动内容，例如，不同的服务企业、不同的加工制造企业、不同的矿产开采企业，都会有各自不同的基本活动内容。在此，我们以加工制造型企业为主，给出企业基本活动的主要内容以及各项具体活动的内容。

第一节 企业的技术活动

企业的技术活动因企业的产品和工艺方法的不同而不同。通常加工制造型企业的技术活动包括企业新产品的研制与开发，企业生产工艺的研究与选用，企业技术革新与技术改造，新工艺、新技术、新材料、新方法的应用与推广等一系列的技术活动内容。企业的技术活动是为企业的生产活动提供具体的对象和手段的活动，例如，微软公司为了开发出 Windows7 系统而投入资金进行研发以及对新产品的性能测试等均属于技术活动。这类活动的具体内容分述如下。

一、新产品研制与开发活动

任何一个企业都必须有自己的产品，不管其产品（Product）是商品（Goods）还是服务（Service），企业只有通过产品的生产才能够创造出新增价值。任何一个企业必须不断地更新换代自己的产品，不断地推出新产品，因为人们的物质文化需要是随着社会的发展和进步而不断变化的，企业必须适应这种发展变化才能生产和销售出自己的产品，从而获利并使企业得以生存和发展。因此，任何一个企业都必须开展新产品的开发与研制活动，即使是服务业也需要开展新型服务项目的研究与开发活动，以适应市场的变化和人们需求的变化。例如，社会保险业有关新险种的开发，饮食服务业有关新快餐与家庭方便餐的开发等。企业的新产品开发与研制活动是一种根据市场当前与未来的需要，综合运用技术手段，创造知识产品和技术产品的活动。这一技术活动包括新产品的设计、新产品的研制、新产品的试用和改进，一直到最终推出新产品或新的产品系列。新产品开发活动的成果可以成为企业财富的重要来源之一。通常企业可以通过申请专利、国家商标法等法律的保护，并通过使用和出售新开发的知识或技术产品而获利。所以，企业新产品研制与开发活动是企业技术活动中最主要和最重要的内容之一。

二、生产工艺技术的研究与选用活动

任何一个企业的生产都必须采用具体的工艺技术或方法，不管是一台机床的生产，还是一道菜肴的生产，都有其特定的工艺技术或方法。企业只有通过研究和选用正确而先进的工艺技术或方法，才能够生产出精密耐用的机床，或者是色香味俱佳的菜肴。所以，企业的生产工艺技术研究与选用活动也是企业主要技术活动之一。只是这项技术活动所研究的内容不是企业的产品，而是企业用什么样的工艺技术方法去生产自己的产品。企业的生产工艺技术研究与开发活动包括一般工艺技术的选用、新工艺技术的创立、新工艺技术的实验研究和新工艺的使用推广等方面。企业生产工艺技术的研究与选用，关系到企业生产的效率、质量和效益，也是企业技术活动中的主要内容之一。

三、技术革新与技术改造活动

企业的技术革新与技术改造活动是两种性质不同的技术活动。企业的技术革新活动是一种特殊的技术创新活动。它与企业的生产工艺技术研究与选用活动的根本不同在于，它是以企业的第一线生产、技术人员为主体，通过发挥他们的聪明才智和经验所进行的技术创新活动。但是这种技术创新活动的成果，最终也将成为企业生产过程中所使用的工艺技术。企业的技术改造活动主要是指对企业的生产设备、整体生产工艺技术或生产规模的全面发行或升级换代。企业的技术发行活动通常可以使企业换代，所以企业的技术改造活动通常可以给企业带来新的工艺和设备，从而使企业的产品或生产能力实现升级换代。所以，企业的技术改革活动是全面提高企业的技术水平、产品质量、产品等级或生产规模，使老企业或落后的企业重新获得新生的重大技术活动。这种企业技术活动的特点是企业需要从技术和资金两个方面进行投入，是一种外延型的企业技术活动。

四、新工艺、新技术、新材料、新方法的应用与推广

新工艺、新技术、新材料、新方法的应用与推广是一项非常特殊的企业技术活动。它主要是指对全社会的技术创新中所形成的新工艺、新技术、新材料、新方法的应用与推广（同时也包括对企业自身的"四新"的应用与推广）。国家为了提高整个社会生产力，或者为了保护整个社会的生态环境，会从技术上、法律上，甚至从经济政策上，去要求和促进企业开展这项技术活动。例如，为了保护环境而要求电镀推广无氰电镀新工艺（不含剧毒氰化物的电镀溶液和工艺），为了保护人民生命财产和避免火灾而要求建设企业推广使用阻燃装修新材料（燃点高且不会产生有毒烟雾的装饰），为了提高效率和节约木材要求建筑承包商推广使用钢模板技术（浇灌混凝土用的模板）等。这些"四新"成果的应用与推广也是企业技术活动的一项重要内容。

【人物专栏】阿尔弗雷德·斯隆（Alfred Sloan，1875—1966）

阿尔弗雷德·斯隆是美国企业家，经验主义学派代表人物，首创事业部制组织结构，

是一位传奇式领袖，被誉为第一位成功的职业经理人。他担任通用汽车公司的第八任总裁，任期长达 23 年，是在管理与商业模式上创新的代表人物。美国《商业周刊》75 周年时，斯隆获选为过去 75 年来最伟大的创新者之一。斯隆于 1963 年出版的自传《我在通用汽车的岁月》（My Years with General Motors）堪称管理学的一个里程碑，此书 30 余年间重印再印，至今仍新版不绝。该书记录了斯隆是怎样谋划战略同时筹措粮草，既主动出击市场，又精整组织和鼓动士气的。斯隆在他加入通用的时候，通用汽车正陷入重大危机。当时通用缺乏营运及财务控制，导致现金无法周转，生产线混乱。斯隆深入企业进行研究，寻找解决问题的方法。斯隆秉持"大即是好"的原则，认为所有成功的企业都会趋向成长，而通用之所以成功，便是因为有效率的成长。斯隆的成就，不在于让濒临破产的通用汽车公司在短短三年内反败为胜，而在于他建立的企业原则，虽历经半个多世纪的经营环境变动，其管理创新仍被公认为企业思考的典范。

【人物专栏】爱德华兹·戴明（Edwards Deming，1900—1993）

爱德华兹·戴明博士是世界著名的质量管理专家，他因对世界质量管理发展做出的卓越贡献而享誉全球。以戴明命名的戴明品质奖，至今仍是日本品质管理的最高荣誉。1950 年，戴明对日本工业振兴提出了以较低的价格和较好的质量占领市场的战略思想。20 世纪 80 年代初，他受命于福特汽车公司首席执行官唐纳德·彼得森（Donald Peterson），来到底特律。那时的福特汽车公司由于日本竞争对手的冲击而内出血，正步履维艰地挣扎摆脱质量事故的厄运。福特平托（Pinto）车型发生的事件是福特汽车公司在现在的轮胎质量事件之前的一次最大的质量事故。戴明提出长期的生产程序改进方案、严格的生产纪律以及体制改革。戴明博士将一系列统计学方法引入美国产业界，以检测和改进多种生产模式，从而为后来杰克·韦尔奇（Jack Welch）等人的六个西格马（Six Sigma）管理法奠定了基础。同当今许多质量管理法不同的是，戴明不仅仅是在科学的层面来改进生产程序，而是用他特有的夸张语言强调：质量管理 98%的挑战在于发掘公司上下的知识诀窍。他推崇团队精神、跨部门合作、严格的培训以及同供应商的紧密合作。这些观念远远超前于 80 年代被奉为经典的"能动性培养"。戴明学说简洁明了，其主要观点"十四要点"（Deming's 14 Points）成为全面质量管理（TQM）的重要理论基础。

【人物专栏】约瑟夫·朱兰（Joseph Juran，1904—2008）

约瑟夫·朱兰博士是举世公认的现代质量管理的领军人物。他出生于罗马尼亚，1912 年随家庭移民美国，1917 年加入美国国籍，曾获电器工程和法学学位。在其职业生涯中，他做过工程师、企业主管、政府官员、大学教授、劳工调解人、公司董事、管理顾问等。在他所出版的 20 余本著作中，《朱兰质量手册》（Juran's Quality Handbook）被誉为"质量管理领域的圣经"，是一个全球范围内的参考标准；还有《管理突破》（Management Breakthrough）及《质量计划》（Quality Planning）等经典之作。主要贡献：提出全面质量管理思想，他的"质量计划、质量控制和质量改进"被称为"朱兰三部曲"，把"二八原则"引入质量管理。

【人物专栏】琼·伍德沃德（Joan Woodward，1916—1971）

琼·伍德沃德是英国女管理学家，不列颠大学教授，组织设计权变理论主要代表人物之一，开创了公司生产过程类型的技术型模式，著有《经营管理和工艺技术》（Management and Technology）、《工业组织：理论和实践》（Industrial Organization：Theory and Practice）、《工业组织：行为和控制》（Industrial Organization Behavior and Control）等。20 世纪 60 年代初期，为了确定指挥统一和管理跨度这些传统原则与公司成功的关系程度，伍德沃德对英国南部埃塞克斯郡的近 100 家小型制造企业进行了调查，去了解它们的组织能力。她与她的研究团队成员亲自拜访每一个厂商，与管理者面谈，查阅公司的记录并观察第一线作业员。伍德沃德试着寻找能解释这些差异的原因，起初从管理者、公司背景、公司规模等方面着手，并不能找出其间的共通性，但当其对公司生产技术分类时则发现了生产技术与组织结构的关系。她以技术复杂度表示制造过程机械化的程度：高技术复杂度表示大部分的工作由机器执行；低技术复杂度则表示生产过程中，工人仍然扮演着重要的角色。

【人物专栏】克莱顿·克里斯坦森（Clayton Christensen，1952— ）

克莱顿·克里斯坦森出生于美国盐湖城，1975 年在杨百翰大学以优异表现获得经济学荣誉学士，1979 年在哈佛商学院以优异成绩获得工商管理硕士学位，1992 年重返哈佛商学院获得工商管理博士学位（Doctorate of Business Administration，DBA）之后担任哈佛商学院教授，2000 年创建了一家咨询和培训公司。克里斯坦森是"颠覆性技术"这一理念的首创者。他的研究和教学领域集中在新产品和技术开发管理以及如何为新技术开拓市场等方面。代表作为《创新者的窘境》（The Innovator's Dilemma）和《创新者的解答》（The Innovator's Solution）。克里斯坦森教授曾经获得各种学术大奖，包括美国生产与运营管理学会颁发的 1991 年度技术管理最佳论文奖"威廉·阿伯内西奖"（William Abernathy Award），美国管理科学研究院颁发的 1992 年度"最佳学术论文奖"，1993 年度最佳管理史学论文奖"纽科门特别奖"（Newcomen Society's Award），以及《哈佛商业评论》颁发的 1995 年度最佳论文奖"麦肯锡奖"（McKinsey Award）等。

第二节　企业的生产活动

企业的生产活动同样是因企业而异的，不同的企业有完全不同的生产活动。就产品生产型企业而言，其生产活动包括：生产技术准备活动、产品生产活动和产品包装活动。企业的生产活动结果是为企业提供最终可销售的商品。

一、生产技术准备活动

企业生产活动的第一步是为企业的产品生产做好各种生产技术准备工作。这包括生产技术装备的准备、生产技术工艺的准备和生产器具与工具的准备。例如，对于一种新型号汽车的生产，就需要根据产品的具体工艺技术要求，调整各种生产设备的参数和生产线的配备；就需要根据生产工艺的技术要求制造和安装各种专用的模具、卡具；同时需要准备各种刀具和量具等。这些都是新型汽车生产所需要的生产技术准备活动。通常，这种生产技术准备活动是企业生产活动中的一项重要内容，对于一些单件小批量生产活动而言，其生产技术准备活动有时甚至是费时费力最大的生产活动内容。

二、产品生产活动

企业在完成了生产技术准备活动以后，就可以开展产品的生产活动了。产品生产活动是产品实体生成的活动。通过这种活动，企业将原材料或毛坯加工制造成零件或半成品，然后再加工或装配成最终产品。在这一过程中，企业使用其技术装备作为劳动手段，将原材料、毛坯或半成品作为劳动对象，通过生产工人和技术人员的生产劳动，制造出能够作为商品出售的物质产品。企业的产品生产活动是企业生产活动的核心内容。

三、产品包装活动

企业生产的目的是要获得能够销售的商品，因此企业必须根据销售的需要，对其所生产的产品进行必要的包装。因为企业生产的裸体产品既无法很好地保存和运输，也无法很好地流通和进入市场，而且常常难以被用户接受，所以企业生产活动必须包括对产品的包装活动。另外，企业的产品包装活动还具有通过包装增加产品价值的作用。

【人物专栏】亨利·福特（Henry Ford，1863—1947）

亨利·福特是美国汽车大王，汽车工程师与企业家，世界最大的汽车企业之一——福特汽车公司的创始人。他也是世界上第一位将"装配线"概念应用到实际中而获得巨大成功者，并且以这种方式让汽车在美国真正普及。1908 年福特汽车公司生产出世界上第一辆属于普通百姓的汽车——T 型车，世界汽车工业革命就此开始。1913 年，福特汽车公司又开发出了世界上第一条流水线，这一创举使 T 型车一共达到了 1500 万辆，缔造了一个至今仍未被打破的世界纪录。这种新的生产方式使汽车成为一种大众产品，它不但革命了工业生产方式，而且对现代社会和文化产生了巨大的影响，因此有一些社会理论学家将这段经济和社会历史称为"福特主义"。他著有《我的生活和工作》（My Life and Work）。

【人物专栏】大野耐一（Taiichi Ohno，1912—1990）

　　大野耐一是著名的丰田生产方式的创始人，被日本人称为"日本复活之父""生产管理的教父""穿着工装的圣贤"。大野耐一1912年出生于中国大连，1932年毕业于名古屋高等工业学校机械科，同年进入丰田纺织公司。他1943年调入丰田汽车公司，1949年任该公司机械厂厂长；后来历任丰田纺织公司和丰田合成公司会长。他1954年出任丰田汽车公司董事，1964年升任常务董事，1970年任专务董事。1975年，他开始担任丰田汽车公司副社长。1990年5月28日去世。大野耐一在丰田工作了一辈子，在屡经挫折和失败之后，创造了一套完整的、超常规的、具有革命性的全新生产方式——丰田生产方式（Toyota Production System，TPS）。美国人第一次把丰田生产方式定名为"Lean Production System（LPS）"，即"精益生产方式"。这个研究成果掀起了一股学习精益生产方式的狂潮。

【人物专栏】埃尔伍德·伯法（Elwood Buffa，1923—2005）

　　埃尔伍德·伯法是西方管理科学学派的代表人物之一，曾任教于美国加利福尼亚大学管理研究院、哈佛商学院。他出版的著作很多，代表作是《现代生产管理》（Modern Production Management）（1975）。《现代生产管理》是伯法根据1971年出版的《生产管理基础》（Basic Production Management）改写的，简明易懂，曾被《哈佛商业评论》推荐为经理必读书目。在这本书里可以看到大量的图表和数学公式，正是这些科学的计量方法，使得管理问题的研究由定性走向定量。伯法建立的体系，被人称为生产管理理论，这一理论立足于工商业的实践。任何企业要生存并发展壮大，最基本的活动就是提高生产效率。而要提高效率，就需要优化资源配置，合理利用资源，恰当安排生产，由此构成企业的生产系统。伯法认为，随着计算机的发展与普及，实现对生产过程的数控，建立"人机交互模式"的生产管理方式已经成为可能。管理学中应用的数理方法，都在伯法这里进行了探讨。

第三节　企业的供应活动

　　企业的供应活动是企业通过市场交换获得其开展企业活动所需各种资源的活动。企业的供应活动有广义和狭义两种含义。从广义上说，企业的供应活动既包括企业所需的各种物质资源（原材料和机器设备等）的供应活动，也包括企业所需的人力资源（人才与劳动力的供应）、财力资源（资金的供应）和信息与知识资源（信息与技术的供应）的供应活动。因为这些资源都是可以通过市场交换活动获得的，都是企业开展生产技术和经营业务活动所必需的。从狭义上说，企业的供应活动主要是指有关企业各种物质资源的供应活动。因为物质资源的供应活动已经是相对规范化的一种企业活动，而其他资源的供应活动各有其不同的市场、不同的交易方法和内容。因此，我们这里讨论的主要是狭义的供应活动。这种企业供应活动的主要内容包括：确定企业采购期量，询价与议价，供应合同的订立和供应合同的履行，以及验收、入库和储存等活动。

一、确定企业采购期量活动

在企业的供应活动中，首先需要根据企业各种活动的需要，确定企业对各种物资的需求。这既包括有关物资需求品种、数量、质量的确定，也包括有关物资需求时间与周期的确定。通常这被称为企业采购期量标准的确定，它决定了企业供应活动的期（采购周期与订货点）和量（采购数量和质量），是企业供应活动中的首要活动。

二、询价与议价活动

在确定了企业的采购期量标准以后，就可以根据期量需求，通过市场开展广泛的询价活动。这一活动的内容是通过书面、口头、信息网络等方式向多家供应商进行物资价格的询问，或通过各种方式取得所需物资的价格与供应商的信息。随后，就可以根据询价所获得的信息，与选定的几家供应商进行讨价还价，即所谓的议价活动了。通常在议价活动中，企业的供应人员应该充分考虑自己企业的"议价地位"（有利或不利的情况），按照"货比三家"的原则，尽可能地为企业争取更大的利益。

三、供应合同的订立活动

在确定了采购期量，经过了询价和议价之后，就可以确定供应商，并进一步与供应商进行谈判，从而订立供应合同了。在供应合同的订立中，最主要的是确定供货时间、数量、质量、价格和价格条件及价格中所包含的内容，例如进出口价格条件采用的是离岸价（Free On Board，FOB）、成本加运费（Cost and Freight，C&F）还是到岸价（Cost，Insurance and Freight，CIF），要确定产地或生产厂家以及违约条款等内容。供应合同的订立事关企业的经济利益和法律责任，所以是企业供应活动中一项非常重要的内容。

四、供应合同的履行活动

在供应合同订立之后，企业供应活动就进入了供应合同的履约阶段。在这项活动中，企业不但要履行自己承担的合同义务，而且要监督和督促供应商履行他们的责任，以便按时、按质、按量获得所需的资源。在合同的履行活动中，还会涉及与银行（结算方式）、运输商（货物运输）、保险商（货物与运输保险），甚至海关（报关、通关与关税等）、税务（计算与缴纳税金）等一系列相关组织打交道的工作，这些都属于供应合同的履行活动。

五、验收、入库和储存等活动

供应活动的最后环节是获得物资并将它们予以储存的活动。首先要对供应商所提供的货物进行验收，包括数量、质量等方面的全面验收，如果发现与合同不符的情况，则需要与当事方进行必要的交涉，并进行合理的索赔；其次，要将获得的各种物资按照账实（账目和实物）相符的原则登记入库，并进行合理的储存，以便在企业开展各项活动时领取和使用。

第四节 企业的营销活动

对于企业的营销活动有许多不同的定义，但是企业营销活动的基本内容是确定的。企业的营销活动就是指企业在市场上卖出其产品或服务，然后通过售后服务使用户的需求得以满足，从而获得货币资金的活动。企业的营销活动有狭义和广义两种含义：狭义的营销活动主要是指产品销售作业；广义的营销活动包括市场开发和产品销售以及售后服务等一系列的营销活动，还包括市场调查、目标市场的研究与确定、行销策略的确定与推行、销售渠道与销售网络的建设、产品的分销、售后服务和公关活动等一系列内容。其中，前面的几项活动属于市场开发的范畴，后面的几项活动属于产品销售的范畴。这些活动共同构成了一个不可分割的整体，即现代企业的市场营销活动。其中最主要的几项活动的内容如下。

一、市场调查活动

市场调查活动是企业营销活动的第一个环节。这一活动主要包括对市场机遇与现状的调查，对企业用户或消费者的需求、偏好和购买行为的调查，以及对企业所占市场份额和竞争对手的调查等一系列的调查活动。开展市场调查的目的是要了解企业的市场机遇和挑战，以便制定企业的产品营销策略，指导企业今后的市场营销活动。

二、目标市场的研究与确定活动

在经过市场调查获得了有关市场的信息，了解了市场的机遇和挑战之后，就需要研究和确定出企业需要开发和占领的目标市场（Target Market）。这一活动的主要内容包括对企业开展市场竞争的优势与劣势分析，进行目标市场细分（Market Segmentation），以及对企业目标市场的确定。开展这一活动的主要目的是找出并确定企业要占领的目标市场。

【人物专栏】布鲁斯·亨德森（Bruce Henderson，1915—1992）

布鲁斯·亨德森是波士顿咨询公司创始人，波士顿矩阵、经验学习曲线、三四规则理论的提出者。亨德森1915年4月30日出生于美国田纳西州的一个农场里。作为他父亲出版社里的一名《圣经》推销员，亨德森很早就开始了他的商业生涯，而且开局良好。他获得了范德比尔特（Vanderbilt）大学的工程学学士学位，并进入了哈佛商学院。然而1941年他又选择离开学校，加入西屋公司（Westinghouse Corporation），成为公司历史上最年轻的副总裁之一。"在20世纪下半叶，很少有人能像这位波士顿顾问公司的创始人那样，对国际企业界产生如此深远的影响。"这是亨德森先生1992年7月20日去世后，《金融时报》（Financial Times）对其思想遗产的描述。亨德森对这句墓志铭一定深感满意："影响世界是布鲁斯先生毕生的追求。"亨德森改变了人们对战略的看法。波士顿既是第一家纯粹的战略咨询机构，也是第一家靠出点子获得巨大成功的企业，它从当初的一人公司发展成为今天拥有3000名员工的全球性机构。波士顿矩阵（BCG Matrix），又称市场增长率—相对市场份额矩阵、波士顿咨询集团法、四象限分析法、产品系列结构管理法等，认为考虑产品结构的两个影响因素后会出现四种不同性质的产品类型，形成不同的产品发展前景：①销售增长率和市场占有率"双高"的产品群（明星类产品）；②销售增长率和市场占有率"双低"的产品群（瘦狗类产品）；③销售增长率高、市场占有率低的产品群（问题类产品）；④销售增长率低、市场占有率高的产品群（金牛类产品）。

三、行销策略的确定与推行活动的开展

确定了目标市场以后，接下来就需要研究和确定企业的行销策略，这包括企业目标顾客的研究与确定、价格策略的研究与确定、市场打入策略的研究与确定、广告与市场促销策略的确定、针对竞争对手的市场竞争对策的研究与确定、营销渠道和营销网络的确定等。在确定了具体的企业行销策略以后，就可以开展既定行销策略的推行活动了。企业行销策略的推行活动涉及企业和企业的合作者以及企业战略联盟等诸多方面。例如，新产品的推销涉及企业的市场销售与技术服务部门；广告与市场促销策略推行涉及企业的广告部门或外部广告商以及有奖销售和人员推销的有关部门和人员；价格策略的推行涉及企业的定价部门和外部的分销商等。

四、销售渠道与销售网络的建设活动

美国市场营销学家菲利普·科特勒（Philip Kotler）认为："销售渠道（Marketing Channels）是指某种货物或劳务从生产者向消费者移动时，取得这种货物或劳务所有权或帮助转移其所有权的所有企业或个人。简单说，销售渠道就是商品和服务从生产者向消费者转移过程的具体通道或路径。"

销售渠道也称分销渠道，在企业行销策略的确定与推行活动中，企业需要确定运用

什么样的分销方式，是经销①方式、代销②方式，还是自销③方式。销售网络的建设活动包括与经销商（或总经销商）或代理商签订经销或代理协议④，然后向经销商或代理商投入一定的费用建立起自己所需的产品销售渠道与销售网络。

五、产品的分销活动

前面所述活动是市场开发活动，通过这些活动能够为企业的产品建立自己的市场和市场销售环境与条件，以后企业就可以开展实物产品分销的活动了。在企业产品的分销活动中，企业首先需要就每一批分销的产品与经销商或代理商签订销售合同（即使有经销或代理协议也同样，因为经销或代理协议不能代替具体的销售合同），然后需要根据合同规定的义务和责任去履行合同。通常，企业在销售合同的履行中需要完成以下三项活动：第一，按时、按期（分期分批发货时）、按量、按质、按发货地点（是厂区发货，还是站台发货，或是港口发货等）和到货定点发货；第二，按照合同规定与运输商（货运保险）、银行等一系列的相关部门和组织办理各种手续以及监督和督促它们完成货物的运输工作；第三，在货物到达经销商并经验收后（或者货物到达代理商并代理销售出去以后），与经销商进行货物的交割和货款的结算与划拨。这三项活动构成了企业产品分销活动的基本内容。

六、售后服务活动

企业在售出其产品以后，在产品的安装与使用、产品的质量与修理等方面，要为产品用户提供售后服务。企业的售后服务因产品的不同会有很大的不同。例如，数控机床、家用空调器、手表、普通衣物的售后服务内容和方式就完全不同。其中：普通衣物的售后服务一般是由经销商以更换的方式为消费者提供售后服务；手表的售后服务一般是由生产厂家派驻人员在销售现场设点维修的方式为用户提供售后服务；家用空调器的售后服务一般就需要企业组织专门的售后服务队为用户提供上门入户的安装、调试和维修等服务；而数控机床的售后服务就必须由企业专门的队伍和人员从技术指导与培训（这也可以称为售前服务）、设备安装与调试、设备的使用指导与技术支持（如数据加工程序的编制）、设备的不定期维护保养与修理等许多方面提供一系列的售后服务。所以，企业的售后服务活动依企业产品的技术含量、产品的价值等因素的不同而不同。但是，这项活动是任何一个企业的营销活动中必不可少的一项内容。

上述四个方面的企业活动内容就是企业基本活动的主要内容。不同的企业会有不同

---

① 由经销商先买断企业产品的所有权，再由他们自己销售出去。

② 企业将自己的产品寄放在代理商处，由他们代理销售。

③ 由企业建立自己的销售网络自行分销或者建立国际互联网站通过电子商务网络实现销售。

④ 这种经销或代理协议包括：经销或代理的商品品种与限额、经销或代理的地区、经销或代理的权限——是独家还是一般经销或代理、经销或代理协议的有效期限等。

的基本活动内容，其中，加工制造型企业的基本活动最具代表性，也是内容相对最为齐全的，所以，我们以这类企业的基本活动为模板介绍了企业基本活动。

【人物专栏】西奥多·莱维特（Theodore Levitt，1925—2006）

西奥多·莱维特，1925 年出生于德国法兰克福附近的一个小镇，为躲避纳粹迫害，10 岁时随全家移居美国俄亥俄州。高中毕业后，他加入了美国陆军，参加过第二次世界大战。退役后，他先后就学于安提奥奇学院和俄亥俄州立大学，毕业后一度执教于北达科他大学，1959 年加入哈佛商学院，不久即获得了很高的国际声望。《营销短视症》（Marketing Myopia）1960 年刊登于《哈佛商业评论》，一经发表即大获成功，1000 多家公司索要了 35000 份重印版。发表后的 40 年期间，总共售出 850000 多份，是《哈佛商业评论》历史上最为畅销的文章之一。他的营销哲学主要体现在《营销短视症》里。在这篇经典文章里，他分析了各个陷入困境的行业，指出它们陷入困境的根本原因就在于，它们完全以生产为导向，而无视客户的价值和需求。文章还指出，企业优先考虑的中心应是满足顾客而不是简单的生产商品，主导公司的应是营销而不是产品。

【人物专栏】菲利普·科特勒（Philip Kotler，1931— ）

菲利普·科特勒生于 1931 年，是现代营销集大成者，被誉为"现代营销学之父"，现任西北大学凯洛格管理学院终身教授，是西北大学凯洛格管理学院国际市场学 S.C.强生荣誉教授，具有麻省理工学院的博士、哈佛大学博士后以及苏黎世大学等其他 8 所大学的荣誉博士学位。科特勒博士著作众多，许多都被翻译为 20 多种语言，被 58 个国家的营销人士视为营销宝典。其中，他与凯文·凯勒（Kevin Keller）于 1976 年合著的《营销管理：应用、计划、执行与控制》（Marketing Management: Application, Planning, Implementation and Control）一书更是被奉为营销学的圣经。该书是世界范围内使用最广泛的营销学教科书，成为现代营销学的奠基之作，它被选为全球最佳的 50 本商业书籍之一。该书提出，营销者的任务是推销产品实体中所包含的利益或服务，而不能仅限于描述产品的形貌；同时，将市场营销看作经济活动的中心环节。

第五节　企业基本活动中的资金活动与形态变化

一、企业基本活动中的资金运动

在企业的基本活动过程中，存在着一个不断循环的资金运动的过程，在这个过程中，企业的资金在经历上述四项基本活动的过程中会不断地运动和发生形态的变化，并最终实现资本的增值（这种增值有正负之分，如果经营管理得当资本会升值，如果经营管理不善资本将出现减值）。企业基本活动中的资金运动如图 12-1 所示。

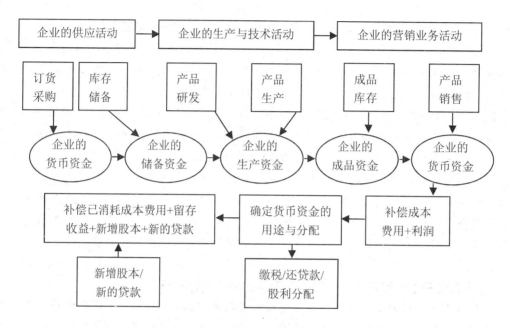

图 12-1 企业基本活动中的资金形态及变化过程示意图

由图 12-1 可以看出，在企业基本活动中的不同时期，企业的资金呈现完全不同的资金形态。这些资金的形态包括以下几类。

（一）采购用的货币资金

在企业供应业务活动的采购阶段，企业的资金是以货币资金的形态存在的。因为在这时，企业需要通过向供应商支付货币资金去获得所需的各种资源。所以，这时的企业资金是以现金或银行存款的形式存在的货币资金。

（二）储备资金

在企业获得了所需的资源，而尚未投入到生产技术活动过程之前，企业的资金变成了储备资金的形态。这时企业的货币资金已经通过市场交换变成了企业为开展生产技术活动所储备的各种资源。所以，这时的企业资金是以储存在企业仓库中的原材料、辅助材料、零件等物质资源形式存在的储备资金。

（三）生产资金

在企业开展生产技术活动的过程中，企业的资金变成了生产资金的形态。这时企业的储备资金已经通过企业的生产技术活动，加工变换成以企业生产过程中在制品或半成品形式存在的生产资金。所以，这时的企业资金是以处在生产过程中的在制品、半成品为主的形式而存在的生产资金。

（四）成品资金

当企业通过生产技术活动生产出成品以后，在尚未卖出之前，企业的资金形态变成了成品资金。从广义上说，这时企业的资金是以尚储存在库房中的产成品和已经售出而尚未收到货款的在途成品（也有人将这部分的成品资金称为在途资金）的形式存在的。所以，这时的企业资金是以等待销售的成品形式存在的成品资金。

（五）销售产品而得到的货币资金

当企业售出产品获得了销售收入以后，企业的资金形态又重新回到了货币资金的形态。这时的货币资金是企业通过市场交换，卖出了自己的产品或服务而获得的货币资金。这时的企业货币资金在形态上也是以现金和银行存款形式存在的货币资金，但是其数量与企业采购所用的货币资金相比已经获得了一定的增长（出现亏损是负增长）。

二、企业基本活动中的资金形态

由图 12-1 中还可以看出，企业资金的运动和形态变化过程是一种反复循环的周期性变化过程。在企业完成从供应活动→技术活动→生产活动→营销活动的整个循环过程中，企业的资金将完成从货币资金→储备资金→生产资金→成品资金→货币资金这样一个形态变化的过程，并形成一个资金形态变化的循环。在这种资金运动和形态变化的循环过程中，存在着两个基本特征。

（一）资本增值特性

在企业资金运动和形态变化的循环中，企业通过开展必要的基本活动和科学的管理活动，应该获得资本的增值，即获得一定比例的新增货币资金。这一部分新增的货币资金就是企业通过开展生产创造的盈利。企业在资金运动一个循环终结的时候，即售出产品而获得货币资金以后，其获得的全部货币资金包括两个部分，一部分是企业活动中已经发生并需要补偿的成本费用，另一部分是利润。这些资金成为下一循环投入的新一轮采购用货币资金，为下一轮生产技术活动采购所需的资源，又开始一个资金运动与形态变化的新循环。企业就是通过开展基本活动与相应的管理活动，在这种资金的运动过程中不断地实现资本的增值，从而生存、发展和壮大起来的。

（二）多种形态同时并存的特性

在企业的全部生产、技术与经营活动中，在同一时间里会有多个资金运动与形态变化的循环存在，不管是对于单一产品连续生产的企业还是多种产品分批量生产的企业都是如此。因为企业要连续不断地生产，就需要连续不断地投入货币资金，就会连续不断地生产出产品，就会不断地销售自己的产品。在一个给定的时间内，一个企业会同时有货币资金、储备资金、生产资金、成品资金等不同资金形态存在，因为在同一时间里，企业要同时开展它们的供应、生产、销售等活动。正是这些活动的同时并举，使得在一个给定的时间里，企业会同时有四种资金形态的存在。

【人物专栏】奥古斯特–威廉·舍尔（August–Wilhelm Scheer，1941—）

奥古斯特-威廉·舍尔教授是 IDS Scheer 公司的创始人，是国际上享有盛誉的业务流程管理（Business Process Management，BPM）专家，声望与创建业务流程重组（Business Process Reengineering，BPR）理论的专家迈克尔·哈默（Michael Hammer）和詹姆斯·钱皮（James Champy）齐名。更胜于理论专家们的是，舍尔教授不仅将业务流程管理理念广为传播，而且真正运用信息技术研发出了一套用于业务流程管理的方法论和软件产品 ARIS，从而帮助将业务流程管理理念投入应用。在带领 IDS Scheer 公司走到今天的同时，舍尔教授还一直坚持学术工作，从事科研、出版著作、开展讲座，他是世界上很多大学的荣誉教授，包括中国的同济大学等。

进一步阅读材料：

1. 斯蒂芬·罗宾斯，玛丽·库尔特.孙健敏等译.管理学[M].北京：中国人民大学出版社，2008.

2. 彼得·德鲁克.刘勃译.管理——任务、责任、实践[M].北京：华夏出版社，2008.

3. 彼得·圣吉.张成林译.第五项修炼——学习型组织的艺术与实践[M].北京：中信出版社，2009.

4. 张玉利.管理学[M].天津：南开大学出版社，2004.

5. 黄津孚.现代企业管理[M].北京：首都经济贸易大学出版社，2007.

6. 彼得·德鲁克.朱雁斌译.21 世纪的管理挑战[M].北京：机械工业出版社，2009.

本章思考题：

1. 什么是企业的基本活动？

2. 企业各项基本活动之间的相互关系是什么？

3. 企业基本活动的作用是什么？

4. 企业的资金有几种不同的形态？它们是如何相互转化的？

5. 随着知识经济和网络化社会的发展，企业基本活动的内容会有何变化？

【章末案例】

康佳集团及其企业活动

康佳集团成立于 1980 年 5 月，坐落在风光秀丽的深圳湾畔。经过 20 多年的快速发展，康佳已成长为总资产 100 亿元、净资产 30 亿元、年销售收入 130 多亿元的大型电子信息产业集团和境内外上市的股份制公司。公司现有总股本 6.02 亿股，华侨城集团为第一大股东。

公司主导业务涉及多媒体消费电子、移动通信、信息网络、汽车电子，以及上游元器件等多个产业领域，是中国彩电行业和手机行业骨干龙头企业，曾连续 4 年位居中国电子百强第 4 位，是国家 300 家重点企业和广东省、深圳市重点扶持发展的外向型高科技企业集团。康佳集团自成立伊始就确立了科技兴企的发展战略。面对强大的竞争对手和日益严峻的市场环境，早在 20 世纪 90 年代初，康佳在国内同行中就率先建立了产品技术研发中心，并以先进的研发理念和不断创新的研发体制一步步实践着引领潮流的远大目标。目前，康佳已在彩电和手机研发领域掌握了诸多关键技术和部分核心技术，并且形成了独特的产品研发优势。

在 20 多年的风云际会中，在中国本土乃至国际市场上，康佳公司精耕细作、悉心打造，在全球范围内建立起了体系完备、响应快速的营销网络。目前，公司在国内拥有80 个营销分公司、数百个销售经营部，以及 3000 多个服务网点。在国际市场上，康佳通过设立分公司、设置商务代表处、海外建厂，以及建立客户联盟等多种方式，初步形成了能够满足全球化战略的市场运营体系。目前，公司的海外业务已拓展至南亚、东南亚、中东、澳洲、非洲、欧洲和美洲等 80 多个国家和地区。康佳正在以一个世界级电子企业的形象出现在国际市场上。

未来的康佳，以消费多媒体电子、移动通信、信息网络和汽车电子为核心业务，以构建技术领先型的跨国公司为奋斗目标，致力于打造一个业务多元化和市场多元化、具有全球影响力和竞争力的电子信息产品制造企业。

讨论：康佳成长过程中体现了哪些企业基本活动？它们之间的联系是怎样的？随着国内外竞争的不断加强，康佳应该在哪些方面对自身活动进行调整，以保持强有力的竞争优势？你认为资金在一个企业发展过程中的地位和作用应如何体现？

第十三章　企业的资源管理活动

【本章导读】本章从资源管理的角度讨论了企业的人力资源、物力资源、财力资源和企业其他资源的管理的相关内容。

【开篇案例】

一汽大众的进货零库存管理

零库存（Zero Inventory）并不是不要库存或者说没有库存，而是库存数量尽可能减少或者接近于零。它是指各种物料（包括原材料、配件等）在采购、生产、销售、终端配送等环节中，以少量的仓库储存形式存在，而大部分物料处于周转状态的一种库存方式。一汽大众的进货零库存管理主要包括以下三种手段：

第一，电子看板。看板方式是准时方式中的一种简单有效的方式，要求企业各工序之间或企业之间或生产企业与供应者之间采用固定格式的卡片为凭证，由下一环节根据自己的节奏，逆生产流程方向，向上一环节指定供应。在一汽大众公司中，通过因特网（Internet）电子看板，将各个零部件的需求信息及时发布在电子看板上，供应商通过电子看板上的数据准备所需零部件，做到每个供应商与零部件的一一对应，直接将零部件放置于车间入口处，从而提高了进货效率，并且数量刚好，不会产生巨大的库存。

第二，准时化（Just in Time）。公司按过车顺序把配货单传送到供货厂，对方也按顺序装货并直接把零部件送到工位上，从而取消了中间仓库环节。在一汽大众公司内部，供应商根据配货单直接送到需要此零部件的工序上，而不需要将零部件集中到仓库中再从仓库中挑选出来，节省了人力物力，提高了公司内部的工作效率。

第三，批量进货。供货厂每月对不太重要且状态稳定的小零部件分批量地送一到两次。过去的仓库包含整个车间，堆放着大量的零部件，货架之间空隙窄小，大货车根本开不进来，不仅每天上架、下架、维护、倒运、提取零部件需要消耗大量的人力、物力和财力，而且在运送搬运过程中总会造成一定程度的毁坏。现在每天平均两个小时要一次货，零部件放在这里的时间很短，节省了公司的人力、物力、财力。

思考：库存管理对于一个公司来说为什么很重要？

　　企业的资源管理活动是企业对自己的全部资源所开展的管理活动。这类管理活动包括对人力资源、物力资源、财力资源、信息资源、知识资源、时间资源和企业家才能等的管理活动。这些资源管理活动因资源的性质不同而分别有各自不同的内容。下面对这些不同的资源管理活动分别予以论述。

第一节　人力资源管理活动

一、人力资源管理的概念

　　人力资源（Human Resource）是企业的战略资源之一。人力资源管理（Human Resource Management）就是指企业为了"选、育、用、留"生产经营过程中必不可少的人力资源，通过运用科学、系统的技术和方法进行各种相关的计划、组织、领导和控制活动，以实现企业的既定目标。其中，"选"是指招聘，"育"是指开发，"用"是指激励，"留"是指维持。

　　在"以人为本"、人才竞争日益激烈的今天，人力资源已成为最重要的战略资源之一，已成为各个国家之间、各个企业之间争夺日益激烈的一种资源。国内动辄以数十万元年薪诚聘高级管理人才，国外花数百万美元，甚至数千万美元挖走其他企业高级经理已是常事，这些都充分说明了企业人力资源管理对于企业来说是非常重要的。人力资源管理是企业战略的一部分，人力资源管理有助于实现企业的战略目标，有助于实现和提升企业绩效。

　　企业人力资源管理与传统的企业人事劳动管理有很大的不同，前者是将人力作为战略资源去获得、培育、开发和使用，后者则是以行政管理的方法将企业的人力分成干部和工人进行管理。

【人物专栏】戴维·尤里奇（Dave Ulrich，1953—）

　　戴维·尤里奇，也译为戴夫·乌尔里克（或奥利奇），被誉为人力资源管理的开创者。他最早提出了"人力资源"（Human Resource，HR）的概念。在此之前，人力资源被称为"人事管理"（Human Management）。尤里奇是美国密歇根大学罗斯商学院教授、人力资源领域的管理大师，在美国《商业周刊》举行的调查当中，他是最受欢迎的管理大师，排在约翰·科特（John Kotter）、彼得·德鲁克（Peter Drucker）等人之前。1997年获得国际人事管理协会（International Personnel Management Association）颁发的

Warner Stockberger 成就奖，1998 年获得人力资源管理协会（Society for Human Resource Management）颁发的专业知识领导力终身成就卓越奖、国际企业协会和招聘就业管理协会（International Association of Corporate and Professional Recruitment, and Employment Management Association）颁发的终身成就奖，2000 年荣获世界人力资源联盟（World Federation of Personnel Management）为表彰在人力资源管理领域做出杰出贡献人士而颁发的 George Petitpas 纪念奖，名列福布斯最佳商业培训师世界前 5 强，2001 年被美国《商业周刊》评为管理教育家的第一名，曾为超半数的福布斯 200 强企业提供过咨询或研究服务。

【人物专栏】戴尔·卡内基（Dale Carnegie，1888—1995）

戴尔·卡内基，又译为戴尔·卡耐基，美国著名的人际关系学大师，西方现代人际关系教育的奠基人。卡内基利用大量普通人不断努力取得成功的故事，通过演讲和出书唤起无数迷惘者的斗志，激励他们取得辉煌的成功。其在 1936 年出版的著作《卡内基沟通与人际关系》（又名《人性的弱点》）（How To Win Friends And Influence People），被西方世界视为社交技巧的圣经之一。他在 1912 年创立卡内基训练班，以教导人们人际沟通及处理压力的技巧。

二、人力资源管理的主要内容

企业人力资源管理的主要内容包括四个方面。

（一）人力资源的规划

企业人力资源的规划是根据企业的目标、任务和组织设计，确定企业的人力资源规划和具体的企业人力资源招聘、开发与培训计划以及企业的职务分析与设计和企业个人职业生涯规划等方面的管理活动。这一活动的主要内容包括下面四个方面。

1. 企业人力资源的总体规划

企业人力资源的总体规划是企业有关规划期内，人力资源开发与利用的总目标、总政策、实施步骤与措施以及人力资源开发总预算方面的总体计划安排。它是一个企业的计划期内人力资源管理的总纲领和总的计划。

2. 企业人力资源的业务计划

企业人力资源的业务计划是在企业人力资源总体规划指导下所制定的具体人力资源管理业务的计划，包括人员需求与使用计划、人员的提升与发展计划、人员薪资计划、人员教育与培训计划、人员退休与裁减计划等。这些计划是总体规划的分类展开与细化。

3. 企业的职务分析与职务设计

职务是为一个岗位规定的任务和责任。职务分析是对企业现有职务的责任与任务的客观描述与具体分析；职务设计是根据企业目标和任务的需要（兼顾员工个人能力和需要），设计规定一个岗位的任务、权利、责任及其在组织中的定位的管理工作。这些是实现人力资源规划的基础，是企业人力资源开发、实现"公平"报酬和帮助员工规划个人职业生涯的主要依据。

4. 个人职业生涯规划的管理

个人职业生涯规划是指如何将个人的能力和需求与企业的目标和需求很好地结合，从而计划和安排每个员工未来职业发展方向的管理工作。这种工作既可以使个人明确今后的发展方向，又可以为企业未来获得所需的人力资源做好准备和安排。所以，它是企业人力资源管理活动的重要内容之一。

（二）人力资源的招聘、选拔、补充与更新

这是企业通过各种人力资源市场（劳动力市场、管理与技术人才市场、企业家人才市场以及企业内部的潜在人力资源市场等）招聘、选拔新职工，安排年老和不适合企业需要的职工离休或辞退的管理活动。这项活动的主要内容包括下面四个方面。

1. 员工招聘

员工招聘是在企业组建新的部门或单位、业务扩大或出现岗位空缺、职工结构不合理需要更新等情况下，所开展的一项人力资源的招募活动。企业需要对此进行质量、数量、法律、政策等方面的控制和管理活动，以便招募到优秀的人才和企业所需的员工。

2. 人员选拔

人员选拔是在企业的较高职位出现空缺时，企业所需要开展的人员选择与提拔的管理活动。企业需要对人员选拔进行标准政策、途径、方式等方面的管理，以确保企业能够以较低的成本获得高质量的人才，同时建立上进心激励约束机制。

3. 职务安排与调动

人员的安排与调动是企业管理配置自己的人力资源的一项很重要的管理工作。企业需要结合人员的业绩与能力考核，做好人员安排与调动方面的政策、方法、组织和管理工作。

4. 员工更新

员工的更新主要是指员工的吐故纳新工作。企业需要为此开展有关员工换岗、退休、冗员裁退及其补偿的政策、方法、计划、安排等方面的管理工作。

（三）人力资源的开发

这是有关提高企业人力资源的思想素质、知识技能、人员士气等方面的人力资源管理活动。其目的是通过这种开发工作去获得企业所需的合格人才。这项活动的主要内容包括下面四个方面。

1. 员工的继续教育

员工继续教育主要是指对员工的文化知识专业方面的教育。这种教育包括企业内部和企业外部两种实施方式。其主要目的是提高员工的知识水平，以适应企业与社会发展的需要。这方面需要开展有关教育计划、教育方法、教育合作、教育经费等方面的管理活动。

2. 员工的技能培训

员工技能培训主要是指对员工操作技能的培训。这种培训包括岗位培训和脱产培训两种形式。其主要目的是提高员工的实际操作技能，以提高效率和效益。这同样需要开展有关培训计划、培训方法、培训经费等方面的管理活动。

3. 员工的素质教育

这主要是对员工开展有关企业文化与企业精神和思想情操与职业道德的教育和训练。这种教育与培训有多种方式，如开展企业文化活动、进行团队精神教育、宣传企业理论与行为准则的活动等。这种活动的主要目的是提高员工的思想觉悟和总体素质。这项工作同样需要开展各种必要的管理活动。

4. 员工士气的提高与激励

这主要是采用精神和物质奖励的方法去激励员工为企业做出更多的贡献，保持员工更高的士气。这一管理活动同样是十分必要的，也是相对比较复杂的一项人力资源管理活动。

（四）人力资源的使用与考核

这是有关企业人力资源的考核、报酬、奖惩及工作环境与生活质量的管理活动。这项管理的主要内容包括下面三个方面。

1. 员工素质与业绩的考核

这是一项根据人力资源管理的基本要求，对员工的素质与业绩进行考察与评价的管理活动。这种管理活动的主要作用是为综合利用人力资源提供依据，为企业晋升提级提供依据，为确定工薪和奖励提供依据，为开展培训提供依据，为制定个人职业生涯发展规划提供参考等。这类考核的方法多种多样，一般需要根据考核目标与内容确定使用的考核方法。

2. 员工报酬与奖惩管理

员工报酬包括工资、奖金、津贴、保险与福利，是员工付出劳动而应取得的补偿和回报。奖惩则是由于员工对企业做出特殊贡献，由企业给予员工的精神、物质奖励；或者产生损失与不良影响后进行的惩戒。这一管理活动能够保证引导员工的行为，形成人力资源的合理配置，激发员工的士气和积极性，并且有保障劳动力的再生产等功能。

3. 员工工作环境与生活质量管理

为了保证企业的人力资源不流失、不退化和质量与士气的不断提高，企业还必须开展员工工作环境与生活质量的管理工作。通过开展这一管理活动，使员工能够在良好的工作环境中工作，并且具有较高的生活质量（主要通过开展各种文化体育活动提高生活质量）。

【人物专栏】哈罗德·凯利（Harold Kelley，1921—2003）

哈罗德·凯利是美国社会心理学家、归因理论的发展者，他认为人们在试图解释某人的行为时，可能用到三种形式的归因：归因于行为者，归因于客观刺激物（行为者对之做出反应的事件或他人），归因于行为者所处情境或关系。凯利 1921 年出生于美国爱达荷州博伊西（Boise），2003 年因癌症逝世于美国加利福尼亚州马力布。他在加利福尼亚长大，求学于加利福尼亚大学伯克利分校，分别于 1942 年和 1943 年获该校心理学学士和硕士学位，毕业后专司社会心理学专业。第二次世界大战期间服务于美国陆军，从事航空心理学计划方面的研究工作。战争结束后，他回到学校，在勒温领导的麻省理工学院群体动力学研究中心继续他的学业，1948 年获得博士学位，之后留任该中心。凯利 1971 年获美国心理学会颁发的杰出科学贡献奖，1978 年当选为美国国家科学院院士。他曾获美国实验社会心理学会颁发的杰出科学家奖。此外，他还是美国艺术与科学院士。凯利主要关注人与人之间相互感知的过程以及小团体的内部关联，在心理学和社会学领域都有很大影响。

第二节　物力资源管理活动

一、物力资源管理的概念

企业的物质资源主要是指企业开展生产与经营活动所需的原材料、辅助材料与各种设备等各种以物质资料形态存在的资源。对这部分资源的管理，事关企业生产经营活动的"粮草"和"车马"，所以也是非常重要的。

二、物力资源管理的主要内容

这种资源的管理主要涉及三部分的内容：其一是采购管理（Procurement Management），其二是库存管理（Inventory Management），其三是设备管理（Equipment Management）。

（一）企业的采购管理

企业采购管理活动的目标是保障企业能够按时、按质、按量，低价获得所需的原材料和设备。这一管理活动的主要内容包括：比价采购管理、经济期量订货管理和采购合同管理等方面。

1. 比价采购管理

这是有关企业采购价格与质量的管理。开展这项管理活动的目的是要保障企业采购活动中能够贯彻：同等质量比价格、同等价格比质量、同等质量和价格比信誉的采购原则。具体地说，就是在采购过程中必须"货比三家"。当供应商报价的货物质量相同时，比较报价，采购低价者的货物；当供应商报出的价格相同时，比较质量，采购高质量的货物；当供应商报价与质量相同时，比较信誉，采购信誉高者的货物。

2. 经济期量订货管理

这是有关企业采购的时间与数量的管理。开展这一管理活动的目的是要保障企业在采购活动中能够贯彻严格按时、按量采购的原则，以避免由于过早、过量采购造成企业储备资金过大，引起企业的成本上升；或者由于过迟、过少采购造成企业生产中断，引起企业的成本上升。这一管理活动的关键内容是根据企业的具体情况，确定企业最经济的订货批量、订货点和最大、最小及安全库存量，并且在采购活动中严格按照经济订货批量和订货时点开展采购活动。

3. 采购合同管理

这是有关企业采购活动中的责任和义务的管理。开展这一管理活动的目的是要保障企业在订立和履行采购合同时，既能够确保企业自身的利益，又能够严格、按时履行合同义务，从而减少或消除企业采购活动中各种可能的损失或成本增高。这一管理活动的关键内容是对采购合同从谈判、订立到履行的全过程管理。

（二）库存管理

企业库存管理活动的目标是保全企业的库存物资和按时、按质、按量为企业生产经营活动提供原料和设备。这一管理活动的主要内容包括：ABC 管理、入库出库管理和库存保管管理。

1. ABC 管理

这是根据"重要的少数和不重要的多数"的管理原理（帕累斯原理）所开展的一种库存管理活动。这一管理将库存物资或设备划分成 A、B、C 三类。其中 A 类是"重要的少数"，数量上它只占总量的 20% 左右，但是价值上将占全部物资价值的 80% 左右；C 类物资正好相反，数量上它可能会占到总量的 60% 以上，但是价值上可能只占总量的 2%—5%；B 类物资则是从数量和价值上介于 A 和 C 类二者之间的物资（实际比例数的多少可以根据具体企业的库存物资情况划分）。将物资分成 A、B、C 三类以后，就可以对 A 类实行重点管理，对 C 类实行一般管理，而对于 B 类则可按照介于重点和一般之间的办法进行管理（包括采购管理也可使用这种方法）。这种管理的根本意图是通过分类管理去节约成本。

2. 入库出库管理

库存管理从物资入库开始到物资出库为止，其中，一入一出是库存管理的关键环节。对入库环节的管理主要包括物资的入库前验收与物资的合理存放。其中，入库验收包括数量和质量两个方面，入库验收管理要求未经检验或检验不合格的物资都不能入库存放。物资的合理存放管理是指对入库物资的库存位置、保存方式等方面的管理，它必须满足存储方便与合理的要求。物资出库管理是企业控制物资消耗的重要环节之一，包括定额、限额、超额、专门发料的全面管理和送料与领料等方面的全面管理。

3. 库存保管管理

库存保管管理是出入库之间的中间阶段的管理。其内容包括对物资的账、物、卡三者一致的管理，出库准备活动的管理，物资的清查盘点管理等多项内容。库存保管管理的核心是要提高仓库的利用率、仓库物资的完好率、仓库全员劳动生产率和降低物资亏损率、仓储作业成本等。

（三）设备管理

设备是企业生产商品和提供服务的主要物质手段，具有使用期限长和价值较高的特点。设备管理与一般的库存物资管理不同，其管理活动的主要内容包括：设备选购、验收和安装调试管理，设备的使用管理，设备的维护与修理管理，设备改造与更新管理，设备的技术档案管理等。

1. 设备选购、验收和安装调试管理

企业要严格管理对设备的选购、验收、安装、调试这一系列的设备投入使用前期活动，以确保企业能够以合理的价格，获得其实际所需的设备。

2. 设备的使用管理

设备的使用管理主要是根据企业的实际情况和设备本身的特性，建立各项设备的使用操作规范，严格贯彻规范，以确保科学地使用企业的各种设备，防止设备意外事故的发生和违章作业。

3. 设备的维护与修理管理

设备的维护管理是指对设备的清洁、润滑、安全、磨损、松动等问题所做的管理。设备修理管理是指对设备所采取的故障性维修、预防性维修和预知性维修的全面管理。

4. 设备改造与更新管理

设备的消耗或损坏主要有两种方式：其一是有形磨损，其二是无形磨损。其中，有形磨损很好理解，而无形磨损则是指由于技术进步所造成的设备落后，这只有通过对设备的更新改造去消除。因此，企业必须开展对设备更新改造的管理。这包括对设备技术水平的评估、改造方案的制定与实施等环节的管理。

5. 设备的技术档案管理

设备的技术档案管理主要是关于设备的技术资料，以及设备的安装、维修、改造、更新等各种有关设备全生命周期情况变化档案记录的建立、维护与管理，以便为企业的设备管理和使用及时地提供信息。

第三节　财力资源管理活动

一、财力资源管理的概念

企业的财力资源管理又可以称为企业的财务管理（Financial Management），是企业最为重要的管理活动之一。财务管理是企业对其财力资源运行全过程的管理，这一管理活动所需的主要方法包括财务预算、财务控制、财务分析等。

二、财力资源管理的主要内容

这一管理活动的主要内容包括：资金筹集的管理、资金运用的管理、利润分配的管理等方面。财务管理的目标主要有：利润最大化、股东财富最大化和企业价值最大化。

（一）资金筹集的管理

资金筹集是依据企业的资金需求预测和计划的需要，筹措和募集资金的活动。企业的资金筹集活动是决定企业生产规模，保障企业经营活动的开展，使企业成为独立经营实体的重要活动。但是这一活动受到了资金的稀缺性、资金使用的有偿性、筹资方式与渠道的政策性等一系列特性的约束，因此必须对其开展严密的管理。企业资金筹集的管理主要包括：筹资渠道、筹资方式、筹资成本的管理。

1. 筹资渠道管理

企业资金筹集渠道主要有向企业出资者的股权融资、向银行等金融机构的负债融资和留存收益等。企业需要根据所需资金的用途、时间长短和筹资成本等因素去决策、选用和管理好企业的筹资渠道，以便企业能够通过最佳筹资渠道获得所需的资金。

2. 筹资方式管理

企业筹资的方式依所筹措资金使用时间的长短，可以分为短期资金筹集和长期资金筹集两类不同的方式。其中，短期资金筹集需要使用：商业信用、短期贷款、票据贴现等短期筹资的方式；长期资金筹集需要使用：发行股票、合资合作、长期贷款、企业债券、融资租赁等方式。企业同样需要根据所需资金的用途、时间长短和筹资成本等因素去决策、选用和管理好自己的筹资方式，以便能够使用最适宜的筹资方式获得所需的资金。

3. 筹资成本管理

筹资成本是指在资金筹集过程中所支付的费用。筹资成本的高低主要取决于筹资方式和渠道的选择、筹资时间的选择、企业的信用等级、资本市场的环境等因素。因此，企业要降低筹资成本，就必须依据客观筹资环境的变动情况，管理好自己的各项筹资活动。尤其是对于数量大、时间长的资金筹集，必须严格做好企业筹资成本的管理。

（二）资金运用的管理

资金运用的管理是企业财务管理中最主要和最富有创造性的管理活动，因为它涉及企业投资效益和企业资金的合理配置与使用，直接关系到企业的生产经营水平和企业的发展。资金运用管理的方式方法是多种多样的，主要内容包括对流动资产、长期资产和对外投资三种不同运用的管理。

1. 流动资产管理

流动资产是指企业可以在一年或者超过一年的一个营业周期内变为现金或者耗用

的资产。流动资产在周转过渡中，从货币形态开始，依次改变其形态，最后又回到货币形态，其内容包括货币资金、短期投资、应收票据、应收账款和存货等多种形态。对这些不同种类和形态的流动资金管理，要按照企业的需要做好流动资金的占用、周转结算、收支、账目和成本控制等方面的管理工作。

2. 长期资产管理

长期资产是企业拥有的变现周期在一年以上或者一个营业周期以上的资产，包括固定资产、无形资产、长期投资及其他资产。其中，固定资产是指在使用过程中保持原有物质形态不变的资产，其使用期限在一年以上，单位价值比较高。固定资产的存在形态有房屋、其他建筑附属设施、机器设备和其他等分类。按取得渠道分，固定资产有投资转入的、购入的、自制自建的、融资租赁的，也有改建扩建的等。对这类资产的管理涉及投资与融资的管理、工程建设的造价管理（房屋即建筑物建设工程）、固定资产的价值管理（原值、净值、残值、重置价值等）、固定资产折旧管理等多项内容。

无形资产是指不具有实物形态的非货币性资产，如专利权、商标权、著作权、土地使用权、非专利技术等。

3. 对外投资管理

企业对外投资包括短期投资和长期投资两种方式。短期投资多数是通过金融市场用企业的部分短期闲置资金购买容易变现的企业债券、国库券、金融债券以及上市公司股票来实现增值的行为，投资期限不超过一年。长期投资的投资期在一年以上，是企业实现战略扩张与发展和获得经济收益的主要手段之一，既可投资股票或债券，也可以直接向其他企业参股。对外投资管理既包括对这类投资活动的管理，也包括对投资风险的管理，同时还包括对投资收益的管理等。

（三）利润分配的管理

企业的利润在向国家交纳所得税后，可以向股东分配利润。利润分配涉及企业和股东之间的利益关系，关系到股东的短期利益和长期利益关系，关系到企业财务风险和长期发展有无后劲问题，也关系到企业的股权再融资问题。

我国《公司法》规定，公司交纳所得税后的利润，应先提取 10%的法定盈余公积金，还可以决定是否提取任意盈余公积金，然后可向股东分配红利。向股东分红可以采取现金分红方式和股票分红方式，不同的分红方式对企业的现金流、财务实力和股权结构会有不同的影响。因而，加强对利润分配的管理十分重要。

第四节　其他资源管理活动

企业其他资源包括企业的信息资源（Information Resource）、知识资源（Knowledge

Resource)、企业家才能资源（Entrepreneurship Resource）等。这些资源与前面所述三类资源相比，有许多不同的特性。因此，对这些资源的管理活动需要根据各自的不同特性去开展。

一、信息资源的管理

信息资源是为企业的战略决策、管理决策和作业决策服务的一种重要资源。由于企业决策的正确与否直接关系到企业的成败，所以，它是一项非常重要的战略资源。信息资源的管理包括对信息的收集、加工处理、保存积累、提供利用和信息系统的开发等许多方面的管理。这项管理活动的直接对象是企业的信息资源（内部的和外部的），但是由于生产信息的数据来自企业的各项具体生产活动，所以，这是一项涉及企业各项活动的管理工作。因此，企业对信息资源的管理是一项内容广泛，既涉及管理方法的科学化，又涉及管理手段的现代化，同时又涉及各项具体业务活动的重要管理工作。

【人物专栏】阿尔文·托夫勒（Alvin Toffler，1928—2016）

阿尔文·托夫勒是未来学大师、世界著名未来学家，出生于纽约，毕业于纽约大学。他于 1970 年出版《未来的冲击》（Future Shock），1980 年出版《第三次浪潮》（The Third Wave），1990 年出版《权力的转移：世纪之交的知识、财务和暴力》（Power Shift: Knowledge, Wealth and Violence at the Edge of the 21st Century）等（未来三部曲），享誉全球，成为未来学巨擘，对当今社会思潮有广泛而深远的影响。托夫勒有一句名言："唯一可以确定的是，明天会使我们所有人大吃一惊。"（The sole certainty is that tomorrow will surprise us all.）托夫勒是第一位洞察到现代科技将深刻改变人类社会结构及生活形态的学者。在《第三次浪潮》中，他将人类发展史划分为第一次浪潮的"农业文明"、第二次浪潮的"工业文明"以及第三次浪潮的"信息社会"，给历史研究与未来思想带来了全新的视角。

【人物专栏】理查德·诺兰（Richard Nolan，1940—）

理查德·诺兰是信息技术领域"诺兰阶段理论"创始人。诺兰于 20 世纪 80 年代初提出了企业管理信息系统（Management Information System, MIS）建设的阶段划分理论，通称"诺兰模型"，把企业管理信息系统建设划分为初始阶段、扩展阶段、控制阶段、统一阶段、数据管理阶段和成熟阶段六个阶段。诺兰于 1966 年在华盛顿大学获博士学位。曾为哈佛商学院教授，现已退休。诺兰教授目前是多家公司的董事。诺兰教授发表了大量学术论著，包括《创造性地破坏：改造组织的六阶段进程》（Creative Destruction: A Six-Step Process for Transforming the Organization）、《组织重整》（Reengineering the Organization）、《全球化、技术与竞争》（Globalization, Technology, and Competition）、《建立信息时代的组织：结构、控制及信息技术》（Building the Information-Age Organization:

Structure, Control, and Information Technologies）等。

二、知识资源的管理

企业的知识资源既包括社会共有的知识，又包括企业独家占有的知识。例如，企业自己发明或购买的专利、技术诀窍、应用软件等有知识产权的资源都属于这类资源的范畴。对这一部分资源的管理活动，涉及知识的获得、知识的创造、知识产权的交易与使用、知识资源的积累与更新等许多方面的管理活动。特别是在人类社会已经发展到了知识经济时代的今天，知识资源正在逐步成为比物质资源更为重要的企业战略资源，因此每个企业都必须认真研究对这种资源的管理规律和管理方法，以便更好地开展这项管理活动。

【人物专栏】卡尔-爱立克·斯威比（Karl-Erik Sveiby，1948— ）

卡尔-爱立克·斯威比博士，瑞典经济和工商管理学院知识管理教授，斯威比知识管理集团主席，被誉为知识管理的"奠基之父"之一。他是知识管理基础理论的开拓者。1986 年，他出版了他的第一本瑞典文著作《知识型企业的管理》（Kunskapsforetaget，瑞典文），在这本著作中，他探索了如何管理快速成长的知识型组织，指出知识型组织不同于传统的企业，经营依赖的是知识和员工的创造能力。该书一经出版，便风行一时，成为最佳畅销书。他也因此成为在知识管理研究和实践方面具有重要影响的早期知识管理领袖。他于 1990 年出版《知识管理》（Kunskapsledning，瑞典文）。在作为一家出版公司的所有者和经理的 15 年中，他将出版公司办成瑞典最大的商业和财经类出版机构。同时他认识到测量无形资产的必要性，由此开拓了对无形资产的会计实践，并在自己的公司进行了具体实践。当前他是一名研究者、工具和方法的开发者，还是全世界不少公司和政府的顾问。

阿里·德赫斯（Arie Geus）在 1997 年提出，大部分公司的失败是因为管理者过分致力于制造商品和提供服务，而没有意识到企业是活的有机体，需要在环境中觅食。为应对长期经营中环境的变化，企业必须改变自己，通过改变自身的小环境来适应大环境的变化。他同时指出，建立长寿公司没有现成快速的法则，只有不断地学习，并将学习能力与周围环境融合起来，组织才能进化。这就要求企业必须转变为学习型组织。学习型组织模式不是只强调学习，而是更注重对知识的整合，强调知识管理、沟通、文化、系统和道德。

【人物专栏】克瑞斯·阿吉里斯（Chris Argyris，1923—2013 ）

克瑞斯·阿吉里斯被誉为"当代管理理论的大师"，他是组织心理学与行为科学的先驱，组织学习理论的主要代表人物之一。"二战"后，阿吉里斯进入大学学习，1947年获得克拉克大学的心理学学士学位，1949 年获得堪萨斯大学的心理和经济学硕士学位，

1951 年在康奈尔大学工业和劳动关系学院获得组织行为学博士学位。从 1951—1971 年，他一直在耶鲁大学教授行政科学。这一时期，他的学术才华开始显露。在组织理论发展中，一个十分重要的问题就是个人与组织的关系。但是，早期的组织理论专家，几乎都记住了组织，却忘记了组织中的"人"，随着行为科学的诞生，"人"开始成为组织的主体，然而，个人与组织的关系却没有得到理性深入的探讨。对此，阿吉里斯一语惊人，他通过自己的研究断然宣布：正式组织同人性发展背道而驰。由此，揭开了组织理论的新篇章。1957 年的《个性与组织》一书，对组织与个人关系的研究独辟蹊径，在管理学界声誉鹊起，大器早成，俨然成为一代学术宗师。1957 年 6 月，阿吉里斯在《管理科学季刊》第二卷中发表了《个性与组织：互相协调的几个问题》（The Individual and Organization: Some Problems of Mutual Adjustment）。这篇文章犹如一颗重磅炸弹，将经典组织理论轰开了缺口，提出了阿吉里斯影响最为深远的"不成熟—成熟"理论。该理论认为组织行为是由个人和正式组织融合而成的，组织中的个人作为一个健康的有机体，无可避免地要经历从不成熟到成熟的成长过程，在这个成长过程中主要有从被动到主动、从依赖到独立、从缺乏自觉自制到自觉自制等七个方面的变化。1971—1986 年，阿吉里斯来到哈佛大学教育学院。1986 年后，他又转投哈佛大学商学院，担任詹姆斯·科南特（Jame Conant）讲座教授，主要研究教育学和组织行为学。在众多的管理学大师中，阿吉里斯可能不是最出名的，却无疑是著述最多的。正是这位大师，奠定了学习型组织的理论基石。

【人物专栏】阿里·德赫斯（Arie Geus，1930—）

阿里·德赫斯是长寿公司模式的创造者、"学习型组织"重要的概念创始人，是当代管理大师之一。1930 年生于鹿特丹，1951—1989 年在英荷壳牌石油集团工作了 38 年，退休之后，一直是伦敦商学院的访问学者和麻省理工学院斯隆管理学院组织学习中心的董事成员。得益于自身长期丰厚的管理实践经验，德赫斯推出的一系列论著以兼备管理的理论性与实践性而闻名。他曾经在荷兰、土耳其、比利时、巴西和英国工作过，在世界很多国家讲学，并且是荷兰尼詹罗德学习中心（Nijenrode Learning Center）的董事。他关于组织的诸多论著，系统地论述了组织是有机体、组织学习是管理的核心等现代管理思想。1988 年，《计划即学习》（Planning as Learning）发表于《哈佛商业评论》。该文首次提出了"组织学习"的概念。其最有影响力的论著是 1997 年出版的《长寿公司》（The Living Company），《长寿公司》被评为"为所有领导者准备的书"。德赫斯通过对 30 家具有 100 年以上历史的长寿公司的研究，发现它们都有一些人格化的特征在一代又一代地传递下去，并进一步指出了长寿公司的管理重点。1997 年，《商业周刊》将《长寿公司》一书评选为当年 10 本商业类最佳图书之一。

【人物专栏】彼得·圣吉（Peter Senge，1947—）

　　彼得·圣吉 1947 年生于芝加哥，1970 年于斯坦福大学取得航空及太空工程学士学位后，进入麻省理工学院读研究生，旋即被杰伊·佛睿思特（Jay Forrester）教授的系统动力学整体动态搭配的管理新观念所吸引。1978 年获得博士学位后，圣吉将系统动力学与组织学习、创造原理、认知科学、群体深度对话与模拟演练游戏融合，透彻领悟了导师深奥理论的要义，同时着力使系统动力学的要领简单化、通俗化和可操作化，从而发展出了影响世界的学习型组织理论。学习型组织理论认为，企业持续发展的源泉是提高企业的整体竞争优势，提高整体竞争能力。未来真正出色的企业是使全体员工全心投入并善于学习、持续学习的组织——学习型组织。通过酿造学习型组织的工作氛围和企业文化，引领不断学习、不断进步、不断调整的新观念，从而使组织更具有长盛不衰的生命力。圣吉在 1990 年出版了他的《第五项修炼——学习型组织的艺术与实践》（The Fifth Discipline: The Art & Practice of the Learning Organization）一书，连续 3 年荣登全美最畅销书榜首，被《哈佛商业评论》评为过去 20 年来 5 本最有影响的管理书籍之一，他本人也被称为继彼得·德鲁克（Peter Drucker）之后，最具影响力的管理大师。

三、时间资源的管理

　　时间管理就是用技巧、技术和工具帮助人们完成工作，实现目标。时间管理并不是要把所有事情做完，而是更有效地运用时间。时间管理的目的除了要决定你该做些什么事情之外，另一个很重要的目的是决定什么事情不应该做；时间管理不是完全的掌控，而是降低变动性。时间管理最重要的功能是通过事先的规划，作为一种提醒与指引。美国管理学者彼得·德鲁克（Peter Drucker）认为，有效的时间管理主要是记录自己的时间，以认清时间耗在什么地方；管理自己的时间，设法减少非生产性工作的时间；集中自己的时间，由零星而集中，成为连续性的时间段。

　　在时间管理的过程中，还需应付意外的不确定性事件，因为计划没有变化快，需为意外事件留时间。有三个预防此类事件发生的方法：第一是为每件计划都留有多余的预备时间；第二是努力使自己在不留余地，又饱受干扰的情况下，完成预计的工作，这并非不可能，事实上，工作快的人通常比慢吞吞的人做事精确些；第三是另准备一套应变计划。

【人物专栏】彼得·德鲁克（Peter Drucker，1909—2005）

　　彼得·德鲁克是现代管理学之父，"大师中的大师"，其著作影响了数代追求创新以及最佳管理实践的学者和企业家们，各类商业管理课程也都深受德鲁克思想的影响。德鲁克 1909 年生于维也纳，祖籍为荷兰，后移居美国，从小生长在富裕文化的环境之中。其 1979 年所著的自传体小说《旁观者》（Adventures of A Bystander）对其成长历程做了详细而生动的描述。德鲁克先后在奥地利和德国受教育，1929 年后在伦敦任新闻记者和国际银行的经济学家。于1931年获法兰克福大学法学博士。德鲁克曾在贝宁顿学院任哲学教授和政治学教授，并在纽约大学研究生院担任了20多年的管理学教授。1942年，他受聘为当时世界最大企业——通用汽车公司的顾问，对公司的内部管理结构进行研究。德鲁克至今已出版超过30本书籍，被翻译成30多种文字，传播到130多个国家。1954年，他出版了《管理的实践》(The Practice of Management)，将管理学开创成为一门学科，从而奠定了自己管理大师的地位。2002年6月成为"总统自由勋章"(Presidential Medal of Freedom)的获得者，这是美国公民所能获得的最高荣誉。2005年11月11日，德鲁克在美国加州克莱蒙特家中逝世。

四、企业家才能的管理

企业家才能是以企业家为载体的一种极为特殊的资源，是一种以企业家精神、管理知识、管理经验和管理技能的形式存在的资源。这种资源是统领企业人力、物力、财力、信息、知识等各种资源的核心性资源，是决定企业成败和发展快慢的关键性资源。因为企业的重要决策都是由企业家做出的，企业的资源配置也主要是由企业家安排的，企业的主要活动者是由企业家领导的，所以企业家才能这种资源是一种决定性的资源。对这种资源的管理，需要从企业家的选拔、企业家的成长与提高、企业家的激励与约束等各个方面进行全面的管理。虽然现在我国对这种资源的管理还处于探索阶段，但是很好地管理和利用这种资源是一个企业的资源管理中最重要的一部分。

【人物专栏】雷格·瑞文斯（Reg Revans，1907—2003）

雷格·瑞文斯是英国重量级管理大师，首创管理者行动学习的观念，被尊称为"行动学习法之父"、全球第一位"艺术管理"大师。瑞文斯于1940年发明行动学习法(Action Learning，又译作"行动学习")，又称"干中学"，并将其应用于英格兰和威尔士煤矿业的组织培训。所谓行动学习法就是通过行动来学习，即通过让受训者参与一些实际工作项目，或解决一些实际问题，如领导企业扭亏为盈、参加业务拓展团队、参与项目攻关小组，或者在比自己高好几等级的卓越领导者身边工作等，来发展他们的领导能力，从而协助组织对变化做出更有效的反应。在比利时，一套以他的行动学习理论为基础的改革方案，在1971—1981年间，使国家工业生产提高102%，瑞文斯博士成为比利时的重要功臣。在英国曼彻斯特大学科学与科技研究所，"行动学习"得以继续开发并向国际推广。瑞文斯于1971年出版了《发展高效管理者》(Developing Effective Managers)一书，在该书中，他正式提出了行动学习的理论与方法。

进一步阅读材料：

1. 赵曙明.人力资源管理（第13版）[M].北京：电子工业出版社，2012.
2. 陈国欣.财务管理学（第2版）[M].天津：南开大学出版社，2011.

3. 李兴国.信息资源管理[M].北京：清华大学出版社，2015.

4. 赵晓波，黄四民.库存管理[M].北京：清华大学出版社，2008.

5. 盛小平.知识管理：原理与实践[M].北京：北京大学出版社，2009.

6. 王众托，吴江宁，郭崇慧.信息与知识管理（第 2 版）[M].北京：电子工业出版社，2014.

本章思考题：

1. 企业的资源都有哪些？

2. 在企业资源管理中，哪种资源的管理最为重要？为什么？

【章末案例】

五粮液的造车梦

2018 年 1 月 2 日，奇瑞汽车股份有限公司（以下简称奇瑞）发布公告称，将旗下品牌凯翼汽车 51% 的股权转让，价格为 24.94 亿元，接手方为宜宾市汽车产业发展投资有限责任公司和四川省宜宾普什集团有限公司，各持 50.5% 和 0.5% 的股权。宜宾普什集团有限公司由五粮液集团有限公司（以下简称五粮液）全资控股，对外投资了多家包括新能源汽车技术、汽车零部件、汽车模具等业务在内的汽车相关企业。可以看出，退出汽车产业 7 年之久的五粮液，终是心有不甘，借着新能源汽车的东风，又回来了。

五粮液造车的野心从 2003 年开始显现。公司公开的态度是：汽车产业是中国经济的最后一块大蛋糕，现在如果不进入，以后就很难进去了。五粮液的预言是正确的。2003 年五粮液与汽车行业擦了边，但未能成功进入整车制造领域，此后十几年，再也没有找到合适的机会成功进入。

2006 年，五粮液收购新晨动力 50% 的股份，切入汽车发动机领域。2009 年，宜宾普什集团有限公司又与华晨金杯成立华晨金杯绵阳分公司。不幸的是，五粮液深度进入汽车行业后遭遇车市下滑，造车行为迟迟没有进展。2011 年，五粮液决定进行战略收缩，暂时退出汽车行业，新晨动力股份被华晨金杯高价回购，五粮液造车梦碎。

五粮液造车计划在 2017 年重新抬头。不过，原计划与观致汽车的合作，以观致汽车被卖给宝能集团而告终。五粮液能够再次涉足汽车产业，也得益于近年来国家对新能源汽车的扶持推广。在 2015 年，宜宾市政府公布《新能源整车生产项目》，计划占地 3000 亩（1 亩＝666.67 平方米），年产新能源电动车 20 万辆。

五粮液能圆造车梦，也要感谢奇瑞。而奇瑞转卖凯翼汽车，也是业务调整的必然。奇瑞曾一度凭借其代表作 QQ 汽车成为自主品牌车中的领军者。2003 年，QQ 汽车就拿下月销 1.7 万辆的佳绩。2006 年，奇瑞销量突破 30 万辆。2009 年，想摆脱低价定位的奇瑞开始布局多品牌体系，开发了大量车型，此后奇瑞进入下滑通道。

2012 年起，奇瑞开始实施"一个奇瑞"战略，停用分支品牌，精简产品谱系。也就是在此背景下，2013 年底，以互联网化的"众包造车"为名义的凯翼汽车应运而生，主打年轻消费者，切入当时正火的 SUV 领域。精简业务后的奇瑞确立了三个品牌：凯翼主攻低端市场，奇瑞面向中端市场，观致主打高端市场。

但是，凯翼汽车的表现并不尽如人意。原本计划用三个品牌覆盖整个低、中、高汽车市场的奇瑞，显然没能如愿，真正实现盈利的还是只有奇瑞品牌，同时还不得不分出资金扶持另外两个子品牌，以致将自身拖入困局。如今，五粮液收购凯翼汽车，对于五粮液和奇瑞双方来说，算是各取所需。奇瑞接连卖掉观致汽车和凯翼汽车的股份，可以看出奇瑞再次瘦身的决心：一方面，为企业补充了资金，同时减轻了负担；另一方面，也使自身产品线更加清晰。

守得云开见月明，五粮液的造车梦终于得以成真。

讨论：五粮液如何实现造车梦？为何要涉足汽车行业？

第十四章　企业的过程管理活动

【本章导读】在开展各类资源管理活动中，管理者往往采用程序类似、内容具有某些共性的管理行为，对这些管理行为加以系统性归纳，就是管理职能。经典的管理职能主要包括计划、组织、领导、控制和激励。本章从过程管理的角度讨论了企业的计划、组织、领导、控制和激励等管理活动内容。

【开篇案例】

海尔的正激励与负激励

海尔的激励通过满足员工的需求来达到。员工为企业拼命，企业就得主动考虑员工的需要，甚至个人的特殊需要。从研究和满足人的需要来调动员工的积极性，是海尔文化的一大特色。

海尔考虑得很细，认为研究人们的需求，目的就是在完成组织目标的前提下，尽可能满足个人需求。只有这样，才能调动员工积极性，这是因为组织把个人的利益联系在一起了，离开组织就无法满足个人的需求。

在员工这一层面海尔制定了"三工并存，动态转换"等措施，如成为"优秀员工"的升级，算是正刺激，而成为"不合格员工"的降级使用就算是负刺激。通过这样反复不断地刺激，促使每个人认同新的更高的目标。张瑞敏说："我们靠的是建立一个让每个人在实现集体大目标的过程中充分实现个人价值的机制。这种机制使每位员工都能够找到一个发挥自己才能的位置。我们创造的是这样一种文化氛围，你干好了，就会得到正激励与尊重；同样，干得不好，会受到负激励。"他解释说，为什么不叫惩罚而叫负激励，其目的在于教育你不再犯同样的错误，而不仅仅是简单地让你付出点代价。

思考：海尔的激励方法带给我们什么样的启示？

第一节　企业的计划管理

计划管理是企业管理活动中首要的管理活动，其他一切管理活动都可以看成是为支持、保障和实现计划与目标而服务的。计划工作是一切管理活动中的第一项工作，只有有了计划以后，人们才能开展基本活动和其他的管理活动。计划管理又是企业管理中普遍存在的管理工作，企业中一切有组织的活动，不管大还是小、重要还是不重要、全局性还是局部性，都必须有计划管理。所以，计划管理是渗透到组织各种活动中的一项普遍存在的管理工作，也是各级管理人员承担和参与的一项管理活动。一个企业如果没有计划管理，则它的组织管理、资源管理、管理控制等，都会成为无目的的管理。

一、计划管理的基本步骤

企业计划管理活动的基本步骤包括如下四个方面。

（一）目标的确定

目标是人们依据组织的宗旨和使命，以及组织内、外部的环境条件所确定的，在未来一定时期内要实现的目的性指标。计划管理的第一项内容就是确定组织的目标，这包括确定目标的内容和目标的优先序列；确定实现目标的时间期限和确定目标的度量指标。对于计划管理来说，不管是战略计划还是战役计划，是长期计划、中期计划还是短期计划，都需要给出在计划期内既定的、可度量的目标性指标。这些目标将用来指导具体计划的编制、支配组织活动和鼓舞人员士气。

（二）制约因素的分析和预测

所谓制约因素是指在计划实施过程中的外部环境和内部条件所存在的各种不利因素。在计划管理中首先要分析和确定这些因素，才能够科学地制定计划和实施计划。在这项分析活动中，需要对计划所涉及的经济、政策、市场、资源、劳动生产率等一系列情况的发展变化做出必要的预测，并针对既定目标找出其中的"瓶颈"或制约因素，以便指导计划的制定与管理。

（三）计划的编制

计划的编制工作包括三个步骤：其一是可行计划方案的枚举，其二是可行计划方案的评价，其三是计划编制确定。其中，可行计划方案的枚举是要找出各种能够实现既定目标的计划方案；可行计划方案的评价是要从全部可行的方案中，通过全面的评估，找出一个或多个满意的计划方案；计划的编制确定是根据前面两步的结果，汇总各方案的优点，编制给出用于实施的计划方案。

（四）计划的下达与实施

计划编制完成之后，即可向实施或执行单位下达计划了。在计划下达之后，计划管理就进入了计划的实施过程，在这一过程中需要开展控制、调度等管理活动以确保计划的实施和落实。

二、计划管理的类型

计划管理的种类很多，可以按不同的标准进行分类。主要分类标准有：计划管理的时间界限、层次、对象以及内容的明确性。但是依据这些分类标准进行划分，所得到的计划管理类型并不是相互独立的，而是密切联系的。

（一）按时间划分

一般来说，5 年以上的计划称为长期计划，1—5 年的计划是中期计划，1 年以下的计划则是短期计划。长期计划描述了组织在较长时期（通常 5 年以上）的发展方向和方针，规定了组织的各个部门在较长时期内从事某种活动应达到的目标和要求，绘制了组织长期发展的蓝图。短期计划具体地规定了组织的各个部门从目前到未来的各个较短的时期，特别是最近的时段中，应该从事何种活动以及从事该种活动应达到何种要求，因而为各组织成员在近期内的行动提供了依据。

（二）按层次划分

从计划管理的层次上来看，可以将计划管理划分为战略计划、战术计划和作业计划。战略计划是应用于整体组织，为组织设立总体目标和寻求组织在环境中的地位的计划。战术计划则是一种局部性、阶段性的计划，多用于完成某些具体任务。规定总体目标如何实现的细节的计划称为作业计划。作业计划通常具有个体性、可重复性和较大的刚性。

战略计划与作业计划在时间框架上、在范围上、在是否包含已知的一套组织目标方面是不同的。战略计划趋向于包含持久的时间间隔，通常为 5 年甚至更长，它们覆盖较宽的领域，不规定具体的细节。此外，战略计划的一个重要的任务是设立目标；而作业计划假定目标已经存在，只是提供实现目标的方法。

（三）按对象划分

从计划管理的对象上来看，可以将计划管理分为综合计划、局部计划和项目计划。综合计划是对企业未来较长一段时间内资源和需求之间的平衡所做的概括性设想，是根据企业所拥有的生产能力和需求预测对企业未来较长一段时间内的产出内容、产出量、劳动力水平、库存投资等问题所做的大致性描述。项目计划用于协调所有项目计划编制文件、指导项目执行和控制的文件。其关键组成部分包括项目简介或概览、如何组织项目、用于项目的管理和技术过程、所要完成的工作部分、进度信息和预算信息。

（四）按内容的明确性划分

根据计划内容的明确性指标，可以将计划分为具体性计划和指导性计划。具体性计划具有明确规定的目标，不存在模棱两可的情况。指导性计划只规定某些一般的方针和行动原则，给予行动者较大自由处置权，它指出重点但不把行动者限定在具体的目标上或特定的行动方案上。相对于指导性计划而言，具体性计划虽然更易于执行、考核及控制，但缺少灵活性，它要求的明确性和可预见性条件往往很难满足。

三、不同管理层次的计划管理类型

一般而言，不同的计划管理类型强调的是组织纵向层次的指导和衔接。具体来说，长期性、战略性、综合性、指导性计划往往由高层管理人员负责，中期性、战术性、局部性计划往往由中层管理人员负责。短期性、作业性、项目性、具体性计划则由基层管理人员甚至是作业人员负责。不同管理层次的计划类型如图 14-1 所示。

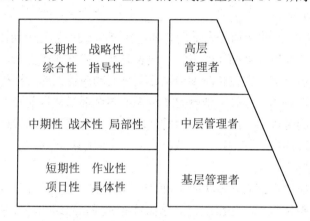

图 14-1　不同管理层次的计划类型

四、计划管理的作用

计划管理在企业的活动中有许多不同的作用，其中最主要的作用包括下述五个方面。

（一）计划管理提供了指挥的依据

管理者是依据计划，向组织中的部门或人员分配任务，进行授权和定责，配置资源并组织人们开展活动的。同时，管理者也是依照计划去进行指挥与协调的。因此可以说，计划是管理者进行指挥的依据。

（二）计划管理提供了实施控制的标准

管理者是按照计划制定的时间和指标要求，去对照检查实际工作结果与计划规定目标之间的差距，并采取摩擦阻力控制和消除差距，从而保证能够按时、按质、按量地完成计划的。因此可以说，计划管理为管理者提供了实施控制的标准。

（三）计划管理可以降低未来的不确定性

企业所处的环境是不断变化的，在计划编制的过程中，人们依据历史和现状信息对未来的变化做出预测与推断，并在编制计划中充分考虑未来情况的发展变化，这样就降低了未来不确定性所带来的风险。因此，计划是降低未来不确定性的手段。

（四）计划管理是提高效率与效益的工具

在计划编制过程中，通过综合平衡可以消除未来活动中的许多重复、等待、冲突和抵消，告示各种各样的无效劳动，合理地配置资源，科学地安排工作，从而增加组织的工作效率，提高企业的效益。

（五）计划管理是激励人员士气的武器

计划通常包含目标、任务、时间安排、行动方案、具体措施等。计划中的目标具有激励人员士气的作用（根据工效学的研究，在人们接近完成任务、达到目标的时候，会出现一种"终末激发"效应）。通过计划管理去充分利用这种激发效应，就可以达到激励员工士气的效果。

第二节　企业的组织管理

组织有两层含义：作为名词，它是实现既定目标而按照一定的分工和责权构成的特定群体；作为动词，它是人类社会中的一类重要管理活动。企业的组织管理活动既包含企业对自身的组织建设与组织发展的管理活动，又包含企业运用组织手段开展的各项管理活动。本部分从两个方面介绍企业的组织管理活动：组织结构的建设与变革和组织文化的建设。

一、企业组织结构的建设与变革的影响因素

企业作为一个营利性组织，其组织结构的建设和变革是一项非常重要的管理活动。企业的组织结构是根据职能的分工构造的。随着社会经济、政治和技术的发展与变化，企业的组织结构也会不断地发生变化和变革。影响企业组织结构建设与变革的主要因素有如下几个方面。

（一）企业的使命

影响企业组织结构建设和变革的首要因素是企业的使命，不同的企业使命要求企业建立不同的组织结构。例如，加工制造企业和服务型企业就有完全不同的组织结构，建筑企业与采掘业企业的组织结构也完全不同。

（二）企业的战略

企业的组织结构建设与变革还必须服从于企业战略的需要，必须能够为企业未来发展战略服务。特别是当企业的战略发生变化以后，企业的组织结构也必须进行变革，否则就会出现组织结构阻碍企业战略实施的问题。

（三）企业的成长

企业规模的扩大、经营业务的拓宽，也会直接关系到企业的组织结构建设和变革。因为随着企业的成长，企业内部的责、权、利关系就必须进行调整和重组，以解决由于企业成长所造成的管理跨度过大、管理授权不充分和管理控制与协调不力等问题。

（四）社会的发展与技术的进步

社会的发展会使企业中员工的观念和行为发生变化，技术的进步会使企业的生产经营方式发生变化，这些都要求企业去建设和变革自己的组织结构，以适应变化了的企业社会环境和技术条件。

二、企业组织结构建设的内容

组织结构建设的首要内容是组织设计，这项工作的目的是设计出能够协同各个结构发挥系统优势的组织结构。这项工作的主要步骤有五步。

（一）工作分工

按照管理的目标与效率原则，首先需要依据组织的总目标确定出组织的全部任务，并将它们划分为一系列的具体任务，从而形成企业的内部分工。

（二）建立部门或机构

根据一定的部门化原则（如按对象、工艺、职能、地区等进行部门建设的原则），将任务分工进行归类合并，并根据部门化的原则建立相应的组织部门或机构。

（三）决定管理层级与跨度

按照企业的员工素质、工作要求和成熟程度等因素，确定各个管理层次和各层次的管理跨度，并且据此确定出相应的管理岗位以及这些管理岗位的职权与责任。

（四）确定职权关系

这包括确定组织结构中上下级之间的纵向职权关系和组织中各个部门之间的横向职权关系。其中，纵向职权关系通常是一种直线指挥式的职权关系，横向职权关系多数是一种参谋式职能管理的职权关系。

（五）组织运行与改进

完成了上述步骤中各项设计工作以后，就可以按照设计的方案组建整个组织，并且使组织运行了。如果在组织运行中发现有问题，还需要对组织结构设计进行必要的改进，以完善企业的整个组织。

【人物专栏】切斯特·巴纳德（Chester Barnard，1886—1961）

切斯特·巴纳德是美国著名管理学家，生于美国一个贫穷的家庭。1906—1909 年，他在哈佛大学攻读经济学，在哈佛完成自己的大学生涯，但因为他在预科阶段就放弃了自然科学和数学，所以无法参加学校要求的自然科学考试，拿不到规定学分，最终和学士学位擦肩而过。1938 年，巴纳德出版了著名的《经理人员的职能》（The Functions of the Executive）一书，此书被誉为美国现代管理科学的经典之作。1948 年，巴纳德又出版了另一重要的管理学著作《组织与管理》（Organization and Management）。巴纳德的这些著作为建立和发展现代管理学做出了重要贡献，也使巴纳德成为社会系统学派的创始人。巴纳德独创性地提出了组织的概念，认为组织是一个有意识地对人的活动或力量进行协调的体系，其中最关键的因素是经理人员。在此基础上，巴纳德又阐述了正式组织的定义、正式组织的基本要素以及正式组织与非正式组织的关系。他认为，在一个企业中，经理人员的作用就是作为一个信息相互联系的中心，并对组织中的各个成员的活动进行协调，以便使组织正常运转，实现组织的目标。在现代管理学领域，巴纳德可以说是首屈一指的大师级人物。他对现代管理学的贡献，犹如法约尔和泰勒对古典管理学的贡献。由于巴纳德在组织理论方面的杰出贡献，他最终获得了七个荣誉博士学位，这或许能弥补他未能获得学士学位而受到的"心灵上的创伤"。

三、企业组织结构建设的成果

企业组织结构建设的成果往往表现为组织结构图、职位或岗位说明书和组织手册等。其中，组织结构图最为直观和基础。企业的组织结构有多种类型，包括直线制组织结构（Linear Organization Structure）、职能制组织结构（Functional Organization Structure）、直线职能制组织结构（Line-functional or U-form Organization Structure）、事业部制组织结构（Department System or M-form Organization Structure）、矩阵制组织结构（Matrix Organization Structure）、网络组织结构（Network Organization Structure）、虚拟组织结构（The Virtual Organization Structure）等。但是，在现有的企业组织结构中，最常见的是下述三种类型。

（一）直线职能制组织结构

这种结构是一种最常见的企业组织结构。这一结构既包含直线指挥系统，又包含职能参谋系统，因此这一结构既有利于保证集中统一指挥，又可以发挥专家的管理作用。其优点是分工细密、任务明确、结构稳定，其缺点是会造成目标不易统一、部门间横向沟通协调困难、矛盾冲突较多和系统刚性较大。直线职能制组织结构适用于外界环境稳定，技术相对稳定，不同职能部门间的协调相对不复杂的大中型专业组织。这种组织结构的具体形式见图 14-2。

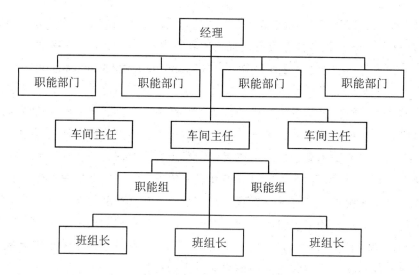

图 14-2　直线职能制组织结构示意图

（二）事业部制组织结构

事业部制又称联邦制，是集中领导下的分权管理，各事业部独立经营、核算。这也是世界上普遍采用的一种典型的企业组织结构。这种结构的优点是结构相对稳定又不失灵活性，而且能够使企业的高层摆脱日常行政事务；责、权、利划分比较明确，能较好地调动经营管理人员的积极性；通过事业部独立生产经营活动，能不断培养高级管理人才。其缺点是管理层次和职能人员增多，管理机构多而重复，而且要求有较高素质的事业部级管理人员；分权可能分散资源，削弱对事业部的控制；事业部间出现竞争，可能发生内耗，协调也较困难。需要注意的是，该结构适用于产业多元化、产品品种多样化、市场广阔，而且市场环境变化较快的大型企业。这种企业组织结构如图 14-3 所示。

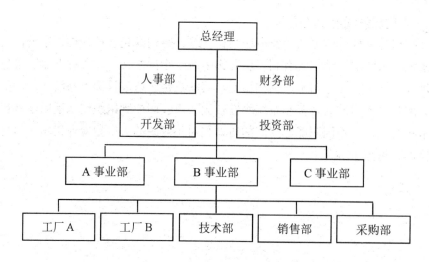

图 14-3　事业部制组织结构示意图

（三）矩阵制组织结构

这是一种适合于建设企业或软件开发企业等从事项目建设与开发性企业采用的组织结构。这种组织结构既有按职能划分的垂直领导系统，又有按项目（产品）划分的横向领导系统。其最大特点是它的灵活性，它的主要组织形式是项目队伍或项目小组，而这些项目队伍或项目小组是可以随着项目的完成而解散的，这样企业就可以不断地根据自己的任务去组织新的项目队伍或项目小组。

矩阵制组织结构的优点是责任相对明晰，有人为最终产品负责；便于部门间的协调，同时维持了专业性。这种组织结构的最大缺点是职能部门和项目队伍或项目小组对人员的双重领导，容易产生权力之争，放弃统一指挥，协调成本增加。矩阵制组织结构适用于面临较高的环境不确定性，因技术发展迅速和产品品种较多而创新性强、管理复杂的企业。这种企业组织结构如图 14-4 所示。

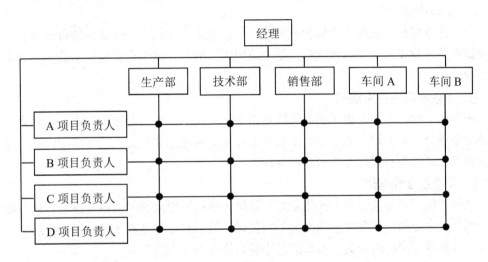

图 14-4　矩阵制组织结构示意图

四、企业组织结构的变革

企业组织结构建设的另一项重要内容是组织的变革。组织变革的主要阶段和内容如下。

（一）发现问题，克服阻力

首先要找出组织结构与组织使命、组织战略、组织任务等方面的不适应之处，然后要努力克服组织变革所面临的各种阻力，并且要开展宣传和教育，以使企业投入组织结构的变革。

（二）分析展望，确定方案

其次要通过周密的分析和对未来的预测与展望，使人们看到未来的美好愿景，然后设计出新的组织结构方案，以适应变化了的内部和外部环境与条件。

（三）落实方案，重建结构

最后要根据新的组织结构建设方案，重新划分部门和组建新的组织结构，并将其实施。随后需进一步予以改进和提高，最终建成所需的新型企业组织结构。

五、企业组织文化的建设

文化因素对于组织的管理具有非常重要的作用，企业文化同样是企业组织管理的重要内容之一。企业文化有从多种不同角度给出的定义，这包括文化层次论、群体意识论、价值观念论和管理模式论等。归结起来可以认定，企业文化是社会文化在企业的集中体现，是企业成员价值观、职业道德、行为准则的总和，是增强企业凝聚力、促进企业的组织发展、强化组织管理的保障。关于企业文化的详细内容可见本书第六章的相关内容。

（一）企业价值观

企业价值观是指企业的价值观或价值取向，是企业多数人一致认同的价值观念。企业价值观是企业文化的基础和核心，是企业组织发展和开展生产经营活动的基本准则和有力保障。

（二）企业员工行为准则

企业员工行为准则是指在企业价值观指导下形成的一系列指导和约束员工行为，规范整个企业全体员工行为的准则。企业员工行为准则是企业价值观的落实和体现，是对企业员工日常行为和职业道德的基本要求。

（三）企业文化网络

企业文化网络是指企业中文化交流、信息传播和思想沟通的渠道及体系。只有通过这一网络，企业的价值观才能成为员工的共识，员工的行为准则才能成为一种约束，并形成职业道德压力，组织的意志和信息才能够传递到每个员工。

（四）企业文化活动

企业文化活动是指围绕宣传和强化企业的价值观，以及员工行为准则所开展的各种活动，包括文体活动、联谊活动、庆典活动等。企业通过开展企业文化活动使员工在这些活动中将自己融入企业文化的主体之中。

（五）企业模范人物

企业模范人物是企业价值观和员工行为准则的具体体现，是楷模，员工可以从这些活生生的模范和榜样身上看到他们身体力行的企业价值观和员工行为准则。在企业文化建设中，"榜样的力量是无穷的"。

【人物专栏】斯坦利·西肖尔（Stanley Seashore，1915—1999）

自从管理领域开始重视对"人"的研究以后，心理学家成为杰出的管理学家的例子并不罕见，斯坦利·西肖尔便是其中之一。西肖尔是美国当代的经济学家和社会心理学家，也是组织有效性评价标准的创始人、密歇根大学教授。1965 年，西肖尔在《密歇根商业评论》（Michigan Business Review）上发表了他最著名的管理成果——《组织效能评价标准》（Criteria of Organizational Effectiveness），在企业管理领域引起了极大反响。《组织效能评价标准》这篇论文将衡量企业组织效能的各种评价标准及其相互关系组合成一个金字塔形的层次结构，从而使原先处于完全混乱状态的集合体有了逻辑性和秩序。

第三节　企业的领导管理

领导是在一定的条件下，运用权力或权威影响他人去实现组织目标的一种行为过程，是由企业的管理人员直接开展的一项组织管理活动。领导活动是在组织中进行的，并且必须有权力和追随者。领导者的工作是通过影响部下来达到组织的目标，领导的本质是一种影响力，其作用在于指挥、激励、协调和造势。

一、领导者与管理者

领导者可以是任命的，也可以是从一个群体中产生出来的，他可以不运用正式权力来影响他人的活动。管理者是被任命的，拥有合法的权力进行奖励和处罚，其影响力来自他们所在职位所赋予的正式权力。领导者的工作对象主要是人，而管理者的工作对象主要为人、财、物、信息。需要注意的是，领导者不一定是管理者，但管理者应该成为领导者。

【人物专栏】沃伦·本尼斯（Warren Bennis，1925—2014）

沃伦·本尼斯，1925 年生于纽约，在"二战"期间曾任美军军官，并因作战英勇而获得勋章。战争结束后，他先后在安蒂奥克学院和麻省理工学院学习经济学、心理学和商学，后来曾在几所美国大学执教，并从事过几年大学行政管理工作，曾供职于南加利福尼亚大学。他是领导力之父、组织发展理论先驱。他使领导学成为一门学科，是为领导学建立学术规则的大师。他著有《领导者：成功谋略》（Leaders: The Strategies for Taking Charge）、《组织天才：创造性协作的秘密》（Organization Genius: The Secrets of Creative Collaboration）等。1993 年及 1996 年，他两度被《华尔街日报》誉为"管理学十大发言人"，被《福布斯》杂志称为"领导学大师们的院长"。

领导是任何组织都普遍存在的管理活动。按提出时间的先后顺序，现有的有关领导理论可以分为三大类：领导特质理论、领导方式理论和领导权变理论。

二、领导特质理论

领导特质理论是早期领导理论的主要研究内容,试图区分领导者和一般人的不同特点,并以此来解释人们成为领导者的原因。特质理论的核心在于具有什么品质特征的人,能够成为良好的、有效的领导者。特质理论关注领导者个人特性,如人格、进取心、领导意愿、正直与诚实、自信、智慧、专业知识、自我监控和体质等,并试图确定能够造就伟大管理者的共同特性。这实质上是对管理者素质进行的早期研究。

特质理论存在一些不足,如对有效领导者所应具备特质的内容及相对重要性的认识很不一致甚至相互冲突;认为领导者是先天的,这有片面性;忽视了被领导者及其他情境因素对领导效能的影响。

三、领导方式理论

进入 20 世纪 60 年代,对领导理论的研究重点开始从领导特质转向领导方式的研究。领导方式是领导者运用权力对下属施加影响的方式。领导方式理论主要研究领导者应该做什么和怎样做才能使工作更有效。

(一)按照权力控制程度不同

按照权力控制程度不同,主要的领导方式有集权式、参与式和分权式三种。

1. 集权式领导

集权式领导是首先由领导决策,然后通过命令或说服,使下属去完成自己分担的任务的一种领导方式。这是一种命令与服从和指挥与执行的领导方式。

2. 参与式领导

参与式领导是由被领导者以各种方式参与决策,然后根据决策由被领导者去完成具体作业的领导方式。这是一种民主管理的领导方式。

3. 分权式领导

分权式领导是先由领导者向下高度授权,然后由下级决策并具体实施的领导方式。这是一种下级相对独立自主的领导方式。

组织领导管理活动的最重要的原则之一是权变原则或叫权变理论。这一领导原则要求组织的领导者要根据领导者、被领导者和领导环境的变化而采取不同的领导方式与方法。例如,有时要采用集权式领导,有时要采用分权式领导,而何时采用哪种领导方式,一切取决于职权的强弱、上下级关系的好坏和工作任务的结构化程度等因素。

(二)按照决策权集中程度不同

美国管理学家罗夫·怀特(Ralph White)和罗纳德·李皮特(Ronald Lippett)提出三种领导方式:专断式(Authoritarian)、民主式(Democratic)及放任式(Laissez-faire)。

1. 专断式领导

所有政策均由领导者决定;所有工作进行的步骤和技术也由领导者发号施令行事;工作分配及组合多由领导者单独决定;领导者对下属较少接触,如有奖惩,往往对人不对事。

2. 民主式领导

主要政策由组织成员集体讨论决定，领导者采取鼓励协助态度；通过讨论，使其他人员对工作全貌有所认识，在所设计的完成计划的途径和范围内，下属人员对工作的步骤和所采用的技术有相应的选择机会。

3. 放任式领导

组织成员或群体有完全的决策权，领导者放任自流，给组织成员提供工作所需的资料条件和咨询，而尽量不参与，也不主动涉及，只偶尔表示意见，工作进行几乎全依赖组织成员、各人自行负责。

（三）按照领导者关注的重点不同

基于领导者关注的重点不同所形成的领导方式理论有四分图理论和管理方格理论等。关注的重点包括两个维度。

1. 工作绩效

领导注重工作目标，解决当前问题，进行计划组织，制定规章制度，明确职责范围，规定工作程序，评定工作结果，进行严格奖惩。

2. 群体维系

领导者关怀体贴成员，满足成员要求，增进相互了解，促进人际和睦，调解人际纠纷，提供参与机会，启发自觉性、主动性等。

【人物专栏】伦西斯·利克特（Rensis Likert，1903—1981）

伦西斯·利克特出生于美国怀俄明州夏延，就读于密歇根大学，起初学的是工程学，但最后却在 1922 年获得了社会学和经济学专业的文学士学位。后来在哥伦比亚大学学习，1932 年获得心理学博士学位。其里程碑式的学位论文《态度测量方法》（A Technique for the Measurement of Attitudes）发表于《心理学档案》（Archives of Psychology）杂志，这篇学位论文成为利克特量表的基础。1947 年以后，利克特及其密歇根大学社会研究所的同事，进行了一系列的领导研究，其对象包括企业、医院及政府各种组织机构。利克特假设了四种管理风格——专制权威式（Exploitative Authoritative）、温和专制式（Benevolent Authoritative）、民主协商式（Consultative）、民主参与式（Participative），以此研究和阐明他的领导原则。他著有《管理新模式》（New Patterns of Management）和《人群组织：管理和价值》（Human Organization：Its Management and Value），对企业的管理模式发表了独特的见解，并提出了支持关系理论（Support Relation Theory）。该企业领导方式理论认为支持关系是双向的。领导者要考虑下属职工的处境、想法和希望，帮助职工努力实现其目标，使职工从中认识到自己的价值和重要性。领导者对职工的这种支持能激发下属职工对领导采取合作、信任的态度，支持领导者的工作。这一理论是利克特和他的同事对以生产为中心的领导方式和以人为中心的领导方式进行比较研究后所得出的结论。

【人物专栏】罗伯特·坦南鲍姆（Robert Tannenbaum，1915—2003）

罗伯特·坦南鲍姆是美国著名企业管理学家，领导行为连续体理论的提出者。坦南鲍姆毕业于美国芝加哥大学并获得博士学位，长期在洛杉矶加利福尼亚大学工商管理学院执教，担任人才系统开发教授，从事"人事制度的发展"研究，为美国及其他国家的企业进行范围广泛的咨询顾问工作。坦南鲍姆在领导理论方面提出了富有创见的连续分析方法，并在敏感性训练和组织发展方面进行了卓有成效的研究工作。他和沃伦·施米特1958年合著的《如何选择领导方式》（How to Choose a Leadership Pattern）是一部著名的管理学专著，提出了著名的"领导方式的连续统一体理论"（也称为"领导方式连续分布场"）。因坦南鲍姆与施米特在研究领导作风与领导方式时摆脱了较为绝对的"两极化"倾向，反映出领导模式的多样性与情景因素，研究成果显示出了良好的适应性与生命力，所以其理论受到了西方管理学界的普遍重视。

【人物专栏】埃德温·弗莱西曼（Edwin Fleishman，1927— ）

美国俄亥俄州立大学（Ohio State University）的研究者埃德温·弗莱西曼（Edwin Fleishman）和他的同事从1945年起，对领导问题进行广泛研究后提出了二维构面理论（Two Dimension Theory），也叫俄亥俄模型、领导四分图模型或领导四分图理论。他们发现，领导行为可以利用两个构面加以描述：关怀（Consideration），领导者对其下属所给予的尊重、信任以及互相了解的程度，从高度关怀到低度关怀，中间可以有无数不同程度的关怀。定规（Initiating Structure），领导者对于下属的地位、角色与工作方式，是否都制定有规章或工作程序，这也可有高度的定规和低度的定规。因此，二维构面可构成一个领导行为坐标，大致可分为四个象限或四种领导方式。

【人物专栏】简·莫顿（Jane Mouton，1930— ）

简·莫顿，1930年出生于美国。1957年在得克萨斯大学获得心理学哲学博士学位，不久担任该校心理学系副教授，专门从事行为科学，特别是组织与管理领域的研究。她曾经是科学方法公司总裁及共同创办人，和罗伯特·布莱克（Robert Blake）共同研发管理方格理论（Management Grid Theory）。该理论是研究企业的领导方式及其有效性的理论，倡导用方格图表示和研究领导方式。管理方格图是一张纵轴和横轴各9等分的方格图，纵轴表示企业领导者对人的关心程度（包含了员工对自尊的维护、基于信任而非基于服从来授予职责、提供良好的工作条件和保持良好的人际关系等），横轴表示企业领导者对业绩的关心程度（包括政策决议的质量、程序与过程、研究工作的创造性、职能人员的服务质量、工作效率和产量）。管理方格理论在美国和许多工业发达国家受到一些管理学者和企业家的重视。1964年出版的《管理方格》（Management Grid）一书对美国经理阶层及管理学界有较大影响，出版后长期畅销。该书于1978年修订再版，改名为《新管理方格》（The New Management Grid）。《新管理方格》在我国有中译本（孔令济等译，中国社会科学出版社 1986 年出版），是"国外经济管理名著丛书"中的一种。

【人物专栏】罗伯特·布莱克（Robert Blake，1918—2004）

　　罗伯特·布莱克（Robert Blake）是美国应用心理学家，是一名在管理和组织发展领域开展应用行为科学研究的倡导者。布莱克的主要成就是他在行政管理领域所从事的工作。1964 年他与简·莫顿（Jane Mouton）合著出版了《管理方格》（Management Grid）一书，提出了管理方格理论（Management Grid Theory）和管理方格图。管理方格理论认为，在企业领导工作中往往出现一些极端的方式，或者以生产为中心，或者以人为中心，或者以 X 理论为依据而强调靠监督，或者以 Y 理论为依据而强调相信人。为避免趋于极端，克服以往各种领导方式理论中非此即彼的绝对化观点，管理方格理论指出：在对生产关心的领导方式和对人关心的领导方式之间，可以有使二者在不同程度上互相结合的多种领导方式。为此，管理方格理论使用一张纵轴和横轴各 9 等分的方格图，纵轴和横轴分别表示企业领导者对人和对生产的关心程度。第 1 格表示关心程度最小，第 9 格表示关心程度最大。全图总共 81 个小方格，分别表示"对生产的关心"和"对人的关心"这两个基本因素以不同比例结合的领导方式。

四、领导权变理论

　　领导这一管理活动的方式和效果直接受领导者自身的条件和能力，被领导者的素质、成熟程度和状况，以及领导环境的优劣等因素的影响。因此，要根据这三种要素去决定领导的方式和内容。

　　权变理论产生以后，被应用于许多管理领域。领导权变理论认为不存在一种普遍适用、唯一正确的领导方式，只有结合具体情境，因时、因地、因事、因人制宜的领导方式，才是有效的领导方式，因此也被称为情境领导理论。其基本观点可用下式反映，即有效领导=F（领导者，被领导者，环境），有效领导是领导者自身、被领导者与领导过程所处的环境的函数。权变理论研究的重点是领导者、被领导者和领导环境三者之间的相互影响。

【人物专栏】弗雷德·菲德勒（Fred Fiedler，1922—2017）

　　弗雷德·菲德勒是美国当代著名心理学家和管理专家，他所提出的"权变领导理论"开创了西方领导学理论的一个新阶段，使以往盛行的领导形态学理论研究转向了领导动态学研究的新轨道。他本人被西方管理学界称为"权变管理的创始人"。弗雷德·菲德勒是美国西雅图华盛顿大学心理学与管理学教授，兼任荷兰阿姆斯特丹大学和比利时卢万大学客座教授。菲德勒早年就读于芝加哥大学，获博士学位；毕业后留校任教。1951 年移居伊利诺伊州，担任伊利诺伊大学心理学教授和群体效能研究实验室主任，直至 1969 年前往华盛顿。他自 1951 年开始，从管理心理学和实证环境分析两方面研究领导学，于 1962 年提出了"领导权变理论"。菲德勒的理论对之后领导学和管理学的发展产生了重要影响。

【人物专栏】罗伯特·豪斯（Robert House，1936—）

罗伯特·豪斯（Robert House）出生于 1936 年，曾就读于底特律大学，获理学士学位，后又在底特律大学获工商管理硕士学位。1960 年，他获得俄亥俄州立大学的哲学博士学位。豪斯曾在多所高校任教，先后执教于纽约市立大学的伯纳德·巴鲁克学院、密歇根大学和俄亥俄州立大学，后来落脚于加拿大的多伦多大学。豪斯于 1971 年在《行政科学季刊》（Administrative Science Quarterly）上发表了《有关领导效率的目标—途径理论》（A Path-Goal Theory of Leader Effectiveness）一文；后来，他又与特伦斯·米切尔（Terence Mitchell）合作，于 1974 年在《当代经营》（Journal of Contemporary Business）杂志发表了《关于领导方式的目标—途径理论》（Path-Goal Theory of Leadership），这两篇文章在管理学界产生了很大影响。豪斯最先提出领导方式的目标—途径理论，目前该理论已经成为当今最受人们关注的领导观点之一。豪斯认为，领导活动正好就是要影响部下的这两个方面。作为领导者，无非就是做两件事：一是要让部下清楚，他的努力能够得到相应的补偿；二是要帮助部下，将期望转变为动力，并使部下找到实现这种期望的路径。

【人物专栏】保罗·赫塞（Paul Hersey，1931—）

保罗·赫塞是世界组织行为学大师，全球领导力大师，美国领导力研究中心创始人、主席，情境领导模型创始人。保罗·赫塞认为，"执行力"的本质是"领导力"，企业执行力的获得要靠推行情境领导，即根据被领导对象的情况来决定自己的领导方式和行为。保罗·赫塞在其与肯·布兰查德（Ken Blanchard）于 1969 年合著的经典著作《组织行为学：利用人力资源》（Management of Organizational Behavior：Utilizing Human Resources）一书中，全面阐述了著名的情境领导理论。情境领导将组织目标、领导者目标、被领导者目标结合在一起，要求领导者的领导方式随环境和员工的情况而变，是一种高效的领导模式。在赫塞看来，领导力可以存在于领导身上，也可以发生在员工身上，具有领导力的员工甚至可以通过自己的成功经验影响老板的决策。不过，保罗·赫塞也强调，不管领导方式如何变化，领导人对组织、员工的承诺是不能改变的，对人和生产力的关注是不变的。

第四节 企业的控制管理

控制管理活动也是企业管理中普遍存在的一种管理活动，它是企业实现目标、完成计划、达到标准和要求的根本手段。企业的一切活动都有自己的目标、计划、标准和要求，在企业开展各种活动的过程中都需要不断地将实际活动的结果与该活动的目标、计划、标准或要求相对照，从而找出实际活动结果与计划或要求的差距以及造成差距的原因，然后采取相应的措施去解决这些问题和消除存在的差距以确保最终能够实现目标、完成计划、达到标准和要求。在某些情况下，如果需要也可以调整目标、修订计划或修改标准和要求。这些就是企业控制管理活动的基本概念和内容。控制有三个要点，即控制具有很强的目的性，控制要通过监督和纠偏来实现，控制是一个过程。

一、控制管理活动的基本步骤

（一）建立控制标准

控制始于控制标准的建立。所谓标准是指对目标、计划或要求的进一步细化所获得的指标要求，是用于对照检查实际工作结果的依据，是简洁明确、能够度量的具体指标。标准是控制的依据，没有标准，控制就成了没有目标的行动，不会有任何效果。对企业而言，控制标准包括时间、数量、质量、成本等具体的标准。控制管理活动的第一步工作就是制定一系列的控制标准。

控制标准的制定一般要求做到简洁明确，易于衡量，只有这样才能为实际工作的衡量指明方向，打下坚实的基础。控制标准的制定有很多种，其中最常用的四种为：时间标准、数量标准、质量标准和成本标准。

（二）衡量实际工作效果

衡量实际工作效果就是在控制管理活动中按照控制标准，全面衡量实际工作状况的工作，这是控制管理活动中需要贯穿始终、反复不断进行的管理作业。这一工作能够不断地给出有关企业具体活动的状况和对未来情况发展的预测，以便为下一步的分析比较提供信息。

衡量实际工作效果的常用方法有：亲自观察、分析报表资料、召开会议、口头报告、书面报告和抽样调查等。

（三）比较标准与实际工作效果的差异

有了标准和实况度量以后，就可以将实况对照标准进行分析和比较，从而发现问题和偏差。在这项工作中，首先要将实况与标准进行对照，然后要分析找出二者的差距或实际存在的问题，进一步还要分析找出形成差距或问题的原因，以及解决问题和纠正偏差的办法或措施。

比较的结果可能是实际工作的绩效高于、低于或正好符合标准。然而在实际工作中，很少没有偏差的。通常，工作标准有一个事先确定的、可接受的偏差范围。除了偏差的可控范围，管理者还应该对偏差的方向给予重视和分析，看这个偏差是正偏差还是负偏差，并根据所得结果采取相应的措施。

（四）评估差异结果并采取必要的修正行动

根据分析比较的结果和找出解决问题、纠正偏差的办法与措施，就可以采取纠偏措施去解决问题、纠正偏差、消除差距了。这项工作会有三种不同的情况：其一是在没有偏差时，可以保持现状；其二是发现存在偏差，更应该评估偏差产生的原因，寻找问题的本质，在能够消除偏差时，要采取纠偏措施；其三是在无法解决问题或纠正偏差时（标准有问题或条件发生变化），要全面修订控制标准、计划或目标。

在控制管理的实践中，管理者只能是在分析偏差原因的基础上，针对那些可以控制的因素采取相应的矫正措施，把实际工作拉回计划的轨道上。控制管理活动的步骤如图14-5所示。

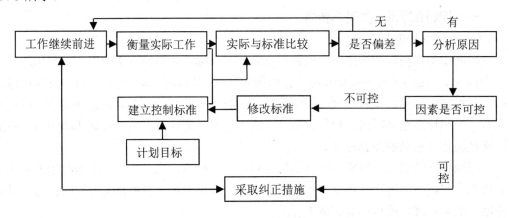

图 14-5　控制管理的步骤

二、控制管理活动的分类

控制管理活动可以有许多种分类，但是最主要的分类将控制管理活动分为如下三种。

（一）事前控制

事前控制（Beforehand Control）是指企业在尚未开展某项具体活动之前所开展的控制活动。这种控制管理活动集中在对活动所需资源的投入和其他影响因素的控制方面，以保证具体活动的顺利开展和进行。

（二）事中控制

事中控制（Process Control）是指企业在开展某项具体活动过程中所开展的控制活动。

这种控制活动的主要目的是监控和改进具体活动的作业方法和过程，以便使工作人员能够按照既定目标、要求和具体规定去完成自己的任务，实现企业的目标与计划。

（三）事后控制

顾名思义，事后控制（Afterwards Control）就是在具体的活动完成之后所开展的控制管理活动。这种控制的目的是要通过对具体活动结果的分析和比较，找出活动中存在的问题和解决办法，然后设法去消除或减轻问题所造成的后果，或为下一步的活动提供信息、经验教训和解决方案，从而实现对具体活动方法和过程的持续改善。

三、控制管理活动的作用

控制管理活动的作用是多方面的，其主要作用包括以下四个方面。

（一）使企业的各项生产经营活动处于受控状态

因为人类一切有目的的社会活动都应该在受控状态下开展，所以企业的各项活动就必须通过开展控制管理，使它们处于可控状态，而不是失控或放任的状态。

（二）为实现企业的目标、计划、标准要求服务

控制管理活动通过控制企业内部和外部的各种可控因素，并通过控制这些企业内外的变化因素，去实现对问题和偏差的控制，以防止问题和偏差的积累，从而为实现企业的目标、计划、标准或要求服务。

（三）适应各种不可控因素的变化

对于企业而言，实际上有许多环境因素是不可控的，所以当这些不可控因素发生变化时，企业需要通过控制管理活动来调整目标，修订计划、标准或要求，以适应环境的变化。

（四）降低成本和取得更大的效益

企业不但可以通过开展控制管理活动去解决问题、消除差距，而且还可以通过控制管理活动将工作做得比预计的更好。因为控制管理活动可以使人们持续改进自己的作业方式和方法，这样就能够进一步地降低作业成本和提高企业的经济效益。

第五节　企业的激励管理

人是组织中最为重要，也是最为活跃的因素，组织的目标、计划和决策都需要有人来制定，组织的各项目标和计划都必须依靠人去实现。管理激励就是要通过开展激励活动去激发和鼓励企业的员工，发挥他们的主观能动性，从而更好地为企业工作。这项管理活动是以人的需要、动机与行为关系理论为基础的，它将个人的需要和行为与组织的激励相关联，从而使激励活动成为企业管理中的一项重要的组织管理工作。

一、激励的主要理论

管理激励的主要理论有内容型激励理论、过程型激励理论和行为改造型激励理论。其中，内容型激励理论，主要包括马斯洛的需要层次理论、赫茨伯格的双因素理论、奥尔德弗的 ERG 理论、麦克利兰的成就需要理论；过程型激励理论，主要包括弗鲁姆的期望理论和亚当斯的公平理论；行为改造型激励理论，主要是指斯金纳的强化理论等一系列的理论。这些理论从不同侧面分析给出了人们的激励因素和激励原理。

（一）需要层次理论

需要层次理论（Hierarchy of Need Theory）是由美国心理学家亚伯拉罕·马斯洛（Abraham Maslow）于 1943 年提出来的。该理论将人的需要分为了五个层次：生理需要（Psysiological Needs），指维持人类自身生命的基本需要；安全需要（Safety Need），指人们希望避免人身危险和不受丧失职业、财物等威胁方面的需要；社交需要（Love and Belonging Needs），指希望与别人交往，避免孤独，与同事和睦相处、关系融洽的欲望；尊重需要（Esteem Needs），指人们追求受到尊重，包括自尊与受人尊重两个方面的需要；自我实现需要（Self-Actualization Needs），是指人能最大限度地发挥潜能，实现自我理想和抱负的欲望，是一种最高层次的无止境的需要。

1970 年马斯洛的需要层次理论发展为七个层次：生理需要（Physiological Needs），指维持生存及延续种族的需要；安全需要（Safety Needs），指受到保护与免于遭受威胁从而获得安全的需要；社交需要（Belongingness and Love Needs），指被人接纳、爱护、关注、鼓励及支持等的需要；自尊需要（Self-Esteem Needs），指获取并维护个人自尊心的一切需要；知的需要（Need to Know），指对己、对人、对事物变化有所理解的需要；美的需要（Aesthetic Needs），指对美好事物欣赏并希望周遭事物有秩序、有结构、顺自然、循真理等心理需要；自我实现需要（Self-Actualization Needs），指在精神上臻于真善美合一的人生境界的需要，亦即个人所有需要或理想全部实现的需要。

马斯洛认为，只有低一层次需要得到基本满足之后，较高层次需要才发挥对人行为的推动作用（低层次需要并未消失）；人的行为主要受优势需要的驱使。如图 14-6 所示。

图 14-6　马斯洛需要层次理论

（二）双因素理论

双因素理论（Dual-Factor Theory）是由弗雷德里克·赫茨伯格（Frederick Herzberg）于 1959 年在《工作的激励因素》（The Motivation to Work）一书中提出来的。该理论将影响员工的因素分为两类：保健因素和激励因素。保健因素（Hygiene Factors）属于和工作环境或条件相关的因素，如公司的政策和管理、人际关系、工作环境的条件、工作的安全性、工资和福利等，当人们得到这些方面的满足时，只是消除了不满，却不会调动工作积极性；激励因素（Motivation Factors）属于和工作本身相关的因素，包括工作成就感、工作挑战性、工作中得到的认可赞美、工作的发展前途、个人成才与晋升的机会等，当人们得到这些方面的满足时，会对工作产生浓厚的兴趣，产生很大的工作积极性。

这种理论实际上是分析了人的各种需要对行为的影响程度，并且该理论与马斯洛的需要层次理论之间具有很强的关联性。如图 14-7 所示。

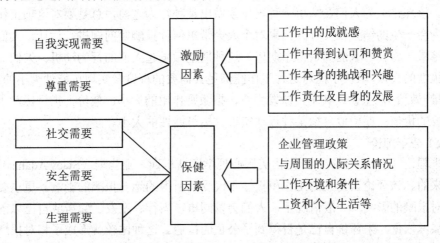

图 14-7　需要层次理论与双因素理论的关系

（三）ERG 理论

ERG 理论是由克雷顿·奥尔德弗（Clayton Alderfer）1969 年提出来的，他修正了马斯洛的观点，将需要层次进行重组后提出了三种人类需要，即生存需要（Existence Needs）、关系需要（Relatedness Needs）以及成长需要（Growth Needs），因此称作 ERG 理论。ERG 理论认为，生存、关系、成长这三个层次需要中任何一个的缺少，不仅会促使人们去追求该层次的需要，也会促使人们转而追求高一层次的需要，还会使人进而更多地追求低一层次的需要。ERG 理论还指出，需要被满足的程度越低，个体对该需要的追求就越强；当较低层次的需要得到满足后，对较高层次的需要会加强（满足—上进模式）；然而当较高层次需要受到挫折时，个体对低层次需要满足的追求将越强烈（受挫—衰退模式）。

（四）成就需要理论

成就需要理论（Achievement Need Theory）是由戴维·麦克利兰（David McClelland）经过多年的研究并于 20 世纪 50 年代提出的。该理论认为在生存需要基本得到满足的前提下，人的最主要的需要有成就需要（Need for Achievement）、亲和需要（Need for Affiliation）、权力需要（Need for Power）三种平行的需要，这三种需要在人们需要结构中有主次之分，人们在主需要满足了以后，往往会要求更多更大的满足，也就是说，拥有权力者更追求权力、拥有亲情者更追求亲情、拥有成就者更追求成就。同时，由于他认为其中成就需要的高低对人的成长和发展起到特别重要的作用，所以很多人就称其理论为成就需要理论。

（五）期望理论

期望理论（Expectancy Theory）是由美国心理学家维克多·弗鲁姆（Victor Vroom）于 1964 年提出的。这一理论通过人们的努力行为与预期奖酬之间的因果关系来研究激励的过程。该理论认为人们在从事一种工作或做出某种行为之前，总是要对这项工作的意义、行为会产生的结果以及行为结果对个人会带来何种报酬等问题进行估计，人们会对行为的结果、将会带来的满足寄予期望，这种期望激发起人们的行为动机。人们对某项工作积极性的高低，取决于他对这种工作能满足其需要的程度及实现可能性大小的评价。激发力量=效价×期望值；其中，激发力量，指激励作用的大小；效价，指目标对于满足个人需要的价值；期望值，指某种行动实现目标可能性的大小。

（六）公平理论

公平理论（Equity Theory）是由美国心理学家斯塔西·亚当斯（Stacy Adams）1965年提出来的。该理论认为人的工作积极性不仅受其所得的绝对报酬的影响，更重要的是受其相对报酬的影响。一般情况下，人们会以同事、同行、亲友、邻居或自己以前的情况作为参考依据，来评价自己是否得到了公正的待遇。这种比较就形成了相对报酬，包括两种：横向比较，在同一时间内把自己同其他人相比较；纵向比较，拿自己不同时期的付出与报酬比较。前者可称为社会比较，后者可称为历史比较。人们会根据相比较的结果决定今后的行动。

（七）强化理论

强化理论（Reinforcement Theory）是由美国心理学家和行为学家伯尔赫斯·斯金纳（Burrhus Skinner）在 1957 年提出的。该理论认为无论是人还是动物，为了达到某种目的，都会采取一定的行为，这种行为将作用于环境：当行为的结果有利时，这种行为就会重复出现；当行为的结果不利时，这种行为就会减弱或消失。这种促使行为重复出现或改变的力量就是强化。

强化有正强化和负强化两种形式：正强化是指运用工资、奖金、晋升等人们乐于接受的物质和精神"工具"作为强化物，保持或增进对实现组织目标有利的行为及其出现的频率；负强化是指在某些消极或不良行为发生后，给予行为当事人某些他不喜欢的东西，或取消他喜欢的东西，如批评、降职、扣奖金等，从而加强刺激，使之降低甚至消除消极行为的发生频率。

【人物专栏】亚伯拉罕·马斯洛（Abraham Maslow，1908—1970）

亚伯拉罕·马斯洛出生于纽约市布鲁克林区。1926 年考入康奈尔大学，3 年后转至威斯康星大学攻读心理学，在著名心理学家哈洛的指导下，1934 年获得博士学位，之后留校任教。1935 年在哥伦比亚大学任桑代克学习心理研究工作助理。1937 年任纽约布鲁克林学院副教授。第二次世界大战后转到布兰迪斯大学任心理学教授兼系主任，开始对健康人格或自我实现者的心理特征进行研究。1951 年被聘为布兰迪斯大学心理学教授兼系主任。马斯洛需要层次理论便出自《人的动机理论》（A Theory of Human Motivation Psychological Review），该理论问世后产生了深远的影响。马斯洛理论把需要分成生理需要（Physiological Needs）、安全需要（Safety Needs）、社交需要（Love and Belonging Needs）、尊重需要（Esteem Needs）和自我实现需要（Self-Actualization Needs）五类，依次由较低层次到较高层次排列。在自我实现需要之后，还有自我超越需要（Self-Transcendence Needs），这是马斯洛在晚期时所提出的一个理论，但通常不作为马斯洛需要层次理论中必要的层次，而是合并至自我实现需要当中。

【人物专栏】弗雷德里克·赫茨伯格（Frederick Herzberg，1923—　）

弗雷德里克·赫茨伯格是美国心理学家、管理理论家、行为科学家和双因素理论的创始人。赫茨伯格曾获得纽约市立学院的学士学位和匹兹堡大学的博士学位，以后在美国和其他 30 多个国家从事管理教育和管理咨询工作，是犹他大学的特级管理教授，曾任美国凯斯大学心理系主任。赫茨伯格在管理学界的巨大声望，是因为他提出了著名的"激励与保健因素理论"（Herzberg's Motivation-Hygiene Theory）即"双因素理论"。双因素理论是他最主要的成就，在工作丰富化方面，他也进行了开创性的研究。赫茨伯格于 1968 年在《哈佛商业评论》杂志上发表了著名的论文《再问一次，你如何激励员工？》（One More Time：How Do You Motivate Employees？），重印后共售出 100 万份，使其成为该刊有史以来最受欢迎的文章。在美国和其他 30 多个国家，他多次被聘为高级咨询人员和管理教育专家。

【人物专栏】克雷顿·奥尔德弗（Clayton Alderfer，1940—2015）

克雷顿·奥尔德弗是美国耶鲁大学行为科学家、心理学家和 ERG 需要理论的创始人。奥尔德弗的贡献是提出了 ERG 需要理论。1969 年，奥尔德弗在《人类需要新理论的经验测试》（An Empirical Test of a New Theory of Human Need）一文中正式提出 ERG 需要理论。

【人物专栏】戴维·麦克利兰（David McClelland，1917—1998）

戴维·麦克利兰出生于美国纽约州弗农山庄，1938 年获韦斯利恩大学心理学学士学位，1939 年获密苏里大学心理学硕士学位，1941 年获耶鲁大学心理学哲学博士学位。之后曾先后任康涅狄格女子大学讲师、韦斯利昂大学教授及布林莫尔学院教授，1956 年开始在哈佛大学任心理学教授，1987 年后转任波士顿大学教授直到退休。麦克利兰是美国社会心理学家、1987 年美国心理学会杰出科学贡献奖得主。通过对人的需要和动机进行研究，他于 20 世纪 50 年代在一系列文章中提出成就需要理论。

【人物专栏】维克多·弗鲁姆（Victor Vroom，1932— ）

维克多·弗鲁姆是著名心理学家和行为科学家、期望理论的奠基人、国际管理学界最具影响力的科学家之一。早年于加拿大麦吉尔大学先后获得学士及硕士学位，后于美国密歇根大学获博士学位。他曾在宾州大学和卡内基·梅隆大学执教，是耶鲁大学管理学院荣休教授。曾任美国管理学会（Academy of Management）主席，美国工业与组织心理学会（The Society for Industrial and Organizational Psychology，SIOP）会长。弗鲁姆教授编写、出版了上百部专著和论文，其中 1964 年出版的《工作与动机》（Work and Motivation）一书提出了激励的期望理论，该理论认为，激发的力量来自效价与期望值的乘积。换言之，推动人们去实现目标的力量，是两个变量的乘积，如果其中有一个变量为零，激发力量就等于零，所以某些非常有吸引力的目标，因无实现可能而无人问津。效价是企业目标达到后，对个人有何价值及其大小的主观估计。期望值是关于达到企业目标的可能性大小，以及企业目标达到后兑现个人要求可能性大小的主观估计。1992 年 6 月，弗鲁姆教授应邀为 100 多位中国企业主管做了为期 5 天、题为"全球竞争时代的团队与领导"的高级培训。

【人物专栏】斯塔西·亚当斯（Stacy Adams，1925— ）

斯塔西·亚当斯是美国管理心理学家、行为科学家，是公平理论的创始人和美国北卡罗来纳大学著名的行为学教授。他通过社会比较来探讨个人所做的贡献与所得奖酬之间的平衡关系，着重研究工资报酬分配的合理性、公正性及其对员工士气的影响。亚当斯在 1962 年的《工人关于工资不公平的内心冲突同其生产率的关系》（The Relationship of Worker Productivity to Cognitive Dissonance about Wage Inequities）、1963 年的《工资不公平、效率与工作质量》（Wage Inequities，Productivity and Work Quality）、1964 年的《工资不公平对工作质量的影响》（Effects of Wage Inequities on Work Quality）、1965 年的《社会交换中的不公平》（Inequity in Social Exchange）等论文中提出来一种激励理论，即公平理论。该理论侧重于研究工资报酬分配的合理性、公平性及其对职工生产积极性的影响。公平理论的基本观点是：当一个人做出了成绩并取得了报酬以后，他不仅关心自己所得报酬的绝对量，而且关心自己所得报酬的相对量。因此，他要进行种种比较来确定自己所获报酬是否合理，比较的结果将直接影响今后工作的积极性。

【人物专栏】爱德华·劳勒（Edward Lawler，1938— ）

爱德华·劳勒曾被《人力》（HR）杂志评为"人力资源领域最具影响力人物"，是美国心理学家、行为科学家、人力资源管理专家，也是期望激励理论的提出者。美国《商业周刊》认为他是最优秀的六个管理大师之一。劳勒教授在布朗大学获得文学学士学位（1960年），1964年在加州大学伯克利分校获得哲学博士学位和心理学博士学位。随后，劳勒任教于耶鲁大学。1972年，劳勒转到密歇根大学，是该校社会研究院调研中心的心理学教授和项目主任，兼任西雅图的巴特勒纪念研究所人类事务所研究中心访问学者。劳勒教授因其卓越的研究工作而为许多专业协会所尊敬。他担任过100多个组织的有关雇员参与、组织变革和赔付方面的顾问。

【人物专栏】莱曼·波特（Lyman Porter，1930—2015）

莱曼·波特是美国心理学家、行为科学家、人力资源管理专家，在耶鲁大学获得博士学位后，在加州大学伯克利分校任教11年，并在耶鲁大学管理科学系任访问教授一年。1967年，他在加利福尼亚大学欧文分校管理研究院任院长和管理及心理学教授，曾是该院名誉教授。他曾任管理学会和工业组织心理学学会会长，获得过两个学会颁发的特别科学贡献奖。他也获得过1994年度管理学会的特别教育奖。他感兴趣的主要研究领域是管理学和组织行为学。1968年与劳勒在《管理态度和成绩》（Management Attitudes and Performance）一书中提出期望激励理论。波特和劳勒的期望激励理论是重要的过程型激励理论之一，在20世纪60—70年代非常有影响力，在今天看来仍有相当的现实意义。它告诉我们，要形成激励、努力、绩效、奖励、满足并从满足回馈努力这样的良性循环，取决于奖励内容、奖惩制度、组织分工、目标导向行动的设置、管理水平、考核的公正性、领导作风及个人心理期望等多种综合性因素。

【人物专栏】伯尔赫斯·斯金纳（Burrhus Skinner，1904—1990）

伯尔赫斯·斯金纳生于1904年，于1931年获得哈佛大学的心理学博士学位，并于1943年回到哈佛大学任教，直到1975年退休。1968年曾获得美国全国科学奖章，是第二个获得这种奖章的心理学家。他在心理学的学术观点上属于极端的行为主义者，其目标在于预测和控制人的行为而不去推测人的内部心理过程和状态。他提出了一种"操作条件反射"理论，认为人或动物为了达到某种目的，会采取一定的行为作用于环境。人们可以用这种正强化或负强化的办法来影响行为的后果，从而修正其行为，这就是强化理论，也叫行为修正理论。

二、激励的主要原则

管理激励活动的开展必须遵循一定的原则，其中最主要的原则有如下六项。

（一）组织目标与个人目标相结合的原则

目标是激励的要素之一，所以目标的设置直接关系到激励的效果。在目标设置中要充分保证在实现组织目标的同时，也要充分考虑职工个人目标的满足，二者必须很好地结合和统一。

（二）物质激励与精神激励相结合的原则

物质激励和精神激励是两种不同的激励方式，因为每个人都存在着物质和精神两个方面的需要，所以二者都有其存在的理由。其中，物质激励是基础，精神激励是根本，二者不可偏废。

（三）外在激励和内在激励相结合的原则

外在激励是用来消除或降低职工的不满意程度的，内在激励是用来产生和提高职工的满意程度的。二者相互结合才能够获得全面的激励效果。其中，内在激励为本，外在激励为辅，二者相辅相成。

（四）正激励和负激励相结合的原则

正激励是对职工的良性行为进行奖励，以使这种行为保持和提高；负激励是对职工的不良行为进行惩罚，以使这种行为消失或减少。正激励和负激励也必须相互结合，人们才能够弃恶从善。

（五）个体激励与群体激励相结合的原则

个体激励是指针对某个群体的共同需要，因人而异开展的激励；群体激励是针对某个群体的共同需要，一视同仁开展的激励。二者同样需要结合使用，才能真正实现激励的目的。

（六）公正激励与民主激励相结合的原则

公正激励是指不偏不倚，赏罚分明；民主激励是指尊重民意，依据民主评选，开展激励。二者应以公正激励为目的，以民主奖励为手段，在实施中要努力引导群体，实现公正激励。

进一步阅读材料：

1. 魏江，严进.管理沟通——成功管理的基石[M].北京：机械工业出版社，2010.

2. 加布里埃尔·哈瓦维尼，克劳德·维埃里.王全喜等译.高级经理财务管理——创造价值的过程[M].北京：机械工业出版社，2005.

3. 张玉利.管理学（第二版）[M].天津：南开大学出版社，2004.

4. 全国管理咨询师考试教材编写委员会.企业管理咨询实务与案例分析(上、下)[M].北京：企业管理出版社，2009.

本章思考题：

1. 企业管理活动应该如何进行分类？

2. 在企业过程管理中，哪种管理职能最重要？为什么？

3. 2008年金融危机后，企业管理方式或思路有什么变化？

【章末案例】

通用电气公司的组织管理

从20世纪60年代以后，美国各大公司的企业管理体制为了适应技术进步、经济发展和市场竞争的需要，强调系统性和灵活性相结合、集权和分权相结合的体制。到20世纪70年代中期，美国经济出现停滞，有些企业在管理体制方面又出现重新集权化的趋势。有一种称作"超事业部制"的管理体制，即在企业最高领导之下、各个事业部之上的一些统辖事业部的机构就应运而生了。美国通用电气公司（General Electric Company）于1979年1月开始实行"执行部制"，就是这种"超事业部"管理体制的一种形式。

美国通用电气公司是美国，也是世界上最大的电器和电子设备制造公司，它的产值占美国电工行业全部产值的1/4左右。这家公司的电工产品技术比较成熟，产品品种繁多，据称有25万多种品种规格。这家电气公司是由老摩根在1892年出资把爱迪生通用电气公司、汤姆逊——豪斯登国际电气公司等合并组成的。通用电气公司在创立后的80多年中，以各种方式吞并了国内外许多企业，攫取了许多企业的股份。到1972年，该公司在国外的子公司有：欧洲33家、加拿大10家、拉丁美洲24家、亚洲11家、澳大利亚3家、非洲1家。到1976年底，它在24个国家共拥有113家制造厂，成为一个庞大的跨国公司。其组织管理主要有以下几个特点。

1. 不断改革管理体制

由于通用电气公司经营多样化，品种规格繁杂，市场竞争激烈，它在企业组织管理方面也积极从事改革。20世纪50年代初，该公司就完全采用了"分权的事业部制"。当时，整个公司一共分为20个事业部。每个事业部各自独立经营，单独核算。以后随着时间的推移、企业经营的需要，该公司对组织结构不断进行调整。

2. 新措施——战略事业单位

在20世纪60年代末，通用电气公司财政一直在赤字上摇摆。公司的最高领导为化解危机，于1971年在企业管理体制上采取了一种新的战略性措施，即在事业部内设立"战略事业单位"。这种"战略事业单位"是独立的组织部门，可以在事业部内有选择地对某些产品进行单独管理，以便事业部将人力、物力能够机动有效地集中分配使用，对各种产品、销售、设备和组织编制出严密的有预见性的战略计划。这种"战略事业单位"可以和集团组相平；也可以相当于分部的水平，例如医疗系统、装置组成部分和化学与冶金等；还可以是相当于部门的水平如碳化钨工具和工程用塑料。从该公司60年代到70年代中迅速发展的情况看，这项措施确实也起了不少作用。

3. 重新集权化——执行部制

20 世纪 70 年代中期，美国经济又出现停滞，当时的通用电气公司董事长雷吉·琼斯（Reginald Jones）在 1977 年底进一步改组了公司的管理体制，从 1978 年 1 月实行"执行部制"，也就是"超事业部制"。这种体制就是在各个事业部上再建立一些"超事业部"，来统辖和协调各事业部的活动，也就是在事业部的上面又多了一级管理。这样，一方面使最高领导机构可以减轻日常事务工作，便于集中力量掌握有关企业发展的决策性战略计划；一方面也增强了企业的灵活性。在改组后的体制中，董事长琼斯和两名副董事长组成最高领导机构执行局，专管长期战略计划，负责和政府打交道，以及研究税制等问题。执行局下面设 5 个"执行部"（即"超事业部"，包括消费类产品服务执行部、工业产品零件执行部、电力设备执行部、国际执行部、技术设备材料执行部），每个执行部由一名副总经理负责。执行部下共设有 9 个总部（集团），50 个事业部，49 个战略事业单位。各事业部的日常事务，以及有关市场、产品、技术、顾客等方面的战略决策，以前都必须向公司最高领导机构报告，而现在则分别向各执行部报告就行了。这 5 个执行部加上其他国际公司，分别由两位副董事长领导。此外，财务、人事和法律 3 个参谋部门直接由董事长领导。

4. 建立网络系统

通用电气公司在企业管理中广泛应用电子计算机后，建立了一个网络系统，大大提高了工作效率。这个网络系统把分布在 49 个州的 65 个销售部门、分布在 11 个州的 18 个产品仓库，以及分布在 21 个州的 40 个制造部门（共 53 个制造厂）统统连接起来。这个网络系统提高了办事速度，并且把销售、存货管理、生产调度等不同的职能结合在一起。

5. 科研组织体制

同样，美国通用电气公司也非常重视科研工作，而且已有悠久的历史。从公司成立后的第二年，就有一位德国青年数学家斯坦梅兹搞科研工作，1900 年即成立实验室。据 1970 年《美国工业研究所》报道，该公司共有 207 个研究部门，其中包括一个研究与发展中心，206 个产品研究部门。共有科研人员 17200 余人，占公司职工总人数的 4%。1973 年，通用电气公司共有 31000 名获得技术学位的专业人员，其中半数以上从事研究与发展工作。1972 年，公司科研总费用超过 8 亿美元，其中 3 亿美元由本公司承担，5 亿美元主要用于和美国政府订立合同的研究与发展工作上。

讨论：通用电气公司的超事业部制组织结构，对所有企业都适用吗？为什么？从通用电气公司随着环境变化而不断变革的事例中，你对权变式的领导方式有什么体会？

第五篇　企业的成长

尽量不要在地球上留下脚印。

——美国杜邦公司

第十五章　企业社会责任

【本章导读】随着企业的成长，其必然要承担一定的社会责任。本章围绕企业社会责任的概念，阐述了企业社会责任的对象和内容，并介绍了我国企业社会责任标准。

【开篇案例】

广汽丰田的企业社会责任实践

早在 2007 年，当时成立仅三年的广汽丰田在产品制造、品质管理、售后服务和市场营销等领域迅速扎根站稳之后，将"通过汽车创造美好生活，服务和谐社会"的梦想向前推进，强化了社会责任在广汽丰田发展战略中的地位，由此开始迈上公益事业的征程。到目前，广汽丰田逐渐建立起广汽丰田公益·环保行动、广汽丰田公益·教育行动以及广汽丰田公益·安全行动三大公益品牌。

2017 年，广汽丰田不断延伸责任内涵，并面向乡村小学启动"广汽丰田交通安全校园行项目"，为乡村孩子们带去更多的交通安全知识，强化他们的交通安全意识。相关资料显示，每年中国约有 1 万名儿童死于道路交通事故，道路交通伤害已经成为 0—17 岁儿童伤害致死的主因之一，县道上发生的交通安全事故占公路交通安全事故总数的42.19%，事故发生率远高于省道、国道。为此，广汽丰田在回访乡村小学的同时，组织企业员工、车主、经销商、供应商等产业链的志愿者为乡村小学的孩子们带去交通安全知识，在海南马袅学校提升孩子们的交通安全意识便是"广汽丰田交通安全校园行项目"中的一次活动。广汽丰田希望可以将交通安全知识带到每一所广汽丰田捐建的小学，带给每一个学生，为更多的乡村孩子架设起安全的桥梁。

广汽丰田将"企业公民"的理念融入企业基因（即脱氧核糖核酸，DNA）。广汽丰田在现有的企业社会责任成绩基础上进行总结，不断完善、升级项目内容，在践行企业社会责任的过程中逐渐形成卓有成效的公益体系，在安全行动上建立起交通安全教育体系，在环保行动上建立起立体的自然保护体系，在教育行动上为乡村孩子架设起安全桥梁，力求建立一个符合国家标准，更符合国际标准的企业社会责任体系。按计划，广汽丰田将于 2020 年前把企业社会责任各项指标融入企业经营管理体系,让企业社会责任注入企业经营灵魂,让企业社会责任精神贯穿到企业的每项工作之中。

思考:什么是企业的社会责任? 企业为什么要履行社会责任?

第一节　企业社会责任的概念

企业社会责任的本质是在经济全球化背景下,企业除了为股东(Stockholder)追求利润外,也应考虑利益相关者(Stakeholder),即影响和受影响于企业行为的各方的利益。企业的社会责任是企业对其自身经济行为的道德约束,它超越了以往企业只对股东利益负责的范畴,只将赚取利润作为唯一目标这样的传统理念,强调对包括股东、员工、消费者、客户、政府、社区等在内所有利益相关者的责任,注重企业对社会的贡献,强调在生产过程中对人的价值关注,注重生产过程中人的健康、安全和应享有的权益。

一、企业社会责任概念的起源

企业社会责任(Corporate Social Resposibility,CSR)观念起源于美国。20 世纪,被称为"负社会责任"的商业实践活动采用了不同的形式:慈善捐赠、社区服务、提高员工福利和促进宗教活动。

实际上,企业社会责任必要性的争论作为对重要的理论与实践问题的探索在很长一段时间里都深刻影响着西方企业社会责任的发展,出现了诸多著名学者的思想碰撞,其中最为集中和最有影响力的直接争论主要有两次:一次是 20 世纪 30 年代至 50 年代哥伦比亚大学法学院教授阿道夫·伯利(Adlof Berle)与哈佛大学法学院教授梅里克·多德(Merrick Dodd)之间关于管理者受托责任的争论,他们对受托者应对股东或对更广泛群体的责任提出了各自不同的观点。传统模式坚持公司只应对股东负责;新模式认为除股东之外,公司还应对其他利害关系人负责。最终这场辩论以多德教授的新模式优胜而告终,企业社会责任思想逐渐形成。另一次是 20 世纪 60 年代发生在伯利与亨利·曼尼(Henry Manne)之间的论战,他们围绕现代公司的功能,对现代公司是否应承担社会责任展开了争论。这两次争论均从法学的角度出发,前者关注企业管理者的责任,后者关注现代公司的责任,焦点在于公司或管理者究竟是否应该对股东或更广泛的利益相关者履行责任,从本质上讨论了企业是否应该履行社会责任。

二、企业社会责任概念的演进

企业的社会责任在不同时期有着不同表现,这是由不同历史时期的特点与社会意识的发展决定的。

（一）狭义的企业社会责任阶段

所谓的狭义社会责任，是指 20 世纪 70 年代早期各种关于企业社会责任概念的研究。这一时期的理论主要包括鲍恩等人的观点。1953 年，霍华德·鲍恩（Howard Bower）的划时代著作《商人的社会责任》（Social Responsibility of the Businessman）的发表被公认为是现代企业社会责任概念构建的开始。他认为"商人具有按照社会期望的目标和价值观来制定政策、进行决策或采取行动，自愿承担社会中责任的义务"。1972 年，亨利·曼尼对企业社会责任的界定有更严谨、独到的见解，提出了企业社会责任概念必须包含的三个要素：首先，公司社会责任的支出给公司带来的边际收益低于其他支出的边际收益；其次，社会责任行为必须是自愿的；最后，企业的社会责任行为必须是公司的行为而不是个人的行为。

从这一时期企业社会责任的发展中不难发现，狭义的社会责任阶段是一个对企业社会责任概念的界定由模糊到明确的过程。

（二）社会回应

社会回应是 20 世纪 70 年代公司社会责任思想的主流。所谓社会回应，是对狭义社会责任传统概念的补充和发展。该观点认为，企业作为整个社会环境的重要组成部分，不仅必须满足一定的社会期望，还应该针对变化和提升中的社会期望做出回应。

罗伯特·阿克曼（Robert Ackeman）和雷蒙德·鲍尔（Raymond Bauer）被认为是最早提出企业社会回应概念的学者。他们在 1976 年提出"企业社会责任是指决策在谋求企业利益的同时，对保护和增加整个社会福利方面所承担的义务"。企业的社会回应主要包括以下三个阶段。

1. 认识阶段。这个阶段的主要参与者是公司的高层管理者，他们认识到社会需求的重要性，针对这一问题开始进行讨论、参与和支持等相关的活动，最后对公司的政策进行调整。

2. 专人负责阶段。在这一阶段，公司命令专人去搜集信息，对社会的需求进行评估，开发相关的方法。

3. 组织参与阶段。在这个阶段，整个组织被调动起来积极地参与回应社会需求的活动，包括问题管理、资源的有效利用和计划程序的修正等，最终提高企业的社会回应水平。

（三）企业社会表现

20 世纪 80 年代，企业社会责任衍生出一个综合概念并形成了企业社会责任在该时期的思想主流，即企业社会表现。企业社会表现的经典定义是在 1985 年由史蒂文·沃迪科（Steven Wartick）和飞利浦·科克伦（Phlip Cochran）提出来的，他们认为"企业社会表现反映了企业社会责任准则、企业社会回应过程和用于解决社会问题的政策之间的相互根本作用"。之后，唐娜·伍德（Donna Wood）在此基础上提出了企业社会责任表现的定义，"企业社会表现是指一个企业组织的社会责任原则、社会回应过程与政策和方案的构成，以及当它们与企业社会关系相联系时所产生的可以观察的结果"。

企业社会表现概念是狭义企业社会责任概念的补充和发展，强调企业与社会的互动关系，包含了道德维度和管理维度的更加宽泛的内容。

（四）利益相关者理论

利益相关者理论和企业社会责任思想原本是两个相互独立的研究领域，前者说明了公司与各利益相关者的关系，后者探讨了公司对企业应该承担的责任。但是进入 20 世纪 90 年代后，利益相关者理论被认为是评估企业社会责任的"最为密切相关"的理论框架，自此公司社会责任与利益相关者两大理论出现了相结合的发展趋势，并且成为 20 世纪 90 年代企业社会责任思想的主流。

理论上，第一个正式地将利益相关者理论融入广义企业社会责任理论的学者是伍德。1991 年，伍德提出利益相关者观点可以回答企业应该为谁承担责任的问题，并认为一个具有社会回应的公司应该关注众多利益相关者对社会的要求。

（五）企业公民

埃德温·爱泼斯坦（Edwin Epstein）是较早研究企业公民的学者，1989 年他提出"企业公民"这个概念。美国波士顿学院企业公民中心（Boston College Center for Corporate Citizenship）认为，企业公民是"一个公司将社会基本价值与日常商业实践、运作和政策相整合的行为方式。一个企业公民认为公司的成功与社会的健康和福利密切相关，因此，它会全面考虑公司对所有利益相关者的影响，包括雇员、客户、社区、供应商和自然环境"。

进入 21 世纪以来，随着全球竞争环境和全球一体化的发展，现阶段人们对"企业公民"这一概念进行了扩展和提升，"全球公民"的概念顺势而生，成为新形势下企业社会责任思想的一个主流。

【人物专栏】霍华德·鲍恩（Howard Bower，1908—1989）

霍华德·鲍恩是美国知名的经济学家和教育家，先后出版了 14 本专著和 300 多篇论文，获得了 22 个荣誉博士学位，先后在政府、企业和大学任职，在三所大学担任校长累计 16 年之久，后人以他的名字设立了奖学金和纪念建筑。1953 年，鲍恩应邀为美国基督徒企业家编写了一本生活指南，即《商人的社会责任》（Social Responsibilities of the Businessman）一书，该书首次系统地建构了市场经济体系中企业社会责任的分析框架及建议，是研究企业社会责任、企业公民和可持续发展的人士必读的经典之作，被后人称为企业社会责任的开山之作。鲍恩 60 多年前描绘的全球企业社会责任发展的蓝图，至今仍有极强的指导意义，其本人也被称为"企业社会责任之父"。他置身于自由经济体系的真实场景中来分析企业应如何回应社会需求。

【人物专栏】亨利·曼尼（Henry Manne，1928—2015）

亨利·曼尼是美国"法与经济学"领域的创始人之一。他在 1965 年提出的"公司控制权市场理论"（The Theory of A Market of Corporate Control）开创了公司法的经济学研究，1966 年出版的《内部交易与股票市场》（Insider Trading and the Stock Market）至今仍是美国证券交易业内的讨论热点。曼尼于 1952 年在芝加哥大学取得法学博士学位。他创建的首个"法与经济学中心"（现位于乔治·梅森大学校内）曾经向大量法学教授和联邦法官提供过经济学分析的训练。曼尼是梅森大学法学院的荣休院长。曼尼教授关于期货市场内幕交易有这样的观点，他认为内幕交易的机会对公司经营者和创业者来说是一种回报激励机制，而且其他投资者观察到内幕人买入股票会跟风买入而推动股价逐渐上涨，股价波动就不会像突然公布消息那样剧烈，因而有益于市场的整体发展。

【人物专栏】阿奇·卡罗尔（Archie Carroll，1941—）

阿奇·卡罗尔是著名的管理学教授，1972 年以来，一直在佐治亚大学特里商学院从事教学和研究工作，2005 年退休。他在塔拉哈西的佛罗里达州立大学获得了三个学位，发表了许多专著和文章。卡罗尔教授教学、研究和咨询的兴趣主要在于企业与社会、企业伦理学、企业社会表现、全球利益相关者管理和战略管理，是《企业与社会》（Business and Society）、《企业伦理学季刊》（Business Ethics Quarterly）、《公共事务》（Journal of Public Affairs）、《企业伦理：欧洲评论》（Business Ethics：A European Review）等期刊的编委会成员，曾担任美国南方管理学会主席和美国管理学会管理史分会主席，现仍为这两个组织的资深会员。1992 年，卡罗尔教授荣获管理学会社会问题管理分会授予的萨姆纳·马库斯卓越成就奖（Sumner Marcus Distinguished Service Award）；1993 年，因其在企业社会表现、企业伦理学和战略规划等领域的长达 20 年的辛勤耕耘，荣获佐治亚大学特里商学院颁发的卓越研究奖。1995—2000 年，担任佐治亚大学管理系主任；1998—1999 年，任企业伦理协会会长；2000 年起，任特里商学院非营利组织管理和社区服务规划研究室主任。

第二节　企业社会责任的对象

企业的生存和发展受到各式各样的利益相关者的约束和扶持，企业的所有利益相关者都对企业进行了一定的投资，同时也分担了企业的经营风险，或者是为企业的经营活动付出了代价，因而都应该拥有企业的某种占有权，这便是利益相关者理论。利益相关者正是企业履行社会责任的对象，企业在各种经济活动中并非只和股东发生交易，其与员工、政府、环境社区、供应商等都时刻存在着交易行为。企业社会责任的对象包括股东、员工、消费者、政府和社会、环境和资源、合作伙伴和供应商以及社区。

一、股东

股东是指有限责任公司或股份有限公司持有股份的人，有权出席股东（大）会并有表决权，也指其他合资经营的工商企业的投资者。追求股东利益最大化是实现企业其他利益的必要条件，而并非充分条件。在当代社会，随着市场经济的发展，投资方式越来越多元化，由原来单一的货币投资转向股票、债券、保险等方式。如此，股东的队伍越来越大，遍布社会的各个职业和领域，企业与股东的关系逐渐演变为企业与社会的关系。企业对股东的责任和一般责任不同，它是通过对股东负责的方式形成的。

二、员工

企业保护员工的合法权益是其承担社会责任的基础和根本。企业通过组织员工的生产经营活动，实现员工的需要发展、能力发展、社会关系发展以及个性发展。从员工和企业双方的关系来看，实现了从"斗争"到"合作"的转变，保护员工利益的终极目的变为"构建与发展和谐稳定的劳动关系"。和谐稳定的劳动关系对企业发展来说是有利的。当企业员工处于相对稳定的状态，自愿自觉地为本企业尽职出力时，企业自然而然就减少了许多管理成本，各项管理指标必然有所提升，成本也会得到降低。企业雇用员工不管职位高低，从提供就业开始，企业就要为他们解决安身立命之本，遵循按劳分配的原则，给予员工合理的经济待遇，消除他们的后顾之忧。

三、消费者

消费者是指购买、使用和消费各种产品或服务的个人和家庭。社会中的每一个人都是企业的消费者，每天都直接或间接地同许多企业打交道，享受着企业提供的各种各样的物质及服务。另外，不同的消费者购买和使用了企业的产品，会把企业产品的影响传递到家庭、邻居和社会的各个角落。企业的产出——商品或者服务必须出售给消费者并以资金的形式回流到企业中，企业借此进行生产或者扩大再生产，维持企业的正常运作或发展。所以，企业要吸引顾客，尊重顾客的选择，维护顾客的利益。

四、政府和社会

企业作为社会的细胞，是国家、社会的成员和重要组成部分；政府作为管理者，对企业这个社会成员实施宏观上的管理、控制和组织协调，保证社会秩序的良性循环，它们之间相互影响、相互作用。企业是社会财富的创造者，政府是社会财富的管理者。政府依靠企业的合法经营、照章纳税集中管理社会的总体财富，通过价格、税收和福利政策实施社会财富的公正分配。企业合法经营、照章纳税是主动承担社会责任的体现，企业见利忘义、投机钻营、偷税漏税这些不良行为是对社会责任的逃避。

五、环境和资源

人类进入 20 世纪，伴随着科学技术的飞速发展，环境遭到了巨大破坏，环境的污染、土壤的沙化、奇缺物种的减少，引起了世界各国科学家的关心和重视，环境保护成为人类面临的迫切而严峻的问题。企业在环境污染中扮演了主要角色，因而，企业在消除环境污染、保护环境中肩负着不可推卸的责任。企业的环境责任实质上是可持续发展责任，承担可持续发展责任的企业实际上是为未来人类和未来社会负责。因此，这个责任也可以称为未来的责任，它是企业责任理念中的最高层次。它要求企业一方面按照有关法律的规定尽可能合理地利用资源，减少污染；另一方面，企业要承担为治理其造成的资源浪费、环境污染所产生的费用。

六、合作伙伴和供应商

企业与供应商以及其他商业伙伴在利益上休戚相关，尤其在经济全球化的影响下，企业与商业伙伴是否形成良好的合作伙伴关系显得非常重要。企业对商业伙伴诚实、讲信用，遵守合同要求，是企业实现社会责任的一个方面。另外，企业还要加强对供应商的监督，包括供应商提供的产品质量和信誉状况等。经济全球化使企业供应链无限延伸，一家企业尤其是大型公司的经营决策将影响到无数个上下游企业。供应链上的各个企业之间共同发展、相互负责是实现双赢的最佳途径。

七、社区

企业与社区之间是一种相互交叉关联的关系，二者相互影响、不可分离。建立和谐稳定的企业与社区关系对企业的生存发展和社区的进步繁荣都有着重要的意义。企业应该积极、主动地参与到社区的建设活动中，利用自身的产品优势和技术优势参与到扶持社区的文化教育事业、吸收社区的人员就业、救助无家可归的人员、帮助失学儿童等活动中去，这样不仅可以为社区建设做贡献，而且也可以为企业的发展起到不可估量的作用。企业通过积极承担社区责任，扩大企业知名度，提高良好声誉，社区作为无形资产在企业的经营中带来相当大的效益。

【人物专栏】舒曼特拉·高沙尔（Sumantra Ghoshal，1948—2004）

高沙尔 1948 年出生于印度加尔各答，曾在印度石油公司工作，后来就读于麻省理工学院和哈佛大学。1988 年高沙尔来到欧洲，先是在法国欧洲工商管理学院工作，1994 年又到了伦敦商学院。1989 年，高沙尔与克里斯托弗·巴特莱特（Christopher Bartlett）首次合作，出版了《跨越边界的管理：跨国方案》（Managing across Borders: The Transnational Solution）一书，该书发展了"跨国公司"的概念，并指出，一种新的国际商业战略和机构模式正在崛起。他们提出，老式的多国公司和全球公司在全球效率和本地响应性的呼声推动下已经不得不改革了。面对全球化和本地化的选择，公司只能同时接受这两种策略。到 20 世纪 90 年代中期，高沙尔与巴特莱特又合作出版了《个性化公司：一种全新的管理方法》(The Individualized Corporation: A Fundamentally New Approach to Management）一书，对商业的变革做了更深入的探究。他们说，眼下正在发生一场革命，牵头的是艾波比集团公司和通用电气公司这样的先驱公司，它们不再强迫员工遵循严格的规章制度，而是对机构本身进行调整，使其适应员工的才干和能力，这完全可以称得上"个人化公司"。通过这样做，这些公司"释放了被企业束缚的人质"，让个人能有创新和为公司增添价值的空间。

第三节　企业社会责任的内容

一个企业的生存发展离不开社会的认可和支持，所以企业除了追求利润这个首要的目标之外，还需要有让社会认同的动力从而发展壮大企业。如果想得到社会的首肯，企业应履行它自身的责任。企业不仅要承担法律上的义务和经济上的义务，还要承担"追求对社会有利的长期目标"的义务，这才能说企业是具有社会责任的。

一、社会责任金字塔模型概述

阿奇·卡罗尔（Archie Carroll）是企业社会责任领域最有声望的学者之一，他在 1979 年将企业社会责任概括为四个类别：经济责任（Economy Responsibilities）、法律责任（Law Responsibilities）、伦理责任（Ethical Responsibilities）和自觉责任（Discretionary Responsibilities）。1991 年，卡罗尔将自觉责任改为慈善责任（Philanthropic Responsibilities），提出了企业社会责任金字塔模型，如图 15-1 所示。

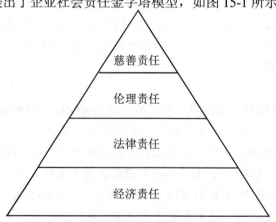

图 15-1　卡罗尔的企业社会责任金字塔模型

资料来源：Archie B. Carroll. A Three-dimensional Conceptual Model of Corporate Performance [J].Academy of Management Review，1979，4（4）：497-505.

（一）经济责任

对于企业而言，经济责任是最基本也是最重要的社会责任，但并不是唯一责任。

（二）法律责任

作为社会的一个组成部分，社会赋予并支持企业承担生产性任务、为社会提供产品和服务的权力，同时也要求企业在法律框架内实现经济目标。因此，企业肩负着必要的法律责任。

（三）伦理责任

虽然社会的经济和法律责任中都隐含着一定的伦理规范，但公众社会仍期望企业遵循那些尚未成为法律的社会公众的伦理规范。

（四）慈善责任

社会通常还对企业寄予了一些没有或无法明确表达的期望，是否承担或应承担什么样的责任完全由个人或企业自行判断和选择，这是一类完全自愿的行为，例如慈善捐赠、为吸毒者提供住房或提供日托中心等。

从企业考虑的先后次序及重要性而言，卡罗尔认为这是金字塔形结构，经济责任是基础也占最大比例，法律的、伦理的以及慈善的责任所占比重依次向上递减。

二、社会责任金字塔模型的意义

社会责任金字塔模型对企业社会责任理论与实践有着十分重要的意义，它对企业社会责任的研究做出了重要的贡献。该模型清晰地表达了企业社会责任的内容，阐明了它们之间的关系，为人们所广泛接受；该模型强调经济责任是企业社会责任的基础和重要方面，与企业社会责任不是矛盾和背离的，企业从诞生之日起就在致力于创造经济效益，履行社会责任；该模型推动了企业社会责任的深入。社会责任金字塔模型表明，企业不仅需要为股东创造利润，也要遵守法律、承担伦理责任和慈善责任，最终做一个好的企业公民。总之，该模型给企业社会责任的研究和实践提供了重要的理论依据。具体表现在以下两点。

第一，企业社会责任金字塔模型将企业的社会责任分为四层，在实践上有助于企业对所承担的责任有明确的界定，避免了企业承担社会责任界限的模糊。

第二，企业社会责任金字塔模型提出企业社会责任由低级向高级推进的逻辑顺序，揭示了企业发展从物质层面到精神层面的深化，反映了企业行为的变迁规律。

三、社会责任金字塔模型的不足

企业社会责任金字塔模型还存在一些不足，这些不足不仅导致了企业社会责任理论研究在一定程度上的混乱，而且运用该模型解决实际问题时遇到了无法攻克的困难，主要体现在以下三点。

第一，社会责任金字塔模型机械地把企业社会责任分为四个层次，缺乏科学性。企业的经济责任和法律责任是不能分开的，也没有先后性，而且企业组织一旦成立，其经济责任和社会责任就会存在。

第二，社会责任金字塔模型所包含的社会责任范围也不全面，它所包含的四层实际上是三层，即经济层、法律层、伦理道德层，并不能包括所有的责任范围。

第三，客观来讲，企业总是在不断履行社会责任，但同一个企业在不同的发展时期，即不同的企业生命周期阶段，所履行社会责任的意愿不同、能力不同，同时还存在着显著的不同时期企业社会责任内容的选择性现象，该模型无法体现该不同。

第四节　我国社会责任的标准

近年来，一系列国内外重量级社会责任标准、政策相继出台，交织成中国企业社会责任运动的一个关键承接点。2010 年，国际标准化组织（International Organization for Standardization，ISO）发布了 ISO 26000：2010《社会责任指南》（以下简称 ISO 26000），统一了对社会责任的理解，在全球得到了广泛应用；2014 年 12 月 8 日，联合国继千年发展目标之后再次提出 2030 年 17 项可持续发展目标（Sustainable Development Goals，SDGs）；2015 年 12 月 21 日，我国香港联合交易所推出升级版的《环境、社会及管治（ESG）报告指引》，对环境、社会两个范畴的信息披露提出了"不遵守就解释"原则；2015 年 6 月 2 日，国家质检总局和国家标准委联合发布了社会责任系列国家标准。本节将主要介绍 GB/T-36000《社会责任指南》、GB/T-36001《社会责任报告编写指南》、GB/T-36002《社会责任绩效分类指引》三项社会责任国家标准。

一、《社会责任指南》

2015 年国家质检总局和国家标准委联合发布的系列标准包括《社会责任指南》《社会责任报告编写指南》《社会责任绩效分类指引》。系列标准中，《社会责任指南》是最核心的标准，主要对什么是社会责任、包含哪些内容、如何履行给出指导。其内容基本沿袭了 ISO 26000 的理念，但也根据我国的实际情况进行了调整。

表 15-1　我国《社会责任指南》国家标准结构表

标题	章节	内容描述
范围	第 1 章	明确本国家标准的适用范围及特定限制
规范性引用文件	第 2 章	罗列本标准所引用的规范性文件
术语和定义	第 3 章	给出本标准所用关键术语的定义，有助于理解社会责任和使用本标准

续表

标题	章节	内容描述
理解社会责任	第4章	阐述社会责任的历史背景和发展趋势，同时阐述社会责任的基本特征，包含利益相关者的重要作用及社会责任融入组织，还包括中小组织使用本标准的指南
社会责任原则	第5章	介绍和阐释社会责任原则
社会责任基本实践	第6章	阐述组织社会责任两大基本实践：社会责任辨识，利益相关者的识别和参与。本章对组织、利益相关者和社会三者间关系，认识社会责任核心主题和议题，以及组织的影响范围提供了指导
关于社会责任核心主题的指南	第7章	阐述社会责任核心主题和议题，针对每一个核心主题，本章对其与社会责任的关系、相关原则与考虑，以及相关行动与期望提供了指导
关于将社会责任融入整个组织的指南	第8章	提供社会责任在组织中付诸实践的指南。本章包括：理解组织的社会责任，将社会责任融入整个组织，社会责任沟通，提升组织的社会责任可信度，评价进展，提高绩效
缩略语	附录A（资料性附录）	包括本标准所用的缩略语
本标准与ISO 26000：2010章条编号变化对照一览表	附录B（资料性附录）	本标准与ISO 26000相关内容的章条号对照
本标准与ISO 26000：2010技术性差异及其原因一览表	附录C（资料性附录）	本标准相对于ISO 26000的实质性变动

资料来源：GB/T36000-2015《社会责任指南》。

二、《社会责任报告编写指南》

《社会责任报告编写指南》（以下简称《编写指南》）的目的是为组织编写社会责任报告提供指引。《编写指南》对社会责任报告的定义是，"基于与利益相关者进行社会责任沟通的需要，组织定期或不定期对外公开发布的一种展示其社会责任理念和认识，并系统披露其社会责任活动及其绩效信息的特定报告"。报告的目的是与利益相关者进行社会责任沟通。报告的内容包括组织的社会责任理念、社会责任活动、社会责任绩效。组织既可就上述所有内容发布报告，也可对特定内容发布专项报告；既可以是定期报告，也可以是不定期报告。按照固定年度发布的报告多为定期报告，就特定问题发布的专项报告多为不定期报告。《编写指南》提出如下编写报告的原则。

（一）完整全面

报告应覆盖所有相关的重要决策和活动，并全面、系统、完整地披露社会责任目标，将社会责任融入组织的实践及其绩效信息。完整全面不仅要求覆盖所有信息，还要求覆盖每一项信息的所有内容。具体来说，组织应在以下三方面做到完整全面。

第一，报告内容应覆盖组织社会责任活动的全周期。它包括社会责任目标、行动和绩效。

第二，报告信息不存在选择性披露。不能只披露积极影响，而忽略或隐瞒消极影响；或只披露实际影响，不披露潜在影响。

第三，披露的信息尽可能详尽。要站在利益相关者角度，确保披露的信息是有用且合适的，保证利益相关者能据此做出判断、决策和行动。

（二）客观准确

客观是指报告披露的信息要摒除主观臆断或偏见，是对实际状况和事实的描述。准确是指信息与实际状况和事实完全相符，或者是经严密科学推断得出的结论。

（三）明确回应

《社会责任指南》中的社会责任原则指出，组织要坚持"担责"和"尊重利益相关者利益"的原则。按照这两项原则，组织要确认并充分考虑利益相关者的利益，对其关切做出回应。而且，利益相关者的识别和参与是社会责任两大基本实践之一，组织回应利益相关者关切和社会期望，本身就是社会责任活动的重要组成部分。回应信息的详尽程度，应满足利益相关者及社会的知情需求。

（四）及时可比

及时有两层意思：一是报告的内容应是最新的信息；二是组织要及时编写和发布报告，针对特殊问题发布的专项报告更要及时。可比也有两个意思：一是纵向可比，指本期信息与往期信息可比较，便于分析组织社会责任变动情况和发展趋势；二是横向可比，指与其他类似组织可比较，使组织自身和利益相关者能够确定组织社会责任水平，发现不足和改进空间。

（五）易读易懂

要做到易读易懂，一方面要从报告编写形式入手。例如选用通用的语言，甚至编写不同语言版本的报告；适当使用图表等直观的表达方式。另一方面，报告要尽量使用大众语言，通俗易懂、言简意赅。必须使用专业术语或缩略语时，应予以解释说明。报告的内容，应仅根据与利益相关者的沟通需求，提供有针对性的信息，消除其他无关信息，以防淹没核心信息。

（六）获取方便

不论以何种形式（如纸质文件、电子文件等）发布报告，都应便于利益相关者获取。此外，组织还应考虑各类人群的获取能力和限制，在报告中明确标明获取途径。

三、《社会责任绩效分类指引》

这是在《社会责任指南》基础上制定的，所有指标均来自《社会责任指南》社会责任核心主题和议题。从结构上看,《社会责任绩效分类指引》(以下简称《分类指引》)的评价指标分为三类。

第一级类别对应社会责任核心主题,包括组织治理指标、人权指标、劳工实践指标、环境指标、公平运行实践指标、消费者问题指标及社区参与和发展指标七大类。分别采用第一个字的首字母作为代号标识:Z——组织治理;R——人权;L——劳工实践;H——环境;G——公平运行实践;X——消费者问题;S——社区参与和发展。

第二级类别对应社会责任核心主题之下的各项议题,共31项。

第三级类别对应各项议题之下的"相关行动和期望",共223项。如表15-2所示。

表 15-2　我国《社会责任绩效分类指引》社会责任绩效分类表

一级类别		二级类别		三级类别	
Z	组织治理	Z-1	决策程序和结构	12 项	共 12 项
R	人权	R-1	公民和政治权利	6 项	共 12 项
		R-2	经济、社会和文化权利	2 项	
		R-3	工作中的基本原则和权利	4 项	
L	劳工实践	L-1	就业和劳动关系	9 项	共 39 项
		L-2	工作条件和社会保护	11 项	
		L-3	民主管理和集体协商	5 项	
		L-4	职业健康安全	11 项	
		L-5	工作场所中人的发展与培训	3 项	
H	环境	H-1	污染预防	9 项	共 39 项
		H-2	可持续资源利用	9 项	
		H-3	减缓并适应气候变化	10 项	
		H-4	环境保护、生物多样性和自然栖息地恢复	11 项	
G	公平运行实践	G-1	反腐败	10 项	共 26 项
		G-2	公平竞争	5 项	
		G-3	在价值链中促进社会责任	6 项	
		G-4	尊重产权	5 项	
X	消费者问题	X-1	公平营销、真实公正的信息和公平的合同实践	9 项	共 53 项
		X-2	保护消费者健康安全	10 项	
		X-3	可持续消费	2 项	
		X-4	消费者服务、支持和投诉及争议处理	7 项	
		X-5	消费者信息保护与隐私	9 项	
		X-6	基本服务获取	6 项	
		X-7	教育和意识	10 项	

一级类别		二级类别		三级类别	
S	社区参与和发展	S-1	社区参与	6 项	共 42 项
		S-2	教育和文化	5 项	
		S-3	就业创造和技能开发	8 项	
		S-4	技术开发和获取	5 项	
		S-5	财富和收入创造	10 项	
		S-6	健康	4 项	
		S-7	社会投资	4 项	
合计				223 项	

资料来源：GB/T36002-2015《社会责任绩效分类指引》。

《分类指引》在"引言"中就指出制定这个国家标准的目的有两个：一是为组织研究和开展社会责任绩效评价提供指引；二是为组织进一步开发适合自身需要的社会责任绩效指标提供指引。起草组在制定标准时就提出，《分类指引》是一个开放的标准，是要给组织提供一个"指引"，而非一个"规则"。组织应该根据自己的实际情况，确定适合自己的评价体系，因为全国统一明确的指引，很难适应不同地区、行业、组织的差异化的要求。

系列标准是我国社会责任领域第一套国家层面的标准性文件。系列标准的发布具有重大意义，将统一各类组织对社会责任的认识和理解，改变国内依据不同标准履行社会责任的混乱局面，给组织履行社会责任提供系统、全面的指导，将对提升国内社会责任水平起到重要作用。

进一步阅读材料：

1. 李智，崔校宁.中国企业社会责任[M].北京：中国经济出版社，2011.

2. 肖红军.企业社会责任议题管理：理论构建与实践探索[M].北京：经济管理出版社，2017.

3. 田虹.企业社会责任教程[M].北京：机械工业出版社，2012.

4. 李恒，朱方明.中国企业社会责任行为：理论与现实[M].北京：经济科学出版社，2016.

5. 李伟阳，肖红军.走出"丛林"：企业社会责任的新探索[M].北京：经济管理出版社，2012.

本章思考题：

1. 什么是企业的社会责任？
2. 企业社会责任概念的演进分为哪几个阶段？
3. 企业社会责任的对象有哪些？
4. 企业社会责任金字塔模型的意义与局限是什么？
5. 我国企业社会责任标准有哪些？

【章末案例】

太平洋保险的社会责任

上市 10 年累计赔付 5600 亿元；组织上千亿资金投向市政、能源、环保、棚户区改造、水利、保障房等服务实体经济项目；实现扶贫工作从"输血"到"造血"转变的河北隆化五位一体扶贫新做法，截至 2017 年 10 月在 14 个县累计提供风险保障 9.6 亿元……这一串串的数字既是太平洋保险（集团）股份有限公司（以下简称太平洋保险）近几年在主营业务上的成绩，也是践行企业社会责任中的一个个亮点。

经过多年实践，太平洋保险的企业社会责任早已深耕于公司主营业务的方方面面。围绕国家政策发展方向、集团整体战略和几大利益相关者，太平洋保险一方面始终切实发挥保险风险管理和资金融通功能服务实体经济发展；另一方面则在转型基础上坚持推动创新改革，持续提升利益相关者价值创造能力。

太平洋保险董事会秘书马欣表示，上市 10 年来，太平洋保险用于客户赔付的支出逐年增长，累计金额将近 5600 亿元，充分发挥了经济"减震器"和社会"稳定器"的功能。

事实上，太平洋保险近年来始终围绕国家重大战略和实体经济发展，切实发挥保险资金融通、风险管理等功能，在资产端和负债端服务实体经济发展。资产端，太平洋保险充分发挥保险资金规模大、长久期的优势，长期以来积极运用保险资金通过多种形式、多种渠道服务国家重大战略实施，"输血"实体经济的同时也提高了保险资金利用的安全性和资金使用的效率。数据显示，截至 2017 年上半年末，太平洋保险投资资产总额首次超过万亿元，达到 1.03 万亿元。其中，固定收益投资 8291 亿元，占比达 80.5%。除持有的国债资产外，投资行业主要分布在交通基础设施、电力公用事业、建筑与工程、工业集团企业等，全面覆盖长江经济带、京津冀协同发展、上海自贸区建设等国家重大战略规划。太保资产管理公司累计发起设立的另类投资项目近 80 个，累计组织资金的投资规模约 1300 亿元，投资领域涵盖市政、能源、环保、土地储备、棚户区改造、水利、保障房等。而负债端，太平洋保险则切实践行保险企业的责任和使命，大力发展人民需要的保险。在寿险产品方面，太平洋保险始终关注人民群众在生、老、病、死等方面的多样化风险需求，紧紧围绕保障不断创新产品，提升客户保障水平，增进社会安全感。截至 2017 年上半年末，太平洋保险已为约 1.14 亿客户提供了风险保障，其中为寿险 8567

万客户提供了客均 16.4 万元的养老、意外、重疾等保障额度，客均保额比 2012 年提高了 2.8 倍。

随着经济的发展，许多新兴领域的风险开始显露，太平洋保险根据这一需求，近几年在食品责任险、环境污染责任保险、生命科学保险和新材料等领域均有所创新。

此外，太平洋保险相关负责人介绍，在太平洋保险内部，脱贫攻坚已经是举全集团协同之力的重要工作。据了解，2017 年，为了加强对全司助推脱贫攻坚工作的组织保障，太平洋保险内部成立了集团助推脱贫攻坚工作领导小组，下达指导意见及 2017—2018 年任务清单，将各级机构"一把手"设立为脱贫攻坚工作第一责任人，要求负责人全力以赴，亲力亲为，通过建立精准化、常态化工作机制，确保工作责任细化落实。同时，坚持运用科学有效的策略，从最基础、最源头的工作抓起，开展精准扶贫行动；确定产业扶贫、大病保险扶贫、保收入的农险扶贫、保险投资扶贫、智力扶贫等典型扶贫模式。

讨论：太平洋保险的发展过程中，履行了哪些社会责任？分别面向哪些对象？履行社会责任会给太平洋保险带来什么影响？太平洋保险是否应继续履行企业的社会责任？

第十六章 企业上市及其治理

【本章导读】企业成长到一定阶段后，因为资金需求等原因在资本市场上市并取得股票代码。本章首先对我国上市公司的基本情况进行了总结，包括一些具有里程碑意义的事件，然后介绍了我国公司在国内资本市场上市的基本流程，最后针对目前我国上市公司治理问题进行了简单介绍和分析。

【开篇案例】

不想上市的老干妈

在中国商界有一句顺口溜：永不上市三大家，华为顺丰老干妈。而现在顺丰已经自打耳光，不禁让人好奇剩下的两家准备什么时候也跨出一步？

1996年，贵州一个农村妇女陶华碧租了两间村委会的房子，招了40名工人办起了老干妈生产厂。陶华碧虽然文化水平低，但是她的企业经营策略却很高超。老干妈不仅俘获了国内一大帮粉丝，在国外也是做得风生水起。2012年7月，美国奢侈品电商Gilt把老干妈奉为尊贵调味品，限时抢购价11.95美元两瓶。在中国众多的民营企业家中，"老干妈"创始人陶华碧既不算最成功，也并非最出名，但要论口碑，这位"老干妈"可说收获无数。陶华碧，被网友奉为"国民最热辣女神"，海外留学生更戏谑地尊她为"亲妈"。

多年来，陶华碧一直坚持"不贷款、不融资、不上市，不让别人入股，也不去参股、控股别人"，更提出"上市圈钱论"，认为"上市是欺骗人家的钱"，并为此多次拒绝了地方政府的上市提议。如果说一些企业是因为股权结构复杂而不上市，那老干妈肯定不是因为这个原因。老干妈的股东结构异常简单：只有陶华碧和两个儿子。大儿子持49%股份，主管市场；小儿子50%，主管生产；陶华碧本人，仅占1%。

思考：公司上市有哪些利弊？

第一节　我国上市公司概况

一、我国资本市场发展 20 年

20 世纪 70 年代末期以来的中国经济改革大潮，推动了资本市场在中国境内的萌芽和发展。在过去的十多年间，中国资本市场从无到有，从小到大，从区域到全国，得到了迅速的发展，在很多方面走过了一些成熟市场几十年甚至上百年的道路。尽管经历了各种坎坷，但是，在政府和市场的共同推动下，中国资本市场规模不断壮大，制度不断完善，证券经营机构和投资者不断成熟，逐步成长为一个在法律制度、交易规则、监管体系等各方面与国际普遍公认原则基本相符的资本市场。回顾改革开放以来中国资本市场的发展，大致可以划分为三个阶段。

（一）第一阶段：1978—1992 年的萌生阶段

中国经济体制改革全面启动后，伴随股份制经济的发展，中国资本市场开始萌生。

从 1978 年开始，中国农村出现了家庭联产承包责任制，部分地区的农民自发采用"以资代劳、以劳代资"的方式集资，兴办了一批合股经营的股份制乡镇企业，成为改革开放后股份制经济的雏形。

20 世纪 80 年代初，城市中的一些小型国有和集体企业也开始进行多种多样的股份制尝试，最初的股票开始出现。1984 年，国家提出了要进一步放开搞活城市集体企业和国有小企业。1984—1986 年间，北京、广州、上海等城市选择了少数企业进行股份制试点。1986 年后，随着国家政策的进一步放开，越来越多的企业，包括一些大型国有企业纷纷进行股份制试点，半公开或公开发行股票，股票的一级市场开始出现。

（二）第二阶段：1993—1998 年的初步形成阶段

以中国证券监督管理委员会的成立为标志，资本市场纳入统一监管，由区域性试点推向全国，全国性资本市场开始形成并逐步发展。

在这一阶段，中国资本市场在监管部门的推动下，建立了一系列的规章制度。在 1997 年亚洲金融危机后，为防范金融风险，国家对各地方设立的场外股票市场和柜台交易中心进行清理，并对证券经营机构、证券投资基金和期货市场中的违规行为进行整顿，化解了潜在的风险。同时，国有企业的股份制改革和发行上市逐步推进，市场规模、中介机构数量和投资者队伍逐步扩大。

（三）第三阶段：1999 年至今的进一步规范和发展阶段

以《证券法》的实施为标志，中国资本市场的法律地位得到确立，并随着各项改革措施的推进得到进一步规范和发展。

在这个阶段，中国围绕完善社会主义市场经济体制和全面建设小康社会进行持续改革。随着经济体制改革的深入，国有和非国有股份制公司不断进入资本市场。2001 年 12 月，中国加入 WTO，中国经济走向全面开放，金融改革不断深化，资本市场的深度和广度日益拓展。

2009 年 10 月创业板的启动表明我国资本市场的不断完善。2009 年年末，沪深 300 股指期货和融资融券制度的启动是我国资本市场的重大创新，对我国资本市场的发展和完善具有深远意义。

从中国资本市场的发展历程可以清晰地看到，资本市场的产生是中国经济改革的内在要求和必然产物，其发展也引领了中国经济和社会诸多重要体制和机制的变革，对中国经济建设与社会发展的贡献和影响也日益显著，并逐步成长为金融体系中最富有活力的组成部分，其市场化、规范化和国际化程度不断提高。

二、公司上市的意义

按照《证券法》以及其他相关法律的要求，只有股份有限公司才能公开发行股票并上市，所以本章所探讨的企业上市主要是指公司上市。如果是非公司制企业想要上市，首先要进行改制；如果是非股份制公司，即有限责任公司打算上市，首先要进行股改。上市后的企业就变成了上市公司。上市公司作为一类非常重要的公司，在宏观经济中发挥着举足轻重的作用。上市公司是证券市场的基石，其发展状况直接影响着证券市场的质量和投资者的利益。据统计，每年在中国证监会排队等候发行上市的公司多达几百家。公司为什么如此热衷上市？上市对公司来说有何意义？

（一）筹集资金

筹集资金是股票市场的首要功能。企业通过在股票市场上发行股票，把分散在社会上的闲置资金集中起来，形成巨额的、可供长期使用的资本，用于支持社会化大生产和大规模经营。股票市场所能达到的筹资规模和速度是企业依靠自身积累和银行贷款所无法比拟的。同时，还有助于企业提高自身信用状况，享受低成本的融资便利；让企业拥有更丰富的融资、再融资渠道。

（二）分散风险

企业通过发行股票筹集了资金，同时也将其经营风险部分地转移和分散给投资者，实现了风险的社会化。公司的股东越多，公司的经营风险、市场风险也就越分散。

（三）规范企业运营

上市可以帮助企业规范治理结构，完善各项管理制度，提高运营效率；利用股票期权等方式实现对员工和管理层的有效激励，有助于企业吸引优秀人才，增强企业的发展后劲。

（四）提升企业形象

上市是对企业管理水平、发展前景、盈利能力的有力证明；通过报纸、电视台等媒介进行宣传，可提高企业知名度，提升企业形象，扩大市场影响力。

（五）增加流动性

上市可以借助市场化评价机制发现企业股票的真实价值，增加股票流动性，是兑现投资资本、实现股权回报最大化的有效途径。

三、我国上市公司发展历程

（一）典型事件梳理

中国 A 股市场创立于 1990 年，A 股市场的起步则要向前推 6 年。1984 年，国家提出要进一步放开搞活城市集体企业和国有小企业。在 1984—1986 年间，北京、广州、上海等城市选择了少数企业进行股份制试点。1986 年后，随着国家政策的进一步放开，越来越多的企业，包括一些大型国有企业纷纷进行股份制试点，半公开或公开发行股票，股票的一级市场开始出现。这个时期的股份制尝试包括以下内容。

1980 年 1 月，中国人民银行抚顺市支行代理抚顺红砖厂面向企业发行 280 万股股票，获得成功。

1980 年 7 月，成都市工业展销信托股份公司，按面值向全民和集体所有制单位发行股票，招股 2000 股，每股 1 万元，至 1983 年实际募集 1400 万元。这是 1949 年中华人民共和国成立以来有记载的第一家以募集方式设立的股份公司。

1983 年 7 月，广东省宝安县联合投资公司在《深圳特区报》刊登招股公告，以县财政为担保，向社会发行股票集资 1300 万元。这是首家通过报刊公开招股的公司。

1984 年 7 月，北京天桥百货公司向社会公开发行定期 3 年的股票。这是首家进行股份制改造的国有企业。

1984 年 11 月，中国第一只公开发行的股票——"飞乐音响"由上海飞乐音响股份公司向全社会发行。这只由中国工商银行上海信托投资公司静安信托部发行的股票，共计 1 万股，每股票面 50 元，在海内外引起巨大反响，被誉为中国改革开放的一个重要信号，而上海飞乐音响股份公司也成为第一家真正意义上的股份有限公司。

1986 年 9 月，第一个股票交易柜台设立——工商银行上海分行静安信托成立专门的证券营业部，开始对飞乐音响和延中实业两只股票实行柜台交易，从而成为最早的专门性券商。

这一时期股票一般按面值发行，且保本、保息、保分红，到期偿还，具有一定债券的特性；发行对象多为内部职工和地方公众；发行方式多为自办发行，没有承销商。

1990 年 12 月上海证券交易所和 1991 年 7 月深圳证券交易所的挂牌营业，标志着改革开放以来中国股票市场的起步。1992 年 10 月，国务院证券委员会（1998 年该委员会撤销，其工作由中国证监会承担）中国证监会成立，标志着中国资本市场开始逐步纳入全国统一监管框架，区域性试点推向全国，全国性市场由此开始发展。1998 年 12 月，我国《证券法》正式颁布并于 1999 年 7 月实施，这是 1949 年中华人民共和国成立以来

第一部规范证券发行与交易行为的法律，并由此确认了资本市场的法律地位。2005 年 11 月，修订后的《公司法》和《证券法》颁布，并于 2006 年 1 月 1 日起实施。2009 年 10 月 23 日，创业板正式启动。2009 年年末，中国证监会又适时启动了以沪深 300 股指期货和融资融券制度为代表的重大创新，对中国证券市场的发展和完善具有深远意义。

现在，中国上市公司无论是在数量还是在规模上都有很大的发展，上市公司的行业布局日趋合理，产业结构由以传统工商业为主转向以制造业、电信、电子、电力等基础和支柱产业为主的新格局。

（二）基于数据的统计分析

截至 2017 年 9 月，我国境内上市公司共有 3485 家，发行的总股本 60919 亿股，其中流通股本 52217 亿股；总市值为 567475 亿元，其中流通市值为 449105 亿元；境外上市公司（H 股）252 家。2002—2017 年我国上市公司具体情况如表 16-1 所示，境内上市公司总数从 2002 年的 1224 家发展到 2017 年的 3485 家。

表 16-1　我国上市公司基本情况

统计指标	2002	2003	2004	2005	2006	2007	2008	2009
境内上市公司数（A 股[①]、B 股[②]）（家）	1224	1287	1377	1381	1434	1550	1625	1718
境内上市外资股（B 股）（家）	111	111	110	109	109	109	109	108
境外上市公司数（H 股[③]）（家）	75	93	111	122	143	148	153	159
股票总发行股本（亿股）	5875	6428	7149	7630	14898	22417	24523	26163
其中：流通股本（亿股）	2037	2268	2577	2915	5638	10332	12579	19760
股票市价总值（亿元）	38329	42458	37056	32430	89404	327141	121366	243939
其中：股票流通市值（亿元）	12485	13179	11689	10631	25004	93064	45214	151259
股票成交金额（亿元）	27990	4258	2070	2267	90469	29070	267113	52115
日均股票成交金额（亿元）	118	185	90	103	375	1453	1086	2266
上证综合指数（收盘）	1358	1497	1267	1161	2675	5262	1821	3277
深证综合指数（收盘）	389	379	316	279	551	1447	553	1201
平均市盈率（静态）：上海	34.50	36.64	24.29	16.38	33.38	59.24	14.86	28.73
平均市盈率（静态）：深圳	38.22	37.43	25.64	16.96	33.61	72.11	17.13	46.01

---

① A 股是由中国境内的公司发行，以人民币认购和交易的普通股票。
② B 股是以人民币标明面值，以外币认购和买卖的人民币特种股票。
③ H 股是注册地在内地，上市地在我国香港的公司股票。

续表

统计指标	2010	2011	2012	2013	2014	2015	2016	2017
境内上市公司数（A、B 股）（家）	2063	2342	2494	2489	2613	2827	3052	3485
境内上市外资股（B 股）（家）	108	108	107	106	104	101	100	100
境外上市公司数（H 股）（家）	165	171	179	185	205	231	241	252
股票总发行股本（亿股）	33184	36096	38395	40569	43610	49997	55821	60919
其中：流通股本（亿股）	25642	28850	31340	36744	39104	44026	48206	52217
股票市价总值（亿元）	265423	214758	230358	230977	372547	531304	508245	567475
其中：股票流通市值（亿元）	193110	164921	181658	199580	315624	417925	393266	449105
股票成交金额（亿元）	545634	421647	314667	39672	743913	182388	98288	80238
日均股票成交金额（亿元）	2255	1728	1295	1803	3036	7930	4468	3821
上证综合指数（收盘）	2808	2199	2269	2116	3235	3539	3104	3307
深证综合指数（收盘）	1291	867	881	1058	1415	2309	1969	1899
平均市盈率（静态）：上海	21.61	13.40	12.30	10.99	15.99	17.63	18.03	19.67
平均市盈率（静态）：深圳	44.69	23.11	22.01	27.76	34.05	52.75	52.20	39.53

资料来源：中国证监会网站（http://www.csrc.gov.cn）统计数据，2017 年数据为 9 月底的统计结果，2002—2016 年数据为每年 12 月底的统计结果。

第二节　公司上市条件与流程

一、公司上市条件

（一）主板与中小企业板上市

根据《公司法》《证券法》《首次公开发行股票并上市管理办法》《上海证券交易所股票上市规则》等法律法规，在主板和中小板企业首次公开发行股票并上市主要条件如下。

1. 发行人应当是依法设立且合法存续的股份有限公司。（1）发行人自股份有限公司成立后，持续经营时间应当在 3 年以上，但经国务院批准的除外；（2）有限责任公司按原账面净资产值折股整体变更为股份有限公司的，持续经营时间可以从有限责任公司成立之日起计算。

2. 发行人已合法并真实取得注册资本项下载明的资产。

3. 发行人的生产经营符合法律、行政法规和公司章程的规定，符合国家产业政策。

4. 发行人最近 3 年内主营业务和董事、高级管理人员没有发生重大变化，实际控制人没有发生变更。

5. 发行人的股权清晰，控股股东和受控股股东、实际控制人支配的股东持有的发行人股份不存在重大权属纠纷。

6. 发行人的资产完整，人员、财务、机构和业务独立。

7. 发行人具备健全且良好的组织结构。

8. 发行人具有持续盈利能力。

9. 发行人的财务状况良好。（1）最近 3 个会计年度净利润均为正数且累计超过人民币 3000 万元，净利润以扣除非经常性损益前后较低者为计算依据；（2）最近 3 个会计年度经营活动产生的现金流量净额累计超过人民币 5000 万元，或者最近 3 个会计年度营业收入累计超过人民币 3 亿元；（3）发行前股本总额不少于人民币 3000 万元；（4）最近一期末无形资产（扣除土地使用权、水面养殖权和采矿权等后）占净资产的比例不高于20%；（5）最近一期末不存在未弥补亏损。

10. 发行人募集资金用途等符合规定。

11. 发行人不存在法定的违法行为。

（二）创业板上市

在创业板上市的公司首次公开发行股票的条件如下。

1. 发行人是依法设立且持续经营 3 年以上的股份有限公司。

2. 最近两年连续盈利，最近两年净利润累计不少于 1000 万元，且持续增长；或者最近一年盈利，且净利润不少于 500 万元，最近一年营业收入不少于 5000 万元，最近两年营业收入增长率均不低于 30%。净利润以扣除非经常性损益前后较低者为计算依据。

3. 最近一期末净资产不少于 2000 万元，且不存在未弥补亏损。

4. 发行后股本总额不少于 3000 万元。

5. 发行人的注册资本已足额缴纳，发起人或者股东用于出资的资产的财产权转移手续已办理完毕。发行人的主要资产不存在重大权属纠纷。

6. 发行人应当主要经营一种业务，其生产经营活动符合法律、行政法规和公司章程的规定，符合国家产业政策及环境保护政策。

7. 发行人最近两年内主营业务和董事、高级管理人员均没有发生重大变化，实际控制人没有发生变更。

8. 发行人应当具有持续盈利能力。

9. 发行人依法纳税，享受的各项税收优惠符合相关法律法规的规定。发行人的经营成果对税收优惠不存在严重依赖。

10. 发行人的股权清晰，控股股东和受控股股东、实际控制人支配的股东所持发行人的股份不存在重大权属纠纷。

11. 发行人资产完整，业务及人员、财务、机构独立，具有完整的业务体系和直接面向市场独立经营的能力。与控股股东、实际控制人及其控制的其他企业间不存在同业竞争，以及严重影响公司独立性或者显失公允的关联交易。

12. 发行人会计基础工作规范，财务报表的编制符合企业会计准则和相关会计制度的规定。

13. 发行人的公司章程已明确对外担保的审批权限和审议程序，不存在为控股股东、实际控制人及其控制的其他企业进行违规担保的情形。

14. 发行人的董事、监事和高级管理人员了解股票发行上市相关法律法规，知悉上市公司及其董事、监事和高级管理人员的法定义务和责任。

15. 发行人及其控股股东、实际控制人最近 3 年内不存在损害投资者合法权益和社会公共利益的重大违法行为。

16. 发行人募集资金应当用于主营业务，并有明确的用途。募集资金数额和投资项目应当与发行人现有生产经营规模、财务状况、技术水平和管理能力等相适应。

二、公司上市主要流程

依照《公司法》《证券法》和中国证监会及交易所颁布的规章等有关规定，企业公开发行股票并上市应遵循一定的程序。

（一）改制与设立股份有限公司

企业准备上市，首先要满足主体条件的基本要求，即企业必须是股份有限公司。如果不是，这个企业就要经历从非股份有限公司向股份有限公司转变的改制过程。

1. 拟订总体改制方案

拟改制企业应聘请具有改制和主承销商经验的证券公司作为企业股份制改制的财务顾问，并向该证券公司提供本企业的基本情况。企业及其财务顾问根据企业自身的实际情况，按照有关法规政策和中国证监会的要求，提出关于本次股份制改制及发行上市的总体方案。总体方案一般包括以下事项：

（1）发起人企业概况，包括历史沿革（含控股、参股企业概况）、经营范围、资产规模、经营业绩、组织结构。

（2）资产重组方案，包括重组目的及原则、重组的具体方案（包括业务、资产、人员、机构、财务等方面的重组安排）。

（3）改制后企业的管理与运作：第一，拟上市公司的管理与运作，包括组织结构（包括母公司组织结构和股份有限公司组织结构）和管理体制；第二，非上市公司的管理与运作，包括剥离的非经营性资产（范围、机构及归属）、剥离的经营性业务（范围、机构及归属）、剥离的人员及离退休人员的安置情况；第三，改制后上市公司与非上市公司的关系，包括同业竞争及处理和关联交易及处理。

（4）拟上市公司的筹资计划。

（5）其他需说明的事项。

2. 选聘中介机构

改制为拟上市的股份有限公司需要聘请的中介机构除了财务顾问外，一般还包括：

（1）具有从事证券相关业务资格的会计师事务所；

（2）具有从事证券相关业务资格的资产评估机构；

（3）律师事务所。

3. 开展改制工作

中介机构确定以后，企业应当积极配合各中介机构的工作。一般以财务顾问为牵头召集人，成立专门的工作协调小组，召开工作协调会，明确各中介机构的具体分工，讨论企业具体的重组方案，并确定工作时间表，及时解决各种问题，以便有组织、有计划地进行股份制改制工作。

企业改制涉及国有资产的管理、国有土地使用权的处置、国有股权管理等诸多问题，都须按要求分别取得有关政府部门的批准文件。各中介机构进场后，应协助企业完成以下工作：

（1）进行资产评估及土地评估、审计等基础性工作，并由资产评估机构、土地评估机构、审计机构分别出具资产评估报告、土地评估报告、审计报告；

（2）确定发起人，签订发起人协议，并拟订公司章程草案；

（3）向工商行政管理部门办理公司名称预先核准；

（4）取得土地评估结果的确认报告书及土地使用权处置方案的批复；

（5）取得关于资产评估结果的核准或备案及国有股权管理方案的批复。

4. 发起人出资

企业设立验资账户，各发起人按发起人协议规定的出资方式、出资比例出资，以实物资产出资的应办理完毕有关产权转移手续。资金到位后，由会计师事务所现场验资，并出具验资报告。

5. 召开公司筹委会会议，发出召开创立大会的通知

会上对公司筹备情况进行审议，初步审议公司章程草案，并确定创立大会时间，发出召开创立大会的通知。

6. 召开创立大会及第一届董事会会议、第一届监事会会议

7. 办理工商注册登记手续

办理工商注册登记手续，取得企业法人营业执照，这时股份有限公司才正式成立。

（二）尽职调查与辅导

保荐机构和其他中介机构对公司进行尽职调查、问题诊断、专业培训和业务指导；完善组织和内部管理，规范企业行为，明确业务发展目标和筹集资金投向；对照发行上

市要求对存在的问题进行整改，准备首次公开发行申请文件。

具体说，保荐机构推荐发行人上市，应当遵循诚实守信、勤勉尽责的原则，按照中国证监会对保荐机构尽职调查工作的要求，对发行人进行全面调查，充分了解发行人的经营状况及其面临的风险和问题。

对发行人申请文件、证券发行募集文件中有证券服务机构及其签字人员出具专业意见的内容，保荐机构应当结合尽职调查过程中获得的信息对其进行审慎核查，对发行人提供的资料和披露的内容应进行独立判断。保荐机构所做的判断与证券服务机构的专业意见存在重大差异的，应当对有关事项进行调查、复核，并可聘请其他证券服务机构提供专业服务。

对发行人申请文件、证券发行募集文件中无证券服务机构及其签字人员专业意见支持的内容，保荐机构应当获得充分的尽职调查证据，在对各种证据进行综合分析的基础上对发行人提供的资料和披露的内容进行独立判断，并有充分理由确信所做的判断与发行人申请文件、证券发行募集文件的内容不存在实质性差异。

（三）申请文件的制作与申报

企业和所聘请的中介机构，按中国证监会的要求制作申请文件；保荐机构进行内核并向中国证监会尽职推荐；符合申报条件的，中国证监会在 5 个工作日内受理申请文件。

具体说，保荐机构应当确信发行人符合法律、行政法规和中国证监会的有关规定，方可推荐其上市。保荐机构决定推荐发行人上市的，可以根据发行人的委托，组织编制申请文件并出具推荐文件。

保荐机构推荐发行人发行证券，应当向中国证监会提交发行保荐书、保荐代表人专项授权书、发行保荐工作报告以及中国证监会要求的其他与保荐业务有关的文件。

（四）申请文件的审核

在审核阶段，一般要经历以下流程：

1. 中国证监会正式受理申请文件后，进行初审，同时征求省级政府和国家有关部委意见；

2. 中国证监会向保荐机构反馈意见，保荐机构组织发行人和中介机构对审核意见进行回复或审核；

3. 中国证监会根据初审意见对补充完善的申请文件进一步进行审核，初审结束后，进行申请文件预披露；

4. 将初审报告和申请文件提交发行审核委员会审核；

5. 依据发审委的审核意见，中国证监会对发行人申请做出决定。

在这一阶段，需要保荐机构配合中国证监会审核。保荐机构提交发行保荐书后，应当配合中国证监会的审核，并承担下列工作：

（1）组织发行人及证券服务机构对中国证监会的意见进行答复；

（2）按照中国证监会的要求对涉及本次证券发行上市的特定事项进行尽职调查或者

核查；

（3）指定保荐代表人与中国证监会职能部门进行专业沟通，保荐代表人在发行审核委员会会议上接受委员质询；

（4）中国证监会规定的其他工作。

（五）发行与上市

1. 刊登招股说明书

招股说明书是发行人发行股票时，就发行中的有关事项向公众做出披露，并向非特定投资人提出购买或销售其股票的要约邀请性文件。公司首次公开发行股票必须制作招股说明书。

招股说明书中引用的财务报表在其最近一期截止日后 6 个月内有效。特别情况下发行人可申请适当延长，但至多 1 个月。财务报表应当以年度末、半年度末或者季度末为截止日。招股说明书的有效期为 6 个月，自中国证监会核准发行申请前招股说明书最后一次签署之日起计算。申请文件受理后、发行审核委员会审核前，发行人应当将招股说明书（申报稿）在中国证监会网站（http://www.csrc.gov.cn）预先披露。发行人可以将招股说明书（申报稿）刊登于其企业网站，但披露内容应当与中国证监会网站的完全一致，且不得早于在中国证监会网站的披露时间。

2. 询价与定价

首次公开发行股票，应当通过向特定机构投资者（以下简称"询价对象"）询价的方式确定股票发行价格。发行人及其主承销商应当在刊登首次公开发行股票招股意向书和发行公告后向询价对象进行推介和询价，并通过互联网向公众投资者进行推介。询价分为初步询价和累计投标询价。发行人及其主承销商应当通过初步询价确定发行价格区间，在发行价格区间内通过累计投标询价确定发行价格。首次发行的股票在中小企业板上市的，发行人及其主承销商可以根据初步询价结果确定发行价格，不再进行累计投标询价。

在发行方式上，首次公开发行股票可以根据实际情况，采取向战略投资者配售、向参与网下配售的询价对象配售以及向参与网上发行的投资者配售等方式。

3. 提交上市申请资料和审核

经中国证监会核准发行的股票发行结束后，发行人方可向证券交易所申请其股票上市。

发行人向证券交易所申请其首次公开发行的股票上市时，应当按照中国证监会有关规定编制上市公告书。

发行人向证券交易所申请其首次公开发行的股票上市时，应当提交下列文件：

（1）上市申请书；

（2）中国证监会核准其股票首次公开发行的文件；

（3）有关本次发行上市事宜的董事会和股东大会决议；

（4）营业执照复印件；

（5）公司章程；

（6）经具有执行证券、期货相关业务资格的会计师事务所审计的发行人最近3年的财务会计报告；

（7）首次公开发行结束后，发行人全部股票已经中国证券登记结算有限责任公司托管的证明文件；

（8）首次公开发行结束后，具有执行证券、期货相关业务资格的会计师事务所出具的验资报告；

（9）关于董事、监事和高级管理人员持有本公司股份的情况说明和《董事（监事、高级管理人员）声明及承诺书》；

（10）发行人拟聘任或者已聘任的董事会秘书的有关资料；

（11）首次公开发行后至上市前，按规定新增的财务资料和有关重大事项的说明（如适用）；

（12）首次公开发行前已发行股份持有人，自发行人股票上市之日起 1 年内持股锁定证明；

（13）相关方关于限售的承诺函；

（14）最近一次的招股说明书和经中国证监会审核的全套发行申报材料；

（15）按照有关规定编制的上市公告书；

（16）保荐协议和保荐人出具的上市保荐书；

（17）律师事务所出具的法律意见书；

（18）交易所要求的其他文件。

证券交易所在收到发行人提交的全部上市申请文件后7个交易日内，做出是否同意上市的决定并通知发行人。发行人应当于其股票上市前5个交易日内，在指定媒体或网站上披露下列文件和事项：（1）上市公告书；（2）公司章程；（3）上市保荐书；（4）法律意见书；（5）交易所要求的其他文件。上述文件应当置备于公司住所，供公众查阅。发行人在提出上市申请期间，未经证券交易所同意，不得擅自披露与上市有关的信息。发行人在股票首次上市前，应与证券交易所签订股票上市协议。

4. 股票正式上市

以上步骤可以用图 16-1 进行说明。

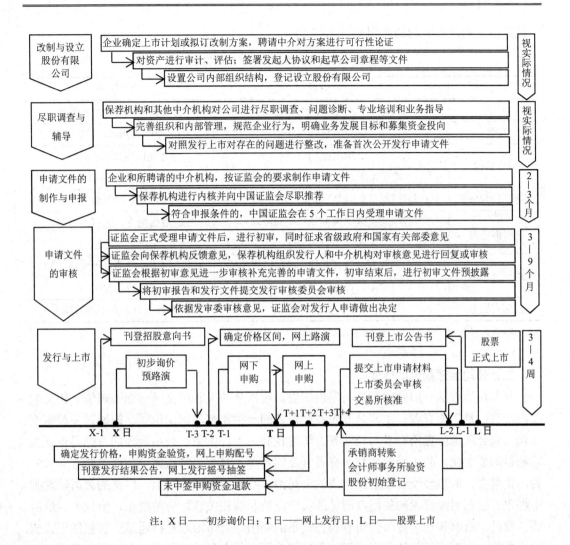

注：X 日——初步询价日；T 日——网上发行日；L 日——股票上市

图 16-1 我国公司上市流程

资料来源：上海证券交易所网站（http://www.sse.com.cn）。

第三节 上市公司治理

一、公司治理与管理的区别

如果说公司管理是关于公司如何经营业务的话，那么公司治理就是确保公司能够恰当地经营。治理与管理的区别如表 16-2 所示。

表 16-2 公司治理与公司管理的区别

区别点	公司治理	公司管理
目的	实现相关利益主体间的利益均衡	保证公司既定目标的实现
职能	监督、确定责任体系和指导	计划、组织、指挥、控制和协调
运行机构	治理结构 （股东大会、董事会、监事会）	公司内部组织结构 （管理总部、中层科室等）
实施基础和依据	契约与法律规范（如公司法、公司章程等）	内部的管理层级关系
政府的作用	政府直接或间接干预公司的经营 （如制定法律规范）	一般情况下，政府不直接 干预公司的经营
地位及作用	规范公司的权利与责任系统，以保证管理处于 正确轨道	规定公司的具体发展 路径及方法
直接实施者	董事会	以总经理为首的高中级管理人员

资料来源：李维安，郝臣.公司治理手册[M].北京：清华大学出版社，2015.

二、公司治理观念的转变

从公司治理这一问题的产生与发展来看，可以从狭义和广义两方面去理解。狭义的公司治理，是指所有者，主要是股东对经营者的一种监督与制衡机制。即通过一种制度安排，来合理地配置所有者与经营者之间的权利与责任关系。公司治理的目标是保证股东利益的最大化，防止经营者与所有者利益的背离。其主要特点体现在通过股东（大）会、董事会、监事会及管理层所构成的公司治理结构的内部治理上。广义的公司治理则不局限于股东对经营者的制衡，而是涉及广泛的利益相关者，包括股东、债权人、供应商、雇员、政府和社区等与公司有利害关系的集团。公司治理是指通过一套包括正式或非正式的、内部或外部的制度或机制来协调公司与所有利益相关者之间的利益关系，以保证公司决策的科学化，从而最终维护公司各方面的利益。因为在广义上，公司已不仅仅是股东的公司，而是一个利益共同体，公司的治理机制也不仅限于以治理结构为基础的内部治理，而是利益相关者通过一系列的内部、外部机制来实施共同治理；治理的目标不仅是股东利益的最大化，而且要保证公司决策的科学性，从而保证公司各方面利益相关者的利益最大化。

要准确地把握公司治理的内涵，必须实现以下两个方面的观念转变。

1. 从权力制衡到决策科学

公司治理的目的不是相互制衡，而是保证公司科学决策的方式和途径。公司科学的决策不仅是公司的核心，同时也是公司治理的核心。

2. 从治理结构到治理机制

公司治理不仅需要一套完备有效的公司治理结构，更需要若干具体的超越结构的治理机制。公司的有效运行和决策科学不仅需要通过股东（大）会、董事会和监事会发挥作用的内部监控机制，而且需要一系列通过证券市场、产品市场和经理市场来发挥作用的外部治理机制，如《公司法》《证券法》以及信息披露、会计准则、社会审计和社会舆论等。

此外，要准确地把握公司治理的内涵，还必须明确公司治理的主体和客体。公司治理的主体不仅局限于股东，而且包括债权人、雇员、顾客、供应商、政府、社区等广大公司利益相关者。公司治理的客体包括经营者和董事会。对经营者的治理来自董事会，目标在于公司经营管理是否恰当，判断标准是公司的经营业绩；对董事会的治理来自股东及其他利益相关者，目标在于公司的重大战略决策是否恰当，判断标准是股东及其他利益相关者投资的回报率。基于上述考虑，对公司治理应该从更广泛的利益相关者的角度，从权力制衡与决策科学、治理结构与治理机制两个方面去理解。

关于公司治理的内涵及其核心内容请参考本书第五章有关章节的论述。

三、公司治理的框架体系

公司治理主要是按照《公司法》所规定的法人治理结构来进行的，可大体上分为内部治理（Internal Governance）和外部治理（External Governance）。其框架图如图 16-2 所示。

（一）内部治理

内部治理是《公司法》所确认的一种正式的制度安排，构成公司治理的基础，主要是指股东、董事、监事和经理之间的博弈均衡安排及其博弈均衡路径。内部治理是公司治理的核心，应包括以下内容：作为公司最高权力机构的股东（大）会作用的发挥；董事会的形式、规模、结构及活动规则的安排；有关董事的资格、任免、独立性、战略参与及履职状况的规定；监事会的设立与运作规则；经营层薪酬制度、激励机制及考评；内部审计及信息披露制度等。

（二）外部治理

公司的外部治理主要是指来自公司外部的解决委托代理问题的制度安排，其中的核心是外在市场的倒逼机制。外部治理是对内部治理的补充，其作用在于使公司经营活动接受外界评价的压力，促使经营者行为自律。

外部治理主要表现为以下方面。

1. 资本市场

有效的资本市场可以迅速给全体股东提供公司经营状况的信号，从而使经营层不良行为的后果表现在股票价格上，使得股东在监督和遏制经营层机会主义行为方面起着重要作用。

2. 产品市场

公司的产品和服务最终将受到消费者的裁决。在竞争激烈、顾客至上的产业环境中，如果某公司的产品或服务深受顾客的欢迎，那么其市场占有率就会上升。倘若公司的产品或服务不能占有一定的市场份额，股东们将会关注公司的经营管理状况。

3. 经理人市场

勤勉的、有能力的经理会拥有高职位和优越的报酬。经营失败后地位和个人收益的损失以及资本市场上争夺公司控制权的行为，会给那些企图偷懒或追求过高报酬的经理人员敲响警钟。

4. 并购市场

由于公司股票可以通过证券市场自由转让，因此，敌意的并购者可以选择那些业绩差或未能充分发挥其潜在成长能力的公司收购其股票，从而实现对公司的控制。

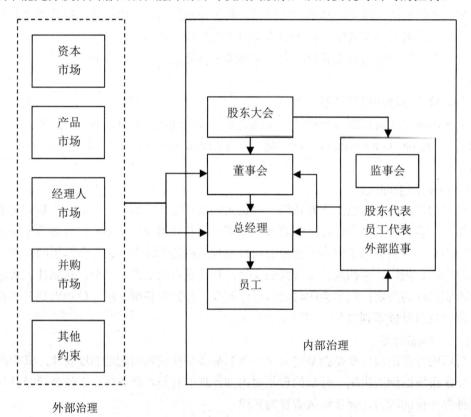

图 16-2　我国公司治理的框架体系

5. 其他约束

除了以上各种市场机制的作用外，国家的法律法规、监管机构、社会舆论、企业工会、中介机构（如会计师事务所、审计事务所、律师事务所、第三方评价机构等）对公司的约束或评判也在不同层面对公司的经营产生重要影响，起着外部治理的作用。

（三）内部治理与外部治理的统合

在一般情况下，以董事会为核心的内部治理是公司治理的主要体现。但在股权高度分散的情况下，外部各种市场机制的有效性会对内部治理作用的发挥产生重要影响。在一定情况下，外部治理可以转化为内部治理，如当公司出现重大决策失误或经营不善，而内部治理又未能起到应有作用，甚至出现内部人互相勾结损害股东利益时，外部资本市场或公司控制权市场将发挥作用，出现改组董事会、更换经营层、接管公司等情形。

四、公司治理的三种模式

一般来讲，公司治理模式大致分为下面三种类型。

（一）英国和美国式的外部治理模式

英美等国企业特点是股份相当分散，个别股东发挥作用相当有限。银行不能持有公司股份，也不允许代理小股东行使股东权利。机构投资者虽然在一些公司占有较大股份，但由于其持股投机性和短期性，一般没有积极参与公司内部监控的动机。这样，公众公司控制权就掌握在管理者手中，在这样的情况下，外部监控机制发挥着主要的监控作用，资本市场和经理市场自然相当发达。经理市场的隐性激励和以高收入为特征的显性激励对经营者的激励约束作用也很明显。这种公开的流动性很强的股票市场、健全的经理市场等对持股企业有直接影响。这种治理模式被称为"外部治理模式"，也被称为"外部人系统"。虽然英美公司治理模式中，经理层有较大的自由和独立性，但来自股票市场的压力很大，股东的意志得到较多的体现。这种模式也被称为股东决定相对主导型模式。

（二）日本和德国式的内部治理模式

目前德日两国的银行处于公司治理的核心地位，形成了颇具特色的主银行体系。所谓主银行是指某企业接受贷款中居第一位的银行称之为该企业的主银行，而由主银行提供的贷款叫作系列贷款，包括长期贷款和短期贷款。在日本和德国，虽有发达的股票市场，但企业从中筹资的数量有限，企业的负债率较高，股权相对集中且主要由产业法人股东持有（企业间交叉持股现象普遍），银行也是企业的股东。在这些企业里，银行、供应商、客户和职工都积极通过公司的董事会、监事会等参与公司治理事务，发挥监督作用。这些银行和主要的法人股东所组成的力量被称为"内部人集团"。日本、德国的企业与企业之间、企业与银行之间形成的长期稳定的资本关系和贸易关系所构成的一种内在机制对经营者的监控和制约被称为内部治理模式。相比较而言，日本公司的治理模式更体现出一种经营阶层主导型模式，因为在正常情况下，经营者的决策独立性很强，很少直接受股东的影响；经营者的决策不仅覆盖公司的一般问题，还左右公司战略问题，且公司长远发展处于优先考虑地位。而德国的治理模式更体现出一种共同决定主导型模式，在公司运行中，股东、经理阶层、职工共同决定公司重大政策、目标、战略等。

（三）亚洲的家族式治理模式

在东南亚国家及我国台湾和香港等地区，许多大型公众公司都是由家族控制的，表现为家族占有公司的相当股份并控制董事会，家族成为公司治理系统中的主要影响力量。这种模式形成的原因至少有两个方面：一是受儒家思想文化和观念的影响；二是在 30 多年前这些地区落后的情况下，主管部门推动经济发展过程中，对家族式企业实施了鼓励发展政策。这种家族式治理模式体现了主要所有者对公司的控制。在这种治理模式下，主要股东的意志能得到直接体现，这种模式也可称为股东决定直接主导型模式。但其缺点是很明显的，即企业发展过程中需要的大量资金从家族那里是难以得到满足的；而在保持家族控制的情况下，资金必然大量来自借款，从而使企业受债务市场的影响很大。

五、公司治理评价

（一）评价问题的提出

根据委托代理理论，现代公司由两部分行为人组成：一是委托人股东；二是代理人董事会与经理人员。在二元制模式下，监事会也受股东的委托，履行着监督董事会与经营者的职责。董事会处于一个特殊的位置，他既是股东的代理人，又作为委托人，聘请与激励并约束经营者。股东一方面因为缺乏有关的知识和经验，以至于没有能力来监控经理人员，或者因为其主要从事的工作太繁忙，以至于没有时间、精力来监控经理人员；另一方面由于"搭便车"的心理使他们也没有动力监督经营者，因此其代理人董事（监事）便履行着监督经理人（董事），促使股东利益最大化的责任。作为公司的股东必然要关心其投入资本的价值以及公司的绩效。由于公司治理对公司绩效的决定性作用，现在越来越多的投资者不仅关注上市公司的业绩评价，而且更加关注作为公司价值源泉的公司治理结构与治理机制的质量。因此，对公司治理的质量进行评价成为股东的客观要求。国外正是基于委托人—投资者的客观需求而产生了公司治理评价。

（二）公司治理评价指数及其功能

公司治理评价指数是运用统计学及运筹学原理，根据一定的指标体系，对照一定的标准，按照科学的程序，通过定量分析与定性分析，以指数形式对上市公司治理状况做出的系统、客观和准确的评价。其功能在于以下四点。

1. 加强监管

通过公司治理指数的编制及其定期公布，上市公司监管部门得以及时掌握其监管对象的公司治理结构与治理机制的运行状况，因而从信息反馈方面确保其监管的有的放矢。

2. 指导投资

及时量化的上市公司治理指数，使投资者能够对不同公司的治理水平进行比较，掌握拟投资对象在公司治理方面可能存在的风险。同时，根据公司治理指数动态数列，可以判断上市公司治理状况的走势及其潜在投资价值，因而提高其科学决策的水平。国外公司治理评价的兴起多数源自投资者对公司治理质量的关注。

3. 强化信用

上市公司的信用是建立在良好的公司治理结构与治理机制的基础之上的，一个治理状况良好的上市公司必然具有良好的企业信用。公司治理指数的编制与定期公布，能够对上市公司治理的状况实施全面、系统、及时的跟踪，从而形成强有力的声誉，制约并促进证券市场质量的提高。同时，不同时期的公司治理指数的动态比较反映了上市公司治理质量的变动状况，因而形成动态声誉制约。

4. 诊断控制

对上市公司治理质量进行全面评价的公司治理指数，使上市公司可以及时掌握其公司治理的总体运行状况以及各项治理要素的运行状况，并对有可能出现的问题进行诊断，有针对性地采取措施，因而确保上市公司治理结构与治理机制处于良好控制状态中。

（三）中国上市公司治理指数——CCGI^{NK}

南开大学中国公司治理研究院（原南开大学公司治理研究中心）作为我国公司治理研究的权威机构，于 2001 年在国内率先研究并组织制定了《中国公司治理原则(草案)》，2002 年研发了国内第一个中国公司治理评价指标体系，并于 2003 年开始推出被业内誉为反映中国上市公司治理状况晴雨表的中国上市公司治理指数（CCGI^{NK}）和《中国公司治理评价报告》。中国上市公司治理评价指标体系以中国证监会 2002 年《上市公司治理准则》为基准，综合考虑《公司法》《证券法》《关于在上市公司建立独立董事制度的指导意见》《股份转让公司信息披露细则》等有关上市公司的法律法规及其相应的文件，借鉴国际著名公司治理评价体系，并结合中国上市公司治理环境的特点，对公司治理从股东治理、董事会治理、监事会治理、经理层治理、信息披露以及利益相关者治理六个维度进行评价。

六、中国上市公司治理状况

1999 年《证券法》实施前，上市公司尽管在数量上与规模上有所发展，但由于缺乏健全的法律法规制度与有效的监管，上市公司普遍存在法人治理结构不规范，信息披露不完整、不及时、不准确，变相圈钱，欺骗投资者等现象，严重影响了证券市场的健康发展。

1999 年以后，依据《证券法》，中国证监会改进了对上市公司的监管，全面实施上市公司辖区监管责任制；逐步健全和完善对上市公司监管的法律、法规体系；重点加大对上市公司法人治理结构的改革；加大清理控股股东和实际控制人占用上市公司资金和上市公司违规对外担保行为，实施以分类表决为主要内容的关于加强社会公众股股东权益保护的若干规定。

在监管机构加强监管和市场约束双重推动下，上市公司治理结构与机制得到改善，流通股股东的约束作用逐渐加强，信息披露制度逐步完善，上市公司治理水平总体上呈现出逐年上升的趋势，见表 16-3。

表 16-3　中国上市公司治理指数均值历年比较

治理指数	2012	2013	2014	2015	2016	2017
公司治理指数	60.60	60.76	61.46	62.07	62.49	62.67
股东治理指数	61.20	62.89	64.28	65.08	66.04	65.00
董事会治理指数	61.21	61.74	63.38	63.48	64.11	64.28
监事会治理指数	57.35	57.38	57.99	58.54	58.76	58.78
经理层治理指数	57.27	57.21	57.12	57.80	58.01	58.92
信息披露指数	63.14	63.18	63.29	64.27	64.53	65.04
利益相关者治理指数	63.22	61.46	61.84	62.51	62.68	62.92

资料来源：公司治理评价课题组.中国公司治理评价报告[R].南开大学中国公司治理研究院，2017.

进一步阅读材料：

1. 李维安.公司治理学（第二版）[M].北京：高等教育出版社，2009.

2. 李维安.公司治理评价与指数研究[M].北京：高等教育出版社，2005.

3. 郎咸平.公司治理[M].北京：社会科学文献出版社，2004.

4. 周正庆.证券知识读本[M].北京：中国金融出版社，2006.

5. 孙延生.股票发行上市[M].北京：中国金融出版社，2011.

6. 李维安，郝臣.公司治理手册 [M].北京：清华大学出版社，2015.

本章思考题：

1. 公司为什么要上市？公司上市的利弊如何？

2. 比较中小企业板和创业板的上市条件。

3. 公司治理与管理的联系表现在哪些方面？

【章末案例】

万科的公司治理

万科企业股份有限公司（以下简称万科）在 2005 年一年间，成功地化解了地产业宏观调控、股权分置改革等政策风险或不确定性，被评为 2005 年最佳公司治理公司。因此，不难理解为什么机构投资者、券商研究机构以及普通投资者对万科公司治理的赞同。公司治理的健康完善，是一个公司长期发展的前提，事关企业成败。一个好的治理，需要解决两个问题：一是如何保证投资者（股东）的投资回报，即协调股东与企业的利益关系；二是企业内各利益集团的关系协调。这包括对经理层与其他员工的激励，以及对高层管理者的制约。公司治理包含企业组织方式、控制机制和利益分配的所有法律、机构、制度和文化的安排等各个方面，很多上市公司如科龙、三九、蓝田等，都因为公司治理出现问题，不仅给公司运营带来重大影响，也直接导致了投资者的"用脚投票"。而好的公司治理，则往往可以给投资者带来丰厚的回报。在这些方面，万科走在了前面。

万科的公司治理，不仅体现在透明的管理制度和万科住户满意度上，也体现在万科持续的增长速度上，仅从万科前台工作人员真心的微笑和细致入微的服务这种细节上就明显可见。万科文化的核心是尊重人，其中至关重要的一点就是尊重投资者。万科的做事原则是规范、透明，同时还要公平，这是关于理解万科对待投资者态度的一个非常重要的注解。投资者的认可不仅是对过去业绩的肯定，更重要的是它代表了对万科未来投资价值的信心。资本市场与上市公司发展是一个互动的、长期的过程，对于万科这样立志于成为百年老店的企业而言，投资者的长期信任是决胜未来的依托。万科非常注重公司的成长能力，从 1989—2004 年，万科的利润增长了 77 倍，股票价值增长超过 100 倍。出于对资本价值的尊重，在整个股改过程中，万科管理层投入了相当大的努力来平衡股东之间的利益诉求，最终使股改在双赢的局面下得以顺利推进。

2006 年 3 月，万科第一次公布了股权激励计划，该计划一经推出，就在国内资本市场引起了广泛的讨论并获得了众多投资者的赞许和认可。万科的股权激励计划之所以受到众多投资者的赞许，表面原因是其激励计划设计得规范科学，而本质原因则是股权激励计划会提升公司市值，增加投资者的价值和回报。科学规范的股权激励制度的建立正是公司治理工作的一个极为重要的环节，像万科这样建立了科学规范股权激励制度的上市公司，其股价将会有相应的上涨，这就是所谓的"公司治理溢价"。

讨论：为什么公司治理越来越受到投资者的重视？如何评价一个公司的治理情况？

第六篇　企业的变化

没有危机感是最大的危机。

——哈佛商学院教授理查德·帕斯卡尔

第十七章 企业变更与再造

【本章导读】 为了适应内外部环境，企业会发生变更，企业的变更包括内部变更与外部变更。本章对内部变更中章程的修订、资本的增减，外部变更中的兼并收购、企业分立和企业转换等的概念、原因、影响和程序等内容做了系统的介绍。本章还分析了作为企业变化重要内容的企业再造的概念及其内容。

【开篇案例】

快克股份关于增加公司注册资本并修订公司章程的公告

快克智能装备股份有限公司（简称快克股份，股票代码603203）于2018年1月8日在公司会议室召开了第二届董事会第十四次会议，审议通过了《关于增加公司注册资本并修订〈公司章程〉的议案》。根据公司2017年限制性股票激励计划首次授予实施情况及2017年第二次临时股东大会的有关授权，公司董事会同意对《公司章程》中关于注册资本的相关条款进行修订并办理工商变更登记。

本议案无须提交公司股东大会审议，具体情况如下：

一、注册资本变更情况

变更前：人民币119600000元；变更后：人民币121787200元。

2017年11月16日，公司召开了第二届董事会第十二次会议和第二届监事会第十次会议，审议通过了《关于向激励对象首次授予限制性股票的议案》，决定首次授予限制性股票219.96万股，首次授予日为2017年11月16日，授予价格为20.45元/股。

二、《公司章程》修订情况

根据上述公司注册资本变更情况，对《公司章程》中涉及注册资本的条款进行修订，具体修订如下：（1）修订前，第5条是公司注册资本为人民币11960万元，第18条是公司股份总数为11960万股，全部为人民币普通股；（2）修订后，第5条是公司注册资本为人民币121787200元，第18条是公司股份总数为121787200股，全部为人民币普通股。除以上修订内容外，《公司章程》其他条款均不变。

思考：公司增加注册资本的原因有哪些？

第一节　企业的内部变更

一、公司章程的修订

（一）公司章程修订的概念

公司章程是公司最基本的法律文件，是公司组织行为的基本规范。章程中对公司的宗旨及各组织机构的权限、职责和议事规则等重大问题都做了规定，成为公司及公司内部成员自我约束的标准。同时，也是国家、社会公众管理和监督公司的根据。章程既体现了国家对公司及其行为的约束和保护，也体现了全体股东的共同意愿。由于其在公司中的重要地位与作用，公司章程被人们比喻为公司的"宪法"。

章程由公司的股东、发起人依照公司法制定，由股东（大）会或创立大会通过，经过政府主管部门审核登记后生效，对公司、股东、公司内部管理人员（董事、监事、经理等）均具有法律约束力。由于章程的重要地位与作用，为保证公司组织机构的稳定性与经营行为的一贯性，公司章程经公司登记机关审核登记并发生法律效力后，其内容不得随意变更。

但是，在公司发展的过程中，公司内部和外部环境都在发生着变化，章程中的一些条款会出现不适应现实经济情况的现象，如果不改变，可能会妨碍公司的经营与发展。所以，公司会根据具体情况变更公司章程的有关内容及条款，以适应市场情况的变化。公司章程的修订，就是指公司按照法律规定的程序，根据公司的需要对公司章程所进行的修改。

（二）重要事项的修改

对公司章程所记载的任何事项进行变更，都属于修改章程。公司章程中一般事项的修改对公司影响不大，而重要内容的修改将对社会和公司产生重大影响。

根据我国有关法律规定，属于公司章程重要修改内容的事项包括：

1. 变更公司名称；
2. 变更公司的住所；
3. 变更公司的经营范围；
4. 变更公司的法定代表人；
5. 变更公司的注册资本；
6. 变更公司的形式；
7. 变更公司股东的权利与义务；

8. 变更公司的解散事由和清算办法；

9. 有限责任公司变更股东；

10. 有限责任公司变更股东的出资方式和出资额；

11. 有限责任公司变更股东转让出资的条件；

12. 有限责任公司的股东或者股份有限公司的发起人改变姓名或者名称；

13. 变更公司的机构及其产生办法、职责、议事规则；

14. 变更股份有限公司股份总数。

（三）变更公司章程的程序

变更公司章程是一件严肃的事情，属于公司章程重要内容的变更，必须严格按照法定的条件和程序进行，以保证变更后的章程既能适应现实经济情况的需要，又符合法律规定和股东的意志，还能保障债权人及其他利益相关者的利益。

我国法律规定，变更公司章程必须按照以下程序进行。

1. 由公司董事会做出修改公司章程的决议

变更公司章程首先要董事会做出修改决议，并提出章程修改草案。

2. 股东（大）会对章程修改条款进行表决

有限责任公司修改公司章程，须经代表 2/3 以上表决权的股东通过；股份有限公司修改章程，须经出席股东大会的股东所持表决权的 2/3 以上通过。如果章程的修改涉及特别股①股东的权益（如限制或改变优先股股东的权利等），还要经特别股股东（大）会通过修改决议。按照《公司法》，公司章程中必须记载的事项，可以变更，但不得删除。任意记载的事项，在不违反法律强制性规定的情况下，既可以变更，也可以删除。股东会或股东大会通过修改公司章程的特别决议后，公司应当按照该决议修改公司章程的有关内容。

3. 有关内容须向政府主管机关报批

公司章程的修改涉及需要审批的事项时，报政府主管机关批准。如股份有限公司为注册资本而发行新股时，必须向国务院授权的部门或者省级人民政府申请批准；属于向社会公开募集的，须经国务院证券管理部门批准。

4. 向公司登记机关申请变更登记或备案

公司设立登记时，公司章程是必须提交的法律文件，经公司登记机关核准登记后发生法律效力，并留存于公司登记机关供社会公众查阅。所以，公司章程进行重要修改后，也必须向原公司登记机关申请变更登记后才有法律效力。

公司章程修改涉及公司变更登记事项的（前述公司章程的重要修改事项），必须向公司登记机关申请变更登记。变更登记未经核准，公司不得擅自变更。

公司章程修改未涉及登记事项的，公司应当将修改后的公司章程或公司章程修正案

---

① 特别股是与普通股相对的，是指公司发行的具有特别权利的股份，主要包括优先股和后配股两种。

送公司登记机关备案。

公司董事、监事或经理发生变动的，应当向公司登记机关备案。

5. 公告

公司章程的修改涉及需要公告事项的，应依法进行公告。如公司发行新股募足股款后，必须依法定或公司章程规定的方式进行公告。

二、增加注册资本

资本是公司生存与发展的最基本的物质条件。公司资本有广义和狭义两种概念，广义的资本是指公司的全部资产，包括所有者权益和负债两部分；狭义的资本只是指股东投入公司的资本。此处所讲的资本与《公司法》中的资本概念相同，是指狭义的资本——股东作为出资投入公司的资本。本章所讲的资本变动是指注册资本的变动。

随着公司的发展，生产经营活动对资金的需要也会随之增加，公司的内部积累可能无法满足发展对资金的需要。公司可以从外部筹集资金，具体方式包括举债（向金融机构贷款或发行公司债券）和增加资本。采取何种方式筹资，属于公司的重要财务决策，由公司根据自身的情况决定。如果采取增加资本的方式，就是增加公司的注册资本。

（一）有限责任公司增加注册资本

1. 有限责任公司增加注册资本的方式

有限责任公司增加注册资本，有三种基本方式。

（1）股东认缴所增加的资本。公司所增加的资本，可以由原有股东全部认缴，亦可以由新股东全部认缴，还可以部分由原股东认缴，部分由新股东认缴。根据《公司法》的规定，公司新增资本时，股东有权优先按照实缴的出资比例认缴出资。但是，全体股东约定不按照出资比例分取红利或者不按照出资比例优先认缴出资的除外。此种方式为实质增资，由于投资者必须向公司支付其认缴的出资额，所以可使公司的资本在法律上和事实上均有所增加。

（2）公积金转增资本。此种增资方式是将公司的内部积累（公积金）按原股东的出资比例进行分配，使公司的注册资本在法律上增加，而实际上公司的资产并未增加。因为公积金本身就是所有者权益的一部分，相当于所有者权益内部做了一个互换，即公积金部分转变为注册资本部分。

（3）股东的股息、红利转变为新增资本。此种方式是将应分配给股东的股利，按照原股东的出资额比例转为资本。与公积金转增资本一样，公司的注册资本只在法律上增加，而实际上并未增加。

2. 有限责任公司增资的法定程序

公司增加注册资本，对公司、股东以及利益相关者的利益有直接的影响，属于公司的重大变更。所以，应严格按照法律规定的条件和程序进行。

有限责任公司增资的法定程序如下：

（1）董事会提出增加注册资本的方案；

（2）股东会按特别决议程序，要求经 2/3 以上表决权的股东通过，通过后修改公司章程中的注册资本条款；

（3）由股东按照特别决议规定的出资方式、出资额和出资缴纳期限缴清出资；

（4）由法定的验资机构验资，并出具验资证明；

（5）公司向公司登记机关做注册资本的变更登记，并提交修改后的公司章程。

（二）股份有限公司增加注册资本

1. 股份有限公司增加注册资本的方式

股份有限公司是以发行股票方式筹集资本的，所以，其增加资本也是与股票有关的。

（1）发行新股。股份有限公司发行新股的方式有两种：一种是非公开发行，新股由公司股东、职工和定向人员或者机构认购，不由社会公众认购。另一种是公开发行，新股份全部或部分由社会公众认购，余下的由公司股东、职工和定向人员或者机构认购。公司发行新股无论是公开发行还是非公开发行，均应由股东大会对新股数额、新股发行价格、新股发行的起止日期、向原股东发行新股的种类数额等问题做出决议，然后由董事会向国务院授权的部门或者省人民政府申请批准。公开发行的，须经国务院证券管理部门批准。此种方式使得公司资本在法律上与事实上均增加。

（2）向原有股东增股。向原股东增股是将公司的公积金按股东原有股份比例派送新股或者增加每股面值，其结果导致公司资本法律上增加而事实上并不增加。

（3）把公司应向股东分配的股利转化为新股。这种方式的实质就是向股东发放股票股利。

（4）将可转换债券转换为新股。此种方式把已发行的可转换债券转换为公司的股票，致使公司注册资本增加。这只是将公司的债务转化为股份，公司的资产总额并未增加。

2. 股份有限公司实质增加注册资本的法定条件

股份有限公司公开发行新股，应当符合下列条件：

（1）具备健全且运行良好的组织机构；

（2）具有持续盈利能力，财务状况良好；

（3）最近 3 年财务会计文件无虚假记载，无其他重大违法行为；

（4）经国务院批准的国务院证券监督管理机构规定的其他条件。

上市公司非公开发行新股，应当符合经国务院批准的国务院证券监督管理机构规定的条件，并报国务院证券监督管理机构核准。

3. 股份有限公司增资发行新股的法定程序

（1）由董事会向国务院授权的部门或者省级人民政府及国务院证券管理部门申请；

（2）经有关部门核准后，由董事会提出增加注册资本的方案；

（3）经股东大会做出决议，股东认购新股，修改公司章程；

（4）由公司向原公司登记机关办理注册资本的变更登记，并提交修改后的公司章程；

（5）公告。

（三）增加注册资本的影响

1. 对公司的影响

公司注册资本增加，表明公司的规模扩大，经济实力增加，不仅提高了公司的经济地位和商业信誉，也为公司扩大、变更经营范围提供了必要的物质基础。

2. 对股东的影响

增资扩大了公司的经营规模，会增加盈利机会，但同时也增大了股东的风险；在一定时期和条件下，增资会造成现有投资回报率的下降；当新股东加入公司后，股东结构和持股比例会发生改变，从而影响原有股东的收益权和表决权。

3. 对债权人的影响

注册资本额是公司对外承担债务责任的基础。资本的增加，会改变公司资产中资本与负债的比重，改善公司财务状况，增强偿债能力，对债权人有利。

三、公司减少注册资本

公司减少注册资本会对公司、股东、债权人等利益相关者的利益产生很大的影响，属于公司的重大变更。

（一）公司减资的原因

1. 公司的经营战略和经营范围发生变化，对经营所需资本减少；

2. 公司在相当长的时期内没有适宜的投资项目，出现资本的积压和浪费；

3. 公司出现严重亏损，致使公司的资产大大低于其注册资本的数额，一方面对债权人不利，另一方面会导致股价下跌，使公司面临被收购的风险；

4. 实收资本超出经营的需要，多余的股份降低了投资回报率，减资可减少多余资本，提高股利分配水平；

5. 公司发生派生分立之后，原公司的资产减少，可以减资。

（二）有限责任公司减少注册资本的方式

1. 股款返还。股款返还是指按照一定的比例向股东返还部分已缴纳的股款，返还数额等于公司所减少的资本数额。这属于实质减资，导致公司注册资本和资产额同时减少。

2. 股本注销。股本注销是指公司将部分资本注销，注销部分按照股东的出资比例核减其相应的数额。这属于形式减资，导致公司注册资本额减少，但资产不减少。

（三）股份有限公司减少注册资本的方式

1. 减少股份金额。减少股份金额是指在公司股份数额不变的前提下，相应核减每股股票的金额。具体有股款免除、股款返还和股本注销三种方式。股款免除指对尚未缴足股款的股份，免交一部分或其全部欠交的股款；股款返还是指对已缴足股款的股份，返还一部分股款于股东本人；股本注销是指在公司亏损侵蚀资本时，通过减少每股金额来抵消股东弥补资本的责任。

2. 减少股份数额。减少股份数额是指在每股金额不变的前提下,减少公司股份数额。具体有两种方式:一是股份合并,指将若干股股份合并成一股,属于形式减资;二是股份注销,指公司为减少资本而回购本公司的股票后,注销该部分股票,属于实质减资。

3. 同时减少股份金额与股份数额。

(四)减少注册资本的法定程序

公司需要减资时,减资后的注册资本额不得低于法定注册资本额的最低限额。

1. 由董事会提出减少注册资本的具体方案。

2. 股东大会通过减资决议。有限责任公司股东会按特别决议程序通过决议,股份有限公司股东大会以一般决议程序通过决议,并相应修改公司章程。

3. 通知和公告债权人。公司应当自做出减少注册资本决议之日起 10 日内通知债权人,并于 30 日内在报纸上发布公告,向债权人通知公司减资事项。债权人自接到通知书之日起 30 日内,未接到通知书的自公告之日起 45 日内,有权要求公司清偿债务或者提供相应的担保。

4. 变更登记。债权人在法定期限内对公司减资无异议或异议不成立的,由公司向原公司登记机关办理注册资本的变更登记,并提交修改后的公司章程。

5. 股份有限公司还要进行公告。

(五)公司减少注册资本的影响

1. 节约了资金占压,减少了资金浪费。

2. 减轻了公司支付股利的压力。

3. 对公司的经济实力及商业信用有不利影响。

4. 在通过注销方式减资时,也使股东蒙受直接经济损失。

5. 公司的偿债能力下降,债权人的权利可能失去保障。

第二节　企业的并购

企业的发展可以通过内涵发展和外部扩张两条途径来实现。内涵发展就是通过生产经营活动来获得利润产生的积累,实现企业的发展。外部扩张就是通过合并与收购等活动,从而迅速扩充企业规模,促进各项资源的重新配置和有效融合,并促进企业整体素质的提高。美国著名经济学家、诺贝尔经济学奖获得者乔治·斯蒂格勒(George Stigler)1950 年在其论文《通往垄断和寡头之路——并购》(Monopoly and Oligopoly by Merger)中讲道:"一个企业通过并购其竞争对手的途径成为巨型企业是现代经济史上一个突出的现象,没有一个美国大公司不是通过某种程度、某种方式的并购而成长起来的,几乎没有一家大公司主要是靠内部扩张成长起来的。"由此可见并购在企业成长中的重要地位和作用。

一、企业并购的概念

企业并购就是企业合并和收购，国际上普遍使用"Merger & Acquisition"或 M&A 词组来表达。需要说明的是，并购是经济管理领域的词汇，而非严格意义上的法律术语，在我国《公司法》中找不到这一词汇。一般意义上来说，它有两层含义。

（一）合并

合并是指两家或两家以上公司的合并。合并包括吸收合并和新设合并两种形式。吸收合并（Merger）是指一家公司和另一家或多家公司合并，其中一家公司存续而且壮大，其他公司则消失，可以用"A+B=A 或者 B"表示[①]。新设合并（Consolidation）是指两家或两家以上公司的合并，另外成立一家新公司，成为新的法人实体，原有公司都不再继续保留其法人地位，这种情况可以用"A+B=C"表示。

（二）收购

收购（Acquisition）即有一家占优势的企业通过有偿方式购买一家或多家企业，被购买的企业仍独立存在，但企业的所有权已属于优势企业。收购包括两种形式：资产收购（Asset Acquisition）和股份收购（Share Acquisition）。资产收购是指买方企业购买卖方企业的部分或全部资产的行为。股份收购是指买方企业直接或间接购买卖方企业的部分或全部股票，并根据持股比例与其他股东共同承担卖方企业的所有权利和义务。

二、企业并购的方式

从世界范围内的企业并购的实际情况来看，企业并购多种多样，表现方式也不拘一格，我们可以按照一定的划分方法进行归类。

（一）按照企业成长方式分类

1. 横向并购

横向并购（Horizontal Merger）指生产相同产品或同一行业公司之间的并购。横向并购的过程是寻求最佳经济规模的过程，可以扩大同类产品的生产规模，降低单位成本，从而获取规模经济效益。

2. 纵向并购

纵向并购（Vertical Merger）又称垂直并购，是指具有现实或潜在顾客关系的公司间的并购活动，如兼并公司的原材料供应商或产成品销售商和使用厂商。这种并购一般是因为公司力图打通原材料、加工业及销售渠道。

---

① 与吸收合并紧密相关的一个概念是兼并。在实践中，兼并有时与吸收合并含义相同，有时又与收购相同，而且我国《公司法》中也没有使用和明确界定这一词汇，所以本书建议使用"吸收合并"一词。

3. 混合并购

混合并购（Conglomerate Merger）是指产品和市场都不相关的公司间的并购活动。这种并购形式不是以巩固公司在原有行业的地位为目的，而是以扩大公司涉足的行业领域为目的。

（二）按并购的支付方式分类

1. 现金并购

现金并购（Cash Tender Offer）是指以现金作为支付方式进行的并购。具体可以分为现金购买资产和现金购买股份两种。

2. 股票并购

股票并购（Exchange Tender Offer）是指以股票作为支付方式进行的并购。具体可以分成股票购买资产和股票交换股票，即换股并购。

3. 混合并购

混合并购（Conglomerate Tender Offer）是指将现金、股票或者其他支付工具（如认股权证、可转换债券、优先股等）混合在一起作为支付手段进行的并购。

（三）按是否通过证券交易所分类

1. 要约并购

要约并购（Takeover Bid / Tender Offer）也称标购，或公开并购，指并购企业通过证券交易所的证券交易，以高于市场的报价直接向股东招标的收购行为。

2. 协议并购

协议并购（Negotiated Merger）指并购公司不通过证券交易所，直接与目标公司取得联系，通过谈判、协商达成协议，据以实现目标公司股权转移的并购方式。

（四）按并购的意愿分类

1. 善意并购

善意并购（Friendly Takeover / Acquisition）是指并购方开出合理的并购价格与目标公司股东和经营者协商并购条件，在征得其理解与配合之后进行的并购。协议并购多为善意并购。

2. 敌意并购

敌意并购（Hostile Takeover / Acquisition）是指并购方在事先未取得目标公司股东或经营管理者的同意或配合的情况下，不顾被收购方的意愿而强行收购目标企业，夺取其控制权的并购行为。敌意并购往往会遭到目标公司反并购等措施的阻碍。

三、企业并购的经典理论

企业并购理论的发展与实务的发生紧密联系。以大规模的兼并收购为背景，经济学家从多个角度对企业的并购活动进行了诠释，进而形成了多种理论，这些理论从多个角度分析说明了企业并购的动力、方法、过程、形式和效应。

（一）效率理论

效率理论认为企业并购能给社会收益和企业收益带来一个潜在的增量，对于交易双方来说都能带来各自效率的提高。效率理论包括两个最主要的思想，即企业并购有利于改进管理者的经营业绩，有利于某种形式的协同效益的形成。效率理论主要包括差异效率理论和无效率的管理者理论。

1. 差异效率理论

差异效率理论认为，并购的原因在于交易双方的管理效率存在差异。通俗地说，如果 A 公司的管理层比 B 公司的管理层更有效率，在 A 公司收购了 B 公司之后，B 公司的管理效率将会被提高到 A 公司的水平，那么 A 公司过剩的管理资源便得以充分利用，B 公司的非管理性组织成本与 A 公司过剩的管理成本有机地组合在一起，A 公司和 B 公司的效率就通过并购活动都得到了提高。这种收益不仅是一种企业的收益或者私人的收益，同时也是一种社会的收益。因此，可以形象地将该理论称为"管理协同效应"。这一理论能较好地解释在相关行业的企业并购行为。

2. 无效率的管理者理论

该理论认为，现有的管理者未能充分利用既有的资源以达到潜在绩效，相对而言，其他外部企业管理者的介入能使该企业的管理更有效率。该理论为混合并购提供了理论依据，即不相关的行业间的并购活动的合理性，由于并购方的管理层具有某一领域或行业所要求的特殊的经验而成为占优势的管理者，并致力于改进目标企业的管理，因此它更适用于解释横向并购。

（二）协同效应理论

协同效应是指两个企业结合在一起的运营比两者独立运营的效果之和更为显著的综合效果，通俗地说，就是"1+1>2"的现象。

协同效应分为经营协同效应和财务协同效应。

1. 经营协同效应理论

经营协同效应理论侧重于规模经济、范围经济或削减成本方面的协同效应，即企业并购交易的动机在于实现规模经济和降低成本。规模经济指通过将产量提高到足以使固定成本充分分散的临界值之上，所能实现的经济节约。范围经济指同时经营多项业务，使得一项业务的开展有助于另一项业务经营效率的提高。经营协同还反映在能力互补即优势互补方面。

2. 财务协同效应理论

财务协同效应理论指建立企业内部资本市场可能获得的效率提高，企业在融资过程中发生的固定费用与交易成本方面所能获得的规模经济，以及企业现金流更加稳定而导致的负债能力的提高及税收的节省。

（三）价值低估理论

价值低估理论认为，当目标公司股票的市场价格因为某种原因而没能反映其真实价值或潜在价值，或者没有反映出公司在其他管理者手中的价值时，并购活动就会发生。简言之，相信目标公司价值被低估并会实现价值回归是驱动并购交易的因素。

（四）经营多样化理论

经营多样化理论是指通过并购实现企业经营业务的多样化，以减少企业经营的不确定性和避免破产风险，从而为企业管理者和雇员分散风险，也能保护企业的组织资本和声誉资本。

（五）代理问题理论和管理主义理论

1. 代理问题理论

代理问题源于委托人的信息不完全和代理人无法控制的不确定性。由于现代公司股东所有权与经营控制权相分离，管理者的利益并不总是与股东利益相一致。

有关并购的代理问题理论认为，并购活动体现了一种市场自发的控制机制，使得效率低下或不合格的管理层难以保持其对公司的控制。根据这一理论，如果公司的管理层因为无效率或代理问题无法有效控制公司而损害股东利益最大化目标时，公司就面临着被收购的威胁。

2. 管理主义理论

与并购可以解决代理问题的观点相反，管理主义也称管理者效用最大化假说，认为并购只是代理问题的一种表现形式，而不是解决代理问题的办法。因为并不是所有管理者的动机都是为了实现最大化股东财富的目标，管理者可能从自身的利益或效用最大化出发做出并购的决策。通过并购使公司获得多元化发展或扩大规模，会使高层管理者获得更高的薪酬和地位，拥有更大权利和职业保障，从而提高管理者的效用。

（六）市场力量理论

市场力量理论或称为市场垄断力理论认为，企业收购同行业的其他企业的目的在于寻求占据市场支配地位，或者说，兼并活动发生的原因是它会提高企业的市场占有份额。

根据这一理论，企业在收购一个竞争对手后，即产生了将该竞争者挤出市场的效应，可能会在削减或降低现有竞争对手的市场份额的同时，提高其市场地位和控制能力，从而可以提高其产品的价格和市场的垄断程度，获得更多的超额利润即垄断利润。

（七）税收节约理论

税收节约理论认为，企业并购活动是出于减轻税收负担的目的，即为了避税效应或出于税收最小化的考虑。

（八）战略性重组理论

有些学者认为，驱动并购交易发生的真正动因不是为了降低成本，因为在许多情况下，最初成本削减所带来的利益并没有延续；从长期来看，规模经济也没有带来效率的不断提高；并购交易的更为普遍的动机源于追求企业长期持续的增长，而通过战略协同实现以增长为核心的战略优势，应该是每一笔并购交易的目标，也是蕴含在并购交易背后的一个潜在的、更加无形的驱动因素。扩张式的并购和收缩式的分立重组都代表了企业为了努力适应经济形势和市场环境的变化所采取的一种战略。

四、兼并的主要特征表现及对企业的效力

（一）兼并的是目标企业整体

被兼并的企业以一个整体作为交易的标的物，交易的对象是指其整体价值，包括有形价值和无形价值。兼并前要对被兼并企业的价值进行评估，然后以企业产权让渡的形式实现兼并。

（二）兼并通过市场有偿转让的形式来实现

在整个交易过程中，通过专业资产评估机构来实现对企业有形资产、无形资产的估价；通过订立合同的方式出售标的企业，由资本市场提供适当的支付渠道和支付保证形式。

（三）企业的基本状况会发生改变

兼并是市场对资本的再分配，以实现资源的有效配置。在成功的公司兼并中，存续企业通过兼并企业或者扩大了生产规模，或者抢占了市场份额等，使自己的力量壮大，更具有发展前景和势头。相反，目标企业则被取而代之，本身不再具有独立经营能力。

（四）企业兼并最终要实现产权转移

一方面，被兼并企业法人地位丧失，其法人资格被取消，被整合或者改变为实体。这种法人地位的取消不是以被兼并企业的破产为代价的，产生的社会不良影响较小。另一方面，存续企业继续经营生产活动，但其法律地位有所更改，如注册资本的变更、法人代表的变更、经营范围的变更等，而且还要承担原企业的债务。

五、收购的主要特征表现及对企业的效力

（一）收购以实现对目标公司的经营控制权为目的

收购的根本目的都是获得目标公司的控制权，获得超额收益。收购方可以通过收购目标公司足够多的股份，实现对公司经营管理权的控制，达到按自己的意愿经营企业的目的。

（二）收购需要达到一定比例才能获得目标公司的控制权

控股分为绝对控股和相对控股两种形式。绝对控股是指收购公司占有被收购公司50%以上的股份；而相对控股是指收购公司的持股比例不足50%，但成为目标公司的最大股东或者成为实质上掌握公司的经营决策、财务决策等重要决策权的股东。

（三）收购往往有一定程度的溢价

收购方一般以溢价来获得控股权，以实现控股权收益。

六、企业并购的法律程序

因为收购并未涉及公司法律主体地位的变化，所以我国《公司法》仅对合并的相关

环节做出了明确的规定。①若公司发生合并，一般履行以下法律程序。

（一）公司合并决议的拟订与表决

公司董事会拟订公司合并的方案或协议，有限责任公司由公司股东会经代表 2/3 以上表决权的股东通过；股份有限公司由股东大会经出席会议的股东所持表决权 2/3 以上通过。就国有独资公司来讲，其合并必须由国有资产监督管理机构决定，其中，重要的国有独资公司合并应当由国有资产监督管理机构审核后，报本级人民政府批准，才能进行。

（二）合并各方签订合并协议

合并各方的法定代表人各自代表本公司签订合并协议。合并协议应当包括以下主要内容：

1. 合并各方的名称、住所；
2. 合并后存续公司或者新设公司的名称和住所；
3. 合并各方的资产状况及其处理方法；
4. 合并各方的债权、债务处理方法；
5. 存续公司或者新设公司因合并而增资所发行的股份数额、种类及数量；
6. 合并各方认为应当载明的其他事项。

（三）合并协议生效后，合并各方要编制资产负债表和财产清单

合并协议签订并生效后，合并各方要按照合并协议编制新的财务报表和清单。

（四）合并各方向债权人进行通知及公告

合并各方应当自股东会或者股东大会做出合并的决议之日起 10 日内通知债权人，并于 30 日内在报纸上公告。债权人自接到通知书之日起 30 日内，未接到通知书的自第一次公告之日起 45 日内，有权要求公司清偿债务或者提供相应的担保。不能按债权人的要求清偿债务或者不提供相应的担保的，公司不得合并。公司合并时，合并各方的债权和债务应当由合并后存续的公司或者新设立的公司承继。

（五）依法进行登记

合并登记分为解散登记和变更登记。公司合并以后，解散的公司应当到工商登记机关办理注销登记手续；存续公司应当到登记机关办理变更登记手续；新成立的公司应当到登记机关办理设立登记手续。公司合并只有进行登记后，才能得到法律上的承认。

---

① 收购从流程上来说，一般包括如下六步：第一步，确定收购的意向，签署收购意向书；第二步，在收购基本意向达成后，收购方做出收购决议；第三步，目标公司召开股东（大）会，对被收购做出决议，如果目标公司是有限责任公司，根据《公司法》规定，其他股东对转让的股权在同等条件下有优先购买权，股东转让股权必须经过公司持表决权股东过半数同意，所以其他股东要放弃优先购买权；第四步，对目标公司开展尽职调查，明确要收购对象的基本情况；第五步，签订收购协议，收购协议的拟订与签署是收购工作中最为核心的环节；第六步，后续变更手续办理，股权收购不同于一般的买卖，必然涉及股东变更、法人变更、修改公司章程等问题，对于上述变更要及时办理登记手续。

第三节　企业的分立

企业分立（Enterprise Separation）是企业变更的常见形式之一。无论从形式、执行程序还是法律约束上，企业分立都比并购要简单得多，比企业并购发生的情况更为频繁。

一、企业分立的概念

企业分立是指一个企业因生产经营需要或其他原因而分设为两个或两个以上的企业。企业分立一般分为新设分立和派生分立两种方式。

（一）新设分立

新设分立是指将企业全部资产进行分割，然后分别归于两个以上的新设企业。企业以这种方式分立后，原企业解散，原企业的债权债务由各新设企业分别享有和承担。

（二）派生分立

派生分立是指一个企业以其部分资产分设一个或多个新企业，原企业存续。企业分立后，原企业的债权债务可由原企业和分立后企业分别承担，也可按协议由原企业独立承担，新企业取得法人资格，原企业也继续保留法人资格。因派生分立而使企业注册资本减少的，应依法办理变更登记。

不论是新设分立还是派生分立，都是在法律上和组织上将新企业从原企业中分立出去，一般不发生现金交易，新企业资产也不需要重新评估，只涉及权益在几个独立实体之间的划分。多数时候，也不存在股权和控制权向第三者转移的情况。

二、企业分立的动因

企业分立的动因主要是从企业自身发展战略出发，更好地参与市场竞争，实现战略目标。具体可分为以下几个方面。

（一）适应经营环境变化，调整经营战略

任何企业都是在动态的环境中经营的。企业的经营环境变化包括技术进步、产业发展趋势、经济周期的改变、国家有关法规和税收条例的变化等。因而，公司的经营目标与战略目标也应适应这些变化做相应调整和改变，如改变经营重点、退出竞争过于激烈的市场等，而分立正是实现这些改变的有效手段。从这个意义上讲，企业分立与并购活动一样，都是企业为努力适应其经营环境中的持续变化所采取的战略措施的一部分。

（二）提高管理效率

当管理者所控制资产的规模和种类增加时，即使是最好的管理队伍也会达到收益递减的临界点。采用不同形式将那些与公司经营活动不适应的部分分离出去，可以更加集

中于各自的优势业务，提高公司的整体管理效率。此外，分立常常能够创造出简洁、有效率、分权化的公司组织，使公司能够更快地适应经营环境的变化。

（三）谋求管理激励

规模过大的公司中，管理机构的膨胀会抑制企业的创新精神，致使良好的表现得不到应有的褒扬，而不佳的表现也受不到惩罚。而进行企业分立，使责、权、利在较小的企业中较好地结合，易形成更为有效的激励机制。

（四）弥补并购决策失误或成为并购决策的一部分

企业出于各种动机进行兼并收购，但不明智的并购决策会导致灾难性的后果。虽然被并购企业具有盈利机会，但并购企业可能由于管理或实力上的原因，无法有效地利用这些盈利机会，甚至还会干扰并购企业原本正常开展的业务。这时，将其分立出去可能是比较明智的行为。

另外，分立往往还是企业并购一揽子计划的组成部分。许多资产出售等分拆计划，早在并购前就已经是并购方一揽子计划中的组成部分。因为从并购企业角度，被并购企业中总有部分资产是不适应企业总体发展战略的，甚至可能会带来不必要的亏损。在有的收购中，将被收购企业进行分拆出售资产往往又是收购融资的部分来源。

（五）获得税收或管制方的收益

不同国家出于调节经济的需要制定了不同的税收政策，如果将某部分从公司中分立出来，可能会使公司享受税收方面的减免。

如果子公司从事受管制行业的经营，而母公司从事不受管制行业的经营，则一方面母公司常常会受到管制性检查的"连累"，另一方面如果管制当局在评级时以母公司的利润为依据，受管制子公司可能会因与盈利的母公司联系而处于不利地位。如果让公司独立出来，就可使从事不受管制行业经营的母公司不再受到规章的约束与审查，又可使公司有更多的机会提高评级水平。

以上介绍的公司分立的动因既有经济方面的，也有组织、经营方面的。实际上，公司的分立政策很少仅仅由单个因素引起，而通常都会涉及相互关联的多个因素。

三、企业分立的程序

企业分立是一种严肃的法律行为，因而有关法律对分立的程序做了如下规定。

（一）由原公司董事会提出分立方案

首先由董事会提出分立方案，并由股东会或股东大会表决通过。

（二）由股东（大）会表决方案

有限责任公司由公司股东会经代表 2/3 以上表决权的股东通过。股份有限公司由股东大会经出席会议的股东所持表决权 2/3 以上通过后，还要经国务院授权的部门或者省级人民政府批准。就国有独资公司来讲，其分立必须由国有资产监督管理机构决定，其中，重要的国有独资公司分立应当由国有资产监督管理机构审核后，报本级人民政府批准，才能进行。

（三）处理债权、债务等各项分立事宜

原公司编制资产负债表和财产清单，自做出分立决议之日起 10 日内通知债权人，并于 30 日内在报纸上公告。债权人自接到通知书之日起 30 日内，未接到通知书的债权人自第一次公告之日起 45 日内，有权要求公司清偿债务或者提供相应的财产担保。如果公司不能按债权人的要求清偿债务又不提供相应财产担保的，不得分立。债权人在相应的权限内未要求清偿债务又未要求提供相应担保的，视为同意分立。公司分立前的债务按所达成的协议由分立后的公司承担。但是，公司在分立之前与债权人就债务清偿达成的书面协议另有约定的除外。

（四）进行登记

公司分立后，应当依法向公司登记机关办理变更登记。新设立的公司要进行设立登记，原公司因分立而解散的要进行注销登记，原公司存续的要进行变更登记。

第四节　企业的转换

一、企业转换的概念

企业转换（Enterprise Transformation）是指企业的组织形式变更，即由一种企业类型转换为其他的企业类型。目前我国只有股份有限公司的转换，即股份有限公司转换为有限责任公司或转换为国有独资公司两种可能性。企业转换的特点是，无须终止企业法人资格和业务经营，只需经过必要的程序就能实现企业形态的转换。

二、股份有限公司转换的条件

由于我国《公司法》所规定的设立股份有限公司的条件远比设立有限责任公司的条件更为严格，因此，由股份有限公司向有限责任公司和国有独资公司的转换在条件和程序上都较为简单。在转换时，法律所要求的条件主要是为保护债权人和社会公众利益而规定的条件。一般的限制性条件有以下几项：

1. 拟转换的公司类型不具备发行公司债的条件的，股份有限公司如曾发行公司债，则必须在公司债偿还完毕后，才能实行转换。

2. 为了维护资本充实原则，变更后的公司资本总额不得少于变更前公司现有资产净额。

3. 由于有限责任公司不能发行股票上市交易，故上市公司的股票应于退出证券交易市场，由公司的部分股东进行收买变为记名股后才能实行转换。

三、股份有限公司转换的程序

股份有限公司转换一般应经过以下程序：

1. 董事会提出转换方案，说明转换的原因、目的和实施步骤。

2. 股东大会以特别决议的方式进行表决并做出决议，即由出席会议的股东所持表决权的 2/3 以上通过。

3. 报经国务院授权的部门或省、自治区、直辖市人民政府批准；涉及股票事宜的，报国务院证券管理部门批准。

4. 完成公司债偿还及股票的收买等事项。

5. 修改章程及股东名册。

6. 办理工商变更登记手续。

四、特殊的转换

由于公司收购的原因，收购要约期满，收购要约人持有的股票达到公司股票总数的 90%时，其余股东有权以同等条件向收购要约人强制出售其股票。如果在强制出售后，公司的股东人数达不到规定的股份有限公司的最低要求，则公司必须变更登记为其他类型的公司。这一类转换一般发生在上市公司。

第五节　企业的再造

一、企业再造的概念

企业再造（Business Re-Engineering）也译为"公司再造""再造工程"（Reengineering）、"企业流程再造"（Business Process Re-Engineering）。它是 1993 年开始在美国出现的关于企业经营管理方式的一种新的理论和方法。

按照该理论的创始人、原美国麻省理工学院教授迈克尔·哈默（Michael Hammer）与詹姆斯·钱皮（James Champy）的定义，企业再造是指"为了飞越性地改善成本、质量、服务、速度等重大的现代企业的运营基准，对工作流程（Business Process）进行根本性重新思考并彻底改革"，也就是说，"从头改变，重新设计"。

二、企业再造提出的背景

企业再造理论的产生有深刻的时代背景。20 世纪 60、70 年代以来，信息技术革命使企业的经营环境和运作方式发生了很大的变化，而西方国家经济的长期低增长又使得市场竞争日益激烈，企业面临着严峻挑战。有些管理专家用 3C 理论阐述了这种全新的挑战。

1. 顾客（Customer）——买卖双方关系中的主导权转到了顾客一方。竞争使顾客对商品有了更大的选择余地；随着生活水平的不断提高，顾客对各种产品和服务也有了更高的要求。

2. 竞争（Competition）——技术进步使竞争的方式和手段不断发展，发生了根本性的变化。越来越多的跨国公司越出国界，在逐渐走向一体化的全球市场上展开各种形式的竞争，美国企业面临日本、欧洲企业的竞争威胁。

3. 变化（Change）——市场需求日趋多变，产品寿命周期的单位已由"年"趋于"月"，技术进步使企业的生产、服务系统经常变化，这种变化已经成为持续不断的事情。因此，在大量生产、大量消费的环境下发展起来的企业经营管理模式已无法适应快速变化的市场。

面对这些挑战，企业只有在更高水平上进行一场根本性的改革与创新，才能在低速增长时代增强自身的竞争力。

三、企业再造的内容

企业再造最重要的是，在组织高管层面有完善的计划与实施步骤以及对预期可能出现的障碍与阻力有清醒的认识，帮助企业主及 CEO 塑造企业再造的领导能力，使变革与创新成为可能。

为了能够适应新的世界竞争环境，企业必须摒弃已成惯例的运营模式和工作方法，以工作流程为中心，重新设计企业的经营、管理及运营方式。

企业再造包括企业战略再造、企业文化再造、市场营销再造、企业组织再造、企业生产流程再造和质量控制系统再造。

【人物专栏】迈克尔·哈默（Michael Hammer，1948—2008）

迈克尔·哈默是美国著名的管理学家，出生于 1948 年，先后在麻省理工学院获得学士、硕士和博士学位。曾在 IBM 担任软件工程师，任麻省理工学院计算机专业教授，以及 Index Consulting 集团的 PRISM 研究负责人。凭借其再造理论及对美国企业的贡献，《商业周刊》称誉哈默博士为"20 世纪 90 年代四位最杰出的管理思想家之一"。1996 年《时代》又将哈默博士列入"美国 25 位最具影响力的人"的首选名单。1990 年，哈默在《哈佛商业评论》上发表了一篇名为《再造：不是自动化改造，而是推倒重来》（Reengineering Work: Don't Automate, Obliterate）的文章，率先提出企业再造的思想。1993 年，他和詹姆斯·钱皮（James Champy）合著的《企业再造》（Reengineering the Corporation）一书出版，迅速成为国际畅销书，连续六个月被《纽约时报》列为非小说类的头号畅销书，并在出版的当年被译成 14 种不同语言的版本向世界各国传播。该书明确提出了再造理论概念，在全球刮起一股再造旋风。以后，他们又陆续出版了《再造革命》（The Reengineering Revolution）、《超越再造》（Beyond Reengineering）等著作，丰富和发展了企业再造理论。

【人物专栏】詹姆斯·钱皮（James Champy，1942—）

詹姆斯·钱皮是公认的研究业务重组（Business Reengineering）、组织变革（Organizational Change）和企业复兴（Corporate Renewal）等管理问题的世界权威。1993年，他与迈克尔·哈默合著《企业再造》（Reengineering the Corporation）一书。该书迄今为止已经售出 200 万册，并于 1995 年被美国《商业周刊》、美国《人力》（HR）杂志评为最畅销的商业类图书之一。"再造"经营理念，以一种再生的思想重新审视企业，并对传统管理学赖以存在的基础——分工理论提出了质疑，是管理学发展史上一次巨大变革。"再造"热也使得钱皮和哈默更为迅速地跻身于最具影响力的世界管理大师行列。他最新的一本著作是和尼汀·诺瑞亚（Nitin Nohria）共同完成的《快速前进》（Fast Forward），该书主要汇编了《哈佛商业评论》上有关变革的文章。

进一步阅读材料：

1. 李涤非，颜蓉，罗新宇.企业并购实务[M].上海：上海交通大学出版社，2009.

2. 庞守林，邱明，林光.企业并购管理[M].北京：清华大学出版社，2008.

3. 李光国.公司登记变更、年检、出资管理法律分解适用集成[M].北京：人民法院出版社，2006.

本章思考题：

1. 企业发生变更的原因有哪些？

2. 为什么修订公司章程须经过严格的法律程序？

3. 增加资本或减少资本对债权人会产生什么影响？

4. 为什么同样的变更内容，在有限责任公司和股份有限公司中的程序却有所不同？

5. 如何评价企业并购在企业发展中的重要作用？

【章末案例】

联想收购 IBM

2004 年 12 月 8 日，联想集团有限公司（以下简称联想）召开新闻发布会，宣布收购 IBM 公司个人电脑（PC）业务部门。此次联想收购 IBM 公司的 PC 业务部门的实际交易价格为 17.5 亿美元，其中含 6.5 亿美元现金、6 亿美元股票以及 5 亿美元的债务。联想将通过公司内部和向银行贷款来筹集现金。在股份收购上，联想会以每股 2.675 港元，向 IBM 发行 8.21 亿新股及 9.216 亿股无投票权的股份。本次收购完成后，联想将成为全球第三大 PC 厂商，年收入规模约 120 亿美元，进入世界 500 强企业。新公司管理层的安排是 IBM 高管沃德出任联想集团 CEO，杨元庆改任董事长，柳传志退居幕后。新联想总部设在美国纽约，员工总数达 19000 多人（约 9500 人来自 IBM，约 10000 人来自联想）。在北京和罗利（美国北卡罗来纳州）设立主要运营中心。新公司的股权结构为中方股东——联想控股将拥有联想集团 45%左右的股份，IBM 公司将拥有 18.5%左右的股份。如果以双方 2003 年销售业绩的合并计算，联想 2004 年的出货量达到 1190 台，年收入超过 120 亿美元。

联想与 IBM 公布了合作的消息后，双方在各方面工作都快速稳步地开展起来。2005年 2 月 4 日，联想公布了由联想和 IBM 个人电脑业务现任高级管理人员组成的管理团队。2 月 23 日对外宣布了联想中国 2005 财年的策略。2 月 28 日在 IBM 一年一度的合作伙伴大会上，IBM 隆重推出并介绍了联想，这是对两家公司长期战略合作伙伴关系承诺的表现。联想的产品在本次合作伙伴大会上的亮相也吸引了来自全球 IT 产品销售商的眼球，并得到高度赞赏和评价。3 月 2 日，新联想改革与转型委员会近 30 名成员在拉斯维加斯召开了为期两天的第一次会议，在了解彼此的业务、人员和文化的同时，开始筹划新公司战略和文化建设。3 月 9 日，美国外国投资委员会（The Committee on Foreign Investment in the United States，CFIUS）提前完成对联想收购 IBM 个人电脑业务的审查，为交易的继续进行铺平了道路。

通过此次并购，联想将获得许多独特优势，IBM 的品牌及面向企业客户的全球销售、服务和客户融资能力都将为新公司提供支持。

1. 联想将拥有"Think"品牌，同时根据合约将在 5 年内有权使用 IBM 品牌；

2. 联想将拥有更多元化的客户基础，全球最大的商业和技术服务提供商 IBM 全球服务部（IBM Global Service，IGS）将成为联想首选保修和维修服务提供商，全球最大的 IT 融资公司 IBM 全球金融部（IBM Global Financing，IGF）将成为联想首选的客户租赁、渠道融资和资产处理服务提供商；

3. 联想将成为 IBM 首选的 PC 供应商，并且可以利用 IBM 的商业伙伴、分销商和在线网络等其他渠道实现全球市场覆盖；

4. 联想可以获得世界级的领先科技，提高核心竞争力，将拥有 Think 系列技术，并且拥有美国的罗利、日本的大和以及中国的北京、上海、深圳和成都构成的全球研发网络。

5. 联想将拥有更丰富的产品组合，并且结合双方在台式机及笔记本电脑上的优势，为全球个人客户及企业客户提供更多种类的产品；

6. 双方管理层将共同组建全球一流管理新团队，实现更高效的运作。

并购完成之后，新联想将进入平稳的过渡期和整合期，各方面运营将有序进行。新联想承诺公司产品和服务的品质不变、服务团队不变、已签署和在执行的合约不变。中国市场仍是新联想的大本营，中国业务将保持稳定和持续的增长。

联想还面临着许多困难的后续工作。正如新联想的董事长杨元庆所说："我现在关注最多的就是整合能不能顺利进行，关注 IBM 那边的客户能不能保留，关注那边的员工能不能保留，我们整合既定的目标是否能够实现，文化是不是能够很好地磨合，这大概是我现在最关心的问题。"

企业并购发生之后，各方面最好尽可能保持稳定。联想就采取了渐进的而不是突变的整合方式。品牌方面，联想将使用 IBM 的品牌 5 年，这可以继续保持 IBM 的全球品牌、高价值品牌、高形象品牌的定位。销售模式方面，联想也将继续使用 IBM 的销售模式，两个公司将继续保持各自的销售网络，依然是联想的队伍卖联想的产品，IBM 的队伍卖 IBM 的产品，等一段时间之后再整合销售渠道。这些稳中求变的措施会使客户感觉产品的质量和服务都没有太大的变化，有利于留住客户。

讨论：联想在收购 IBM 个人电脑部门之前的发展战略做过多次调整。请查阅有关资料，叙述并分析联想的发展战略的演变。IBM 放弃个人电脑制造业务的原因是什么？联想收购 IBM 个人电脑部门的动因是什么？并购整合过程中，联想面临哪些重要问题？

第十八章　企业破产与解散

【本章导读】企业的破产与解散是企业最剧烈的变化，也是企业在市场经济条件下出现的正常现象。本章对企业破产的原因、破产机制的作用与效应及破产的法律程序等做了较为详细的阐述，并对企业的解散问题也做了一定的介绍。

【开篇案例】

五谷道场公司破产重整案

五谷道场，以"拒绝油炸、留住健康"的方便面而闻名全国。五谷道场公司的全称是北京五谷道场食品技术开发有限公司。这个曾经单月产值高达 6000 万元的企业，从 2004 年设立到 2006 年家喻户晓，再到 2008 年申请破产重整，不过短短几年时间，其兴衰之迅速引起了社会各界的关注。

2008 年 10 月 16 日，五谷道场公司以"公司现处于全面停产状态，企业资产负债率已达 524%，且明显缺乏债务清偿能力，已经符合破产的条件，但其他品牌仍有继续发展的价值和前景"为由，向北京市房山区人民法院提出重整申请。当月 30 日，法院依法受理此案。在申请中，五谷道场公司将其衰败归因于三点：一是原材料大幅涨价，方便面行业整体效益下滑；二是公司前期费用和广告宣传投入过大，造成公司全面亏损；三是随之而来的集中诉讼和负面报道，导致企业资金链断裂，2007 年 10 月、11 月公司全面爆发财务危机。五谷道场公司名下仅有一个银行账号，余额仅剩 75 元，并且该账号也已被吉林某法院查封。

2009 年 2 月 11 日，法院收到经债权人表决通过的重整计划。次日上午 9 时，房山区人民法院宣布：批准北京五谷道场食品技术开发有限公司重整计划。随后，作为重组方代表的中粮集团总裁助理曲喆当庭向五谷道场公司破产重整案件管理人支付了 1.09 亿元的支票，这笔资金将专门用于五谷道场公司清偿债务及支付重整费用。2009 年 2 月 26 日上午，农历二月二，在这个"龙抬头"的日子，中粮集团的代表在房山区委和人民法院的见证下，从管理人手中接过五谷道场公司的钥匙，双方正式交接。至此，五谷道场公司破产重整案暂时告一段落，我国最大的粮油加工贸易企业——中粮集团入主五谷道场公司。

思考：对五谷道场破产重整案有何看法？

第一节　企业的破产

一、企业破产的概念

企业破产（Bankruptcy）在企业理论中被认为是企业死亡。在市场经济发展中，与自然人一样，不同的企业有着各自不同的成长和死亡的过程及方式。据美国学者对过去90年企业发展的统计，发现企业的平均寿命为 12.5 年；美国和英国的专家对一些公司进行样本分析后发现，这些公司在 10 年内的死亡率为 33%。破产是市场经济中公平竞争、优胜劣汰法则作用下，企业死亡的形式之一。

"破产"一词源于拉丁语"Falletux"，意思为失败，在中文语义中，也有"失败""倾家荡产"之意。而现代法律的财产构成中，不仅有动产、不动产，而且还包括信用、能力、商誉以及知识产权等各种财产权利。因此，法律意义上的破产，比之"失败"或"倾家荡产"的字面意义，有更严格的内涵。

作为法律术语的破产有两种含义：一是指债务人因丧失清偿能力而不能对债权人的债权进行清偿的状态；二是指法律规定由法院审理破产案件，由有关组织参与清理债权债务关系，分配破产财产，以及当事人在案件审理过程中应当遵循的法定程序。把这两种含义结合起来，破产的内涵应当是：因债务人不能清偿到期债务，法院根据债权人或债务人的申请，将债务人的财产依法分配给债权人的特定法律程序。

对"不能清偿到期债务"的判定，要求同时具备以下几种情况：（1）债务的清偿期限已经届满；（2）债务清偿期限届满时债权人已要求清偿；（3）债务人明显缺乏清偿能力，即既无现金支付到期债务，又无相应的资产作抵押获取款项还债，又丧失信用无力借新债还旧债。以上三点缺一，都不能说是企业不能清偿到期债务。

综上所述，企业破产是指企业因不能清偿到期债务，由债权人或债务人诉请法院宣告破产并依破产程序偿还债务的一种法律制度。狭义的企业破产制度仅指企业破产清算制度，广义的企业破产制度还包括重整与和解制度。企业破产多数情况下都指一种企业行为或者状态，但人们有时也习惯把企业停止继续经营叫作破产。

二、企业破产的原因

关于企业破产的原因，我国企业破产相关法律法规有不同的表述。

《中华人民共和国企业破产法（试行）》（以下简称《破产法（试行）》）第 3 条规定："企业因经营管理不善造成严重亏损，不能清偿到期债务的，依照本法规定宣告破产。"此规定适用于全民所有制企业法人。

《中华人民共和国民事诉讼法》（以下简称《民事诉讼法》）第 199 条规定："企业法人因严重亏损，无力清偿到期债务，债权人可以向人民法院申请宣告债务人破产还债，债务人也可以向人民法院申请宣告破产还债。"此规定适用于非全民所有制企业法人。

《中华人民共和国企业破产法》（以下简称《破产法》）第 2 条规定："企业法人不能清偿到期债务，并且资产不足以清偿全部债务或者明显缺乏清偿能力的，依照本法规定清理债务。"此规定不但适用于企业法人，而且其他法律规定企业法人以外的组织的清算，属于破产清算的，参照适用本法规定的程序。

从表面的直接原因看，企业破产是因为企业法人不能清偿到期债务，并且资产不足以清偿全部债务或者明显缺乏清偿能力；而造成企业不能偿还到期债务的原因却复杂得多，它是破产企业所处的客观环境与其经营管理互动的结果。

1. 市场竞争。市场经济的运行过程自始至终是一个充满竞争的过程。企业之间为了实现经营目标，展开激烈的市场竞争。在竞争中，优胜劣汰，总会有失败的企业被淘汰掉。

2. 自然灾害和灾难性事故。地震、洪水以及战争、火灾、爆炸等灾害和事故，严重时会给企业造成不可弥补的损失，导致破产。

3. 相关人违约与第三人欺诈给企业造成难以弥补的损失。

4. 股票市场、银行利率以及外汇汇率等重大变化给企业带来重大损失。

5. 企业投资决策的重大失误。

6. 企业经营管理不当造成重大亏损，或理财不当造成现金短缺等。

发生上述情况，均可能导致企业不能清偿债务。在企业间交织组成的债权债务关系中，一家企业不能按期清偿到期债务，可能会连锁造成众多企业间的拖欠，甚至导致整个债务链条的崩溃，只有及时对断裂的债务链条采取措施进行修复，才能保障债权人的合法权益，减少社会经济动荡。破产就是一种有效的机制。

三、破产机制的经济效应

破产机制是市场经济机制的重要内容之一，对经济产生重要的、不可替代的效应。

（一）保障全体债权人之间的公平受偿

破产程序的固有传统功能是债权人地位平等。各国破产法所规定的程序和实体制度，都无一例外地贯彻了债权人地位平等的思想。当债权人不能清偿债务时，破产制度能够防止所有债权人相互间争先恐后行使债权的混乱场面。根据破产程序，各债权人享有的债权，只有依申报债权方法参与破产程序才能受偿。债务人既不能任意采取清偿行为，各债权人亦不许个别地进行强制执行。全体债权人的债权应在破产管理人的公平安排之下，受到平等受偿的保障；未能受偿的残留债权，其损失也应公平分配给各债权人分担。

（二）有利于社会经济资源的合理配置

市场经济是主要靠市场机制配置资源的经济体制，破产机制是市场机制的重要组成部分。有的企业不能偿还到期债务，在一定程度上表明该企业未能较好地利用其所拥有的资源，或者说是资源配置得不合理。通过破产机制将破产企业的资产清偿给债权人，是对社会经济资源的重新配置，有利于有限资源的充分利用。

（三）促使企业行为合理化

企业在经营中如何正确地运用所掌握的资源，面对各种机遇和风险做出正确的决策，是企业成功的基本保证。那些不能做出正确决策的企业，就可能遭受损失，甚至导致破产。这样，破产机制对企业具有警示作用，促使企业行为合理化。

四、破产的法律效力与影响

（一）对破产企业的效力

1. 企业的使命发生变化。企业本来是负有生产经营的使命的，但在被宣布破产后，除法院或清算组认为确有必要继续进行生产经营以外，必须停止生产经营活动，企业的使命变为清偿债务。因此，破产宣告使企业的使命发生了变化。

2. 企业对资产的权利发生变化。企业的资产本来是用于经营的，企业拥有经营管理权和处分权。自从宣告破产之日起，企业的资产成为破产资产，移交管理人管理，企业丧失了其经营管理权和处分权，而由法院指定的管理人负责行使对企业财产的经营管理权和处分权。

3. 在企业清算期间，破产企业只具有清算范围内的权利能力，其他行为能力已经丧失。

（二）对法定代表人的效力

债务人在被宣告破产后，破产人的法定代表人和会计、统计、保管、保卫工人必须留守，在向管理人办理移交手续前，负责保管本企业的财产、账册、文书、资料和印章等。在破产程序终结以前，根据人民法院或者管理人的要求进行工作，不得擅离职守。

（三）对第三人的效力

法院做出破产宣告的裁定后，应当通知破产企业的债务人或财产持有人以及破产企业的开户银行。破产企业的债务人或财产持有人接到通知后，应当按照通知的数额、时间向管理人清偿债务或交付财产。对通知的债务数额或财产品种、数量有异议的，可在一定期限内请求法院予以裁定。逾期既未清偿或交付，又未提出异议的，由管理人申请法院裁定后强制执行。破产企业的开户银行接到通知后，要按通知的要求，只能将破产企业的银行账户供管理人使用。

五、我国企业破产的相关法律法规

1986 年 12 月 2 日，中国推出了第一部企业破产法——即《破产法（试行）》，但这部法律只适用于全民所有制企业，而且冠以"试行"二字。这一"试行"，一直试行了 20 年。1991 年 11 月 17 日，最高人民法院发布了《关于贯彻执行〈中华人民共和国企业破产法（试行）〉若干问题的意见》。该意见第 74 条规定："非全民所有制企业法人的破产还债程序，适用民事诉讼法的规定。"据此，1991 年 4 月 9 日《民事诉讼法》第 19 章"企业法人破产还债程序"适用于非全民所有制企业法人。在《民事诉讼法》中规定企业法人破产还债程序，实为在新的经济条件下，破产相关法律法规不完善时的权宜之举。

2006 年 8 月 27 日，中华人民共和国第十届全国人民代表大会常务委员会第二十三次会议通过了《破产法》，统一了关于企业法人破产的适用依据。根据《破产法》第 2 条"企业法人不能清偿到期债务，并且资产不足以清偿全部债务或者明显缺乏清偿能力的，依照本法规定清理债务"的规定，该法的适用范围为企业法人，即适用于所有的企业法人，包括全民所有制企业与法人型的三资企业、民营企业，上市公司和非上市公司，有限责任公司与股份有限公司等。

六、我国企业破产的程序

破产意味着经营活动的失败。当企业只有一个债权人时，他们之间的债务纠纷在法律上可按普通执行程序解决。如果企业存在多个债权人，为了公平合理地解决债权人之间的利害冲突关系以及债权人与债务人的关系，就有必要按照破产法律制度，进入破产程序。

（一）破产申请

破产申请是指当事人或利害关系人根据法定的事实或利益，向法院提出的宣告债务人破产的请求。债务人发生破产原因时，可以向法院提出重整、和解或者破产清算申请。债务人不能清偿到期债务，债权人可以向法院提出对债务人进行重整或者破产清算的申请。企业法人已解散但未清算或者未清算完毕，资产不足以清偿债务的，依法负有清算责任的人应当向法院申请破产清算。商业银行、证券公司、保险公司等金融机构有破产情形的，国务院金融监督管理机构可以向法院提出对该金融机构进行重整或者破产清算的申请。破产企业的职工作为债权人（经职工代表大会或者全体职工 2/3 以上同意）也可以申请企业破产。

这里的债权人不是一般债权人，而是特指对达到破产界限的债务人享有债权的人。债权人包括有财产担保的债权人、无财产担保的债权人、放弃优先受偿权的有财产担保的债权人以及债务人的保证人。他们都可以对其债务人向法院提交关于债权数额、有无财产担保以及债务人不能清偿到期债务的证据。

企业达到破产界限，认为不可能扭亏为盈的，可直接向法院提出申请，法院即可受理。申请时需提交破产申请书和有关证据、财产状况说明、债务清册、债权清册、有关财务会计报告、职工安置预案以及职工工资的支付和社会保险费用的缴纳情况。破产申请书应当载明：申请人、被申请人的基本情况，申请目的，申请的事实和理由，以及法院认为应当载明的其他事项。法院受理破产申请前，申请人可以请求撤回申请。

破产案件由债务人住所地法院管辖。破产申请必须向对破产案件有管辖权的法院提出，否则，破产申请的行为不能发生相应的效力。审理破产案件的法院称为破产法院，该法院的作用是以国家审判机关的身份对破产程序中的重大事件做出判断，决定破产程序的发生、中止和终结，并对整个破产程序进行监督。

（二）破产案件的受理

破产案件的受理是法院对当事人提出的破产申请进行审查，认为符合受理条件，予以立案的行为。破产申请的提出并不意味着破产程序的必然开始，只有在法院立案受理后，破产程序才真正开始进行。

债权人提出破产申请的，法院应当自收到申请之日起5日内通知债务人。债务人对申请有异议的，应当自收到人民法院的通知之日起7日内向法院提出。法院应当自异议期满之日起10日内裁定是否受理。除规定情形外，法院应当自收到破产申请之日起15日内裁定是否受理。有特殊情况需要延长裁定受理期限的，经上一级法院批准，可以延长15日。

法院受理破产申请的，应当自裁定做出之日起5日内送达申请人。债权人提出申请的，应当自裁定送达之日起15日内，向法院提交财产状况说明、债务清册、债权清册、有关财务会计报告以及职工工资的支付和社会保险费用的缴纳情况。法院应当同时指定管理人，并在裁定受理破产申请之日起25日内通知已知债权人，并予以公告。

通知和公告应当载明下列事项：

1. 申请人、被申请人的名称或者姓名；
2. 法院受理破产申请的时间；
3. 申报债权的期限、地点和注意事项；
4. 管理人的名称或者姓名及其处理事务的地址；
5. 债务人的债务人或者财产持有人应当向管理人清偿债务或者交付财产的要求；
6. 第一次债权人会议召开的时间和地点；
7. 法院认为应当通知和公告的其他事项。

法院裁定不受理破产申请的，应当自裁定做出之日起5日内送达申请人并说明理由。申请人对裁定不服的，可以自裁定送达之日起10日内向上一级法院提起上诉。

法院受理破产申请后至破产宣告前，经审查发现债务人不符合《破产法》规定破产情形的，可以裁定驳回申请。申请人对裁定不服的，可以自裁定送达之日起10日内向上一级法院提起上诉。

自法院受理破产申请的裁定送达债务人之日起至破产程序终结之日，债务人的有关人员要承担以下义务：

1. 妥善保管其占有和管理的财产、印章和账簿、文书等资料；

2. 根据法院、管理人的要求进行工作，并如实回答询问；

3. 列席债权人会议并如实回答债权人的询问；

4. 未经法院许可，不得离开住所地；

5. 不得新任其他企业的董事、监事、高级管理人员。

（三）指定管理人

管理人可以由有关部门、机构的人员组成的清算组或者依法设立的律师事务所、会计师事务所、破产清算事务所等社会中介机构担任。法院根据债务人的实际情况，可以在征询有关社会中介机构的意见后，指定该机构具备相关专业知识并取得执业资格的人员担任管理人。

管理人向法院报告工作，并接受债权人会议和债权人委员会的监督。管理人应当列席债权人会议，向债权人会议报告职务执行情况，并回答询问。债权人会议认为管理人不能依法、公正执行职务或者有其他不能胜任职务情形的，可以申请法院予以更换。指定管理人和确定管理人报酬的办法，由最高人民法院规定。

管理人应履行下列职责：

1. 接管债务人的财产、印章和账簿、文书等资料；

2. 调查债务人财产状况，制作财产状况报告；

3. 决定债务人的内部管理事务；

4. 决定债务人的日常开支和其他必要开支；

5. 在第一次债权人会议召开之前，决定继续或者停止债务人的营业（经人民法院许可）；

6. 管理和处分债务人的财产；

7. 代表债务人参加诉讼、仲裁或者其他法律程序；

8. 提议召开债权人会议；

9. 法院认为管理人应当履行的其他职责。

（四）核算债务人财产

破产申请受理时属于债务人的全部财产，以及破产申请受理后至破产程序终结前债务人取得的财产，为债务人财产。法院受理破产申请前6个月内，债务人不能清偿到期债务，并且资产不足以清偿全部债务或者明显缺乏清偿能力，仍对个别债权人进行清偿的，管理人有权请求人民法院予以撤销。但是，个别清偿使债务人财产受益的除外。

法院受理破产申请前一年内，涉及债务人财产的下列行为，管理人有权请求人民法院予以撤销：

1. 无偿转让财产的；

2. 以明显不合理的价格进行交易的；

3. 对没有财产担保的债务提供财产担保的；

4. 对未到期的债务提前清偿的；

5. 放弃债权的。

涉及债务人财产的下列行为无效：

1. 为逃避债务而隐匿、转移财产的；

2. 虚构债务或者承认不真实的债务的。

法院受理破产申请后，债务人的出资人尚未完全履行出资义务的，管理人应当要求该出资人缴纳所认缴的出资，而不受出资期限的限制。债务人占有的不属于债务人的财产，该财产的权利人可以通过管理人取回。

债权人在破产申请受理前对债务人负有债务的，可以向管理人主张抵销。但是，有下列情形之一的，不得抵销：

1. 债务人的债务人在破产申请受理后取得他人对债务人的债权的。

2. 债权人已知债务人有不能清偿到期债务或者破产申请的事实，对债务人负担债务的；但是，债权人因为法律规定或者有破产申请一年前所发生的原因而负担债务的除外。

3. 债务人的债务人已知债务人有不能清偿到期债务或者破产申请的事实，对债务人取得债权的；但是，债务人的债务人因为法律规定或者有破产申请一年前所发生的原因而取得债权的除外。

（五）核算破产费用和共益债务

破产费用是指为了债权人的共同利益，在破产过程中，为处理破产事宜而支付的费用。破产费用应从破产财产中优先拨付。破产费用主要包括：

1. 破产案件的诉讼费用；

2. 管理、变价和分配债务人财产的费用；

3. 管理人执行职务的费用、报酬和聘用工作人员的费用。

共益债务是指人民法院受理破产申请后，为了全体债权人的共同利益以及破产程序顺利进行而发生的债务。共益债务主要包括：

1. 因管理人或者债务人请求对方当事人履行双方均未履行完毕的合同所产生的债务；

2. 债务人财产受无因管理[①]所产生的债务；

3. 因债务人不当得利[②]所产生的债务；

4. 为债务人继续营业而应支付的劳动报酬和社会保险费用以及由此产生的其他债

---

① 无因管理是指没有法定或者约定义务，为避免造成损失，主动管理他人事务或为他人提供服务的行为。无因管理行为是一种自发性的行为，无因管理人有义务进行适当管理。对于无因管理行为人的合法权益，应及时给予保护。在无因管理中，管理他人事务的人称管理人，被他人管理事务的人称本人。通常管理人是债权人，本人是债务人。无因管理之债发生后，管理人享有请求本人偿还因管理事务而支出的必要费用的债权，本人负有偿还该项费用的债务。

② 不当得利是指没有合法根据，或事后丧失了合法根据而被确认为因致他人遭受损失而获得的利益。取得利益的人称受益人，遭受损害的人称受害人。不当得利的取得，不是由于受益人针对受害人而为的违法行为，而是由于受害人或第三人的疏忽、误解或过错所造成的。受益人与受害人之间因此形成债的关系，受益人为债务人，受害人为债权人。

务；

5. 管理人或者相关人员执行职务致人损害所产生的债务；

6. 债务人财产致人损害所产生的债务。

破产费用和共益债务由债务人财产随时清偿。债务人财产不足以清偿所有破产费用和共益债务的，先行清偿破产费用。债务人财产不足以清偿所有破产费用或者共益债务的，按照比例清偿。债务人财产不足以清偿破产费用的，管理人应当提请法院终结破产程序。法院应当自收到请求之日起 15 日内裁定终结破产程序，并予以公告。

（六）债权申报

法院受理破产申请后，应当确定债权人申报债权的期限。债权申报期限自法院发布受理破产申请公告之日起计算，最短不得少于 30 日，最长不得超过 3 个月。债权人申报债权时，应当书面说明债权的数额和有无财产担保，并提交有关证据。申报的债权是连带债权的，应当说明。在人民法院确定的债权申报期限内，债权人未申报债权的，可以在破产财产最后分配前补充申报。但是，此前已进行的分配，不再对其补充分配。为审查和确认补充申报债权的费用，由补充申报人承担。债权人未依照《破产法》规定申报债权的，不得行使权利。

连带债权人可以由其中一人代表全体连带债权人申报债权，也可以共同申报债权。债务人的保证人或者其他连带债务人已经代替债务人清偿债务的，以其对债务人的求偿权申报债权。债务人的保证人或者其他连带债务人尚未代替债务人清偿债务的，以其对债务人的将来求偿权申报债权。但是，债权人已经向管理人申报全部债权的除外。

未到期的债权，在破产申请受理时视为到期。附利息的债权，自破产申请受理时起，停止计息。

（七）召开债权人会议

债权人会议是由破产企业的债权人组成的，以保证全体债权人共同利益为目的，在法院的领导和监督下，讨论决定有关破产法定事项的临时性机构。企业破产直接关系到债权人的利益，因此，破产案件虽然有法院管辖，但法律规定破产企业的债权人有参加破产程序的权利。为了保证破产程序不损害任何债权人的利益，各国破产法对债权人会议都做出了专门规定。

债权人会议由依法申报债权的债权人组成，还应当有债务人的职工和工会的代表参加，对有关事项发表意见。债权人分为有财产担保的债权人、无财产担保的债权人和代替债务人清偿债务后的保证人等。无财产担保的债权人的债权只能通过破产财产的分配来实现，因此在债权人会议上享有表决权。有财产担保的债权人可以就担保物优先受偿，在其未放弃优先受偿权的情况下，在债权人会议上对下列债权人会议享有职权中的第七项、第十项规定的事项不享有表决权。债务人的保证人在代替债务人清偿债务后可以作为债权人，享有表决权。

债权人会议设主席一人主持会议，由法院从有表决权的债权人中指定。

破产企业的法定代表人必须列席债权人会议，并有义务回答债权人的询问；拒绝列席的，法院可以按照民事诉讼法的有关规定拘传。

债权人会议在破产程序中处于独立的诉讼地位，对某些事项有权讨论并做出决议，所议事项的决议应当做成会议记录。一般情况下，债权人会议享有的职权如下：

1. 核查债权；

2. 申请法院更换管理人，审查管理人的费用和报酬；

3. 监督管理人；

4. 选任和更换债权人委员会成员；

5. 决定继续或者停止债务人的营业；

6. 通过重整计划；

7. 通过和解协议；

8. 通过债务人财产的管理方案；

9. 通过破产财产的变价方案；

10. 通过破产财产的分配方案；

11. 法院认为应当由债权人会议行使的其他职权。

第一次债权人会议由法院召集，自债权申报期限届满之日起 15 日内召开。以后的债权人会议，在法院认为必要时，或者管理人、债权人委员会、占债权总额 1/4 以上的债权人向债权人会议主席提议时召开。

召开债权人会议，管理人应当提前 15 日通知已知的债权人。会议决议由出席会议的有表决权的债权人过半数通过，并且其所代表的债权额占无财产担保债权总额的 1/2 以上，对于全体债权人均有约束力。债权人认为债权人会议的决议违反法律规定，损害其利益的，可以自债权人会议做出决议之日起 15 日内，请求人民法院裁定撤销该决议，责令债权人会议依法重新做出决议。

债权人会议可以决定设立债权人委员会。债权人委员会由债权人会议选任的债权人代表和一名债务人的职工代表或者工会代表组成。债权人委员会成员不得超过 9 人，应当经人民法院书面决定认可。

债权人委员会的职权包括：监督债务人财产的管理和处分、监督破产财产分配、提议召开债权人会议、债权人会议委托的其他职权。

（八）重整与和解

法院受理破产申请进入破产程序后，并不意味着企业必然被宣告破产。虽然破产是保障债权人利益的一种机制，但破产无疑会给债权人和债务人的利益带来一定的损失。而且破产程序复杂，还需耗费一定的破产费用，破产财产的价值在处理过程中又会受到折损，使债权人的利益进一步受损。因此，如果企业还有恢复偿债能力的可能，还可考虑由债权人和企业达成协议，通过重整与和解，解决债务清偿问题，不必让企业破产来清偿债务。

　　和解与重整是指在破产程序进行过程中，由债务人与债权人会议就债务的延期偿还或减免达成协议，以使债务人通过整顿企业，继续从事生产经营，最终使债权人的债权清偿比通过破产程序损失更少的一种法律制度。

　　1. 重整

　　破产重整，是对可能或已经发生破产原因但又有希望再生的债务人，通过各方利害关系人的协商，并借助法律强制性地调整他们的利益，对债务人进行生产经营上的整顿和债权债务关系上的清理，以期摆脱财务困境，重获经营能力的特殊法律程序。重整制度对于挽救股份有限公司，尤其是上市公司，保障债权人和股东利益，稳定社会经济秩序具有重要作用。而作为该制度具体实施主体的重整机构，显然必不可少。各国一般都在重整期间设置重整人、重整监督人和关系人会议取代原董事会、监事会和股东（大）会行使职权。

　　债务人或者债权人可以直接向人民法院申请对债务人进行重整。债权人申请对债务人进行破产清算的，在人民法院受理破产申请后、宣告债务人破产前，债务人或者出资额占债务人注册资本 1/10 以上的出资人，可以向法院申请重整。法院经审查认为重整申请符合法律规定的，应当裁定债务人重整，并予以公告。

　　在重整期间，经债务人申请，法院批准，债务人可以在管理人的监督下自行管理财产和营业事务。债务人的出资人不得请求投资收益分配，债务人的董事、监事、高级管理人员不得向第三人转让其持有的债务人的股权，但是经法院同意的除外。

　　在重整期间，有下列情形之一的，经管理人或者利害关系人请求，法院应当裁定终止重整程序，并宣告债务人破产：

　　（1）债务人的经营状况和财产状况继续恶化，缺乏挽救的可能性；

　　（2）债务人有欺诈、恶意减少债务人财产或者其他显著不利于债权人的行为；

　　（3）由于债务人的行为致使管理人无法执行职务。

　　2. 和解

　　破产和解，是指在人民法院受理破产案件后，在破产程序终结前，债务人与债权人之间就延期偿还和减免债务问题达成协议，中止破产程序的一种方法。债务人可以提出和解协议草案，直接向法院申请和解；也可以在法院受理破产申请后、宣告债务人破产前，向法院申请和解。

　　法院经审查认为和解申请符合《破产法》规定的，应当裁定和解，予以公告，并召集债权人会议讨论和解协议草案。债权人会议通过和解协议的决议，须由出席会议的有表决权的债权人过半数同意，并且其所代表的债权额占无财产担保债权总额的 2/3 以上。债权人会议通过和解协议的，由法院裁定认可，终止和解程序，并予以公告。管理人应当向债务人移交财产和营业事务，并向法院提交执行职务的报告。和解协议草案经债权人会议表决未获得通过，或者债权人会议已经通过的和解协议未获得法院认可的，法院应当裁定终止和解程序，并宣告债务人破产。

（九）破产清算

破产清算（Bankruptcy Liquidation）是指企业被宣告破产后，管理人在法院的领导和监督下，对破产财产进行保管、清理、估价、处理和分配的程序。破产清算是了结债务人一切债权债务法律关系的最后阶段。

1. 破产宣告

破产宣告是整个破产程序中的关键环节，如果说破产宣告前企业还有可能避免破产的话，那么企业在破产宣告后就注定要消亡。破产宣告只能由法院做出。

破产宣告要具备一定的条件，其首要条件就是债务人达到破产界限，不能清偿到期债务。在具备这个首要条件的情况下，有下列情形之一的，法院即可裁定宣告企业破产。

（1）债务企业申请宣告破产；

（2）债权人申请宣告债务企业破产，企业不能自破产之日起6个月内取得清偿债务担保，也不能与债权人会议达成和解协议；

（3）企业与债权人会议和解后，在整顿期间，被法院裁定终结整顿；

（4）企业与债权人和解后，整顿期满，不能按和解协议清偿债务。

法院裁定宣告企业破产，应当公开进行，通知债权人和破产企业到庭，当庭宣布裁定。有关人员拒不到庭的，不影响裁定的效力。

法院宣告债务人破产的，应当自裁定做出之日起5日内送达债务人和管理人，自裁定做出之日起10日内通知已知债权人，并予以公告。债务人被宣告破产后，债务人称为破产人，债务人财产称为破产财产，法院受理破产申请时对债务人享有的债权称为破产债权。

破产宣告前，如果有第三人为债务人提供足额担保或清偿全部到期债务，或者债务人已清偿全部到期债务，法院应当裁定终结破产程序，并予以公告。

2. 变价和分配

管理人应当及时拟订破产财产变价方案，提交债权人会议讨论，适时变价出售破产财产。破产企业可以全部或者部分变价出售。破产财产是指破产宣告时及破产程序终结前，破产人所有的供破产清偿的全部财产。破产财产的范围为：宣告破产时破产企业经营管理的全部财产；破产企业在破产宣告后至破产程序终止前所取得的财产（如破产清算期间，破产企业的债务人所偿还的债务）；应由破产企业行使的其他财产权利。

企业变价出售时，可以将其中的无形资产和其他财产单独变价出售。变价出售破产财产应当通过拍卖进行。但是，债权人会议另有决议的除外。

破产分配是指将破产财产按照法律规定的债权清偿顺序和案件实际情况决定的受偿比例进行清偿的程序。破产财产分配方案经法院裁定认可后，由管理人执行。无法直接交付的债权人未受领的破产财产分配额，管理人应当提存。债权人自最后分配公告之日起满两个月仍不领取的，视为放弃受领分配的权利，管理人或者法院应当将提存的分配额分配给其他债权人。

破产财产在优先清偿破产费用和共益债务后，依照下列顺序清偿：

（1）破产人所欠职工的工资和医疗、伤残补助、抚恤费用，所欠的应当划入职工个人账户的基本养老保险、基本医疗保险费用，以及法律、行政法规规定应当支付给职工的补偿金；

（2）破产人欠缴的除前项规定以外的社会保险费用和破产人所欠税款；

（3）普通破产债权。

破产财产不足以清偿同一顺序的清偿要求的，按照比例分配。破产企业的董事、监事和高级管理人员的工资按照该企业职工的平均工资计算。

破产企业的部分财产不属于破产财产，不能参与清偿分配。例如：破产企业未取得所有权的财产；属于国家专有或禁止流通的财产，如国家专有的矿产、森林、滩涂等自然资源以及武器、弹药等；法律禁止执行的财产权益，如名称权、名誉权、荣誉权等因受到不法侵害而产生的请求权；破产企业的分支机构具备法人资格的，其财产不能作为破产企业的破产财产；破产企业开办的学校、医院等公益事业的财产。

3. 破产程序的终结

破产人无财产可供分配的，管理人应当请求法院裁定终结破产程序。管理人在最后分配完结后，应当及时向法院提交破产财产分配报告，并提请法院裁定终结破产程序。法院应当自收到管理人终结破产程序的请求之日起 15 日内做出是否终结破产程序的裁定。裁定终结的，应当予以公告。

管理人应当自破产程序终结之日起 10 日内，持法院终结破产程序的裁定，向破产人的原登记机关办理注销登记。管理人于办理注销登记完毕的次日终止执行职务。但是，存在诉讼或者仲裁未决情况的除外。

第二节　企业的解散

解散（Dissolution）是破产以外的企业消亡的一种法定形式，各国法律对企业的解散都有各自的立法。在我国的法律中，只有《公司法》中对公司的解散做了规定。所以，本章所讲的企业解散，实质是公司的解散。

一、公司解散的概念

公司的解散是指公司的法人资格归于消亡并宣告其不存在的法律行为。公司被宣告解散之后，其法人资格并不立即终止，还需经过清算或破产清算后才能宣布该公司不复存在。公司解散可分为自愿解散和强制解散两种。

（一）自愿解散

自愿解散是指公司自行决定的解散。公司自愿解散的原因可分为以下几类：（1）公司章程规定的营业期限届满或者公司章程规定的其他解散事由出现时；（2）股东会或者股东大会决议解散，这是指公司章程中规定的营业期限尚未届满或解散事由尚未出现，但公司的股东会可以形成决议解散公司；（3）因公司合并或者分立需要解散。

（二）强制解散

强制解散是指公司因违反法律、行政法规被依法吊销营业执照、责令关闭或者被撤销而解散。责令关闭是行政处罚中最为严厉的一种，其法律后果是使公司的法人资格归于消亡。引起责令关闭的原因很复杂，但其共同点有一个，即严重侵害了某一法律或行政法规所调整的社会关系。如生产经营中造成严重环境污染经治理无效的，生产者、销售者在产品中掺杂使假、以假充真、以次充好等。

公司经营管理发生严重困难，继续存续会使股东利益受到重大损失，通过其他途径不能解决的，持有公司全部股东表决权10%以上的股东可以请求人民法院解散公司，人民法院可依法裁定予以解散。股东可以下列事由之一提起解散公司诉讼：

1. 公司持续2年以上无法召开股东会或者股东大会，公司经营管理发生严重困难的；

2. 股东表决时无法达到法定或者公司章程规定的比例，持续2年以上不能做出有效的股东会或者股东大会决议，公司经营管理发生严重困难的；

3. 公司董事长期冲突，且无法通过股东会或者股东大会解决，公司经营管理发生严重困难的；

4. 经营管理发生其他严重困难，公司继续存续会使股东利益受到重大损失的情形。

二、公司解散的程序

（一）自愿解散的程序

公司自愿解散应按以下程序进行：（1）董事会提出解散公司的议案，并提交股东（大）会讨论；（2）股东（大）会对董事会提交的公司解散的议案经讨论予以表决，并以特别决议通过议案；（3）将公司股东通过的解散公司的议案提交政府有关部门批准；（4）经有关部门批准后，开始进行清算；（5）清算程序终结后，到公司登记机关办理公司的注销登记手续。

（二）强制解散的程序

公司解散开始后，除因破产事由外，应按以下程序进行：（1）董事会应立即公告通知股东并专函通知记名股股东；（2）董事、监事将公司股东通过的解散公司的议案提交政府有关部门批准；（3）经有关部门批准后，开始进行清算；（4）清算程序终结后，到公司登记机关办理公司的注销登记手续。因破产事由而解散者，由法院依职权进行破产登记。

三、公司解散的效力

公司被宣布解散后，即应停止一切生产经营活动，开始清算程序。这时，公司的组织结构丧失了原来的经营管理权，其地位由清算组代替。清算程序终结，由清算组向公司登记机关办理注销登记手续。至此，公司的法人资格彻底消亡。

四、公司解散的清算

公司被宣告解散后，除合并或分立的情况外，都要依法进行清算（Liquidation）。

（一）解散清算的概念

与破产清算不同，解散清算是指公司解散后，为了了结公司的各种财产和债权债务关系而对公司事务进行清理和处理的过程。

解散清算是终结公司各种财产关系和债权债务关系的最后程序。通过清算，公司将未完成的经营业务清结；将未清偿的债务清偿；将未收回的债权收回；将偿债后的剩余财产在各股东之间进行分配。

（二）清算组

清算组是在公司解散之后成立的，对公司的财产进行清理、保管和处理的临时性组织。它成立以后全面接管公司的财产和事务，对内执行清算业务，对外代表公司从事一切民事活动。

1. 清算组的成立

解散公司应当在解散事由出现之日起 15 日内成立清算组，开始清算。有限责任公司的清算组由股东组成，股份有限公司的清算组由董事或者股东大会确定的人员组成。按一般惯例，股东大会多确定董事会为公司清算组织，董事会成员为清算组成员。董事会作为清算组能节省清算时间和清算费用，公司解散后可立即开始清算工作，便于清算工作的顺利进行和尽早结束清算程序。但是，由于董事会与公司有利害关系，由公司董事会承担清算工作可能会影响清算行为的公正性和合理性。因此，为保证清算的公正，股东大会可以聘任与公司没有利害关系的人员组成清算组，这些人员包括股东、公司主管部门工作人员及会计师、律师、审计师和经济师等专业人员。

逾期不成立清算组进行清算的、虽然成立清算组但故意拖延清算的或者违法清算可能严重损害债权人或者股东利益的，债权人可以申请法院指定有关人员组成清算组进行清算。法院应当受理该申请，并及时组织清算组进行清算。清算组成员可以从下列人员或者机构中产生：

（1）公司股东、董事、监事、高级管理人员；

（2）依法设立的律师事务所、会计师事务所、破产清算事务所等社会中介机构；

（3）依法设立的律师事务所、会计师事务所、破产清算事务所等社会中介机构中具备相关专业知识并取得执业资格的人员。

2. 清算组的职权

根据《公司法》的规定，清算组在清算期间行使下列职权：（1）清理公司财产，编制资产负债表和财产清单；（2）通知、公告债权人；（3）处理与清算有关的公司未了结的业务；（4）清缴所欠税款以及清算过程中产生的税款；（5）清理债权、债务；（6）处理公司清偿债务后的剩余财产；（7）代表公司参与民事诉讼活动。

清算组成立以后，在依法行使上述职权的同时，也要履行《公司法》所确定的义务。

公司宣布解散后，于清算程序结束以前，其法人资格虽未完全消失，但其权利能力已受到限制，其存续只以清算为目的，与清算无关的经营活动一律停止。因此，清算组超出其清算范围的行为，其后果不归公司而应由清算组承担。

清算组在执行清算事务时，应当遵守法律、法规和公司章程以及股东（大）会的决议，应当维护股东及债权人利益。否则，应依法承担责任。

（三）清算程序

公司解散的清算按下列程序进行。

1. 成立清算组

公司应当在解散事由出现之日起 15 日内成立清算组，逾期不成立清算组进行清算的，债权人可以申请法院指定有关人员组成清算组进行清算。法院应当受理该申请，并及时组织清算组进行清算。

2. 通知并公告债权人

清算组应当在成立之日起 10 日内通知债权人，并于 60 日内在报纸上公告。债权人应当自接到通知书之日起 30 日内，未接到通知书的自公告之日起 45 日内，向清算组申报其债权，并说明债权的有关事项和提供证明材料，清算组对申报的债权应当登记。债权人在规定的期限内未申报债权，在公司清算程序终结前补充申报的,清算组应予登记。在申报债权期间，清算组不得对债权人进行清偿。

3. 清偿债务

清算组在清理公司财产、编制资产负债表和财产清单后，应当制定清算方案，并报股东（大）会或者人民法院确认。然后，除有担保的债权外，在优先拨付清算费用和共益债务后，按下列顺序清偿债务：职工工资和劳动保险费用；缴纳所欠税款；清偿公司债务。

债权人补充申报的债权，可以在公司尚未分配财产中依法清偿。公司尚未分配财产不能全额清偿的,债权人可以主张股东以其在剩余财产分配中已经取得的财产予以清偿，但债权人因重大过错未在规定期限内申报债权的除外。清算组未按规定履行通知和公告义务，导致债权人未及时申报债权而未获清偿的，债权人可以主张清算组成员对因此造成的损失承担赔偿责任。

法院指定的清算组在清理公司财产、编制资产负债表和财产清单时，发现公司财产不足清偿债务的，可以与债权人协商制作有关债务清偿方案。债务清偿方案经全体债权人确认且不损害其他利害关系人利益的，法院可依清算组的申请裁定予以认可。清算组依据该清偿方案清偿债务后，应当向法院申请裁定终结清算程序。债权人对债务清偿方案不予确认或者法院不予认可的，清算组应当依法向法院申请宣告破产。

4. 分配剩余财产

公司财产在分别支付清算费用、职工的工资、社会保险费用和法定补偿金，缴纳所欠税款，清偿公司债务后的剩余财产，有限责任公司按照股东的出资比例分配，股份有限公司按照股东持有的股份比例分配。公司在拨付清算费用和支付职工工资及劳动保险费用、缴纳税款和清偿债务前，不得对任何股东进行财产分配。

5. 注销登记与公告

公司清算结束后，清算组应当制作清算报告，报股东（大）会或者人民法院确认，并报送公司登记机关，申请注销公司登记，公告公司终止。公司登记机关对报告审查核准后，注销公司登记。清算组逾期不办理注销公司登记的，由公司登记机关吊销该公司的营业执照，并予以公告。

进一步阅读材料：

1. 法律出版社法规中心.中华人民共和国破产法注释本[M].北京：法律出版社，2010.
2. 王东敏.新破产法疑难解读与实务操作（修订版）[M].北京：法律出版社，2007.
3. 王欣新.破产法原理与案例教程[M].北京：中国人民大学出版社，2010.
4. 法律出版社法规中心.中华人民共和国公司法注释本[M].北京：法律出版社，2010.
5. 刘敏.公司解散清算制度[M].北京：北京大学出版社，2010.

本章思考题：

1. 为什么说破产是市场经济的重要机制之一？
2. 破产产生的影响和效应是什么？
3. 破产资产的分配顺序是怎样的？这样规定的原因是什么？
4. 破产与解散的清算工作有什么不同？

【章末案例】

三鹿破产清偿难题

2008 年引起社会各界广泛关注的三鹿奶粉事件发生后，石家庄市三鹿集团股份有限公司（以下简称三鹿）生产的大量液态奶、奶粉被追回和销毁，同时三鹿为支付患病婴幼儿的医疗费和赔偿费用而高额负债，最终导致三鹿资不抵债，于 2008 年底向法院申请破产。

2008 年 12 月 25 日，河北省石家庄政府在新闻发布会上宣布，三鹿破产清算案已经被石家庄市中级人民法院（以下简称石家庄中院）受理。与此同时，由黎雄兵等八名志愿律师组成的"毒奶粉受害者法律援助团"就此发出一个紧急法律声明："广大奶粉受害者是三鹿的未决债权人，必须严格依法保护其正当权益。"他们认为，考虑到广大婴幼儿受害者的长久善后及复杂漫长的赔偿程序，结合三鹿强大的产能和市场渠道优势等重组再造潜力，应保留赔偿义务主体以股权收购的方式对三鹿进行重组。

经过财务审计和资产评估，截至 2008 年 10 月 31 日，三鹿资产总额为 15.61 亿元，总负债 17.62 亿元，净资产-2.01 亿元；12 月 19 日，三鹿又借款 9.02 亿元，付给中国奶业协会，用于支付患病婴幼儿的治疗和赔偿费用。不包括 10 月 31 日后企业新发生的各种费用，目前三鹿净资产为-11.03 亿元，已经严重资不抵债。对于患病婴幼儿治疗的费用，主要是由政府先行支付，或者由相关医院垫付。在支付完这些费用后，其余的用于后续相关赔偿。

2009 年 1 月，三鹿进入破产程序后，举行了第一次债权人会议。因担心受害者失去获赔机会，有律师代表 117 名三鹿受害者向石家庄中院提起民事诉讼。三鹿进入破产清算程序，广大问题奶粉受害者面临的首要问题是如何申报债权。如果申报无门，则意味着全国数十万之众的奶粉受害者从三鹿可能得到的赔偿，仅限于前述 9.02 亿元中支付完目前医疗费用后所剩余部分。2009 年 2 月 12 日，石家庄中院发出民事裁定书，正式宣布三鹿破产。三鹿进入破产程序后，按照现行《破产法》规定，三鹿奶粉受害者的赔偿将放到普通债权里走破产程序，最后得到赔偿的概率微乎其微。

2009 年 11 月，石家庄中院做出裁定，终结已无财产可支配的三鹿破产程序。裁定中显示，三鹿对普通债权的清偿率为零。这意味着，结石患儿将无法从三鹿获得任何赔偿。

在得知三鹿破产消息后，有数百名经销商到三鹿聚集索要货款，并到河北省信访局上访。经销商代表抱怨石家庄市政府在处理三鹿重组一事中忽略了经销商和供货商这个最大的债权人群体，认为在处理三鹿重组一事中应该让他们经销商派代表参与，就连得知三鹿即将进入破产清算环节这一消息，他们也是通过非官方渠道得知的。河北省和石家庄市政府召开紧急会议研究决定，2008 年 12 月 24 日晚，"三鹿工作组"已与经销商达成协议，承诺将于 2009 年 1 月 10 日前，向所有经销商支付 30%的货款。如"企业"筹资困难，政府将积极协调给予保证。石家庄市政府也在 12 月 25 日的新闻发布会上透露，市政府在河北省政府的支持下，积极协助"企业"于 10 月 10 日筹措 3 亿元资金，以"商贸公司"名义给每位经销商解决了 30%的货款，同时与经销商签订了还款协议，约定于 2009 年 1 月 10 日左右再支付一定比例货款，剩余部分在企业正常生产半年内全部付清。

谈判的核心内容被媒体部分公布后，引起了三鹿员工的强烈不满。一位有着 30 年工龄，再有两年就可以退休的老职工向记者表示："如果已经破产，职工的养老保险等清偿应当是第一位的，工作组这样的谈判承诺，我们完全无法接受！"

讨论：三鹿破产清算程序存在什么样的问题？三鹿同经销商达成新的还款协议，这一协议是否符合《破产法》等相关法律的规定？承诺能否兑现？我国现行《破产法》未对人身损害赔偿债权进行规定，你认为是否应该保障人身损害赔偿的优先性？

参考文献

1. 埃德加·沙因.马红宇译.组织文化与领导力[M].北京：中国友谊出版公司，1989.
2. 奥利弗·威廉姆森.段毅才译.资本主义经济制度[M].北京：商务印书馆，2002.
3. 彼得·德鲁克.高增安等译.德鲁克经典管理案例解析[M].北京：机械工业出版社，2009.
4. 陈春花，宋一晓，曹洲涛.中国本土管理研究的回顾与展望[J].管理学报，2014（3）：321-329.
5. 陈春花.企业文化的改造与创新[J].北京大学学报（哲学社会科学版），1999（3）：51-56.
6. 陈国欣.财务管理学（第2版）[M].天津：南开大学出版社，2011.
7. 陈佳贵.管理学百年与中国管理学创新发展[J].经济管理，2013（3）：195-199.
8. 陈劲，王鹏飞.管理学的新体系[J].管理学报，2010（11）：730-735.
9. 成思危.成思危谈企业与管理科学[M].北京：企业管理出版社，2002.
10. 成思危.中国管理科学的学科结构与发展重点选择[J].管理科学学报，2000（1）：1-6.
11. 成思危.当代中国工商管理案例研究（1-3集）[M].北京：民主与建设出版社，1999.
12. 崔然红.企业文化背景下沃尔玛企业核心竞争力研究[J].北方经贸，2017（10）：115-116.
13. 法律出版社法规中心.中华人民共和国个人独资企业法[M].北京：法律出版社，1999.
14. 法律出版社法规中心.中华人民共和国公司法注释本[M].北京：法律出版社，2010.
15. 法律出版社法规中心.中华人民共和国破产法注释本[M].北京：法律出版社，2010.

16. 法律出版社法规中心.2017中华人民共和国公司法律法规全书（含典型案例）[M].北京：法律出版社，2017.

17. 法律出版社法规中心.个人独资企业法与合伙企业法及其关联法规[M].北京：法律出版社，2002.

18. 法律出版社法规中心.公司企业法律全书：设立、上市、治理、破产[M].北京：法律出版社，2016.

19. 法律出版社法规中心.中华人民共和国合伙企业法注释本[M].北京：法律出版社，2014.

20. 范健，王健文.公司法[M].北京：法律出版社，2016.

21. 郭菊娥，席酉民.我国管理科学研究的回顾与发展展望[J].管理工程学报，2004（3）：51-54.

22. 郝臣.中国上市公司治理案例[M].北京：中国发展出版社，2009.

23. 郝琴.社会责任国家标准解读[M].北京：中国经济出版社，2015.

24. 黄群慧.管理学发展的历史逻辑[J].社会科学管理与评论，2005（4）：13-19.

25. 加布里埃尔·哈瓦维尼，克劳德·维埃里.王全喜等译.高级经理财务管理——创造价值的过程[M].北京：机械工业出版社，2005.

26. 姜利军.管理学发展趋势研究[J].经济管理，2001（6）：9-24.

27. 劳伦斯·米勒.尉腾蛟译.美国企业精神——未来企业经营的八大原则[M].北京：中国友谊出版公司，1985.

28. 李爱华，卢转玲.我国推行员工持股计划的现状与建议——以华为技术有限公司成功实施员工持股计划为例[J].经营与管理，2017（7）：2-15.

29. 李东进，秦勇.现代营销学（第二版）[M].北京：中国发展出版社，2012.

30. 李恒，朱方明.中国企业的社会责任行为：理论与现实[M].北京：经济科学出版社，2016.

31. 李华军.阿里巴巴商业生态系统演化及其投融资战略协同——基于生命周期的视角[J].财会月刊，2015（21）：96-99.

32. 李继刚.以案说法——合伙企业法[M].北京：中国社会出版社，2006.

33. 李维安，郝臣.公司治理手册[M].北京：清华大学出版社，2015.

34. 李维安.公司治理学[M].北京：高等教育出版社，2009.

35. 李振勇.合伙制——互联网时代的高效企业组织模式[M].北京：人民邮电出版社，2016.

36. 理查德·帕斯卡尔，安东尼·阿索斯.陈今淼译.日本企业管理艺术[M].北京：中国科学技术翻译出版社，1984.

37. 林钟.伯利和米恩斯的股份公司理论研究[J].财经问题研究，1996（11）：72-77.

38. 刘俊海.现代公司法[M].北京：法律出版社，2015.

39. 刘敏.公司解散清算制度[M].北京：北京大学出版社，2010.

40. 刘育良.合伙时代：新竞争模式下的企业人才整合之道[M].北京：中国商业出版社，2017.

41. 刘志远.财务管理[M].天津：南开大学出版社，1999.

42. 卢东.基于消费者视角的企业社会责任研究[M].北京：科学出版社，2017.

43. 罗长海.创新文化与企业创新价值观的塑造[J].中国人民大学学报，2005（4）：9-16.

44. 罗长海.优质企业文化与应对经济危机[J].人力资源，2011（1）：17-19.

45. 罗仲伟.管理学方法与经济学方法的借鉴、融合[J].中国工业经济，2005（9）：114-121.

46. 马杜拉.商学导论（第4版）（英文版）[M].北京：人民邮电出版社，2016.

47. 马连福.营销诊断——营销病症与专家点拨[M].北京：首都经济贸易大学出版社，2004.

48. 马庆泉，吴清，刘钊.中国证券史[M].北京：中国金融出版社，2009.

49. 毛蕴诗.现代公司理论及其形成背景——兼论企业家与经理的区别[J].学术研究，2000（1）：15-16.

50. 庞守林，邱明，林光.企业并购管理[M].北京：清华大学出版社，2008.

51. 祁小伟，宋群超.中国A股市场18年[M].北京：中国财政经济出版社，2009.

52. 青木昌言.经济体制的比较制度分析[M].北京：中国发展出版社，2005.

53. 芮明杰.走向21世纪的管理学[J].管理科学学报，1998（4）：1-7.

54. 斯蒂芬·哈格，梅芙·卡明斯.严建援译.信息时代的管理信息系统[M].北京：机械工业出版社，2011.

55. 谭劲松.关于中国管理学科发展的讨论[J].管理世界，2007（1）：81-91.

56. 唐纳德·库珀，帕梅拉·欣德勒.孙健敏译.企业管理研究方法（第十版）[M].北京：中国人民大学出版社，2013.

57. 特雷斯·迪尔，阿伦·肯尼迪.唐铁军等译.企业文化——现代企业的精神支柱[M].上海：上海科学技术文献出版社，1989.

58. 田虹.从利益相关者视角看企业社会责任[J].管理现代化，2006（1）：23-25.

59. 托马斯·彼得斯，小罗伯特·沃特曼.余凯成译.成功之路：美国最佳管理企业的经验[M].北京：中国对外翻译出版公司，1985.

60. 脱明忠，刘新来.企业并购流程管理[M].北京：经济管理出版社，2007.

61. 汪应洛.当代中国管理科学与工程的学科发展与创新[J].管理学报，2005（1）：1-3.

62. 王东敏.新破产法疑难解读与实务操作（修订版）[M].北京：法律出版社，2007.

63. 王亮亮，彭晓东.国内外管理科学学科发展趋势研究——基于内容分析方法[J].

科学学研究，2007（5）：959-962.

64. 王卫东.浅谈个人独资企业法[J].观察与思考，2000（12）：35-36.

65. 王欣新.破产法原理与案例教程[M].北京：中国人民大学出版社，2010.

66. 王玉，南洋，许俊斌.国内外管理学研究热点和发展趋势的比较分析：2001～2009[J].经济管理，2010（8）：171-177.

67. 威廉·大内.孙耀君，王祖融译.Z 理论——美国企业界怎样迎接日本的挑战[M].北京：中国社会科学出版社，1984.

68. 魏文斌.西方管理学流派的重新划分[J].国外社会科学，2011（3）：119-124.

69. 武立东.组织理论与设计[M].北京：机械工业出版社，2015.

70. 奚菁，冯冈平.企业管理案例[M].北京：清华大学出版社，2017.

71. 杨栋，魏大鹏.科学观之演进与管理学科学属性之争[J].管理世界，2009（6）：124-134.

72. 杨小凯.经济学原理[M].北京：中国社会科学出版社，1998.

73. 袁奇.商学导论英语教程[M].北京：北京理工大学出版社，2012.

74. 袁庆宏.绩效管理[M].天津：南开大学出版社，2009.

75. 张党珠.中国企业跨国并购文化整合模式研究[D].南开大学，2014.

76. 张建红，卫新江，海柯·艾伯斯.决定中国企业海外收购成败的因素分析[J].管理世界，2010（3）：97-107.

77. 张仁江.企业文化、创业导向与企业绩效关系研究[D].南开大学，2010.

78. 张维等.基于文献计量方法的"十一五"期间工商管理学科国内外研究热点比较与分析[J].科学学与科学技术管理，2006（3）：5-10.

79. 张晓农.现代企业税务管理：面向企业面向决策[M].天津：南开大学出版社，2010.

80. 张玉利.管理学（第 2 版）[M].天津：南开大学出版社，2004.

81. 张志强，王春香.西方企业社会责任的演化及其体系[J].宏观经济研究，2005（9）：19-24.

82. 郑晓丹.管理学发展的现状与趋势研究[J].现代商业，2015（6）：137-138.

83. 中国法制出版社.中华人民共和国合伙企业登记管理办法[M].北京：中国法制出版社，2007.

84. 中国证券监督管理委员会.中国资本市场发展报告[M].北京：中国金融出版社，2008.

85. 中国注册会计师协会.经济法[M].北京：中国财政经济出版社，2017.

86. 周海燕.个人独资企业和个体工商户的区别[N].中国工商报，2008-08-16（A03）.

87. 周晓苏.会计学（第二版）[M].北京：清华大学出版社，2013.

88. 周新刚，肖小虹.工商管理学科导论[M].北京：科学出版社，2017.

89. 朱镕基.管理科学 兴国之道[J].管理科学文摘，2006（7）：12.

90. Adolf A. Berle. Corporate Powers as Powers in Trust[J]. Harvard Law Review，1931，44（7）：1049-1074.

91. Archie B. Carroll. A Three-Dimensional Conceptual Model of Corporate Performance [J]. Academy of Management Review，1979，4（4）：497-505.

92. Donna J. Wood. Social Issues in Management：Theory and Research in Corporate Social Performance [J]. Journal of Management，1991，17（2）：383-406.

93. E. Merrick Dodd. For Whom Are Corporate Managers Trustees?[J]. Harvard Law Review，1932，45（7）：1145-1163.

94. Edwin M. Epstein. Business Ethics，Corporate Good Citizenship and the Corporate Social Policy Process：A View from the United States [J]. Journal of Business Ethics，1989，8（8）：583-595.

95. G. Henry Manne. Social Responsibility of Regulated Utilities：An Easy Dedicated to Wilber G. Katz [J]. Wisconsin Law Review，1972，4：995-1009.

96. Harold Koontz. Making Theory Operational：The Span of Management [J]. Journal of Management Studies，1966，3（3）：229-243.

97. Peter F. Drucker. The Discipline of Innovation [J]. Leader to Leader，1998，9：13-15.

98. Petcr F. Druckcr. Toward the New Organization [J]. Leader to Leader，1997，3：6-8.

99. R. Bowen Howard. Social Responsibility of the Business[M].New York：Harper，1953.

100. Steven L. Wartick，Philip L. Cochran. The Evolution of the Corporate Social Performance Model [J]. Academy of Management Review，1985，10（4）：758-769.

附录 1 《中华人民共和国全民所有制工业企业法》

1988 年 4 月 13 日第七届全国人民代表大会第一次会议通过，1988 年 4 月 13 日中华人民共和国主席令第三号公布；2009 年 8 月 27 日修订，新修订的《中华人民共和国全民所有制工业企业法》自修订之日施行。

第一章 总则

第一条 为保障全民所有制经济的巩固和发展，明确全民所有制工业企业的权利和义务，保障其合法权益，增强其活力，促进社会主义现代化建设，根据《中华人民共和国宪法》，制定本法。

第二条 全民所有制工业企业（以下简称企业）是依法自主经营、自负盈亏、独立核算的社会主义商品生产的经营单位。

企业的财产属于全民所有，国家依照所有权和经营权分离的原则授予企业经营管理。企业对国家授予其经营管理的财产享有占有、使用和依法处分的权利。

企业依法取得法人资格，以国家授予其经营管理的财产承担民事责任。

第三条 企业的根本任务是：根据国家计划和市场需求，发展商品生产，创造财富，增加积累，满足社会日益增长的物质和文化生活需要。

第四条 企业必须坚持在建设社会主义物质文明的同时，建设社会主义精神文明，建设有理想、有道德、有文化、有纪律的职工队伍。

第五条 企业必须遵守法律、法规，坚持社会主义方向。

第六条 企业必须有效地利用国家授予其经营管理的财产，实现资产增值；依法缴纳税金、费用、利润。

第七条 企业实行厂长（经理）负责制。

厂长依法行使职权，受法律保护。

第八条 中国共产党在企业中的基层组织，对党和国家的方针、政策在本企业的贯彻执行实行保证监督。

第九条 国家保障职工的主人翁地位，职工的合法权益受法律保护。

第十条　企业通过职工代表大会和其他形式，实行民主管理。

第十一条　企业工会代表和维护职工利益，依法独立自主地开展工作。企业工会组织职工参加民主管理和民主监督。

企业应当充分发挥青年职工、女职工和科学技术人员的作用。

第十二条　企业必须加强和改善经营管理，实行经济责任制，推进科学技术进步，厉行节约，反对浪费，提高经济效益，促进企业的改造和发展。

第十三条　企业贯彻按劳分配原则。在法律规定的范围内，企业可以采取其他分配方式。

第十四条　国家授予企业经营管理的财产受法律保护，不受侵犯。

第十五条　企业的合法权益受法律保护，不受侵犯。

第二章　企业的设立、变更和终止

第十六条　设立企业，必须依照法律和国务院规定，报请政府或者政府主管部门审核批准。经工商行政管理部门核准登记、发给营业执照，企业取得法人资格。

企业应当在核准登记的经营范围内从事生产经营活动。

第十七条　设立企业必须具备以下条件：

（一）产品为社会所需要。

（二）有能源、原材料、交通运输的必要条件。

（三）有自己的名称和生产经营场所。

（四）有符合国家规定的资金。

（五）有自己的组织机构。

（六）有明确的经营范围。

（七）法律、法规规定的其他条件。

第十八条　企业合并或者分立，依照法律、行政法规的规定，由政府或者政府主管部门批准。

第十九条　企业由于下列原因之一终止：

（一）违反法律、法规被责令撤销。

（二）政府主管部门依照法律、法规的规定决定解散。

（三）依法被宣告破产。

（四）其他原因。

第二十条　企业合并、分立或者终止时，必须保护其财产，依法清理债权、债务。

第二十一条　企业的合并、分立、终止，以及经营范围等登记事项的变更，须经工商行政管理部门核准登记。

第三章　企业的权利和义务

第二十二条　在国家计划指导下，企业有权自行安排生产社会需要的产品或者为社会提供服务。

第二十三条 企业有权要求调整没有必需的计划供应物资或者产品销售安排的指令性计划。

第二十四条 企业有权自行销售本企业的产品，国务院另有规定的除外。

承担指令性计划的企业，有权自行销售计划外超产的产品和计划内分成的产品。

第二十五条 企业有权自行选择供货单位，购进生产需要的物资。

第二十六条 除国务院规定由物价部门和有关主管部门控制价格的以外，企业有权自行确定产品价格、劳务价格。

第二十七条 企业有权依照国务院规定与外商谈判并签订合同。

企业有权依照国务院规定提取和使用分成的外汇收入。

第二十八条 企业有权依照国务院规定支配使用留用资金。

第二十九条 企业有权依照国务院规定出租或者有偿转让国家授予其经营管理的固定资产，所得的收益必须用于设备更新和技术改造。

第三十条 企业有权确定适合本企业情况的工资形式和奖金分配办法。

第三十一条 企业有权依照法律和国务院规定录用、辞退职工。

第三十二条 企业有权决定机构设置及其人员编制。

第三十三条 企业有权拒绝任何机关和单位向企业摊派人力、物力、财力。除法律、法规另有规定外，任何机关和单位以任何方式要求企业提供人力、物力、财力的，都属于摊派。

第三十四条 企业有权依照法律和国务院规定与其他企业、事业单位联营，向其他企业、事业单位投资，持有其他企业的股份。

企业有权依照国务院规定发行债券。

第三十五条 企业必须保障固定资产的正常维修、改进和更新设备。

第三十六条 企业必须遵守国家关于财务、劳动工资和物价管理等方面的规定，接受财政、审计、劳动工资和物价等机关的监督。

第三十七条 企业必须保证产品质量和服务质量，对用户和消费者负责。

第三十八条 企业必须提高劳动效率，节约能源和原材料，努力降低成本。

第三十九条 企业必须加强保卫工作，维护生产秩序，保护国家财产。

第四十条 企业必须贯彻安全生产制度，改善劳动条件，做好劳动保护环境保护工作，做到安全生产和文明生产。

第四十一条 企业应当加强思想政治教育、法制教育、国防教育、科学文化教育和技术业务培训，提高职工队伍的素质。

第四十二条 企业应当支持和奖励职工进行科学研究、发明创造，开展技术革新、合理化建议和社会主义劳动竞赛活动。

第四章 厂长

第四十三条 厂长的产生，除国务院另有规定外，由政府主管部门根据企业的情况决定采取下列一种方式：

（一）政府主管部门委任或者招聘。

（二）企业职工代表大会选举。

政府主管部门委任或者招聘的厂长人选，须征求职工代表的意见；企业职工代表大会选举的厂长，须报政府主管部门批准。

政府主管部门委任或者招聘的厂长，由政府主管部门免职或者解聘，并须征求职工代表的意见；企业职工代表大会选举的厂长，由职工代表大会罢免，并须报政府主管部门批准。

第四十四条　厂长是企业的法定代表人。

企业建立以厂长为首的生产经营管理系统。厂长在企业中处于中心地位，对企业的物质文明建设和精神文明建设负有全面责任。

厂长领导企业的生产经营管理工作，行使下列职权：

（一）依照法律和国务院规定，决定或者报请审查批准企业的各项计划。

（二）决定企业行政机构的设置。

（三）提请政府主管部门任免或者聘任、解聘副厂级行政领导干部。法律和国务院另有规定的除外。

（四）任免或者聘任、解聘企业中层行政领导干部。法律另有规定的除外。

（五）提出工资调整方案、奖金分配方案和重要的规章制度，提请职工代表大会审查同意。提出福利基金使用方案和其他有关职工生活福利的重大事项的建议，提请职工代表大会审议决定。

（六）依法奖惩职工；提请政府主管部门奖惩副厂级行政领导干部。

第四十五条　厂长必须依靠职工群众履行本法规定的企业的各项义务，支持职工代表大会、工会和其他群众组织的工作，执行职工代表大会依法做出的决定。

第四十六条　企业设立管理委员会或者通过其他形式，协助厂长决定企业的重大问题。管理委员会由企业各方面的负责人和职工代表组成。厂长任管理委员会主任。

前款所称重大问题：

（一）经营方针、长远规划和年度计划、基本建设方案和重大技术改造方案，职工培训计划，工资调整方案，留用资金分配和使用方案，承包和租赁经营责任制方案。

（二）工资列入企业成本开支的企业人员编制和行政机构的设置和调整。

（三）制订、修改和废除重要规章制度的方案。

上述重大问题的讨论方案，均由厂长提出。

第四十七条　厂长在领导企业完成计划、提高产品质量和服务质量、提高经济效益和加强精神文明建设等方面成绩显著的，由政府主管部门给予奖励。

第五章　职工和职工代表大会

第四十八条　职工有参加企业民主管理的权利，有对企业的生产和工作提出意见和建设的权利；有依法享受劳动保护、劳动保险、休息、休假的权利；有向国家机关反映真实情况，对企业领导干部提出批评和控告的权利。女职工有依照国家规定享受特殊劳动保护和劳动保险的权利。

第四十九条 职工应当以国家主人翁的态度从事劳动，遵守劳动纪律和规章制度，完成生产和工作任务。

第五十条 职工代表大会是企业实行民主管理的基本形式，是职工行使民主管理权力的机构。

职工代表大会的工作机构是企业的工会委员会。企业工会委员会负责职工代表大会日常工作。

第五十一条 职工代表大会行使下列职权：

（一）听取和审议厂长关于企业的经营方针、长远规划、年度计划、基本建设方案、重大技术改造方案、职工培训计划、留用资金分配和使用方案、承包和租赁经营责任制方案的报告，提出意见和建议。

（二）审查同意或者否决企业的工资调整方案、奖金分配方案、劳动保护措施、奖惩办法以及其他重要的规章制度。

（三）审议决定职工福利基金使用方案、职工住宅分配方案和其他有关职工生活福利的重大事项。

（四）评议、监督企业各级行政领导干部，提出奖惩和任免的建议。

（五）根据政府主管部门的决定选举厂长，报政府主管部门批准。

第五十二条 车间通过职工大会，职工代表组或者其他形式实行民主管理。工人直接参加班组的民主管理。

第五十三条 职工代表大会应当支持厂长依法行使职权，教育职工履行本法规定的义务。

第六章 企业和政府的关系

第五十四条 政府有关部门按照国家调节市场、市场引导企业的目标，为企业提供服务，并根据各自的职责，依照法律、法规的规定，对企业实行管理和监督。

（一）制定、调整产业政策，指导企业制定发展规划。

（二）为企业的经营决策提供咨询、信息。

（三）协调企业与其他单位之间的关系。

（四）维护企业正常的生产秩序，保护企业经营管理的国家财产不受侵犯。

（五）逐步完善与企业有关的公共设施。

第五十五条 企业所在地的县级以上地方政府应当提供企业所需的由地方计划管理的物资，协调企业与当地其他单位之间的关系，努力办好与企业有关的公共福利事业。

第五十六条 任何机关和单位不得侵犯企业依法享有的经营管理自主权；不得向企业摊派人力、物力、财力；不得要求企业设置机构或者规定机构的编制人数。

第七章 法律责任

第五十七条 违反本法第十六条规定，未经政府或者政府主管部门审核批准和工商行政管理部门核准登记，以企业名义进行生产经营活动的，责令停业，没收违法所得。

企业向登记机关弄虚作假、隐瞒真实情况的，给予警告或者处以罚款；情节严重的，吊销营业执照。

本条规定的行政处罚，由县级以上工商行政管理部门决定。当事人对罚款，责令停业，没收违法所得、吊销营业执照的处罚决定不服的，可以在接到处罚通知之日起十五日内向法院起诉；逾期不起诉又不履行的，由做出处罚决定的机关申请法院强制执行。

第五十八条 企业因生产、销售质量不合格的产品，给用户和消费者造成财产、人身损害的，应当承担赔偿责任；构成犯罪的，对直接责任人员依法追究刑事责任。

产品质量不符合经济合同约定的条件的，应当承担违约责任。

第五十九条 政府和政府有关部门的决定违反本法第五十六条规定的，企业有权向做出决定的机关申请撤销；不予撤销的，企业有权向做出决定的机关的上一级机关或者政府监察部门申诉。接受申诉的机关应于接到申诉之日起三十日内做出裁决并通知企业。

第六十条 企业领导干部滥用职权，侵犯职工合法权益，情节严重的，由政府主管部门给予行政处分；滥用职权、假公济私，对职工实行报复陷害的，依照刑法有关规定追究刑事责任。

第六十一条 企业和政府有关部门的领导干部，因工作过失给企业和国家造成较大损失的，由政府主管部门或者有关上级机关给予行政处分。

企业和政府有关部门的领导干部玩忽职守，致使企业财产、国家和人民利益遭受重大损失的，依照刑法有关规定追究刑事责任。

第六十二条 扰乱企业的秩序，致使生产、营业、工作不能正常进行，尚未造成严重损失的，由企业所在地公安机关依照《中华人民共和国治安管理处罚法》的规定处罚。

第八章 附则

第六十三条 本法的原则适用于全民所有制交通运输、邮电、地质勘探、建筑安装、商业、外贸、物资、农林、水利企业。

第六十四条 企业实行承包、租赁经营责任制的，除遵守本法规定外，发包方和承包方、出租方和承租方的权利、义务依照国务院有关规定执行。

联营企业、大型联合企业和股份企业，其领导体制依照国务院有关规定执行。

第六十五条 国务院根据本法制定实施条例。

第六十六条 自治区人民代表大会常务委员会可以根据本法和《中华人民共和国民族区域自治法》的原则，结合当地的特点，制定实施办法，报全国人民代表大会常务委员会备案。

第六十七条 本法自 2009 年 8 月 27 日起施行。

附录 2 《中华人民共和国公司法》

《中华人民共和国公司法》由中华人民共和国第八届全国人民代表大会常务委员会第五次会议于 1993 年 12 月 29 日通过，1993 年 12 月 29 日中华人民共和国主席令第十六号公布，自 1994 年 7 月 1 日起施行；根据 1999 年 12 月 25 日第九届全国人民代表大会常务委员会第十三次会议《关于修改〈中华人民共和国公司法〉的决定》第一次修改（修正）；根据 2004 年 8 月 28 日第十届全国人民代表大会常务委员会第十一次会议《关于修改〈中华人民共和国公司法〉的决定》第二次修改（修正）；中华人民共和国第十届全国人民代表大会常务委员会第十八次会议于 2005 年 10 月 27 日通过第三次修改（修订）后的《中华人民共和国公司法》，修订后的《中华人民共和国公司法》自 2006 年 1 月 1 日起施行；2013 年 12 月 28 日，中华人民共和国第十二届全国人民代表大会常务委员会第六次会议通过对《中华人民共和国公司法》所做的第四次修改（修正），自 2014 年 3 月 1 日起施行。

第一章　总则

第一条　为了规范公司的组织和行为，保护公司、股东和债权人的合法权益，维护社会经济秩序，促进社会主义市场经济的发展，制定本法。

第二条　本法所称公司是指依照本法在中国境内设立的有限责任公司和股份有限公司。

第三条　公司是企业法人，有独立的法人财产，享有法人财产权。公司以其全部财产对公司的债务承担责任。

有限责任公司的股东以其认缴的出资额为限对公司承担责任；股份有限公司的股东以其认购的股份为限对公司承担责任。

第四条　公司股东依法享有资产收益、参与重大决策和选择管理者等权利。

第五条　公司从事经营活动，必须遵守法律、行政法规，遵守社会公德、商业道德，诚实守信，接受政府和社会公众的监督，承担社会责任。

公司的合法权益受法律保护，不受侵犯。

第六条　设立公司，应当依法向公司登记机关申请设立登记。符合本法规定的设立条件的，由公司登记机关分别登记为有限责任公司或者股份有限公司；不符合本法规定的设立条件的，不得登记为有限责任公司或者股份有限公司。

法律、行政法规规定设立公司必须报经批准的，应当在公司登记前依法办理批准手续。

公众可以向公司登记机关申请查询公司登记事项，公司登记机关应当提供查询服务。

第七条　依法设立的公司，由公司登记机关发给公司营业执照。公司营业执照签发日期为公司成立日期。

公司营业执照应当载明公司的名称、住所、注册资本、经营范围、法定代表人姓名等事项。

公司营业执照记载的事项发生变更的，公司应当依法办理变更登记，由公司登记机关换发营业执照。

第八条　依照本法设立的有限责任公司，必须在公司名称中标明有限责任公司或者有限公司字样。

依照本法设立的股份有限公司，必须在公司名称中标明股份有限公司或者股份公司字样。

第九条　有限责任公司变更为股份有限公司，应当符合本法规定的股份有限公司的条件。股份有限公司变更为有限责任公司，应当符合本法规定的有限责任公司的条件。

有限责任公司变更为股份有限公司的，或者股份有限公司变更为有限责任公司的，公司变更前的债权、债务由变更后的公司承继。

第十条　公司以其主要办事机构所在地为住所。

第十一条　设立公司必须依法制定公司章程。公司章程对公司、股东、董事、监事、高级管理人员具有约束力。

第十二条　公司的经营范围由公司章程规定，并依法登记。公司可以修改公司章程，改变经营范围，但是应当办理变更登记。

公司的经营范围中属于法律、行政法规规定须经批准的项目，应当依法经过批准。

第十三条　公司法定代表人依照公司章程的规定，由董事长、执行董事或者经理担任，并依法登记。公司法定代表人变更，应当办理变更登记。

第十四条　公司可以设立分公司。设立分公司，应当向公司登记机关申请登记，领取营业执照。分公司不具有法人资格，其民事责任由公司承担。

公司可以设立子公司，子公司具有法人资格，依法独立承担民事责任。

第十五条　公司可以向其他企业投资；但是，除法律另有规定外，不得成为对所投资企业的债务承担连带责任的出资人。

第十六条　公司向其他企业投资或者为他人提供担保，依照公司章程的规定，由董事会或者股东会、股东大会决议；公司章程对投资或者担保的总额及单项投资或者担保的数额有限额规定的，不得超过规定的限额。

公司为公司股东或者实际控制人提供担保的，必须经股东会或者股东大会决议。

前款规定的股东或者受前款规定的实际控制人支配的股东，不得参加前款规定事项的表决。该项表决由出席会议的其他股东所持表决权的过半数通过。

第十七条 公司必须保护职工的合法权益，依法与职工签订劳动合同，参加社会保险，加强劳动保护，实现安全生产。

公司应当采用多种形式，加强公司职工的职业教育和岗位培训，提高职工素质。

第十八条 公司职工依照《中华人民共和国工会法》组织工会，开展工会活动，维护职工合法权益。公司应当为本公司工会提供必要的活动条件。公司工会代表职工就职工的劳动报酬、工作时间、福利、保险和劳动安全卫生等事项依法与公司签订集体合同。

公司依照宪法和有关法律的规定，通过职工代表大会或者其他形式，实行民主管理。

公司研究决定改制以及经营方面的重大问题、制定重要的规章制度时，应当听取公司工会的意见，并通过职工代表大会或者其他形式听取职工的意见和建议。

第十九条 在公司中，根据中国共产党章程的规定，设立中国共产党的组织，开展党的活动。公司应当为党组织的活动提供必要条件。

第二十条 公司股东应当遵守法律、行政法规和公司章程，依法行使股东权利，不得滥用股东权利损害公司或者其他股东的利益；不得滥用公司法人独立地位和股东有限责任损害公司债权人的利益。

公司股东滥用股东权利给公司或者其他股东造成损失的，应当依法承担赔偿责任。

公司股东滥用公司法人独立地位和股东有限责任，逃避债务，严重损害公司债权人利益的，应当对公司债务承担连带责任。

第二十一条 公司的控股股东、实际控制人、董事、监事、高级管理人员不得利用其关联关系损害公司利益。

违反前款规定，给公司造成损失的，应当承担赔偿责任。

第二十二条 公司股东会或者股东大会、董事会的决议内容违反法律、行政法规的无效。

股东会或者股东大会、董事会的会议召集程序、表决方式违反法律、行政法规或者公司章程，或者决议内容违反公司章程的，股东可以自决议做出之日起六十日内，请求人民法院撤销。

股东依照前款规定提起诉讼的，人民法院可以应公司的请求，要求股东提供相应担保。

公司根据股东会或者股东大会、董事会决议已办理变更登记的，人民法院宣告该决议无效或者撤销该决议后，公司应当向公司登记机关申请撤销变更登记。

第二章 有限责任公司的设立和组织机构
第一节 设立

第二十三条 设立有限责任公司，应当具备下列条件：

（一）股东符合法定人数；

（二）有符合公司章程规定的全体股东认缴的出资额；

（三）股东共同制定公司章程；

（四）有公司名称，建立符合有限责任公司要求的组织机构；

（五）有公司住所。

第二十四条　有限责任公司由五十个以下股东出资设立。

第二十五条　有限责任公司章程应当载明下列事项：

（一）公司名称和住所；

（二）公司经营范围；

（三）公司注册资本；

（四）股东的姓名或者名称；

（五）股东的出资方式、出资额和出资时间；

（六）公司的机构及其产生办法、职权、议事规则；

（七）公司法定代表人；

（八）股东会会议认为需要规定的其他事项。

股东应当在公司章程上签名、盖章。

第二十六条　有限责任公司的注册资本为在公司登记机关登记的全体股东认缴的出资额。

法律、行政法规以及国务院决定对有限责任公司注册资本实缴、注册资本最低限额另有规定的，从其规定。

第二十七条　股东可以用货币出资，也可以用实物、知识产权、土地使用权等可以用货币估价并可以依法转让的非货币财产作价出资；但是，法律、行政法规规定不得作为出资的财产除外。

对作为出资的非货币财产应当评估作价，核实财产，不得高估或者低估作价。法律、行政法规对评估作价有规定的，从其规定。

第二十八条　股东应当按期足额缴纳公司章程中规定的各自所认缴的出资额。股东以货币出资的，应当将货币出资足额存入有限责任公司在银行开设的账户；以非货币财产出资的，应当依法办理其财产权的转移手续。

股东不按照前款规定缴纳出资的，除应当向公司足额缴纳外，还应当向已按期足额缴纳出资的股东承担违约责任。

第二十九条　股东认足公司章程规定的出资后，由全体股东指定的代表或者共同委托的代理人向公司登记机关报送公司登记申请书、公司章程等文件，申请设立登记。

第三十条　有限责任公司成立后，发现作为设立公司出资的非货币财产的实际价额显著低于公司章程所定价额的，应当由交付该出资的股东补足其差额；公司设立时的其他股东承担连带责任。

第三十一条 有限责任公司成立后，应当向股东签发出资证明书。

出资证明书应当载明下列事项：

（一）公司名称；

（二）公司成立日期；

（三）公司注册资本；

（四）股东的姓名或者名称、缴纳的出资额和出资日期；

（五）出资证明书的编号和核发日期。

出资证明书由公司盖章。

第三十二条 有限责任公司应当置备股东名册，记载下列事项：

（一）股东的姓名或者名称及住所；

（二）股东的出资额；

（三）出资证明书编号。

记载于股东名册的股东，可以依股东名册主张行使股东权利。

公司应当将股东的姓名或者名称向公司登记机关登记；登记事项发生变更的，应当办理变更登记。未经登记或者变更登记的，不得对抗第三人。

第三十三条 股东有权查阅、复制公司章程、股东会会议记录、董事会会议决议、监事会会议决议和财务会计报告。

股东可以要求查阅公司会计账簿。股东要求查阅公司会计账簿的，应当向公司提出书面请求，说明目的。公司有合理根据认为股东查阅会计账簿有不正当目的，可能损害公司合法利益的，可以拒绝提供查阅，并应当自股东提出书面请求之日起十五日内书面答复股东并说明理由。公司拒绝提供查阅的,股东可以请求人民法院要求公司提供查阅。

第三十四条 股东按照实缴的出资比例分取红利；公司新增资本时，股东有权优先按照实缴的出资比例认缴出资。但是，全体股东约定不按照出资比例分取红利或者不按照出资比例优先认缴出资的除外。

第三十五条 公司成立后，股东不得抽逃出资。

第二节 组织机构

第三十六条 有限责任公司股东会由全体股东组成。股东会是公司的权力机构，依照本法行使职权。

第三十七条 股东会行使下列职权：

（一）决定公司的经营方针和投资计划；

（二）选举和更换非由职工代表担任的董事、监事，决定有关董事、监事的报酬事项；

（三）审议批准董事会的报告；

（四）审议批准监事会或者监事的报告；

（五）审议批准公司的年度财务预算方案、决算方案；

（六）审议批准公司的利润分配方案和弥补亏损方案；

（七）对公司增加或者减少注册资本做出决议；

（八）对发行公司债券做出决议；

（九）对公司合并、分立、解散、清算或者变更公司形式做出决议；

（十）修改公司章程；

（十一）公司章程规定的其他职权。

对前款所列事项股东以书面形式一致表示同意的，可以不召开股东会会议，直接做出决定，并由全体股东在决定文件上签名、盖章。

第三十八条　首次股东会会议由出资最多的股东召集和主持，依照本法规定行使职权。

第三十九条　股东会会议分为定期会议和临时会议。

定期会议应当依照公司章程的规定按时召开。代表十分之一以上表决权的股东，三分之一以上的董事，监事会或者不设监事会的公司的监事提议召开临时会议的，应当召开临时会议。

第四十条　有限责任公司设立董事会的，股东会会议由董事会召集，董事长主持；董事长不能履行职务或者不履行职务的，由副董事长主持；副董事长不能履行职务或者不履行职务的，由半数以上董事共同推举一名董事主持。

有限责任公司不设董事会的，股东会会议由执行董事召集和主持。

董事会或者执行董事不能履行或者不履行召集股东会会议职责的，由监事会或者不设监事会的公司的监事召集和主持；监事会或者监事不召集和主持的，代表十分之一以上表决权的股东可以自行召集和主持。

第四十一条　召开股东会会议，应当于会议召开十五日前通知全体股东；但是，公司章程另有规定或者全体股东另有约定的除外。

股东会应当对所议事项的决定作成会议记录，出席会议的股东应当在会议记录上签名。

第四十二条　股东会会议由股东按照出资比例行使表决权；但是，公司章程另有规定的除外。

第四十三条　股东会的议事方式和表决程序，除本法有规定的外，由公司章程规定。

股东会会议做出修改公司章程、增加或者减少注册资本的决议，以及公司合并、分立、解散或者变更公司形式的决议，必须经代表三分之二以上表决权的股东通过。

第四十四条　有限责任公司设董事会，其成员为三人至十三人；但是，本法第五十条另有规定的除外。

两个以上的国有企业或者两个以上的其他国有投资主体投资设立的有限责任公司，其董事会成员中应当有公司职工代表；其他有限责任公司董事会成员中可以有公司职工代表。董事会中的职工代表由公司职工通过职工代表大会、职工大会或者其他形式民主选举产生。

董事会设董事长一人，可以设副董事长。董事长、副董事长的产生办法由公司章程规定。

第四十五条 董事任期由公司章程规定，但每届任期不得超过三年。董事任期届满，连选可以连任。

董事任期届满未及时改选，或者董事在任期内辞职导致董事会成员低于法定人数的，在改选出的董事就任前，原董事仍应当依照法律、行政法规和公司章程的规定，履行董事职务。

第四十六条 董事会对股东会负责，行使下列职权：

（一）召集股东会会议，并向股东会报告工作；

（二）执行股东会的决议；

（三）决定公司的经营计划和投资方案；

（四）制订公司的年度财务预算方案、决算方案；

（五）制订公司的利润分配方案和弥补亏损方案；

（六）制订公司增加或者减少注册资本以及发行公司债券的方案；

（七）制订公司合并、分立、解散或者变更公司形式的方案；

（八）决定公司内部管理机构的设置；

（九）决定聘任或者解聘公司经理及其报酬事项，并根据经理的提名决定聘任或者解聘公司副经理、财务负责人及其报酬事项；

（十）制定公司的基本管理制度；

（十一）公司章程规定的其他职权。

第四十七条 董事会会议由董事长召集和主持；董事长不能履行职务或者不履行职务的，由副董事长召集和主持；副董事长不能履行职务或者不履行职务的，由半数以上董事共同推举一名董事召集和主持。

第四十八条 董事会的议事方式和表决程序，除本法有规定的外，由公司章程规定。

董事会应当对所议事项的决定作成会议记录，出席会议的董事应当在会议记录上签名。

董事会决议的表决，实行一人一票。

第四十九条 有限责任公司可以设经理，由董事会决定聘任或者解聘。经理对董事会负责，行使下列职权：

（一）主持公司的生产经营管理工作，组织实施董事会决议；

（二）组织实施公司年度经营计划和投资方案；

（三）拟订公司内部管理机构设置方案；

（四）拟订公司的基本管理制度；

（五）制定公司的具体规章；

（六）提请聘任或者解聘公司副经理、财务负责人；

（七）决定聘任或者解聘除应由董事会决定聘任或者解聘以外的负责管理人员；

（八）董事会授予的其他职权。

公司章程对经理职权另有规定的，从其规定。

经理列席董事会会议。

第五十条　股东人数较少或者规模较小的有限责任公司，可以设一名执行董事，不设董事会。执行董事可以兼任公司经理。

执行董事的职权由公司章程规定。

第五十一条　有限责任公司设监事会，其成员不得少于三人。股东人数较少或者规模较小的有限责任公司，可以设一至二名监事，不设监事会。

监事会应当包括股东代表和适当比例的公司职工代表，其中职工代表的比例不得低于三分之一，具体比例由公司章程规定。监事会中的职工代表由公司职工通过职工代表大会、职工大会或者其他形式民主选举产生。

监事会设主席一人，由全体监事过半数选举产生。监事会主席召集和主持监事会会议；监事会主席不能履行职务或者不履行职务的，由半数以上监事共同推举一名监事召集和主持监事会会议。

董事、高级管理人员不得兼任监事。

第五十二条　监事的任期每届为三年。监事任期届满，连选可以连任。

监事任期届满未及时改选，或者监事在任期内辞职导致监事会成员低于法定人数的，在改选出的监事就任前，原监事仍应当依照法律、行政法规和公司章程的规定，履行监事职务。

第五十三条　监事会、不设监事会的公司的监事行使下列职权：

（一）检查公司财务；

（二）对董事、高级管理人员执行公司职务的行为进行监督，对违反法律、行政法规、公司章程或者股东会决议的董事、高级管理人员提出罢免的建议；

（三）当董事、高级管理人员的行为损害公司的利益时，要求董事、高级管理人员予以纠正；

（四）提议召开临时股东会会议，在董事会不履行本法规定的召集和主持股东会会议职责时召集和主持股东会会议；

（五）向股东会会议提出提案；

（六）依照本法第一百五十一条的规定，对董事、高级管理人员提起诉讼；

（七）公司章程规定的其他职权。

第五十四条　监事可以列席董事会会议，并对董事会决议事项提出质询或者建议。

监事会、不设监事会的公司的监事发现公司经营情况异常，可以进行调查；必要时，可以聘请会计师事务所等协助其工作，费用由公司承担。

第五十五条　监事会每年度至少召开一次会议，监事可以提议召开临时监事会会议。监事会的议事方式和表决程序，除本法有规定的外，由公司章程规定。

监事会决议应当经半数以上监事通过。

监事会应当对所议事项的决定作成会议记录，出席会议的监事应当在会议记录上签名。

第五十六条　监事会、不设监事会的公司的监事行使职权所必需的费用，由公司承担。

第三节　一人有限责任公司的特别规定

第五十七条　一人有限责任公司的设立和组织机构，适用本节规定；本节没有规定的，适用本章第一节、第二节的规定。

本法所称一人有限责任公司，是指只有一个自然人股东或者一个法人股东的有限责任公司。

第五十八条　一个自然人只能投资设立一个一人有限责任公司。该一人有限责任公司不能投资设立新的一人有限责任公司。

第五十九条　一人有限责任公司应当在公司登记中注明自然人独资或者法人独资，并在公司营业执照中载明。

第六十条　一人有限责任公司章程由股东制定。

第六十一条　一人有限责任公司不设股东会。股东做出本法第三十七条第一款所列决定时，应当采用书面形式，并由股东签名后置备于公司。

第六十二条　一人有限责任公司应当在每一会计年度终了时编制财务会计报告，并经会计师事务所审计。

第六十三条　一人有限责任公司的股东不能证明公司财产独立于股东自己的财产的，应当对公司债务承担连带责任。

第四节　国有独资公司的特别规定

第六十四条　国有独资公司的设立和组织机构，适用本节规定；本节没有规定的，适用本章第一节、第二节的规定。

本法所称国有独资公司，是指国家单独出资、由国务院或者地方人民政府授权本级人民政府国有资产监督管理机构履行出资人职责的有限责任公司。

第六十五条　国有独资公司章程由国有资产监督管理机构制定，或者由董事会制订报国有资产监督管理机构批准。

第六十六条　国有独资公司不设股东会，由国有资产监督管理机构行使股东会职权。国有资产监督管理机构可以授权公司董事会行使股东会的部分职权，决定公司的重大事项，但公司的合并、分立、解散、增加或者减少注册资本和发行公司债券，必须由国有资产监督管理机构决定；其中，重要的国有独资公司合并、分立、解散、申请破产的，应当由国有资产监督管理机构审核后，报本级人民政府批准。

前款所称重要的国有独资公司，按照国务院的规定确定。

第六十七条　国有独资公司设董事会，依照本法第四十六条、第六十六条的规定行使职权。董事每届任期不得超过三年。董事会成员中应当有公司职工代表。

董事会成员由国有资产监督管理机构委派；但是，董事会成员中的职工代表由公司职工代表大会选举产生。

董事会设董事长一人，可以设副董事长。董事长、副董事长由国有资产监督管理机构从董事会成员中指定。

第六十八条　国有独资公司设经理，由董事会聘任或者解聘。经理依照本法第四十九条规定行使职权。

经国有资产监督管理机构同意，董事会成员可以兼任经理。

第六十九条　国有独资公司的董事长、副董事长、董事、高级管理人员，未经国有资产监督管理机构同意，不得在其他有限责任公司、股份有限公司或者其他经济组织兼职。

第七十条　国有独资公司监事会成员不得少于五人，其中职工代表的比例不得低于三分之一，具体比例由公司章程规定。

监事会成员由国有资产监督管理机构委派；但是，监事会成员中的职工代表由公司职工代表大会选举产生。监事会主席由国有资产监督管理机构从监事会成员中指定。

监事会行使本法第五十三条第（一）项至第（三）项规定的职权和国务院规定的其他职权。

第三章　有限责任公司的股权转让

第七十一条　有限责任公司的股东之间可以相互转让其全部或者部分股权。

股东向股东以外的人转让股权，应当经其他股东过半数同意。股东应就其股权转让事项书面通知其他股东征求同意，其他股东自接到书面通知之日起满三十日未答复的，视为同意转让。其他股东半数以上不同意转让的，不同意的股东应当购买该转让的股权；不购买的，视为同意转让。

经股东同意转让的股权，在同等条件下，其他股东有优先购买权。两个以上股东主张行使优先购买权的，协商确定各自的购买比例；协商不成的，按照转让时各自的出资比例行使优先购买权。

公司章程对股权转让另有规定的，从其规定。

第七十二条　人民法院依照法律规定的强制执行程序转让股东的股权时，应当通知公司及全体股东，其他股东在同等条件下有优先购买权。其他股东自人民法院通知之日起满二十日不行使优先购买权的，视为放弃优先购买权。

第七十三条　依照本法第七十一条、第七十二条转让股权后，公司应当注销原股东的出资证明书，向新股东签发出资证明书，并相应修改公司章程和股东名册中有关股东及其出资额的记载。对公司章程的该项修改不需再由股东会表决。

第七十四条 有下列情形之一的,对股东会该项决议投反对票的股东可以请求公司按照合理的价格收购其股权:

(一)公司连续五年不向股东分配利润,而公司该五年连续盈利,并且符合本法规定的分配利润条件的;

(二)公司合并、分立、转让主要财产的;

(三)公司章程规定的营业期限届满或者章程规定的其他解散事由出现,股东会会议通过决议修改章程使公司存续的。

自股东会会议决议通过之日起六十日内,股东与公司不能达成股权收购协议的,股东可以自股东会会议决议通过之日起九十日内向人民法院提起诉讼。

第七十五条 自然人股东死亡后,其合法继承人可以继承股东资格;但是,公司章程另有规定的除外。

第四章 股份有限公司的设立和组织机构
第一节 设立

第七十六条 设立股份有限公司,应当具备下列条件:

(一)发起人符合法定人数;

(二)有符合公司章程规定的全体发起人认购的股本总额或者募集的实收股本总额;

(三)股份发行、筹办事项符合法律规定;

(四)发起人制订公司章程,采用募集方式设立的经创立大会通过;

(五)有公司名称,建立符合股份有限公司要求的组织机构;

(六)有公司住所。

第七十七条 股份有限公司的设立,可以采取发起设立或者募集设立的方式。

发起设立,是指由发起人认购公司应发行的全部股份而设立公司。

募集设立,是指由发起人认购公司应发行股份的一部分,其余股份向社会公开募集或者向特定对象募集而设立公司。

第七十八条 设立股份有限公司,应当有二人以上二百人以下为发起人,其中须有半数以上的发起人在中国境内有住所。

第七十九条 股份有限公司发起人承担公司筹办事务。

发起人应当签订发起人协议,明确各自在公司设立过程中的权利和义务。

第八十条 股份有限公司采取发起设立方式设立的,注册资本为在公司登记机关登记的全体发起人认购的股本总额。在发起人认购的股份缴足前,不得向他人募集股份。

股份有限公司采取募集方式设立的,注册资本为在公司登记机关登记的实收股本总额。

法律、行政法规以及国务院决定对股份有限公司注册资本实缴、注册资本最低限额另有规定的,从其规定。

第八十一条 股份有限公司章程应当载明下列事项:

（一）公司名称和住所；

（二）公司经营范围；

（三）公司设立方式；

（四）公司股份总数、每股金额和注册资本；

（五）发起人的姓名或者名称、认购的股份数、出资方式和出资时间；

（六）董事会的组成、职权和议事规则；

（七）公司法定代表人；

（八）监事会的组成、职权和议事规则；

（九）公司利润分配办法；

（十）公司的解散事由与清算办法；

（十一）公司的通知和公告办法；

（十二）股东大会会议认为需要规定的其他事项。

第八十二条　发起人的出资方式，适用本法第二十六条的规定。

第八十三条　以发起设立方式设立股份有限公司的，发起人应当书面认足公司章程规定其认购的股份，并按照公司章程规定缴纳出资。以非货币财产出资的，应当依法办理其财产权的转移手续。

发起人不依照前款规定缴纳出资的，应当按照发起人协议承担违约责任。

发起人认足公司章程规定的出资后，应当选举董事会和监事会，由董事会向公司登记机关报送公司章程以及法律、行政法规规定的其他文件，申请设立登记。

第八十四条　以募集设立方式设立股份有限公司的，发起人认购的股份不得少于公司股份总数的百分之三十五；但是，法律、行政法规另有规定的，从其规定。

第八十五条　发起人向社会公开募集股份，必须公告招股说明书，并制作认股书。认股书应当载明本法第八十六条所列事项，由认股人填写认购股数、金额、住所，并签名、盖章。认股人按照所认购股数缴纳股款。

第八十六条　招股说明书应当附有发起人制订的公司章程，并载明下列事项：

（一）发起人认购的股份数；

（二）每股的票面金额和发行价格；

（三）无记名股票的发行总数；

（四）募集资金的用途；

（五）认股人的权利、义务；

（六）本次募股的起止期限及逾期未募足时认股人可以撤回所认股份的说明。

第八十七条　发起人向社会公开募集股份，应当由依法设立的证券公司承销，签订承销协议。

第八十八条　发起人向社会公开募集股份，应当同银行签订代收股款协议。

代收股款的银行应当按照协议代收和保存股款，向缴纳股款的认股人出具收款单据，并负有向有关部门出具收款证明的义务。

第八十九条 发行股份的股款缴足后，必须经依法设立的验资机构验资并出具证明。发起人应当自股款缴足之日起三十日内主持召开公司创立大会。创立大会由发起人、认股人组成。

发行的股份超过招股说明书规定的截止期限尚未募足的，或者发行股份的股款缴足后，发起人在三十日内未召开创立大会的，认股人可以按照所缴股款并加算银行同期存款利息，要求发起人返还。

第九十条 发起人应当在创立大会召开十五日前将会议日期通知各认股人或者予以公告。创立大会应有代表股份总数过半数的发起人、认股人出席，方可举行。

创立大会行使下列职权：

（一）审议发起人关于公司筹办情况的报告；

（二）通过公司章程；

（三）选举董事会成员；

（四）选举监事会成员；

（五）对公司的设立费用进行审核；

（六）对发起人用于抵作股款的财产的作价进行审核；

（七）发生不可抗力或者经营条件发生重大变化直接影响公司设立的，可以做出不设立公司的决议。

创立大会对前款所列事项做出决议，必须经出席会议的认股人所持表决权过半数通过。

第九十一条 发起人、认股人缴纳股款或者交付抵作股款的出资后，除未按期募足股份、发起人未按期召开创立大会或者创立大会决议不设立公司的情形外，不得抽回其股本。

第九十二条 董事会应于创立大会结束后三十日内，向公司登记机关报送下列文件，申请设立登记：

（一）公司登记申请书；

（二）创立大会的会议记录；

（三）公司章程；

（四）验资证明；

（五）法定代表人、董事、监事的任职文件及其身份证明；

（六）发起人的法人资格证明或者自然人身份证明；

（七）公司住所证明。

以募集方式设立股份有限公司公开发行股票的，还应当向公司登记机关报送国务院证券监督管理机构的核准文件。

第九十三条 股份有限公司成立后，发起人未按照公司章程的规定缴足出资的，应当补缴；其他发起人承担连带责任。

股份有限公司成立后，发现作为设立公司出资的非货币财产的实际价额显著低于公司章程所定价额的，应当由交付该出资的发起人补足其差额；其他发起人承担连带责任。

第九十四条　股份有限公司的发起人应当承担下列责任：

（一）公司不能成立时，对设立行为所产生的债务和费用负连带责任；

（二）公司不能成立时，对认股人已缴纳的股款，负返还股款并加算银行同期存款利息的连带责任；

（三）在公司设立过程中，由于发起人的过失致使公司利益受到损害的，应当对公司承担赔偿责任。

第九十五条　有限责任公司变更为股份有限公司时，折合的实收股本总额不得高于公司净资产额。有限责任公司变更为股份有限公司，为增加资本公开发行股份时，应当依法办理。

第九十六条　股份有限公司应当将公司章程、股东名册、公司债券存根、股东大会会议记录、董事会会议记录、监事会会议记录、财务会计报告置备于本公司。

第九十七条　股东有权查阅公司章程、股东名册、公司债券存根、股东大会会议记录、董事会会议决议、监事会会议决议、财务会计报告，对公司的经营提出建议或者质询。

第二节　股东大会

第九十八条　股份有限公司股东大会由全体股东组成。股东大会是公司的权力机构，依照本法行使职权。

第九十九条　本法第三十七条第一款关于有限责任公司股东会职权的规定，适用于股份有限公司股东大会。

第一百条　股东大会应当每年召开一次年会。有下列情形之一的，应当在两个月内召开临时股东大会：

（一）董事人数不足本法规定人数或者公司章程所定人数的三分之二时；

（二）公司未弥补的亏损达实收股本总额三分之一时；

（三）单独或者合计持有公司百分之十以上股份的股东请求时；

（四）董事会认为必要时；

（五）监事会提议召开时；

（六）公司章程规定的其他情形。

第一百零一条　股东大会会议由董事会召集，董事长主持；董事长不能履行职务或者不履行职务的，由副董事长主持；副董事长不能履行职务或者不履行职务的，由半数以上董事共同推举一名董事主持。

董事会不能履行或者不履行召集股东大会会议职责的，监事会应当及时召集和主持；监事会不召集和主持的，连续九十日以上单独或者合计持有公司百分之十以上股份的股东可以自行召集和主持。

第一百零二条 召开股东大会会议，应当将会议召开的时间、地点和审议的事项于会议召开二十日前通知各股东；临时股东大会应当于会议召开十五日前通知各股东；发行无记名股票的，应当于会议召开三十日前公告会议召开的时间、地点和审议事项。

单独或者合计持有公司百分之三以上股份的股东，可以在股东大会召开十日前提出临时提案并书面提交董事会；董事会应当在收到提案后二日内通知其他股东，并将该临时提案提交股东大会审议。临时提案的内容应当属于股东大会职权范围，并有明确议题和具体决议事项。

股东大会不得对前两款通知中未列明的事项做出决议。

无记名股票持有人出席股东大会会议的，应当于会议召开五日前至股东大会闭会时将股票交存于公司。

第一百零三条 股东出席股东大会会议，所持每一股份有一表决权。但是，公司持有的本公司股份没有表决权。

股东大会做出决议，必须经出席会议的股东所持表决权过半数通过。但是，股东大会做出修改公司章程、增加或者减少注册资本的决议，以及公司合并、分立、解散或者变更公司形式的决议，必须经出席会议的股东所持表决权的三分之二以上通过。

第一百零四条 本法和公司章程规定公司转让、受让重大资产或者对外提供担保等事项必须经股东大会做出决议的，董事会应当及时召集股东大会会议，由股东大会就上述事项进行表决。

第一百零五条 股东大会选举董事、监事，可以依照公司章程的规定或者股东大会的决议，实行累积投票制。

本法所称累积投票制，是指股东大会选举董事或者监事时，每一股份拥有与应选董事或者监事人数相同的表决权，股东拥有的表决权可以集中使用。

第一百零六条 股东可以委托代理人出席股东大会会议，代理人应当向公司提交股东授权委托书，并在授权范围内行使表决权。

第一百零七条 股东大会应当对所议事项的决定作成会议记录，主持人、出席会议的董事应当在会议记录上签名。会议记录应当与出席股东的签名册及代理出席的委托书一并保存。

第三节 董事会、经理

第一百零八条 股份有限公司设董事会，其成员为五人至十九人。

董事会成员中可以有公司职工代表。董事会中的职工代表由公司职工通过职工代表大会、职工大会或者其他形式民主选举产生。

本法第四十五条关于有限责任公司董事任期的规定，适用于股份有限公司董事。

本法第四十六条关于有限责任公司董事会职权的规定，适用于股份有限公司董事会。

第一百零九条 董事会设董事长一人，可以设副董事长。董事长和副董事长由董事会以全体董事的过半数选举产生。

董事长召集和主持董事会会议，检查董事会决议的实施情况。副董事长协助董事长工作，董事长不能履行职务或者不履行职务的，由副董事长履行职务；副董事长不能履行职务或者不履行职务的，由半数以上董事共同推举一名董事履行职务。

第一百一十条　董事会每年度至少召开两次会议，每次会议应当于会议召开十日前通知全体董事和监事。

代表十分之一以上表决权的股东、三分之一以上董事或者监事会，可以提议召开董事会临时会议。董事长应当自接到提议后十日内，召集和主持董事会会议。

董事会召开临时会议，可以另定召集董事会的通知方式和通知时限。

第一百一十一条　董事会会议应有过半数的董事出席方可举行。董事会做出决议，必须经全体董事的过半数通过。

董事会决议的表决，实行一人一票。

第一百一十二条　董事会会议，应由董事本人出席；董事因故不能出席，可以书面委托其他董事代为出席，委托书中应载明授权范围。

董事会应当对会议所议事项的决定作成会议记录，出席会议的董事应当在会议记录上签名。

董事应当对董事会的决议承担责任。董事会的决议违反法律、行政法规或者公司章程、股东大会决议，致使公司遭受严重损失的，参与决议的董事对公司负赔偿责任。但经证明在表决时曾表明异议并记载于会议记录的，该董事可以免除责任。

第一百一十三条　股份有限公司设经理，由董事会决定聘任或者解聘。

本法第五十条关于有限责任公司经理职权的规定，适用于股份有限公司经理。

第一百一十四条　公司董事会可以决定由董事会成员兼任经理。

第一百一十五条　公司不得直接或者通过子公司向董事、监事、高级管理人员提供借款。

第一百一十六条　公司应当定期向股东披露董事、监事、高级管理人员从公司获得报酬的情况。

第四节　监事会

第一百一十七条　股份有限公司设监事会，其成员不得少于三人。

监事会应当包括股东代表和适当比例的公司职工代表，其中职工代表的比例不得低于三分之一，具体比例由公司章程规定。监事会中的职工代表由公司职工通过职工代表大会、职工大会或者其他形式民主选举产生。

监事会设主席一人，可以设副主席。监事会主席和副主席由全体监事过半数选举产生。监事会主席召集和主持监事会会议；监事会主席不能履行职务或者不履行职务的，由监事会副主席召集和主持监事会会议；监事会副主席不能履行职务或者不履行职务的，由半数以上监事共同推举一名监事召集和主持监事会会议。

董事、高级管理人员不得兼任监事。

本法第五十二条关于有限责任公司监事任期的规定，适用于股份有限公司监事。

第一百一十八条 本法第五十三条、第五十四条关于有限责任公司监事会职权的规定，适用于股份有限公司监事会。

监事会行使职权所必需的费用，由公司承担。

第一百一十九条 监事会每六个月至少召开一次会议。监事可以提议召开临时监事会会议。

监事会的议事方式和表决程序，除本法有规定的外，由公司章程规定。

监事会决议应当经半数以上监事通过。

监事会应当对所议事项的决定作成会议记录，出席会议的监事应当在会议记录上签名。

第五节 上市公司组织机构的特别规定

第一百二十条 本法所称上市公司，是指其股票在证券交易所上市交易的股份有限公司。

第一百二十一条 上市公司在一年内购买、出售重大资产或者担保金额超过公司资产总额百分之三十的，应当由股东大会做出决议，并经出席会议的股东所持表决权的三分之二以上通过。

第一百二十二条 上市公司设立独立董事，具体办法由国务院规定。

第一百二十三条 上市公司设董事会秘书，负责公司股东大会和董事会会议的筹备、文件保管以及公司股东资料的管理，办理信息披露事务等事宜。

第一百二十四条 上市公司董事与董事会会议决议事项所涉及的企业有关联关系的，不得对该项决议行使表决权，也不得代理其他董事行使表决权。该董事会会议由过半数的无关联关系董事出席即可举行，董事会会议所作决议须经无关联关系董事过半数通过。出席董事会的无关联关系董事人数不足三人的，应将该事项提交上市公司股东大会审议。

第五章 股份有限公司的股份发行和转让
第一节 股份发行

第一百二十五条 股份有限公司的资本划分为股份，每一股的金额相等。

公司的股份采取股票的形式。股票是公司签发的证明股东所持股份的凭证。

第一百二十六条 股份的发行，实行公平、公正的原则，同种类的每一股份应当具有同等权利。

同次发行的同种类股票，每股的发行条件和价格应当相同；任何单位或者个人所认购的股份，每股应当支付相同价额。

第一百二十七条 股票发行价格可以按票面金额，也可以超过票面金额，但不得低于票面金额。

第一百二十八条 股票采用纸面形式或者国务院证券监督管理机构规定的其他形式。

股票应当载明下列主要事项：

（一）公司名称；

（二）公司成立日期；

（三）股票种类、票面金额及代表的股份数；

（四）股票的编号。

股票由法定代表人签名，公司盖章。

发起人的股票，应当标明发起人股票字样。

第一百二十九条 公司发行的股票，可以为记名股票，也可以为无记名股票。

公司向发起人、法人发行的股票，应当为记名股票，并应当记载该发起人、法人的名称或者姓名，不得另立户名或者以代表人姓名记名。

第一百三十条 公司发行记名股票的，应当置备股东名册，记载下列事项：

（一）股东的姓名或者名称及住所；

（二）各股东所持股份数；

（三）各股东所持股票的编号；

（四）各股东取得股份的日期。

发行无记名股票的，公司应当记载其股票数量、编号及发行日期。

第一百三十一条 国务院可以对公司发行本法规定以外的其他种类的股份，另行做出规定。

第一百三十二条 股份有限公司成立后，即向股东正式交付股票。公司成立前不得向股东交付股票。

第一百三十三条 公司发行新股，股东大会应当对下列事项做出决议：

（一）新股种类及数额；

（二）新股发行价格；

（三）新股发行的起止日期；

（四）向原有股东发行新股的种类及数额。

第一百三十四条 公司经国务院证券监督管理机构核准公开发行新股时，必须公告新股招股说明书和财务会计报告，并制作认股书。

本法第八十七条、第八十八条的规定适用于公司公开发行新股。

第一百三十五条 公司发行新股，可以根据公司经营情况和财务状况，确定其作价方案。

第一百三十六条 公司发行新股募足股款后，必须向公司登记机关办理变更登记，并公告。

第二节 股份转让

第一百三十七条 股东持有的股份可以依法转让。

第一百三十八条 股东转让其股份，应当在依法设立的证券交易场所进行或者按照国务院规定的其他方式进行。

第一百三十九条 记名股票，由股东以背书方式或者法律、行政法规规定的其他方式转让；转让后由公司将受让人的姓名或者名称及住所记载于股东名册。

股东大会召开前二十日内或者公司决定分配股利的基准日前五日内，不得进行前款规定的股东名册的变更登记。但是，法律对上市公司股东名册变更登记另有规定的，从其规定。

第一百四十条 无记名股票的转让，由股东将该股票交付给受让人后即发生转让的效力。

第一百四十一条 发起人持有的本公司股份，自公司成立之日起一年内不得转让。公司公开发行股份前已发行的股份，自公司股票在证券交易所上市交易之日起一年内不得转让。

公司董事、监事、高级管理人员应当向公司申报所持有的本公司的股份及其变动情况，在任职期间每年转让的股份不得超过其所持有本公司股份总数的百分之二十五；所持本公司股份自公司股票上市交易之日起一年内不得转让。上述人员离职后半年内，不得转让其所持有的本公司股份。公司章程可以对公司董事、监事、高级管理人员转让其所持有的本公司股份做出其他限制性规定。

第一百四十二条 公司不得收购本公司股份。但是，有下列情形之一的除外：

（一）减少公司注册资本；

（二）与持有本公司股份的其他公司合并；

（三）将股份奖励给本公司职工；

（四）股东因对股东大会做出的公司合并、分立决议持异议，要求公司收购其股份的。

公司因前款第（一）项至第（三）项的原因收购本公司股份的，应当经股东大会决议。公司依照前款规定收购本公司股份后，属于第（一）项情形的，应当自收购之日起十日内注销；属于第（二）项、第（四）项情形的，应当在六个月内转让或者注销。

公司依照第一款第（三）项规定收购的本公司股份，不得超过本公司已发行股份总额的百分之五；用于收购的资金应当从公司的税后利润中支出；所收购的股份应当在一年内转让给职工。

公司不得接受本公司的股票作为质押权的标的。

第一百四十三条 记名股票被盗、遗失或者灭失，股东可以依照《中华人民共和国民事诉讼法》规定的公示催告程序，请求人民法院宣告该股票失效。人民法院宣告该股票失效后，股东可以向公司申请补发股票。

第一百四十四条　上市公司的股票，依照有关法律、行政法规及证券交易所交易规则上市交易。

第一百四十五条　上市公司必须依照法律、行政法规的规定，公开其财务状况、经营情况及重大诉讼，在每会计年度内半年公布一次财务会计报告。

第六章　公司董事、监事、高级管理人员的资格和义务

第一百四十六条　有下列情形之一的，不得担任公司的董事、监事、高级管理人员：

（一）无民事行为能力或者限制民事行为能力；

（二）因贪污、贿赂、侵占财产、挪用财产或者破坏社会主义市场经济秩序，被判处刑罚，执行期满未逾五年，或者因犯罪被剥夺政治权利，执行期满未逾五年；

（三）担任破产清算的公司、企业的董事或者厂长、经理，对该公司、企业的破产负有个人责任的，自该公司、企业破产清算完结之日起未逾三年；

（四）担任因违法被吊销营业执照、责令关闭的公司、企业的法定代表人，并负有个人责任的，自该公司、企业被吊销营业执照之日起未逾三年；

（五）个人所负数额较大的债务到期未清偿。

公司违反前款规定选举、委派董事、监事或者聘任高级管理人员的，该选举、委派或者聘任无效。

董事、监事、高级管理人员在任职期间出现本条第一款所列情形的，公司应当解除其职务。

第一百四十七条　董事、监事、高级管理人员应当遵守法律、行政法规和公司章程，对公司负有忠实义务和勤勉义务。

董事、监事、高级管理人员不得利用职权收受贿赂或者其他非法收入，不得侵占公司的财产。

第一百四十八条　董事、高级管理人员不得有下列行为：

（一）挪用公司资金；

（二）将公司资金以其个人名义或者以其他个人名义开立账户存储；

（三）违反公司章程的规定，未经股东会、股东大会或者董事会同意，将公司资金借贷给他人或者以公司财产为他人提供担保；

（四）违反公司章程的规定或者未经股东会、股东大会同意，与本公司订立合同或者进行交易；

（五）未经股东会或者股东大会同意，利用职务便利为自己或者他人谋取属于公司的商业机会，自营或者为他人经营与所任职公司同类的业务；

（六）接受他人与公司交易的佣金归为己有；

（七）擅自披露公司秘密；

（八）违反对公司忠实义务的其他行为。

董事、高级管理人员违反前款规定所得的收入应当归公司所有。

第一百四十九条 董事、监事、高级管理人员执行公司职务时违反法律、行政法规或者公司章程的规定，给公司造成损失的，应当承担赔偿责任。

第一百五十条 股东会或者股东大会要求董事、监事、高级管理人员列席会议的，董事、监事、高级管理人员应当列席并接受股东的质询。

董事、高级管理人员应当如实向监事会或者不设监事会的有限责任公司的监事提供有关情况和资料，不得妨碍监事会或者监事行使职权。

第一百五十一条 董事、高级管理人员有本法第一百四十九条规定的情形的，有限责任公司的股东、股份有限公司连续一百八十日以上单独或者合计持有公司百分之一以上股份的股东，可以书面请求监事会或者不设监事会的有限责任公司的监事向人民法院提起诉讼；监事有本法第一百四十九条规定的情形的，前述股东可以书面请求董事会或者不设董事会的有限责任公司的执行董事向人民法院提起诉讼。

监事会、不设监事会的有限责任公司的监事，或者董事会、执行董事收到前款规定的股东书面请求后拒绝提起诉讼，或者自收到请求之日起三十日内未提起诉讼，或者情况紧急、不立即提起诉讼将会使公司利益受到难以弥补的损害的，前款规定的股东有权为了公司的利益以自己的名义直接向人民法院提起诉讼。

他人侵犯公司合法权益，给公司造成损失的，本条第一款规定的股东可以依照前两款的规定向人民法院提起诉讼。

第一百五十二条 董事、高级管理人员违反法律、行政法规或者公司章程的规定，损害股东利益的，股东可以向人民法院提起诉讼。

第七章　公司债券

第一百五十三条 本法所称公司债券，是指公司依照法定程序发行、约定在一定期限还本付息的有价证券。

公司发行公司债券应当符合《中华人民共和国证券法》规定的发行条件。

第一百五十四条 发行公司债券的申请经国务院授权的部门核准后，应当公告公司债券募集办法。

公司债券募集办法中应当载明下列主要事项：

（一）公司名称；

（二）债券募集资金的用途；

（三）债券总额和债券的票面金额；

（四）债券利率的确定方式；

（五）还本付息的期限和方式；

（六）债券担保情况；

（七）债券的发行价格、发行的起止日期；

（八）公司净资产额；

（九）已发行的尚未到期的公司债券总额；

（十）公司债券的承销机构。

第一百五十五条　公司以实物券方式发行公司债券的，必须在债券上载明公司名称、债券票面金额、利率、偿还期限等事项，并由法定代表人签名，公司盖章。

第一百五十六条　公司债券，可以为记名债券，也可以为无记名债券。

第一百五十七条　公司发行公司债券应当置备公司债券存根簿。

发行记名公司债券的，应当在公司债券存根簿上载明下列事项：

（一）债券持有人的姓名或者名称及住所；

（二）债券持有人取得债券的日期及债券的编号；

（三）债券总额，债券的票面金额、利率、还本付息的期限和方式；

（四）债券的发行日期。

发行无记名公司债券的，应当在公司债券存根簿上载明债券总额、利率、偿还期限和方式、发行日期及债券的编号。

第一百五十八条　记名公司债券的登记结算机构应当建立债券登记、存管、付息、兑付等相关制度。

第一百五十九条　公司债券可以转让，转让价格由转让人与受让人约定。

公司债券在证券交易所上市交易的，按照证券交易所的交易规则转让。

第一百六十条　记名公司债券，由债券持有人以背书方式或者法律、行政法规规定的其他方式转让；转让后由公司将受让人的姓名或者名称及住所记载于公司债券存根簿。

无记名公司债券的转让，由债券持有人将该债券交付给受让人后即发生转让的效力。

第一百六十一条　上市公司经股东大会决议可以发行可转换为股票的公司债券，并在公司债券募集办法中规定具体的转换办法。上市公司发行可转换为股票的公司债券，应当报国务院证券监督管理机构核准。

发行可转换为股票的公司债券，应当在债券上标明可转换公司债券字样，并在公司债券存根簿上载明可转换公司债券的数额。

第一百六十二条　发行可转换为股票的公司债券的，公司应当按照其转换办法向债券持有人换发股票，但债券持有人对转换股票或者不转换股票有选择权。

第八章　公司财务、会计

第一百六十三条　公司应当依照法律、行政法规和国务院财政部门的规定建立本公司的财务、会计制度。

第一百六十四条　公司应当在每一会计年度终了时编制财务会计报告，并依法经会计师事务所审计。

财务会计报告应当依照法律、行政法规和国务院财政部门的规定制作。

第一百六十五条　有限责任公司应当依照公司章程规定的期限将财务会计报告送交各股东。

股份有限公司的财务会计报告应当在召开股东大会年会的二十日前置备于本公司，

供股东查阅；公开发行股票的股份有限公司必须公告其财务会计报告。

第一百六十六条 公司分配当年税后利润时，应当提取利润的百分之十列入公司法定公积金。公司法定公积金累计额为公司注册资本的百分之五十以上的，可以不再提取。

公司的法定公积金不足以弥补以前年度亏损的，在依照前款规定提取法定公积金之前，应当先用当年利润弥补亏损。

公司从税后利润中提取法定公积金后，经股东会或者股东大会决议，还可以从税后利润中提取任意公积金。

公司弥补亏损和提取公积金后所余税后利润，有限责任公司依照本法第三十四条的规定分配；股份有限公司按照股东持有的股份比例分配，但股份有限公司章程规定不按持股比例分配的除外。

股东会、股东大会或者董事会违反前款规定，在公司弥补亏损和提取法定公积金之前向股东分配利润的，股东必须将违反规定分配的利润退还公司。

公司持有的本公司股份不得分配利润。

第一百六十七条 股份有限公司以超过股票票面金额的发行价格发行股份所得的溢价款以及国务院财政部门规定列入资本公积金的其他收入，应当列为公司资本公积金。

第一百六十八条 公司的公积金用于弥补公司的亏损、扩大公司生产经营或者转为增加公司资本。但是，资本公积金不得用于弥补公司的亏损。

法定公积金转为资本时，所留存的该项公积金不得少于转增前公司注册资本的百分之二十五。

第一百六十九条 公司聘用、解聘承办公司审计业务的会计师事务所，依照公司章程的规定，由股东会、股东大会或者董事会决定。

公司股东会、股东大会或者董事会就解聘会计师事务所进行表决时，应当允许会计师事务所陈述意见。

第一百七十条 公司应当向聘用的会计师事务所提供真实、完整的会计凭证、会计账簿、财务会计报告及其他会计资料，不得拒绝、隐匿、谎报。

第一百七十一条 公司除法定的会计账簿外，不得另立会计账簿。

对公司资产，不得以任何个人名义开立账户存储。

第九章 公司合并、分立、增资、减资

第一百七十二条 公司合并可以采取吸收合并或者新设合并。

一个公司吸收其他公司为吸收合并，被吸收的公司解散。两个以上公司合并设立一个新的公司为新设合并，合并各方解散。

第一百七十三条 公司合并，应当由合并各方签订合并协议，并编制资产负债表及财产清单。公司应当自做出合并决议之日起十日内通知债权人，并于三十日内在报纸上公告。债权人自接到通知书之日起三十日内，未接到通知书的自公告之日起四十五日内，可以要求公司清偿债务或者提供相应的担保。

第一百七十四条　公司合并时，合并各方的债权、债务，应当由合并后存续的公司或者新设的公司承继。

第一百七十五条　公司分立，其财产作相应的分割。

公司分立，应当编制资产负债表及财产清单。公司应当自做出分立决议之日起十日内通知债权人，并于三十日内在报纸上公告。

第一百七十六条　公司分立前的债务由分立后的公司承担连带责任。但是，公司在分立前与债权人就债务清偿达成的书面协议另有约定的除外。

第一百七十七条　公司需要减少注册资本时，必须编制资产负债表及财产清单。

公司应当自做出减少注册资本决议之日起十日内通知债权人，并于三十日内在报纸上公告。债权人自接到通知书之日起三十日内，未接到通知书的自公告之日起四十五日内，有权要求公司清偿债务或者提供相应的担保。

第一百七十八条　有限责任公司增加注册资本时，股东认缴新增资本的出资，依照本法设立有限责任公司缴纳出资的有关规定执行。

股份有限公司为增加注册资本发行新股时，股东认购新股，依照本法设立股份有限公司缴纳股款的有关规定执行。

第一百七十九条　公司合并或者分立，登记事项发生变更的，应当依法向公司登记机关办理变更登记；公司解散的，应当依法办理公司注销登记；设立新公司的，应当依法办理公司设立登记。

公司增加或者减少注册资本，应当依法向公司登记机关办理变更登记。

第十章　公司解散和清算

第一百八十条　公司因下列原因解散：

（一）公司章程规定的营业期限届满或者公司章程规定的其他解散事由出现；

（二）股东会或者股东大会决议解散；

（三）因公司合并或者分立需要解散；

（四）依法被吊销营业执照、责令关闭或者被撤销；

（五）人民法院依照本法第一百八十二条的规定予以解散。

第一百八十一条　公司有本法第一百八十条第（一）项情形的，可以通过修改公司章程而存续。

依照前款规定修改公司章程，有限责任公司须经持有三分之二以上表决权的股东通过，股份有限公司须经出席股东大会会议的股东所持表决权的三分之二以上通过。

第一百八十二条　公司经营管理发生严重困难，继续存续会使股东利益受到重大损失，通过其他途径不能解决的，持有公司全部股东表决权百分之十以上的股东，可以请求人民法院解散公司。

第一百八十三条　公司因本法第一百八十条第（一）项、第（二）项、第（四）项、第（五）项规定而解散的，应当在解散事由出现之日起十五日内成立清算组，开始清算。

有限责任公司的清算组由股东组成，股份有限公司的清算组由董事或者股东大会确定的人员组成。逾期不成立清算组进行清算的，债权人可以申请人民法院指定有关人员组成清算组进行清算。人民法院应当受理该申请，并及时组织清算组进行清算。

第一百八十四条　清算组在清算期间行使下列职权：

（一）清理公司财产，分别编制资产负债表和财产清单；

（二）通知、公告债权人；

（三）处理与清算有关的公司未了结的业务；

（四）清缴所欠税款以及清算过程中产生的税款；

（五）清理债权、债务；

（六）处理公司清偿债务后的剩余财产；

（七）代表公司参与民事诉讼活动。

第一百八十五条　清算组应当自成立之日起十日内通知债权人，并于六十日内在报纸上公告。债权人应当自接到通知书之日起三十日内，未接到通知书的自公告之日起四十五日内，向清算组申报其债权。

债权人申报债权，应当说明债权的有关事项，并提供证明材料。清算组应当对债权进行登记。

在申报债权期间，清算组不得对债权人进行清偿。

第一百八十六条　清算组在清理公司财产、编制资产负债表和财产清单后，应当制定清算方案，并报股东会、股东大会或者人民法院确认。

公司财产在分别支付清算费用、职工的工资、社会保险费用和法定补偿金，缴纳所欠税款，清偿公司债务后的剩余财产，有限责任公司按照股东的出资比例分配，股份有限公司按照股东持有的股份比例分配。

清算期间，公司存续，但不得开展与清算无关的经营活动。公司财产在未依照前款规定清偿前，不得分配给股东。

第一百八十七条　清算组在清理公司财产、编制资产负债表和财产清单后，发现公司财产不足清偿债务的，应当依法向人民法院申请宣告破产。

公司经人民法院裁定宣告破产后，清算组应当将清算事务移交给人民法院。

第一百八十八条　公司清算结束后，清算组应当制作清算报告，报股东会、股东大会或者人民法院确认，并报送公司登记机关，申请注销公司登记，公告公司终止。

第一百八十九条　清算组成员应当忠于职守，依法履行清算义务。

清算组成员不得利用职权收受贿赂或者其他非法收入，不得侵占公司财产。

清算组成员因故意或者重大过失给公司或者债权人造成损失的，应当承担赔偿责任。

第一百九十条　公司被依法宣告破产的，依照有关企业破产的法律实施破产清算。

第十一章　外国公司的分支机构

第一百九十一条　本法所称外国公司是指依照外国法律在中国境外设立的公司。

第一百九十二条　外国公司在中国境内设立分支机构，必须向中国主管机关提出申请，并提交其公司章程、所属国的公司登记证书等有关文件，经批准后，向公司登记机关依法办理登记，领取营业执照。

外国公司分支机构的审批办法由国务院另行规定。

第一百九十三条　外国公司在中国境内设立分支机构，必须在中国境内指定负责该分支机构的代表人或者代理人，并向该分支机构拨付与其所从事的经营活动相适应的资金。

对外国公司分支机构的经营资金需要规定最低限额的，由国务院另行规定。

第一百九十四条　外国公司的分支机构应当在其名称中标明该外国公司的国籍及责任形式。

外国公司的分支机构应当在本机构中置备该外国公司章程。

第一百九十五条　外国公司在中国境内设立的分支机构不具有中国法人资格。

外国公司对其分支机构在中国境内进行经营活动承担民事责任。

第一百九十六条　经批准设立的外国公司分支机构，在中国境内从事业务活动，必须遵守中国的法律，不得损害中国的社会公共利益，其合法权益受中国法律保护。

第一百九十七条　外国公司撤销其在中国境内的分支机构时，必须依法清偿债务，依照本法有关公司清算程序的规定进行清算。未清偿债务之前，不得将其分支机构的财产移至中国境外。

第十二章　法律责任

第一百九十八条　违反本法规定，虚报注册资本、提交虚假材料或者采取其他欺诈手段隐瞒重要事实取得公司登记的，由公司登记机关责令改正，对虚报注册资本的公司，处以虚报注册资本金额百分之五以上百分之十五以下的罚款；对提交虚假材料或者采取其他欺诈手段隐瞒重要事实的公司，处以五万元以上五十万元以下的罚款；情节严重的，撤销公司登记或者吊销营业执照。

第一百九十九条　公司的发起人、股东虚假出资，未交付或者未按期交付作为出资的货币或者非货币财产的，由公司登记机关责令改正，处以虚假出资金额百分之五以上百分之十五以下的罚款。

第二百条　公司的发起人、股东在公司成立后，抽逃其出资的，由公司登记机关责令改正，处以所抽逃出资金额百分之五以上百分之十五以下的罚款。

第二百零一条　公司违反本法规定，在法定的会计账簿以外另立会计账簿的，由县级以上人民政府财政部门责令改正，处以五万元以上五十万元以下的罚款。

第二百零二条　公司在依法向有关主管部门提供的财务会计报告等材料上做虚假记载或者隐瞒重要事实的，由有关主管部门对直接负责的主管人员和其他直接责任人员处以三万元以上三十万元以下的罚款。

第二百零三条　公司不依照本法规定提取法定公积金的，由县级以上人民政府财政部门责令如数补足应当提取的金额，可以对公司处以二十万元以下的罚款。

第二百零四条　公司在合并、分立、减少注册资本或者进行清算时，不依照本法规定通知或者公告债权人的，由公司登记机关责令改正，对公司处以一万元以上十万元以下的罚款。

公司在进行清算时，隐匿财产，对资产负债表或者财产清单作虚假记载或者在未清偿债务前分配公司财产的，由公司登记机关责令改正，对公司处以隐匿财产或者未清偿债务前分配公司财产金额百分之五以上百分之十以下的罚款；对直接负责的主管人员和其他直接责任人员处以一万元以上十万元以下的罚款。

第二百零五条　公司在清算期间开展与清算无关的经营活动的，由公司登记机关予以警告，没收违法所得。

第二百零六条　清算组不依照本法规定向公司登记机关报送清算报告，或者报送清算报告隐瞒重要事实或者有重大遗漏的，由公司登记机关责令改正。

清算组成员利用职权徇私舞弊、谋取非法收入或者侵占公司财产的，由公司登记机关责令退还公司财产，没收违法所得，并可以处以违法所得一倍以上五倍以下的罚款。

第二百零七条　承担资产评估、验资或者验证的机构提供虚假材料的，由公司登记机关没收违法所得，处以违法所得一倍以上五倍以下的罚款，并可以由有关主管部门依法责令该机构停业、吊销直接责任人员的资格证书，吊销营业执照。

承担资产评估、验资或者验证的机构因过失提供有重大遗漏的报告的，由公司登记机关责令改正，情节较重的，处以所得收入一倍以上五倍以下的罚款，并可以由有关主管部门依法责令该机构停业、吊销直接责任人员的资格证书，吊销营业执照。

承担资产评估、验资或者验证的机构因其出具的评估结果、验资或者验证证明不实，给公司债权人造成损失的，除能够证明自己没有过错的外，在其评估或者证明不实的金额范围内承担赔偿责任。

第二百零八条　公司登记机关对不符合本法规定条件的登记申请予以登记，或者对符合本法规定条件的登记申请不予登记的，对直接负责的主管人员和其他直接责任人员，依法给予行政处分。

第二百零九条　公司登记机关的上级部门强令公司登记机关对不符合本法规定条件的登记申请予以登记，或者对符合本法规定条件的登记申请不予登记的，或者对违法登记进行包庇的，对直接负责的主管人员和其他直接责任人员依法给予行政处分。

第二百一十条　未依法登记为有限责任公司或者股份有限公司，而冒用有限责任公司或者股份有限公司名义的，或者未依法登记为有限责任公司或者股份有限公司的分公司，而冒用有限责任公司或者股份有限公司的分公司名义的，由公司登记机关责令改正或者予以取缔，可以并处十万元以下的罚款。

第二百一十一条　公司成立后无正当理由超过六个月未开业的，或者开业后自行停业连续六个月以上的，可以由公司登记机关吊销营业执照。

公司登记事项发生变更时，未依照本法规定办理有关变更登记的，由公司登记机关责令限期登记；逾期不登记的，处以一万元以上十万元以下的罚款。

第二百一十二条　外国公司违反本法规定，擅自在中国境内设立分支机构的，由公司登记机关责令改正或者关闭，可以并处五万元以上二十万元以下的罚款。

第二百一十三条　利用公司名义从事危害国家安全、社会公共利益的严重违法行为的，吊销营业执照。

第二百一十四条　公司违反本法规定，应当承担民事赔偿责任和缴纳罚款、罚金的，其财产不足以支付时，先承担民事赔偿责任。

第二百一十五条　违反本法规定，构成犯罪的，依法追究刑事责任。

第十三章　附则

第二百一十六条　本法下列用语的含义：

（一）高级管理人员，是指公司的经理、副经理、财务负责人，上市公司董事会秘书和公司章程规定的其他人员。

（二）控股股东，是指其出资额占有限责任公司资本总额百分之五十以上或者其持有的股份占股份有限公司股本总额百分之五十以上的股东；出资额或者持有股份的比例虽然不足百分之五十，但依其出资额或者持有的股份所享有的表决权已足以对股东会、股东大会的决议产生重大影响的股东。

（三）实际控制人，是指虽不是公司的股东，但通过投资关系、协议或者其他安排，能够实际支配公司行为的人。

（四）关联关系，是指公司控股股东、实际控制人、董事、监事、高级管理人员与其直接或者间接控制的企业之间的关系，以及可能导致公司利益转移的其他关系。但是，国家控股的企业之间不仅因为同受国家控股而具有关联关系。

第二百一十七条　外商投资的有限责任公司和股份有限公司适用本法；有关外商投资的法律另有规定的，适用其规定。

第二百一十八条　本法自 2006 年 1 月 1 日起施行。

附录 3 《中华人民共和国合伙企业法》

1997 年 2 月 23 日第八届全国人民代表大会常务委员会第二十四次会议通过《中华人民共和国合伙企业法》；2006 年 8 月 27 日第十届全国人民代表大会常务委员会第二十三次会议通过修订，《中华人民共和国合伙企业法》自 2007 年 6 月 1 日起施行。

第一章 总则

第一条 为了规范合伙企业的行为，保护合伙企业及其合伙人、债权人的合法权益，维护社会经济秩序，促进社会主义市场经济的发展，制定本法。

第二条 本法所称合伙企业，是指自然人、法人和其他组织依照本法在中国境内设立的普通合伙企业和有限合伙企业。

普通合伙企业由普通合伙人组成，合伙人对合伙企业债务承担无限连带责任。本法对普通合伙人承担责任的形式有特别规定的，从其规定。

有限合伙企业由普通合伙人和有限合伙人组成，普通合伙人对合伙企业债务承担无限连带责任，有限合伙人以其认缴的出资额为限对合伙企业债务承担责任。

第三条 国有独资公司、国有企业、上市公司以及公益性的事业单位、社会团体不得成为普通合伙人。

第四条 合伙协议依法由全体合伙人协商一致、以书面形式订立。

第五条 订立合伙协议、设立合伙企业，应当遵循自愿、平等、公平、诚实信用原则。

第六条 合伙企业的生产经营所得和其他所得，按照国家有关税收规定，由合伙人分别缴纳所得税。

第七条 合伙企业及其合伙人必须遵守法律、行政法规，遵守社会公德、商业道德，承担社会责任。

第八条 合伙企业及其合伙人的合法财产及其权益受法律保护。

第九条 申请设立合伙企业，应当向企业登记机关提交登记申请书、合伙协议书、合伙人身份证明等文件；

　　合伙企业的经营范围中有属于法律、行政法规规定在登记前须经批准的项目的，该项经营业务应当依法经过批准，并在登记时提交批准文件。

　　第十条　申请人提交的登记申请材料齐全、符合法定形式，企业登记机关能够当场登记的，应予当场登记，发给营业执照。

　　除前款规定情形外，企业登记机关应当自受理申请之日起二十日内，做出是否登记的决定。予以登记的，发给营业执照；不予登记的，应当给予书面答复，并说明理由。

　　第十一条　合伙企业的营业执照签发日期，为合伙企业成立日期。

　　合伙企业领取营业执照前，合伙人不得以合伙企业名义从事合伙业务。

　　第十二条　合伙企业设立分支机构，应当向分支机构所在地的企业登记机关申请登记，领取营业执照。

　　第十三条　合伙企业登记事项发生变更的，执行合伙事务的合伙人应当自做出变更决定或者发生变更事由之日起十五日内，向企业登记机关申请办理变更登记。

第二章　普通合伙企业
第一节　合伙企业设立

　　第十四条　设立合伙企业，应当具备下列条件：

　　（一）有二个以上合伙人，合伙人为自然人的，应当具有完全民事行为能力；

　　（二）有书面合伙协议；

　　（三）有合伙人认缴或者实际缴付的出资；

　　（四）有合伙企业的名称和生产经营场所；

　　（五）法律、行政法规规定的其他条件。

　　第十五条　合伙企业名称中应当标明"普通合伙"字样。

　　第十六条　合伙人可以用货币、实物、知识产权、土地使用权或者其他财产权利出资，也可以用劳务出资。

　　合伙人以实物、知识产权、土地使用权或者其他财产权利出资，需要评估作价的，可以由全体合伙人协商确定，也可以由全体合伙人委托法定评估机构评估。

　　合伙人以劳务出资的，其评估办法由全体合伙人协商确定，并在合伙协议中载明。

　　第十七条　合伙人应当按照合伙协议约定的出资方式、数额和缴付期限，履行出资义务。

　　以非货币财产出资的，依照法律、行政法规的规定，需要办理财产权转移手续的，应当依法办理。

　　第十八条　合伙协议应当载明下列事项：

　　（一）合伙企业的名称和主要经营场所的地点；

　　（二）合伙目的和合伙经营范围；

　　（三）合伙人的姓名或者名称、住所；

　　（四）合伙人的出资方式、数额和缴付期限；

（五）利润分配、亏损分担方式；

（六）合伙事务的执行；

（七）入伙与退伙；

（八）争议解决办法；

（九）合伙企业的解散与清算；

（十）违约责任。

第十九条 合伙协议经全体合伙人签名、盖章后生效。合伙人按照合伙协议享有权利，履行义务。

修改或者补充合伙协议，应当经全体合伙人一致同意；但是，合伙协议另有约定的除外。

合伙协议未约定或者约定不明确的事项，由合伙人协商决定；协商不成的，依照本法和其他有关法律、行政法规的规定处理。

第二节 合伙企业财产

第二十条 合伙人的出资、以合伙企业名义取得的收益和依法取得的其他财产，均为合伙企业的财产。

第二十一条 合伙人在合伙企业清算前，不得请求分割合伙企业的财产；但是，本法另有规定的除外。

合伙人在合伙企业清算前私自转移或者处分合伙企业财产的，合伙企业不得以此对抗善意第三人。

第二十二条 除合伙协议另有约定外，合伙人向合伙人以外的人转让其在合伙企业中的全部或者部分财产份额时，须经其他合伙人一致同意。

合伙人之间转让在合伙企业中的全部或者部分财产份额时，应当通知其他合伙人。

第二十三条 合伙人向合伙人以外的人转让其在合伙企业中的财产份额的，在同等条件下，其他合伙人有优先购买权；但是，合伙协议另有约定的除外。

第二十四条 合伙人以外的人依法受让合伙人在合伙企业中的财产份额的，经修改合伙协议即成为合伙企业的合伙人，依照本法和修改后的合伙协议享有权利，履行义务。

第二十五条 合伙人以其在合伙企业中的财产份额出质的，须经其他合伙人一致同意；未经其他合伙人一致同意，其行为无效，由此给善意第三人造成损失的，由行为人依法承担赔偿责任。

第三节 合伙事务执行

第二十六条 合伙人对执行合伙事务享有同等的权利。

按照合伙协议的约定或者经全体合伙人决定，可以委托一个或者数个合伙人对外代表合伙企业，执行合伙事务；

作为合伙人的法人、其他组织执行合伙事务的，由其委派的代表执行。

第二十七条 依照本法第二十六条第二款规定委托一个或者数个合伙人执行合伙

事务的，其他合伙人不再执行合伙事务；

不执行合伙事务的合伙人有权监督执行事务合伙人执行合伙事务的情况。

第二十八条　由一个或者数个合伙人执行合伙事务的，执行事务合伙人应当定期向其他合伙人报告事务执行情况以及合伙企业的经营和财务状况，其执行合伙事务所产生的收益归合伙企业，所产生的费用和亏损由合伙企业承担。

合伙人为了解合伙企业的经营状况和财务状况，有权查阅合伙企业会计账簿等财务资料。

第二十九条　合伙人分别执行合伙事务的，执行事务合伙人可以对其他合伙人执行的事务提出异议。提出异议时，应当暂停该项事务的执行。如果发生争议，依照本法第三十条规定做出决定。

受委托执行合伙事务的合伙人不按照合伙协议或者全体合伙人的决定执行事务的，其他合伙人可以决定撤销该委托。

第三十条　合伙人对合伙企业有关事项做出决议，按照合伙协议约定的表决办法办理。合伙协议未约定或者约定不明确的，实行合伙人一人一票并经全体合伙人过半数通过的表决办法。

本法对合伙企业的表决办法另有规定的，从其规定。

第三十一条　除合伙协议另有约定外，合伙企业的下列事项应当经全体合伙人一致同意：

（一）改变合伙企业的名称；

（二）改变合伙企业的经营范围、主要经营场所的地点；

（三）处分合伙企业的不动产；

（四）转让或者处分合伙企业的知识产权和其他财产权利；

（五）以合伙企业名义为他人提供担保；

（六）聘任合伙人以外的人担任合伙企业的经营管理人员。

第三十二条　合伙人不得自营或者同他人合作经营与本合伙企业相竞争的业务。

除合伙协议另有约定或者经全体合伙人一致同意外，合伙人不得同本合伙企业进行交易。

合伙人不得从事损害本合伙企业利益的活动。

第三十三条　合伙企业的利润分配、亏损分担，按照合伙协议的约定办理；合伙协议未约定或者约定不明确的，由合伙人协商决定；协商不成的，由合伙人按照实缴出资比例分配、分担；无法确定出资比例的，由合伙人平均分配、分担。

合伙协议不得约定将全部利润分配给部分合伙人或者由部分合伙人承担全部亏损。

第三十四条　合伙人按照合伙协议的约定或者经全体合伙人决定，可以增加或者减少对合伙企业的出资。

第三十五条　被聘任的合伙企业的经营管理人员应当在合伙企业授权范围内履行

职务。

被聘任的合伙企业的经营管理人员,超越合伙企业授权范围履行职务,或者在履行职务过程中因故意或者重大过失给合伙企业造成损失的,依法承担赔偿责任。

第三十六条 合伙企业应当依照法律、行政法规的规定建立企业财务、会计制度。

第四节 合伙企业与第三人关系

第三十七条 合伙企业对合伙人执行合伙事务以及对外代表合伙企业权利的限制,不得对抗善意第三人。

第三十八条 合伙企业对其债务,应先以其全部财产进行清偿。

第三十九条 合伙企业不能清偿到期债务的,合伙人承担无限连带责任。

第四十条 合伙人由于承担无限连带责任,清偿数额超过本法第三十三条第一款规定的其亏损分担比例的,有权向其他合伙人追偿。

第四十一条 合伙人发生与合伙企业无关的债务,相关债权人不得以其债权抵销其对合伙企业的债务;也不得代位行使合伙人在合伙企业中的权利。

第四十二条 合伙人的自有财产不足清偿其与合伙企业无关的债务的,该合伙人可以以其从合伙企业中分取的收益用于清偿;债权人也可以依法请求人民法院强制执行该合伙人在合伙企业中的财产份额用于清偿。

人民法院强制执行合伙人的财产份额时,应当通知全体合伙人,其他合伙人有优先购买权;其他合伙人未购买,又不同意将该财产份额转让给他人的,依照本法第五十一条的规定为该合伙人办理退伙结算,或者办理削减该合伙人相应财产份额的结算。

第五节 入伙、退伙

第四十三条 新合伙人入伙,除合伙协议另有约定外,应当经全体合伙人一致同意,并依法订立书面入伙协议。

订立入伙协议时,原合伙人应当向新合伙人如实告知原合伙企业的经营状况和财务状况。

第四十四条 入伙的新合伙人与原合伙人享有同等权利,承担同等责任。入伙协议另有约定的,从其约定。

新合伙人对入伙前合伙企业的债务承担无限连带责任。

第四十五条 合伙协议约定合伙期限的,在合伙企业存续期间,有下列情形之一的,合伙人可以退伙:

(一)合伙协议约定的退伙事由出现;

(二)经全体合伙人一致同意;

(三)发生合伙人难以继续参加合伙的事由;

(四)其他合伙人严重违反合伙协议约定的义务。

第四十六条 合伙协议未约定合伙期限的,合伙人在不给合伙企业事务执行造成不利影响的情况下,可以退伙,但应当提前三十日通知其他合伙人。

第四十七条　合伙人违反本法第四十五条、第四十六条的规定退伙的，应当赔偿由此给合伙企业造成的损失。

第四十八条　合伙人有下列情形之一的，当然退伙：

（一）作为合伙人的自然人死亡或者被依法宣告死亡；

（二）个人丧失偿债能力；

（三）作为合伙人的法人或者其他组织依法被吊销营业执照、责令关闭、撤销，或者被宣告破产；

（四）法律规定或者合伙协议约定合伙人必须具有相关资格而丧失该资格；

（五）合伙人在合伙企业中的全部财产份额被人民法院强制执行。

合伙人被依法认定为无民事行为能力人或者限制民事行为能力人的，经其他合伙人一致同意，可以依法转为有限合伙人，普通合伙企业依法转为有限合伙企业。其他合伙人未能一致同意的，该无民事行为能力或者限制民事行为能力的合伙人退伙。

退伙事由实际发生之日为退伙生效日。

第四十九条　合伙人有下列情形之一的，经其他合伙人一致同意，可以决议将其除名：

（一）未履行出资义务；

（二）因故意或者重大过失给合伙企业造成损失；

（三）执行合伙事务时有不正当行为；

（四）发生合伙协议约定的事由。

对合伙人的除名决议应当书面通知被除名人。被除名人接到除名通知之日，除名生效，被除名人退伙。

被除名人对除名决议有异议的，可以自接到除名通知之日起三十日内，向人民法院起诉。

第五十条　合伙人死亡或者被依法宣告死亡的，对该合伙人在合伙企业中的财产份额享有合法继承权的继承人，按照合伙协议的约定或者经全体合伙人一致同意，从继承开始之日起，取得该合伙企业的合伙人资格。

有下列情形之一的，合伙企业应当向合伙人的继承人退还被继承合伙人的财产份额：

（一）继承人不愿意成为合伙人；

（二）法律规定或者合伙协议约定合伙人必须具有相关资格，而该继承人未取得该资格；

（三）合伙协议约定不能成为合伙人的其他情形。

合伙人的继承人为无民事行为能力人或者限制民事行为能力人的，经全体合伙人一致同意，可以依法成为有限合伙人，普通合伙企业依法转为有限合伙企业。全体合伙人未能一致同意的，合伙企业应当将被继承合伙人的财产份额退还该继承人。

第五十一条　合伙人退伙，其他合伙人应当与该退伙人按照退伙时的合伙企业财产状况进行结算，退还退伙人的财产份额。退伙人对给合伙企业造成的损失负有赔偿责任的，相应扣减其应当赔偿的数额。

退伙时有未了结的合伙企业事务的，待该事务了结后进行结算。

第五十二条　退伙人在合伙企业中财产份额的退还办法，由合伙协议约定或者由全体合伙人决定，可以退还货币，也可以退还实物。

第五十三条　退伙人对基于其退伙前的原因发生的合伙企业债务，承担无限连带责任。

第五十四条　合伙人退伙时，合伙企业财产少于合伙企业债务的，退伙人应当依照本法第三十三条第一款的规定分担亏损。

第六节　特殊的普通合伙企业

第五十五条　以专业知识和专门技能为客户提供有偿服务的专业服务机构，可以设立为特殊的普通合伙企业。

特殊的普通合伙企业是指合伙人依照本法第五十七条的规定承担责任的普通合伙企业。

特殊的普通合伙企业适用本节规定；本节未做规定的，适用本章第一节至第五节的规定。

第五十六条　特殊的普通合伙企业名称中应当标明"特殊普通合伙"字样。

第五十七条　一个合伙人或者数个合伙人在执业活动中因故意或者重大过失造成合伙企业债务的，应当承担无限责任或者无限连带责任，其他合伙人以其在合伙企业中的财产份额为限承担责任。

合伙人在执业活动中非因故意或者重大过失造成的合伙企业债务以及合伙企业的其他债务，由全体合伙人承担无限连带责任。

第五十八条　合伙人执业活动中因故意或者重大过失造成的合伙企业债务，以合伙企业财产对外承担责任后，该合伙人应当按照合伙协议的约定对给合伙企业造成的损失承担赔偿责任。

第五十九条　特殊的普通合伙企业应当建立执业风险基金、办理职业保险。

执业风险基金用于偿付合伙人执业活动造成的债务。执业风险基金应当单独立户管理。具体管理办法由国务院规定。

第三章　有限合伙企业

第六十条　有限合伙企业及其合伙人适用本章规定；本章未做规定的，适用本法第二章第一节至第五节关于普通合伙企业及其合伙人的规定。

第六十一条　有限合伙企业由二个以上五十个以下合伙人设立；但是，法律另有规定的除外。

有限合伙企业至少应当有一个普通合伙人。

第六十二条　有限合伙企业名称中应当标明"有限合伙"字样。

第六十三条　合伙协议除符合本法第十八条的规定外，还应当载明下列事项：

（一）普通合伙人和有限合伙人的姓名或者名称、住所；

（二）执行事务合伙人应具备的条件和选择程序；

（三）执行事务合伙人权限与违约处理办法；

（四）执行事务合伙人的除名条件和更换程序；

（五）有限合伙人入伙、退伙的条件、程序以及相关责任；

（六）有限合伙人和普通合伙人相互转变程序。

第六十四条　有限合伙人可以用货币、实物、知识产权、土地使用权或者其他财产权利作价出资。

有限合伙人不得以劳务出资。

第六十五条　有限合伙人应当按照合伙协议的约定按期足额缴纳出资；未按期足额缴纳的，应当承担补缴义务，并对其他合伙人承担违约责任。

第六十六条　有限合伙企业登记事项中应当载明有限合伙人的姓名或者名称及认缴的出资数额。

第六十七条　有限合伙企业由普通合伙人执行合伙事务。执行事务合伙人可以要求在合伙协议中确定执行事务的报酬及报酬提取方式。

第六十八条　有限合伙人不执行合伙事务，不得对外代表有限合伙企业。

有限合伙人的下列行为，不视为执行合伙事务：

（一）参与决定普通合伙人入伙、退伙；

（二）对企业的经营管理提出建议；

（三）参与选择承办有限合伙企业审计业务的会计师事务所；

（四）获取经审计的有限合伙企业财务会计报告；

（五）对涉及自身利益的情况，查阅有限合伙企业财务会计账簿等财务资料；

（六）在有限合伙企业中的利益受到侵害时，向有责任的合伙人主张权利或者提起诉讼；

（七）执行事务合伙人怠于行使权利时，督促其行使权利或者为了该企业的利益以自己的名义提起诉讼；

（八）依法为该企业提供担保。

第六十九条　有限合伙企业不得将全部利润分配给部分合伙人；但是，合伙协议另有约定的除外。

第七十条　有限合伙人可以同本有限合伙企业进行交易；但是，合伙协议另有约定的除外。

第七十一条　有限合伙人可以自营或者同他人合作经营与本有限合伙企业相竞争的业务；但是，合伙协议另有约定的除外。

第七十二条　有限合伙人可以将其在有限合伙企业中的财产份额出质；但是，合伙协议另有约定的除外。

第七十三条　有限合伙人可以按照合伙协议的约定向合伙人以外的人转让其在有限合伙企业中的财产份额，但应当提前三十日通知其他合伙人。

第七十四条　有限合伙人的自有财产不足清偿其与合伙企业无关的债务的，该合伙人可以以其从有限合伙企业中分取的收益用于清偿；债权人也可以依法请求人民法院强制执行该合伙人在有限合伙企业中的财产份额用于清偿。

人民法院强制执行有限合伙人的财产份额时，应当通知全体合伙人。在同等条件下，其他合伙人有优先购买权。

第七十五条　有限合伙企业仅剩有限合伙人的，应当解散；有限合伙企业仅剩普通合伙人的，转为普通合伙企业。

第七十六条　第三人有理由相信有限合伙人为普通合伙人并与其交易的，该有限合伙人对该笔交易承担与普通合伙人同样的责任。

有限合伙人未经授权以有限合伙企业名义与他人进行交易，给有限合伙企业或者其他合伙人造成损失的，该有限合伙人应当承担赔偿责任。

第七十七条　新入伙的有限合伙人对入伙前有限合伙企业的债务，以其认缴的出资额为限承担责任。

第七十八条　有限合伙人有本法第四十八条第一款第一项、第三项至第五项所列情形之一的，当然退伙。

第七十九条　作为有限合伙人的自然人在有限合伙企业存续期间丧失民事行为能力的，其他合伙人不得因此要求其退伙。

第八十条　作为有限合伙人的自然人死亡、被依法宣告死亡或者作为有限合伙人的法人及其他组织终止时，其继承人或者权利承受人可以依法取得该有限合伙人在有限合伙企业中的资格。

第八十一条　有限合伙人退伙后，对基于其退伙前的原因发生的有限合伙企业债务，以其退伙时从有限合伙企业中取回的财产承担责任。

第八十二条　除合伙协议另有约定外，普通合伙人转变为有限合伙人，或者有限合伙人转变为普通合伙人，应当经全体合伙人一致同意。

第八十三条　有限合伙人转变为普通合伙人的，对其作为有限合伙人期间有限合伙企业发生的债务承担无限连带责任。

第八十四条　普通合伙人转变为有限合伙人的，对其作为普通合伙人期间合伙企业发生的债务承担无限连带责任。

第四章　解散、清算

第八十五条　合伙企业有下列情形之一的，应当解散：

（一）合伙期限届满，合伙人决定不再经营；

（二）合伙协议约定的解散事由出现；

（三）全体合伙人决定解散；

（四）合伙人已不具备法定人数满三十天；

（五）合伙协议约定的合伙目的已经实现或者无法实现；

（六）依法被吊销营业执照、责令关闭或者被撤销；

（七）法律、行政法规规定的其他原因。

第八十六条　合伙企业解散，应当由清算人进行清算。

清算人由全体合伙人担任；经全体合伙人过半数同意，可以自合伙企业解散事由出现后十五日内指定一个或者数个合伙人，或者委托第三人，担任清算人。

自合伙企业解散事由出现之日起十五日内未确定清算人的，合伙人或者其他利害关系人可以申请人民法院指定清算人。

第八十七条　清算人在清算期间执行下列事务：

（一）清理合伙企业财产，分别编制资产负债表和财产清单；

（二）处理与清算有关的合伙企业未了结事务；

（三）清缴所欠税款；

（四）清理债权、债务；

（五）处理合伙企业清偿债务后的剩余财产；

（六）代表合伙企业参加诉讼或者仲裁活动。

第八十八条　清算人自被确定之日起十日内将合伙企业解散事项通知债权人，并于六十日内在报纸上公告。债权人应当自接到通知书之日起三十日内，未接到通知书的自公告之日起四十五日内，向清算人申报债权。

债权人申报债权，应当说明债权的有关事项，并提供证明材料。清算人应当对债权进行登记。

清算期间，合伙企业存续，但不得开展与清算无关的经营活动。

第八十九条　合伙企业财产在支付清算费用和职工工资、社会保险费用、法定补偿金以及缴纳所欠税款、清偿债务后的剩余财产，依照本法第三十三条第一款的规定进行分配。

第九十条　清算结束，清算人应当编制清算报告，经全体合伙人签名、盖章后，在十五日内向企业登记机关报送清算报告，申请办理合伙企业注销登记。

第九十一条　合伙企业注销后，原普通合伙人对合伙企业存续期间的债务仍应承担无限连带责任。

第九十二条　合伙企业不能清偿到期债务的，债权人可以依法向人民法院提出破产清算申请，也可以要求普通合伙人清偿。

合伙企业依法被宣告破产的，普通合伙人对合伙企业债务仍应承担无限连带责任。

第五章　法律责任

第九十三条　违反本法规定，提交虚假文件或者采取其他欺骗手段，取得合伙企业登记的，由企业登记机关责令改正，处以五千元以上五万元以下的罚款；情节严重的，撤销企业登记，并处以五万元以上二十万元以下的罚款。

第九十四条 违反本法规定，合伙企业未在其名称中标明"普通合伙"、"特殊普通合伙"或者"有限合伙"字样的，由企业登记机关责令限期改正，处以二千元以上一万元以下的罚款。

第九十五条 违反本法规定，未领取营业执照，而以合伙企业或者合伙企业分支机构名义从事合伙业务的，由企业登记机关责令停止，处以五千元以上五万元以下的罚款。

合伙企业登记事项发生变更时，未依照本法规定办理变更登记的，由企业登记机关责令限期登记；逾期不登记的，处以二千元以上二万元以下的罚款。

合伙企业登记事项发生变更，执行合伙事务的合伙人未按期申请办理变更登记的，应当赔偿由此给合伙企业、其他合伙人或者善意第三人造成的损失。

第九十六条 合伙人执行合伙事务，或者合伙企业从业人员利用职务上的便利，将应当归合伙企业的利益据为己有的，或者采取其他手段侵占合伙企业财产的，应当将该利益和财产退还合伙企业；给合伙企业或者其他合伙人造成损失的，依法承担赔偿责任。

第九十七条 合伙人对本法规定或者合伙协议约定必须经全体合伙人一致同意始得执行的事务擅自处理，给合伙企业或者其他合伙人造成损失的，依法承担赔偿责任。

第九十八条 不具有事务执行权的合伙人擅自执行合伙事务，给合伙企业或者其他合伙人造成损失的，依法承担赔偿责任。

第九十九条 合伙人违反本法规定或者合伙协议的约定，从事与本合伙企业相竞争的业务或者与本合伙企业进行交易的，该收益归合伙企业所有；给合伙企业或者其他合伙人造成损失的，依法承担赔偿责任。

第一百条 清算人未依照本法规定向企业登记机关报送清算报告，或者报送清算报告隐瞒重要事实，或者有重大遗漏的，由企业登记机关责令改正。由此产生的费用和损失，由清算人承担和赔偿。

第一百零一条 清算人执行清算事务，牟取非法收入或者侵占合伙企业财产的，应当将该收入和侵占的财产退还合伙企业；给合伙企业或者其他合伙人造成损失的，依法承担赔偿责任。

第一百零二条 清算人违反本法规定，隐匿、转移合伙企业财产，对资产负债表或者财产清单作虚假记载，或者在未清偿债务前分配财产，损害债权人利益的，依法承担赔偿责任。

第一百零三条 合伙人违反合伙协议的，应当依法承担违约责任。

合伙人履行合伙协议发生争议的，合伙人可以通过协商或者调解解决。不愿通过协商、调解解决或者协商、调解不成的，可以按照合伙协议约定的仲裁条款或者事后达成的书面仲裁协议，向仲裁机构申请仲裁。合伙协议中未订立仲裁条款，事后又没有达成书面仲裁协议的，可以向人民法院起诉。

第一百零四条 有关行政管理机关的工作人员违反本法规定，滥用职权、徇私舞弊、收受贿赂、侵害合伙企业合法权益的，依法给予行政处分。

第一百零五条 违反本法规定，构成犯罪的，依法追究刑事责任。

第一百零六条 违反本法规定，应当承担民事赔偿责任和缴纳罚款、罚金，其财产不足以同时支付的，先承担民事赔偿责任。

第六章 附则

第一百零七条 非企业专业服务机构依据有关法律采取合伙制的，其合伙人承担责任的形式可以适用本法关于特殊的普通合伙企业合伙人承担责任的规定。

第一百零八条 外国企业或者个人在中国境内设立合伙企业的管理办法由国务院规定。

第一百零九条 本法自 2007 年 6 月 1 日起施行。

附录4 《中华人民共和国个人独资企业法》

1999 年 8 月 30 日第九届全国人民代表大会常务委员会第十一次会议通过《中华人民共和国个人独资企业法》，中华人民共和国主席令第二十号发布，自 2000 年 1 月 1 日起施行。

第一章 总则

第一条 为了规范个人独资企业的行为，保护个人独资企业投资人和债权人的合法权益，维护社会经济秩序，促进社会主义市场经济的发展，根据宪法，制定本法。

第二条 本法所称个人独资企业，是指依照本法在中国境内设立，由一个自然人投资，财产为投资人个人所有，投资人以其个人财产对企业债务承担无限责任的经营实体。

第三条 个人独资企业以其主要办事机构所在地为住所。

第四条 个人独资企业从事经营活动必须遵守法律、行政法规，遵守诚实信用原则，不得损害社会公共利益。

个人独资企业应当依法履行纳税义务。

第五条 国家依法保护个人独资企业的财产和其他合法权益。

第六条 个人独资企业应当依法招用职工。职工的合法权益受法律保护。

个人独资企业职工依法建立工会，工会依法开展活动。

第七条 在个人独资企业中的中国共产党党员依照中国共产党章程进行活动。

第二章 个人独资企业的设立

第八条 设立个人独资企业应当具备下列条件：

（一）投资人为一个自然人；

（二）有合法的企业名称；

（三）有投资人申报的出资；

（四）有固定的生产经营场所和必要的生产经营条件；

（五）有必要的从业人员。

第九条 申请设立个人独资企业，应当由投资人或者其委托的代理人向个人独资企业所在地的登记机关提交设立申请书、投资人身份证明、生产经营场所使用证明等文件。委托代理人申请设立登记时，应当出具投资人的委托书和代理人的合法证明。

个人独资企业不得从事法律、行政法规禁止经营的业务；从事法律、行政法规规定须报经有关部门审批的业务，应当在申请设立登记时提交有关部门的批准文件。

第十条　个人独资企业设立申请书应当载明下列事项：

（一）企业的名称和住所；

（二）投资人的姓名和居所；

（三）投资人的出资额和出资方式；

（四）经营范围。

第十一条　个人独资企业的名称应当与其责任形式及从事的营业相符合。

第十二条　登记机关应当在收到设立申请文件之日起十五日内，对符合本法规定条件的，予以登记，发给营业执照；对不符合本法规定条件的，不予登记，并应当给予书面答复，说明理由。

第十三条　个人独资企业的营业执照的签发日期，为个人独资企业成立日期。

在领取个人独资企业营业执照前，投资人不得以个人独资企业名义从事经营活动。

第十四条　个人独资企业设立分支机构，应当由投资人或者其委托的代理人向分支机构所在地的登记机关申请登记，领取营业执照。

分支机构经核准登记后，应将登记情况报该分支机构隶属的个人独资企业的登记机关备案。

分支机构的民事责任由设立该分支机构的个人独资企业承担。

第十五条　个人独资企业存续期间登记事项发生变更的，应当在做出变更决定之日起的十五日内依法向登记机关申请办理变更登记。

第三章　个人独资企业的投资人及事务管理

第十六条　法律、行政法规禁止从事营利性活动的人，不得作为投资人申请设立个人独资企业。

第十七条　个人独资企业投资人对本企业的财产依法享有所有权，其有关权利可以依法进行转让或继承。

第十八条　个人独资企业投资人在申请企业设立登记时明确以其家庭共有财产作为个人出资的，应当依法以家庭共有财产对企业债务承担无限责任。

第十九条　个人独资企业投资人可以自行管理企业事务，也可以委托或者聘用其他具有民事行为能力的人负责企业的事务管理。

投资人委托或者聘用他人管理个人独资企业事务，应当与受托人或者被聘用的人签订书面合同，明确委托的具体内容和授予的权利范围。

受托人或者被聘用的人员应当履行诚信、勤勉义务，按照与投资人签订的合同负责个人独资企业的事务管理。

投资人对受托人或者被聘用的人员职权的限制，不得对抗善意第三人。

第二十条 投资人委托或者聘用的管理个人独资企业事务的人员不得有下列行为：

（一）利用职务上的便利，索取或者收受贿赂；

（二）利用职务或者工作上的便利侵占企业财产；

（三）挪用企业的资金归个人使用或者借贷给他人；

（四）擅自将企业资金以个人名义或者以他人名义开立账户储存；

（五）擅自以企业财产提供担保；

（六）未经投资人同意，从事与本企业相竞争的业务；

（七）未经投资人同意，同本企业订立合同或者进行交易；

（八）未经投资人同意，擅自将企业商标或者其他知识产权转让给他人使用；

（九）泄露本企业的商业秘密；

（十）法律、行政法规禁止的其他行为。

第二十一条 个人独资企业应当依法设置会计账簿，进行会计核算。

第二十二条 个人独资企业招用职工的，应当依法与职工签订劳动合同，保障职工的劳动安全，按时、足额发放职工工资。

第二十三条 个人独资企业应当按照国家规定参加社会保险，为职工缴纳社会保险费。

第二十四条 个人独资企业可以依法申请贷款、取得土地使用权，并享有法律、行政法规规定的其他权利。

第二十五条 任何单位和个人不得违反法律、行政法规的规定，以任何方式强制个人独资企业提供财力、物力、人力；对于违法强制提供财力、物力、人力的行为，个人独资企业有权拒绝。

第四章 个人独资企业的解散和清算

第二十六条 个人独资企业有下列情形之一时，应当解散：

（一）投资人决定解散；

（二）投资人死亡或者被宣告死亡，无继承人或者继承人决定放弃继承；

（三）被依法吊销营业执照；

（四）法律、行政法规规定的其他情形。

第二十七条 个人独资企业解散，由投资人自行清算或者由债权人申请人民法院指定清算人进行清算。

投资人自行清算的，应当在清算前十五日内书面通知债权人，无法通知的，应当予以公告。债权人应当在接到通知之日起三十日内，未接到通知的应当在公告之日起六十日内，向投资人申报其债权。

第二十八条 个人独资企业解散后，原投资人对个人独资企业存续期间的债务仍应承担偿还责任，但债权人在五年内未向债务人提出偿债请求的，该责任消灭。

第二十九条　个人独资企业解散的，财产应当按照下列顺序清偿：

（一）所欠职工工资和社会保险费用；

（二）所欠税款；

（三）其他债务。

第三十条　清算期间，个人独资企业不得开展与清算目的无关的经营活动。在按前条规定清偿债务前，投资人不得转移、隐匿财产。

第三十一条　个人独资企业财产不足以清偿债务的，投资人应当以其个人的其他财产予以清偿。

第三十二条　个人独资企业清算结束后，投资人或者人民法院指定的清算人应当编制清算报告，并于十五日内到登记机关办理注销登记。

第五章　法律责任

第三十三条　违反本法规定，提交虚假文件或采取其他欺骗手段，取得企业登记的，责令改正，处以五千元以下的罚款；情节严重的，并处吊销营业执照。

第三十四条　违反本法规定，个人独资企业使用的名称与其在登记机关登记的名称不相符合的，责令限期改正，处以二千元以下的罚款。

第三十五条　涂改、出租、转让营业执照的，责令改正，没收违法所得，处以三千元以下的罚款；情节严重的，吊销营业执照。

伪造营业执照的，责令停业，没收违法所得，处以五千元以下的罚款。构成犯罪的，依法追究刑事责任。

第三十六条　个人独资企业成立后无正当理由超过六个月未开业的，或者开业后自行停业连续六个月以上的，吊销营业执照。

第三十七条　违反本法规定，未领取营业执照，以个人独资企业名义从事经营活动的，责令停止经营活动，处以三千元以下的罚款。

个人独资企业登记事项发生变更时，未按本法规定办理有关变更登记的，责令限期办理变更登记；逾期不办理的，处以二千元以下的罚款。

第三十八条　投资人委托或者聘用的人员管理个人独资企业事务时违反双方订立的合同，给投资人造成损害的，承担民事赔偿责任。

第三十九条　个人独资企业违反本法规定，侵犯职工合法权益，未保障职工劳动安全，不缴纳社会保险费用的，按照有关法律、行政法规予以处罚，并追究有关责任人员的责任。

第四十条　投资人委托或者聘用的人员违反本法第二十条规定，侵犯个人独资企业财产权益的，责令退还侵占的财产；给企业造成损失的，依法承担赔偿责任；有违法所得的，没收违法所得；构成犯罪的，依法追究刑事责任。

第四十一条　违反法律、行政法规的规定强制个人独资企业提供财力、物力、人力的，按照有关法律、行政法规予以处罚，并追究有关责任人员的责任。

第四十二条 个人独资企业及其投资人在清算前或清算期间隐匿或转移财产，逃避债务的，依法追回其财产，并按照有关规定予以处罚；构成犯罪的，依法追究刑事责任。

第四十三条 投资人违反本法规定，应当承担民事赔偿责任和缴纳罚款、罚金，其财产不足以支付的，或者被判处没收财产的，应当先承担民事赔偿责任。

第四十四条 登记机关对不符合本法规定条件的个人独资企业予以登记，或者对符合本法规定条件的企业不予登记的，对直接责任人员依法给予行政处分；构成犯罪的，依法追究刑事责任。

第四十五条 登记机关的上级部门的有关主管人员强令登记机关对不符合本法规定条件的企业予以登记，或者对符合本法规定条件的企业不予登记的，或者对登记机关的违法登记行为进行包庇的，对直接责任人员依法给予行政处分；构成犯罪的，依法追究刑事责任。

第四十六条 登记机关对符合法定条件的申请不予登记或者超过法定时限不予答复的，当事人可依法申请行政复议或提起行政诉讼。

第六章 附则

第四十七条 外商独资企业不适用本法。

第四十八条 本法自 2000 年 1 月 1 日起施行。

附录 5 《中华人民共和国企业破产法》

《中华人民共和国企业破产法（试行）》由 1986 年 12 月 2 日第六届全国人民代表大会常务委员会第十八次会议通过，1986 年 12 月 2 日中华人民共和国主席令第四十五号公布，自全民所有制工业企业法实施满三个月之日起试行，制定机关为全国人民代表大会常务委员会；新修订的破产法即《中华人民共和国企业破产法》已被 2006 年 8 月 27 日第十届全国人民代表大会常务委员会第二十三次会议通过，2006 年 8 月 27 日中华人民共和国主席令第五十四号公布，自 2007 年 6 月 1 日起施行。

第一章 总 则

第一条 为规范企业破产程序，公平清理债权债务，保护债权人和债务人的合法权益，维护社会主义市场经济秩序，制定本法。

第二条 企业法人不能清偿到期债务，并且资产不足以清偿全部债务或者明显缺乏清偿能力的，依照本法规定清理债务。

企业法人有前款规定情形，或者有明显丧失清偿能力可能的，可以依照本法规定进行重整。

第三条 破产案件由债务人住所地人民法院管辖。

第四条 破产案件审理程序，本法没有规定的，适用民事诉讼法的有关规定。

第五条 依照本法开始的破产程序，对债务人在中华人民共和国领域外的财产发生效力。

对外国法院做出的发生法律效力的破产案件的判决、裁定，涉及债务人在中华人民共和国领域内的财产，申请或者请求人民法院承认和执行的，人民法院依照中华人民共和国缔结或者参加的国际条约，或者按照互惠原则进行审查，认为不违反中华人民共和国法律的基本原则，不损害国家主权、安全和社会公共利益，不损害中华人民共和国领域内债权人的合法权益的，裁定承认和执行。

第六条 人民法院审理破产案件，应当依法保障企业职工的合法权益，依法追究破产企业经营管理人员的法律责任。

第二章 申请和受理

第一节 申请

第七条 债务人有本法第二条规定的情形,可以向人民法院提出重整、和解或者破产清算申请。

债务人不能清偿到期债务,债权人可以向人民法院提出对债务人进行重整或者破产清算的申请。

企业法人已解散但未清算或者未清算完毕,资产不足以清偿债务的,依法负有清算责任的人应当向人民法院申请破产清算。

第八条 向人民法院提出破产申请,应当提交破产申请书和有关证据。

破产申请书应当载明下列事项:

(一)申请人、被申请人的基本情况;

(二)申请目的;

(三)申请的事实和理由;

(四)人民法院认为应当载明的其他事项。

债务人提出申请的,还应当向人民法院提交财产状况说明、债务清册、债权清册、有关财务会计报告、职工安置预案以及职工工资的支付和社会保险费用的缴纳情况。

第九条 人民法院受理破产申请前,申请人可以请求撤回申请。

第二节 受理

第十条 债权人提出破产申请的,人民法院应当自收到申请之日起五日内通知债务人。债务人对申请有异议的,应当自收到人民法院的通知之日起七日内向人民法院提出。人民法院应当自异议期满之日起十日内裁定是否受理。

除前款规定的情形外,人民法院应当自收到破产申请之日起十五日内裁定是否受理。

有特殊情况需要延长前两款规定的裁定受理期限的,经上一级人民法院批准,可以延长十五日。

第十一条 人民法院受理破产申请的,应当自裁定做出之日起五日内送达申请人。

债权人提出申请的,人民法院应当自裁定做出之日起五日内送达债务人。债务人应当自裁定送达之日起十五日内,向人民法院提交财产状况说明、债务清册、债权清册、有关财务会计报告以及职工工资的支付和社会保险费用的缴纳情况。

第十二条 人民法院裁定不受理破产申请的,应当自裁定做出之日起五日内送达申请人并说明理由。申请人对裁定不服的,可以自裁定送达之日起十日内向上一级人民法院提起上诉。

人民法院受理破产申请后至破产宣告前,经审查发现债务人不符合本法第二条规定情形的,可以裁定驳回申请。申请人对裁定不服的,可以自裁定送达之日起十日内向上一级人民法院提起上诉。

第十三条 人民法院裁定受理破产申请的,应当同时指定管理人。

第十四条 人民法院应当自裁定受理破产申请之日起二十五日内通知已知债权人，并予以公告。

通知和公告应当载明下列事项：

（一）申请人、被申请人的名称或者姓名；

（二）人民法院受理破产申请的时间；

（三）申报债权的期限、地点和注意事项；

（四）管理人的名称或者姓名及其处理事务的地址；

（五）债务人的债务人或者财产持有人应当向管理人清偿债务或者交付财产的要求；

（六）第一次债权人会议召开的时间和地点；

（七）人民法院认为应当通知和公告的其他事项。

第十五条 自人民法院受理破产申请的裁定送达债务人之日起至破产程序终结之日，债务人的有关人员承担下列义务：

（一）妥善保管其占有和管理的财产、印章和账簿、文书等资料；

（二）根据人民法院、管理人的要求进行工作，并如实回答询问；

（三）列席债权人会议并如实回答债权人的询问；

（四）未经人民法院许可，不得离开住所地；

（五）不得新任其他企业的董事、监事、高级管理人员。

前款所称有关人员，是指企业的法定代表人；经人民法院决定，可以包括企业的财务管理人员和其他经营管理人员。

第十六条 人民法院受理破产申请后，债务人对个别债权人的债务清偿无效。

第十七条 人民法院受理破产申请后，债务人的债务人或者财产持有人应当向管理人清偿债务或者交付财产。

债务人的债务人或者财产持有人故意违反前款规定向债务人清偿债务或者交付财产，使债权人受到损失的，不免除其清偿债务或者交付财产的义务。

第十八条 人民法院受理破产申请后，管理人对破产申请受理前成立而债务人和对方当事人均未履行完毕的合同有权决定解除或者继续履行，并通知对方当事人。管理人自破产申请受理之日起二个月内未通知对方当事人，或者自收到对方当事人催告之日起三十日内未答复的，视为解除合同。

管理人决定继续履行合同的，对方当事人应当履行；但是，对方当事人有权要求管理人提供担保。管理人不提供担保的，视为解除合同。

第十九条 人民法院受理破产申请后，有关债务人财产的保全措施应当解除，执行程序应当中止。

第二十条 人民法院受理破产申请后，已经开始而尚未终结的有关债务人的民事诉讼或者仲裁应当中止；在管理人接管债务人的财产后，该诉讼或者仲裁继续进行。

第二十一条 人民法院受理破产申请后，有关债务人的民事诉讼，只能向受理破产申请的人民法院提起。

第三章 管理人

第二十二条 管理人由人民法院指定。

债权人会议认为管理人不能依法、公正执行职务或者有其他不能胜任职务情形的，可以申请人民法院予以更换。

指定管理人和确定管理人报酬的办法，由最高人民法院规定。

第二十三条 管理人依照本法规定执行职务，向人民法院报告工作，并接受债权人会议和债权人委员会的监督。

管理人应当列席债权人会议，向债权人会议报告职务执行情况，并回答询问。

第二十四条 管理人可以由有关部门、机构的人员组成的清算组或者依法设立的律师事务所、会计师事务所、破产清算事务所等社会中介机构担任。

人民法院根据债务人的实际情况，可以在征询有关社会中介机构的意见后，指定该机构具备相关专业知识并取得执业资格的人员担任管理人。

有下列情形之一的，不得担任管理人：

（一）因故意犯罪受过刑事处罚；

（二）曾被吊销相关专业执业证书；

（三）与本案有利害关系；

（四）人民法院认为不宜担任管理人的其他情形。

个人担任管理人的，应当参加执业责任保险。

第二十五条 管理人履行下列职责：

（一）接管债务人的财产、印章和账簿、文书等资料；

（二）调查债务人财产状况，制作财产状况报告；

（三）决定债务人的内部管理事务；

（四）决定债务人的日常开支和其他必要开支；

（五）在第一次债权人会议召开之前，决定继续或者停止债务人的营业；

（六）管理和处分债务人的财产；

（七）代表债务人参加诉讼、仲裁或者其他法律程序；

（八）提议召开债权人会议；

（九）人民法院认为管理人应当履行的其他职责。

本法对管理人的职责另有规定的，适用其规定。

第二十六条 在第一次债权人会议召开之前，管理人决定继续或者停止债务人的营业或者有本法第六十九条规定行为之一的，应当经人民法院许可。

第二十七条 管理人应当勤勉尽责，忠实执行职务。

第二十八条 管理人经人民法院许可，可以聘用必要的工作人员。

管理人的报酬由人民法院确定。债权人会议对管理人的报酬有异议的，有权向人民法院提出。

第二十九条　管理人没有正当理由不得辞去职务。管理人辞去职务应当经人民法院许可。

第四章　债务人财产

第三十条　破产申请受理时属于债务人的全部财产，以及破产申请受理后至破产程序终结前债务人取得的财产，为债务人财产。

第三十一条　人民法院受理破产申请前一年内，涉及债务人财产的下列行为，管理人有权请求人民法院予以撤销：

（一）无偿转让财产的；

（二）以明显不合理的价格进行交易的；

（三）对没有财产担保的债务提供财产担保的；

（四）对未到期的债务提前清偿的；

（五）放弃债权的。

第三十二条　人民法院受理破产申请前六个月内，债务人有本法第二条第一款规定的情形，仍对个别债权人进行清偿的，管理人有权请求人民法院予以撤销。但是，个别清偿使债务人财产受益的除外。

第三十三条　涉及债务人财产的下列行为无效：

（一）为逃避债务而隐匿、转移财产的；

（二）虚构债务或者承认不真实的债务的。

第三十四条　因本法第三十一条、第三十二条或者第三十三条规定的行为而取得的债务人的财产，管理人有权追回。

第三十五条　人民法院受理破产申请后，债务人的出资人尚未完全履行出资义务的，管理人应当要求该出资人缴纳所认缴的出资，而不受出资期限的限制。

第三十六条　债务人的董事、监事和高级管理人员利用职权从企业获取的非正常收入和侵占的企业财产，管理人应当追回。

第三十七条　人民法院受理破产申请后，管理人可以通过清偿债务或者提供为债权人接受的担保，取回质物、留置物。

前款规定的债务清偿或者替代担保，在质物或者留置物的价值低于被担保的债权额时，以该质物或者留置物当时的市场价值为限。

第三十八条　人民法院受理破产申请后，债务人占有的不属于债务人的财产，该财产的权利人可以通过管理人取回。但是，本法另有规定的除外。

第三十九条　人民法院受理破产申请时，出卖人已将买卖标的物向作为买受人的债务人发运，债务人尚未收到且未付清全部价款的，出卖人可以取回在运途中的标的物。但是，管理人可以支付全部价款，请求出卖人交付标的物。

第四十条　债权人在破产申请受理前对债务人负有债务的，可以向管理人主张抵销。

但是，有下列情形之一的，不得抵销：

（一）债务人的债务人在破产申请受理后取得他人对债务人的债权的。

（二）债权人已知债务人有不能清偿到期债务或者破产申请的事实，对债务人负担债务的；但是，债权人因为法律规定或者有破产申请一年前所发生的原因而负担债务的除外。

（三）债务人的债务人已知债务人有不能清偿到期债务或者破产申请的事实，对债务人取得债权的；但是，债务人的债务人因为法律规定或者有破产申请一年前所发生的原因而取得债权的除外。

第五章　破产费用和共益债务

第四十一条　人民法院受理破产申请后发生的下列费用，为破产费用：

（一）破产案件的诉讼费用；

（二）管理、变价和分配债务人财产的费用；

（三）管理人执行职务的费用、报酬和聘用工作人员的费用。

第四十二条　人民法院受理破产申请后发生的下列债务，为共益债务：

（一）因管理人或者债务人请求对方当事人履行双方均未履行完毕的合同所产生的债务；

（二）债务人财产受无因管理所产生的债务；

（三）因债务人不当得利所产生的债务；

（四）为债务人继续营业而应支付的劳动报酬和社会保险费用以及由此产生的其他债务；

（五）管理人或者相关人员执行职务致人损害所产生的债务；

（六）债务人财产致人损害所产生的债务。

第四十三条　破产费用和共益债务由债务人财产随时清偿。

债务人财产不足以清偿所有破产费用和共益债务的，先行清偿破产费用。

债务人财产不足以清偿所有破产费用或者共益债务的，按照比例清偿。

债务人财产不足以清偿破产费用的，管理人应当提请人民法院终结破产程序。人民法院应当自收到请求之日起十五日内裁定终结破产程序，并予以公告。

第六章　债权申报

第四十四条　人民法院受理破产申请时对债务人享有债权的债权人，依照本法规定的程序行使权利。

第四十五条　人民法院受理破产申请后，应当确定债权人申报债权的期限。债权申报期限自人民法院发布受理破产申请公告之日起计算，最短不得少于三十日，最长不得超过三个月。

第四十六条　未到期的债权，在破产申请受理时视为到期。

附利息的债权自破产申请受理时起停止计息。

第四十七条　附条件、附期限的债权和诉讼、仲裁未决的债权，债权人可以申报。

第四十八条　债权人应当在人民法院确定的债权申报期限内向管理人申报债权。

债务人所欠职工的工资和医疗、伤残补助、抚恤费用，所欠的应当划入职工个人账户的基本养老保险、基本医疗保险费用，以及法律、行政法规规定应当支付给职工的补偿金，不必申报，由管理人调查后列出清单并予以公示。职工对清单记载有异议的，可以要求管理人更正；管理人不予更正的，职工可以向人民法院提起诉讼。

第四十九条　债权人申报债权时，应当书面说明债权的数额和有无财产担保，并提交有关证据。申报的债权是连带债权的，应当说明。

第五十条　连带债权人可以由其中一人代表全体连带债权人申报债权，也可以共同申报债权。

第五十一条　债务人的保证人或者其他连带债务人已经代替债务人清偿债务的，以其对债务人的求偿权申报债权。

债务人的保证人或者其他连带债务人尚未代替债务人清偿债务的，以其对债务人的将来求偿权申报债权。但是，债权人已经向管理人申报全部债权的除外。

第五十二条　连带债务人数人被裁定适用本法规定的程序的，其债权人有权就全部债权分别在各破产案件中申报债权。

第五十三条　管理人或者债务人依照本法规定解除合同的，对方当事人以因合同解除所产生的损害赔偿请求权申报债权。

第五十四条　债务人是委托合同的委托人，被裁定适用本法规定的程序，受托人不知该事实，继续处理委托事务的，受托人以由此产生的请求权申报债权。

第五十五条　债务人是票据的出票人，被裁定适用本法规定的程序，该票据的付款人继续付款或者承兑的，付款人以由此产生的请求权申报债权。

第五十六条　在人民法院确定的债权申报期限内，债权人未申报债权的，可以在破产财产最后分配前补充申报；但是，此前已进行的分配，不再对其补充分配。为审查和确认补充申报债权的费用，由补充申报人承担。

债权人未依照本法规定申报债权的，不得依照本法规定的程序行使权利。

第五十七条　管理人收到债权申报材料后，应当登记造册，对申报的债权进行审查，并编制债权表。

债权表和债权申报材料由管理人保存，供利害关系人查阅。

第五十八条　依照本法第五十七条规定编制的债权表，应当提交第一次债权人会议核查。

债务人、债权人对债权表记载的债权无异议的，由人民法院裁定确认。

债务人、债权人对债权表记载的债权有异议的，可以向受理破产申请的人民法院提起诉讼。

第七章 债权人会议
第一节 一般规定

第五十九条 依法申报债权的债权人为债权人会议的成员,有权参加债权人会议,享有表决权。

债权尚未确定的债权人,除人民法院能够为其行使表决权而临时确定债权额的外,不得行使表决权。

对债务人的特定财产享有担保权的债权人,未放弃优先受偿权利的,对于本法第六十一条第一款第七项、第十项规定的事项不享有表决权。

债权人可以委托代理人出席债权人会议,行使表决权。代理人出席债权人会议,应当向人民法院或者债权人会议主席提交债权人的授权委托书。

债权人会议应当有债务人的职工和工会的代表参加,对有关事项发表意见。

第六十条 债权人会议设主席一人,由人民法院从有表决权的债权人中指定。

债权人会议主席主持债权人会议。

第六十一条 债权人会议行使下列职权:

(一)核查债权;

(二)申请人民法院更换管理人,审查管理人的费用和报酬;

(三)监督管理人;

(四)选任和更换债权人委员会成员;

(五)决定继续或者停止债务人的营业;

(六)通过重整计划;

(七)通过和解协议;

(八)通过债务人财产的管理方案;

(九)通过破产财产的变价方案;

(十)通过破产财产的分配方案;

(十一)人民法院认为应当由债权人会议行使的其他职权。

债权人会议应当对所议事项的决议作成会议记录。

第六十二条 第一次债权人会议由人民法院召集,自债权申报期限届满之日起十五日内召开。

以后的债权人会议,在人民法院认为必要时,或者管理人、债权人委员会、占债权总额四分之一以上的债权人向债权人会议主席提议时召开。

第六十三条 召开债权人会议,管理人应当提前十五日通知已知的债权人。

第六十四条 债权人会议的决议,由出席会议的有表决权的债权人过半数通过,并且其所代表的债权额占无财产担保债权总额的二分之一以上。但是,本法另有规定的除外。

债权人认为债权人会议的决议违反法律规定,损害其利益的,可以自债权人会议做出决议之日起十五日内，请求人民法院裁定撤销该决议，责令债权人会议依法重新做出决议。

债权人会议的决议，对于全体债权人均有约束力。

第六十五条　本法第六十一条第一款第八项、第九项所列事项，经债权人会议表决未通过的，由人民法院裁定。

本法第六十一条第一款第十项所列事项，经债权人会议二次表决仍未通过的，由人民法院裁定。

对前两款规定的裁定，人民法院可以在债权人会议上宣布或者另行通知债权人。

第六十六条　债权人对人民法院依照本法第六十五条第一款做出的裁定不服的，债权额占无财产担保债权总额二分之一以上的债权人对人民法院依照本法第六十五条第二款做出的裁定不服的，可以自裁定宣布之日或者收到通知之日起十五日内向该人民法院申请复议。复议期间不停止裁定的执行。

第二节　债权人委员会

第六十七条　债权人会议可以决定设立债权人委员会。债权人委员会由债权人会议选任的债权人代表和一名债务人的职工代表或者工会代表组成。债权人委员会成员不得超过九人。

债权人委员会成员应当经人民法院书面决定认可。

第六十八条　债权人委员会行使下列职权：

（一）监督债务人财产的管理和处分；

（二）监督破产财产分配；

（三）提议召开债权人会议；

（四）债权人会议委托的其他职权。

债权人委员会执行职务时，有权要求管理人、债务人的有关人员对其职权范围内的事务做出说明或者提供有关文件。

管理人、债务人的有关人员违反本法规定拒绝接受监督的，债权人委员会有权就监督事项请求人民法院做出决定；人民法院应当在五日内做出决定。

第六十九条　管理人实施下列行为，应当及时报告债权人委员会：

（一）涉及土地、房屋等不动产权益的转让；

（二）探矿权、采矿权、知识产权等财产权的转让；

（三）全部库存或者营业的转让；

（四）借款；

（五）设定财产担保；

（六）债权和有价证券的转让；

（七）履行债务人和对方当事人均未履行完毕的合同；

（八）放弃权利；

（九）担保物的取回；

（十）对债权人利益有重大影响的其他财产处分行为。

未设立债权人委员会的，管理人实施前款规定的行为应当及时报告人民法院。

第八章 重整

第一节 重整申请和重整期间

第七十条 债务人或者债权人可以依照本法规定，直接向人民法院申请对债务人进行重整。

债权人申请对债务人进行破产清算的，在人民法院受理破产申请后、宣告债务人破产前，债务人或者出资额占债务人注册资本十分之一以上的出资人，可以向人民法院申请重整。

第七十一条 人民法院经审查认为重整申请符合本法规定的，应当裁定债务人重整，并予以公告。

第七十二条 自人民法院裁定债务人重整之日起至重整程序终止，为重整期间。

第七十三条 在重整期间，经债务人申请，人民法院批准，债务人可以在管理人的监督下自行管理财产和营业事务。

有前款规定情形的，依照本法规定已接管债务人财产和营业事务的管理人应当向债务人移交财产和营业事务，本法规定的管理人的职权由债务人行使。

第七十四条 管理人负责管理财产和营业事务的，可以聘任债务人的经营管理人员负责营业事务。

第七十五条 在重整期间，对债务人的特定财产享有的担保权暂停行使。但是，担保物有损坏或者价值明显减少的可能，足以危害担保权人权利的，担保权人可以向人民法院请求恢复行使担保权。

在重整期间，债务人或者管理人为继续营业而借款的，可以为该借款设定担保。

第七十六条 债务人合法占有的他人财产，该财产的权利人在重整期间要求取回的，应当符合事先约定的条件。

第七十七条 在重整期间，债务人的出资人不得请求投资收益分配。

在重整期间，债务人的董事、监事、高级管理人员不得向第三人转让其持有的债务人的股权。但是，经人民法院同意的除外。

第七十八条 在重整期间，有下列情形之一的，经管理人或者利害关系人请求，人民法院应当裁定终止重整程序，并宣告债务人破产：

（一）债务人的经营状况和财产状况继续恶化，缺乏挽救的可能性；

（二）债务人有欺诈、恶意减少债务人财产或者其他显著不利于债权人的行为；

（三）由于债务人的行为致使管理人无法执行职务。

第二节 重整计划的制定和批准

第七十九条 债务人或者管理人应当自人民法院裁定债务人重整之日起六个月内，

同时向人民法院和债权人会议提交重整计划草案。

前款规定的期限届满，经债务人或者管理人请求，有正当理由的，人民法院可以裁定延期三个月。

债务人或者管理人未按期提出重整计划草案的，人民法院应当裁定终止重整程序，并宣告债务人破产。

第八十条　债务人自行管理财产和营业事务的，由债务人制作重整计划草案。

管理人负责管理财产和营业事务的，由管理人制作重整计划草案。

第八十一条　重整计划草案应当包括下列内容：

（一）债务人的经营方案；

（二）债权分类；

（三）债权调整方案；

（四）债权受偿方案；

（五）重整计划的执行期限；

（六）重整计划执行的监督期限；

（七）有利于债务人重整的其他方案。

第八十二条　下列各类债权的债权人参加讨论重整计划草案的债权人会议，依照下列债权分类，分组对重整计划草案进行表决：

（一）对债务人的特定财产享有担保权的债权；

（二）债务人所欠职工的工资和医疗、伤残补助、抚恤费用，所欠的应当划入职工个人账户的基本养老保险、基本医疗保险费用，以及法律、行政法规规定应当支付给职工的补偿金；

（三）债务人所欠税款；

（四）普通债权。

人民法院在必要时可以决定在普通债权组中设小额债权组对重整计划草案进行表决。

第八十三条　重整计划不得规定减免债务人欠缴的本法第八十二条第一款第二项规定以外的社会保险费用；该项费用的债权人不参加重整计划草案的表决。

第八十四条　人民法院应当自收到重整计划草案之日起三十日内召开债权人会议，对重整计划草案进行表决。

出席会议的同一表决组的债权人过半数同意重整计划草案，并且其所代表的债权额占该组债权总额的三分之二以上的，即为该组通过重整计划草案。

债务人或者管理人应当向债权人会议就重整计划草案做出说明，并回答询问。

第八十五条　债务人的出资人代表可以列席讨论重整计划草案的债权人会议。

重整计划草案涉及出资人权益调整事项的，应当设出资人组，对该事项进行表决。

第八十六条　各表决组均通过重整计划草案时，重整计划即为通过。

自重整计划通过之日起十日内，债务人或者管理人应当向人民法院提出批准重整计划的申请。人民法院经审查认为符合本法规定的，应当自收到申请之日起三十日内裁定批准，终止重整程序，并予以公告。

第八十七条 部分表决组未通过重整计划草案的，债务人或者管理人可以同未通过重整计划草案的表决组协商。该表决组可以在协商后再表决一次。双方协商的结果不得损害其他表决组的利益。

未通过重整计划草案的表决组拒绝再次表决或者再次表决仍未通过重整计划草案，但重整计划草案符合下列条件的，债务人或者管理人可以申请人民法院批准重整计划草案：

（一）按照重整计划草案，本法第八十二条第一款第一项所列债权就该特定财产将获得全额清偿，其因延期清偿所受的损失将得到公平补偿，并且其担保权未受到实质性损害，或者该表决组已经通过重整计划草案；

（二）按照重整计划草案，本法第八十二条第一款第二项、第三项所列债权将获得全额清偿，或者相应表决组已经通过重整计划草案；

（三）按照重整计划草案，普通债权所获得的清偿比例，不低于其在重整计划草案被提请批准时依照破产清算程序所能获得的清偿比例，或者该表决组已经通过重整计划草案；

（四）重整计划草案对出资人权益的调整公平、公正，或者出资人组已经通过重整计划草案；

（五）重整计划草案公平对待同一表决组的成员，并且所规定的债权清偿顺序不违反本法第一百一十三条的规定；

（六）债务人的经营方案具有可行性。

人民法院经审查认为重整计划草案符合前款规定的，应当自收到申请之日起三十日内裁定批准，终止重整程序，并予以公告。

第八十八条 重整计划草案未获得通过且未依照本法第八十七条的规定获得批准，或者已通过的重整计划未获得批准的，人民法院应当裁定终止重整程序，并宣告债务人破产。

第三节 重整计划的执行

第八十九条 重整计划由债务人负责执行。

人民法院裁定批准重整计划后，已接管财产和营业事务的管理人应当向债务人移交财产和营业事务。

第九十条 自人民法院裁定批准重整计划之日起，在重整计划规定的监督期内，由管理人监督重整计划的执行。

在监督期内，债务人应当向管理人报告重整计划执行情况和债务人财务状况。

第九十一条 监督期届满时，管理人应当向人民法院提交监督报告。自监督报告提交之日起，管理人的监督职责终止。

管理人向人民法院提交的监督报告，重整计划的利害关系人有权查阅。

经管理人申请，人民法院可以裁定延长重整计划执行的监督期限。

第九十二条 经人民法院裁定批准的重整计划，对债务人和全体债权人均有约束力。

债权人未依照本法规定申报债权的，在重整计划执行期间不得行使权利；在重整计划执行完毕后，可以按照重整计划规定的同类债权的清偿条件行使权利。

债权人对债务人的保证人和其他连带债务人所享有的权利，不受重整计划的影响。

第九十三条 债务人不能执行或者不执行重整计划的，人民法院经管理人或者利害关系人请求，应当裁定终止重整计划的执行，并宣告债务人破产。

人民法院裁定终止重整计划执行的，债权人在重整计划中做出的债权调整的承诺失去效力。债权人因执行重整计划所受的清偿仍然有效，债权未受清偿的部分作为破产债权。

前款规定的债权人，只有在其他同顺位债权人同自己所受的清偿达到同一比例时，才能继续接受分配。

有本条第一款规定情形的，为重整计划的执行提供的担保继续有效。

第九十四条 按照重整计划减免的债务，自重整计划执行完毕时起，债务人不再承担清偿责任。

第九章　和解

第九十五条 债务人可以依照本法规定，直接向人民法院申请和解；也可以在人民法院受理破产申请后、宣告债务人破产前，向人民法院申请和解。

债务人申请和解，应当提出和解协议草案。

第九十六条 人民法院经审查认为和解申请符合本法规定的，应当裁定和解，予以公告，并召集债权人会议讨论和解协议草案。

对债务人的特定财产享有担保权的权利人，自人民法院裁定和解之日起可以行使权利。

第九十七条 债权人会议通过和解协议的决议，由出席会议的有表决权的债权人过半数同意，并且其所代表的债权额占无财产担保债权总额的三分之二以上。

第九十八条 债权人会议通过和解协议的，由人民法院裁定认可，终止和解程序，并予以公告。管理人应当向债务人移交财产和营业事务，并向人民法院提交执行职务的报告。

第九十九条 和解协议草案经债权人会议表决未获得通过，或者已经债权人会议通过的和解协议未获得人民法院认可的，人民法院应当裁定终止和解程序，并宣告债务人破产。

第一百条 经人民法院裁定认可的和解协议，对债务人和全体和解债权人均有约束力。

和解债权人是指人民法院受理破产申请时对债务人享有无财产担保债权的人。

和解债权人未依照本法规定申报债权的，在和解协议执行期间不得行使权利；在和解协议执行完毕后，可以按照和解协议规定的清偿条件行使权利。

第一百零一条 和解债权人对债务人的保证人和其他连带债务人所享有的权利，不受和解协议的影响。

第一百零二条 债务人应当按照和解协议规定的条件清偿债务。

第一百零三条 因债务人的欺诈或者其他违法行为而成立的和解协议，人民法院应当裁定无效，并宣告债务人破产。

有前款规定情形的，和解债权人因执行和解协议所受的清偿，在其他债权人所受清偿同等比例的范围内，不予返还。

第一百零四条 债务人不能执行或者不执行和解协议的，人民法院经和解债权人请求，应当裁定终止和解协议的执行，并宣告债务人破产。

人民法院裁定终止和解协议执行的，和解债权人在和解协议中做出的债权调整的承诺失去效力。和解债权人因执行和解协议所受的清偿仍然有效，和解债权未受清偿的部分作为破产债权。

前款规定的债权人，只有在其他债权人同自己所受的清偿达到同一比例时，才能继续接受分配。

有本条第一款规定情形的，为和解协议的执行提供的担保继续有效。

第一百零五条 人民法院受理破产申请后，债务人与全体债权人就债权债务的处理自行达成协议的，可以请求人民法院裁定认可，并终结破产程序。

第一百零六条 按照和解协议减免的债务，自和解协议执行完毕时起，债务人不再承担清偿责任。

第十章 破产清算
第一节 破产宣告

第一百零七条 人民法院依照本法规定宣告债务人破产的，应当自裁定做出之日起五日内送达债务人和管理人，自裁定做出之日起十日内通知已知债权人，并予以公告。

债务人被宣告破产后，债务人称为破产人，债务人财产称为破产财产，人民法院受理破产申请时对债务人享有的债权称为破产债权。

第一百零八条 破产宣告前，有下列情形之一的，人民法院应当裁定终结破产程序，并予以公告：

（一）第三人为债务人提供足额担保或者为债务人清偿全部到期债务的；

（二）债务人已清偿全部到期债务的。

第一百零九条 对破产人的特定财产享有担保权的权利人，对该特定财产享有优先受偿的权利。

第一百一十条 享有本法第一百零九条规定权利的债权人行使优先受偿权利未能

完全受偿的，其未受偿的债权作为普通债权；放弃优先受偿权利的，其债权作为普通债权。

第二节　变价和分配

第一百一十一条　管理人应当及时拟订破产财产变价方案，提交债权人会议讨论。

管理人应当按照债权人会议通过的或者人民法院依照本法第六十五条第一款规定裁定的破产财产变价方案，适时变价出售破产财产。

第一百一十二条　变价出售破产财产应当通过拍卖进行。但是，债权人会议另有决议的除外。

破产企业可以全部或者部分变价出售。企业变价出售时，可以将其中的无形资产和其他财产单独变价出售。

按照国家规定不能拍卖或者限制转让的财产，应当按照国家规定的方式处理。

第一百一十三条　破产财产在优先清偿破产费用和共益债务后，依照下列顺序清偿：

（一）破产人所欠职工的工资和医疗、伤残补助、抚恤费用，所欠的应当划入职工个人账户的基本养老保险、基本医疗保险费用，以及法律、行政法规规定应当支付给职工的补偿金；

（二）破产人欠缴的除前项规定以外的社会保险费用和破产人所欠税款；

（三）普通破产债权。

破产财产不足以清偿同一顺序的清偿要求的，按照比例分配。

破产企业的董事、监事和高级管理人员的工资按照该企业职工的平均工资计算。

第一百一十四条　破产财产的分配应当以货币分配方式进行。但是，债权人会议另有决议的除外。

第一百一十五条　管理人应当及时拟订破产财产分配方案，提交债权人会议讨论。

破产财产分配方案应当载明下列事项：

（一）参加破产财产分配的债权人名称或者姓名、住所；

（二）参加破产财产分配的债权额；

（三）可供分配的破产财产数额；

（四）破产财产分配的顺序、比例及数额；

（五）实施破产财产分配的方法。

债权人会议通过破产财产分配方案后，由管理人将该方案提请人民法院裁定认可。

第一百一十六条　破产财产分配方案经人民法院裁定认可后，由管理人执行。

管理人按照破产财产分配方案实施多次分配的，应当公告本次分配的财产额和债权额。管理人实施最后分配的，应当在公告中指明，并载明本法第一百一十七条第二款规定的事项。

第一百一十七条　对于附生效条件或者解除条件的债权，管理人应当将其分配额提存。

管理人依照前款规定提存的分配额，在最后分配公告日，生效条件未成就或者解除条件成就的，应当分配给其他债权人；在最后分配公告日，生效条件成就或者解除条件未成就的，应当交付给债权人。

第一百一十八条 债权人未受领的破产财产分配额，管理人应当提存。债权人自最后分配公告之日起满二个月仍不领取的，视为放弃受领分配的权利，管理人或者人民法院应当将提存的分配额分配给其他债权人。

第一百一十九条 破产财产分配时，对于诉讼或者仲裁未决的债权，管理人应当将其分配额提存。自破产程序终结之日起满二年仍不能受领分配的，人民法院应当将提存的分配额分配给其他债权人。

第三节 破产程序的终结

第一百二十条 破产人无财产可供分配的，管理人应当请求人民法院裁定终结破产程序。

管理人在最后分配完结后，应当及时向人民法院提交破产财产分配报告，并提请人民法院裁定终结破产程序。

人民法院应当自收到管理人终结破产程序的请求之日起十五日内做出是否终结破产程序的裁定。裁定终结的，应当予以公告。

第一百二十一条 管理人应当自破产程序终结之日起十日内，持人民法院终结破产程序的裁定，向破产人的原登记机关办理注销登记。

第一百二十二条 管理人于办理注销登记完毕的次日终止执行职务。但是，存在诉讼或者仲裁未决情况的除外。

第一百二十三条 自破产程序依照本法第四十三条第四款或者第一百二十条的规定终结之日起二年内，有下列情形之一的，债权人可以请求人民法院按照破产财产分配方案进行追加分配：

（一）发现有依照本法第三十一条、第三十二条、第三十三条、第三十六条规定应当追回的财产的；

（二）发现破产人有应当供分配的其他财产的。

有前款规定情形，但财产数量不足以支付分配费用的，不再进行追加分配，由人民法院将其上交国库。

第一百二十四条 破产人的保证人和其他连带债务人，在破产程序终结后，对债权人依照破产清算程序未受清偿的债权，依法继续承担清偿责任。

第十一章 法律责任

第一百二十五条 企业董事、监事或者高级管理人员违反忠实义务、勤勉义务，致使所在企业破产的，依法承担民事责任。

有前款规定情形的人员，自破产程序终结之日起三年内不得担任任何企业的董事、监事、高级管理人员。

第一百二十六条 有义务列席债权人会议的债务人的有关人员，经人民法院传唤，无正当理由拒不列席债权人会议的，人民法院可以拘传，并依法处以罚款。债务人的有关人员违反本法规定，拒不陈述、回答，或者作虚假陈述、回答的，人民法院可以依法处以罚款。

第一百二十七条 债务人违反本法规定，拒不向人民法院提交或者提交不真实的财产状况说明、债务清册、债权清册、有关财务会计报告以及职工工资的支付情况和社会保险费用的缴纳情况的，人民法院可以对直接责任人员依法处以罚款。

债务人违反本法规定，拒不向管理人移交财产、印章和账簿、文书等资料的，或者伪造、销毁有关财产证据材料而使财产状况不明的，人民法院可以对直接责任人员依法处以罚款。

第一百二十八条 债务人有本法第三十一条、第三十二条、第三十三条规定的行为，损害债权人利益的，债务人的法定代表人和其他直接责任人员依法承担赔偿责任。

第一百二十九条 债务人的有关人员违反本法规定，擅自离开住所地的，人民法院可以予以训诫、拘留，可以依法并处罚款。

第一百三十条 管理人未依照本法规定勤勉尽责，忠实执行职务的，人民法院可以依法处以罚款；给债权人、债务人或者第三人造成损失的，依法承担赔偿责任。

第一百三十一条 违反本法规定，构成犯罪的，依法追究刑事责任。

第十二章 附则

第一百三十二条 本法施行后，破产人在本法公布之日前所欠职工的工资和医疗、伤残补助、抚恤费用，所欠的应当划入职工个人账户的基本养老保险、基本医疗保险费用，以及法律、行政法规规定应当支付给职工的补偿金，依照本法第一百一十三条的规定清偿后不足以清偿的部分，以本法第一百零九条规定的特定财产优先于对该特定财产享有担保权的权利人受偿。

第一百三十三条 在本法施行前国务院规定的期限和范围内的国有企业实施破产的特殊事宜，按照国务院有关规定办理。

第一百三十四条 商业银行、证券公司、保险公司等金融机构有本法第二条规定情形的，国务院金融监督管理机构可以向人民法院提出对该金融机构进行重整或者破产清算的申请。国务院金融监督管理机构依法对出现重大经营风险的金融机构采取接管、托管等措施的，可以向人民法院申请中止以该金融机构为被告或者被执行人的民事诉讼程序或者执行程序。

金融机构实施破产的，国务院可以依据本法和其他有关法律的规定制定实施办法。

第一百三十五条 其他法律规定企业法人以外的组织的清算，属于破产清算的，参照适用本法规定的程序。

第一百三十六条 本法自2007年6月1日起施行，《中华人民共和国企业破产法(试行)》同时废止。